中国辽夏金研究

年鉴 2019

ALMANAC OF CHINESE LIAO, XIXIA AND JIN DYNASTY RESEARCH

史金波 宋德金 主编

中国社会科学出版社

图书在版编目（CIP）数据

中国辽夏金研究年鉴.2019／史金波，宋德金主编.—北京：中国社会科学出版社，2022.12
ISBN 978-7-5227-0944-4

Ⅰ.①中⋯　Ⅱ.①史⋯②宋⋯　Ⅲ.①中国历史—研究—辽金时代—年鉴②中国历史—研究—西夏—年鉴　Ⅳ.①K246.07-54

中国版本图书馆 CIP 数据核字（2022）第 193492 号

出 版 人　赵剑英
责任编辑　王鸣迪
责任校对　高　俐
责任印制　张雪娇

出　　版　中国社会科学出版社
社　　址　北京鼓楼西大街甲 158 号
邮　　编　100720
网　　址　http://www.csspw.cn
发 行 部　010-84083685
门 市 部　010-84029450
经　　销　新华书店及其他书店

印刷装订　三河市东方印刷有限公司
版　　次　2022 年 12 月第 1 版
印　　次　2022 年 12 月第 1 次印刷

开　　本　787×1092　1/16
印　　张　26.25
插　　页　6
字　　数　576 千字
定　　价　228.00 元

辽

2019 首届辽五京历史文化国际学术研讨会（2019 年 7 月，山西省大同市）

2019 首届辽五京历史文化国际学术研讨会（2019 年 7 月，山西省大同市）

圣山·神庙——首届长白山历史文化高峰论坛(**2019 年 9 月**,吉林省延边朝鲜族自治州)

圣山·神庙——首届长白山历史文化高峰论坛(**2019 年 9 月**,吉林省延边朝鲜族自治州)

七家子墓地出土玻璃器及云鹤纹壁画(**2019 年 7 月**,内蒙古自治区通辽市)

七家子墓地出土玻璃器及云鹤纹壁画(**2019 年 7 月**,内蒙古自治区通辽市)

西夏

《天盛律令》出版座谈暨中俄西夏学联合研究项目研讨会（2019 年 4 月，宁夏回族自治区银川市）

《天盛律令》出版座谈暨中俄西夏学联合研究项目研讨会（2019 年 4 月，宁夏回族自治区银川市）

鄂尔多斯党项西夏文化与区域文化旅游融合发展研讨会（2019年9月,内蒙古自治区鄂尔多斯市）

鄂尔多斯党项西夏文化与区域文化旅游融合发展研讨会（2019年9月,内蒙古自治区鄂尔多斯市）

辽宋夏金时期的中国行政区划与地域文化研讨会（2019年10月，宁夏回族自治区银川市）

辽宋夏金时期的中国行政区划与地域文化研讨会（2019年10月，宁夏回族自治区银川市）

教育部社科司检查西夏学研究院基地建设（2019 年 8 月，宁夏回族自治区银川市）

教育部社科司检查西夏学研究院基地建设（2019 年 8 月，宁夏回族自治区银川市）

第六届西夏学国际学术论坛（2019 年 8 月，宁夏回族自治区银川市）

第六届西夏学国际学术论坛（2019 年 8 月，宁夏回族自治区银川市）

宁夏回族自治区党委组织部部长调研西夏学研究院人才培养（2019年11月，宁夏回族自治区银川市）

宁夏回族自治区党委组织部部长调研西夏学研究院人才培养（2019年11月，宁夏回族自治区银川市）

中国辽夏金研究年鉴 2019

主　办　中国社会科学院西夏文化研究中心
　　　　中国民族史学会辽金契丹女真史分会

协　办　国家社会科学基金特别委托项目"西夏文献
　　　　文物研究"

主　编　史金波　宋德金

副主编　程妮娜　杜建录　周　峰（常务）
　　　　杨　浣　韩世明　李玉君

本卷执行主编　杨　浣

编辑部成员　关树东　周　峰　杨　浣　康　鹏
　　　　　　高　仁　李秀莲　吴凤霞　张笑峰

编辑说明

一、《中国辽夏金研究年鉴》是《中国社会科学年鉴》系列之一，由中国社会科学院西夏文化研究中心与中国民族史学会辽金暨契丹女真史分会联合主办，是反映中国辽夏金研究领域的年度性及阶段性研究状况的资料工具书。

二、《中国辽夏金研究年鉴》常设栏目有专家特稿、研究综述、会议述评、书评·书讯、学人·学林、期刊优秀论文文摘、学位论文与博士后报告提要、重点课题研究报道、学术动态、新书序跋、年度论著索引等栏目。

三、由于编辑人员调整及疫情防控等原因，《中国辽夏金研究年鉴（2019）》的出版工作延宕至今，谨在此向各位读者表示诚挚的歉意。

四、《中国辽夏金研究年鉴（2019）》的编辑工作得到了全国相关高校、科研院所及专家、学者的大力支持，谨在此表示衷心的感谢。

五、由于编辑水平有限，《中国辽夏金研究年鉴（2019）》难免有疏漏或者不当之处，敬请批评指正。

《辽夏金研究年鉴》编辑部
2023 年 3 月

目　录

第三篇 会议评述

第四篇 学术动态

第五篇 书评·书序·新书序跋

第六篇 学人·学林

第七篇 学位论文提要

第八篇　文摘·论点摘要

第九篇　重点课题研究报道

第十篇　文献·文物·考古新发现

附　　录

Contents

Chapter Ⅰ : Special Articles

Chapter Ⅱ : Research Review

Chapter Ⅲ: Conference Review

Chapter Ⅳ: Academic Trends

Chapter Ⅴ: Book Review · Book News · Prefaces
and Postscripts of New Books

Chapter Ⅵ: Scholars and Academic Collections

Chapter Ⅶ: Summary of Dissertation

Doctoral Dissertation

Master Dissertation

Chapter Ⅷ: Abstract and Argument Summary

哲学年鉴》《中国文学年鉴》等读者广为传阅的学科年鉴，迄今已有 40 多年的历史。

2013 年，以国家哲学社会科学创新工程为依托，中国社会科学院实施了"中国社会科学年鉴工程"，学科年鉴编纂工作由此驶入快车道。至 2021 下半年，全院组织编纂的学科年鉴达到 26 部。

进入 2022 年以来，在加快构建中国特色哲学社会科学、贯彻落实《国家哲学社会科学"十四五"规划》的背景下，立足于更高站位、更广视野、更大格局，中国社会科学院进一步加大了学科年鉴编纂的工作力度，学科年鉴编纂工作迈上了一个大台阶，呈现出一幅全新的学科年鉴事业发展格局。

1. 哲学社会科学学科年鉴群

截至 2023 年 5 月，中国社会科学院组织编纂的哲学社会科学学科年鉴系列已有 36 部之多，覆盖了 15 个一级学科、13 个二三级学科以及 4 个有重要影响力的学术领域，形成了国内规模最大、覆盖学科最多、也是唯一成体系的哲学社会科学学科年鉴群。

其中，《中国语言学年鉴》《中国金融学年鉴》《当代中国史研究年鉴》等 10 部，系 2022 年新启动编纂。目前还有将近 10 部学科年鉴在编纂或酝酿之中。到"十四五"末期，中国社会科学院组织编纂的学科年鉴总规模，有望超越 50 部。

2. 学科年鉴的高质量编纂

从总体上看，在坚持正确的政治方向、学术导向和价值取向方面，各部学科年鉴都有明显提高，体现了立场坚定、内容客观、思想厚重的导向作用。围绕学科建设、话语权建设等设置栏目，各部学科年鉴都较好地反映了本学科领域的发展建设情况，发挥了学术存史、服务科研的独特作用。文字质量较好，文风端正，装帧精美，体现了学科年鉴的严肃性和权威性。

与此同时，为提高年鉴编纂质量，围绕学科年鉴编纂的规范性，印发了《中国哲学社会科学学科年鉴编纂出版规定》，专门举办了年鉴编纂人员培训班。

3. 学科年鉴品牌

经过多年努力，无论在学术界还是年鉴出版界，中国社会科学院组织编纂的哲学社会科学学科年鉴系列得到了广泛认可，学术年鉴品牌已经形成。不仅成功主办了学术年鉴主编论坛和多场年鉴出版发布会，许多年鉴也在各类评奖中获得重要奖项。在数字化方面，学科年鉴数据库已经建成并投入使用，目前试用单位二百多家，学科年鉴编纂平台在继续推进中。

4. 学科年鉴工作机制

中国社会科学院科研局负责学科年鉴管理，制定发展规划，提供经费资助；院属研究单位负责年鉴编纂；中国社会科学出版社负责出版。通过调整创新工程科研评价考核指标体系，赋予年鉴编纂及优秀学科综述相应的分值，调动院属单位参与年鉴编纂的积极性。

学科年鉴蕴含的学术评价权，既是一种权力，更是一种责任。只有将学科、学术的评价权用好，把有代表性的优秀成果和学术观点评选出来，分析各学科发展面临的形势和任务、成绩和短板、重点和难点，才能更好引导中国特色哲学社会科学的健康发展。

3. 提升学术影响力的交流平台

学科年鉴按照学科领域编纂，既是该领域所有学者共同的精神家园，也是该学科领域最权威的交流平台。目前公认的世界上首部学术年鉴，是由吕西安·费弗尔和马克·布洛赫在 1929 年初创办的《经济社会史年鉴》。由一群有着共同学术信仰和学术观点的历史学家主持编纂的这部年鉴，把年鉴作为宣传新理念和新方法的学术阵地，在年鉴中刊发多篇重要的理论成果，催发了史学研究范式的演化，形成了法国"年鉴学派"，对整个西方现代史学的创新发展产生了深远影响。

随着学科年鉴的发展和演化，其功能也在不断深化。除了记载学术共同体的研究进展，还提供了学术研究的基本参考、学术成果发表的重要渠道，充当了链接学术网络的重要载体。特别是学科年鉴刊载的综述性、评论性和展望性的文章，除了为同一范式下的学者提供知识积累或索引外，还能够对学科发展趋势动向作出总结，乃至为学科未来发展指明方向。

4. 中国学术走向世界的重要舞台

在世界范围内，学科年鉴都是作为权威学术出版物而被广泛接受的。高质量的学科年鉴，不仅能够成为国内学界重要的学术资源、引领学术方向的标识，而且也会产生十分显著的国际影响。

中国每年产出的哲学社会科学研究成果数量极其庞大，如何向国际学术界系统介绍中国哲学社会科学研究成果，做到既全面准确，又重点突出？这几乎是不可能完成的任务。学科年鉴的出现，则使不可能变成了可能。高质量的学科年鉴，汇总一个学科全年最重要、最有代表性的研究成果、资料和信息，既是展示中国哲学社会科学研究成果与现状的最佳舞台，也为中外学术交流搭建了最好平台。

事实上，国内编纂的学科年鉴一直受到国外学术机构的重视，也是各类学术图书馆收藏的重点。如果能够站在通观学术界全貌之高度，编纂好哲学社会科学各学科年鉴，以学科年鉴为载体向世界讲好中国学术故事，当然有助于让世界知道"学术中的中国"、"理论中的中国"、"哲学社会科学中的中国"，也就能够相应提升中国哲学社会科学的国际影响力和话语权。

（三）

作为中国哲学社会科学研究的"国家队"，早在上世纪 70 年代末，中国社会科学院就启动了学科年鉴编纂工作。诸如《世界经济年鉴》《中国历史学年鉴》《中国景之下，由中国社会科学院集全院之力、组织精锐力量编纂而成的。

（二）

作为年鉴的一个重要类型，学科年鉴是以全面、系统、准确地记述上一年度特定学科或学科分支发展变化为主要内容的资料性工具书。编纂学科年鉴，是哲学社会科学发展到一定阶段的产物。

追溯起来，我国最早的哲学社会科学年鉴——《中国文艺年鉴》，诞生于上个世纪 30 年代。党的十一届三中全会之后，伴随着改革开放的进程，我国哲学社会科学年鉴不断发展壮大。40 多年来，哲学社会科学年鉴在展示研究成果、积累学术资料、加强学科建设、开展学术评价、凝聚学术共同体等方面，发挥着不可替代的作用，为繁荣发展中国特色哲学社会科学作出了重要贡献。

1. 为学科和学者立传的重要载体

学科年鉴汇集某一学科领域的专业学科信息，是服务于学术研究的资料性工具书。不论是学科建设、学术研究，还是学术评价、对外交流等，都离不开学科知识的积累、学术方向的辨析、学术共同体的凝聚。

要回答学术往何处去的问题，首先要了解学术从哪里来，以及学科领域的现状，这就离不开学科年鉴提供的信息。学科年鉴记录与反映年度内哲学社会科学某个学科领域的研究进展、学术成果、重大事件等，既为学科和学者立传，也为学术共同体的研究提供知识基础和方向指引，为学术创新、学派形成、学科巩固创造条件、奠定基础。学科年鉴编纂的历史越悠久，学术积淀就越厚重，其学术价值就越突出。

通过编纂学科年鉴，将中国哲学社会科学界推进学科体系、学术体系、话语体系建设以及建构中国自主知识体系的历史进程准确、生动地记录下来，并且，立此存照，是一件非常有意义的事情。可以说，学科年鉴如同学术研究的白皮书，承载着记录、反映学术研究进程的历史任务。

2. 掌握学术评价权的有力抓手

为学界提供一个学科领域的专业信息、权威信息，这是学科年鉴的基本功能。一个学科领域年度的信息十分庞杂，浩如烟海，不可能全部收入学科年鉴。学科年鉴所收录的，只能是重要的、有价值的学术信息。这就要经历一个提炼和总结的过程。学科年鉴的栏目，如重要文献（特载）、学科述评、学术成果、学术动态、统计资料与数据、人物、大事记等，所收录的信息和资料都是进行筛选和加工的基础上形成的。

进一步说，什么样的学术信息是重要的、有价值的，是由学科年鉴的编纂机构来决定。这就赋予了学科年鉴学术评价的功能，所谓"入鉴即评价"，指的就是这个逻辑。特别是学科综述，要对年度研究进展、重要成果、学术观点等作出评析，是学科年鉴学术评价功能的集中体现。

序 言

为中国特色哲学社会科学事业立传

——写在《中国哲学社会科学学科年鉴》系列出版之际

（一）

2016 年 5 月 17 日，习近平总书记《在哲学社会科学工作座谈会上的讲话》中正式作出了加快构建中国特色哲学社会科学的重大战略部署。自此，中国特色哲学社会科学学科体系、学术体系、话语体系的构建进入攻坚期。

2022 年 4 月 25 日，习近平总书记在中国人民大学考察时强调指出，"加快构建中国特色哲学社会科学，归根结底是建构中国自主的知识体系"。这为我们加快构建中国特色哲学社会科学进一步指明了方向。

2022 年 4 月，中共中央办公厅正式印发《国家哲学社会科学"十四五"规划》。作为第一部国家层面的哲学社会科学发展规划，其中的一项重要内容，就是以加快中国特色哲学社会科学为主题，将"中国哲学社会科学学科年鉴编纂"定位为"哲学社会科学学科基础建设"，从而赋予了哲学社会科学学科年鉴编纂工作新的内涵、新的要求。

从加快构建中国特色哲学社会科学到归根结底是建构中国自主的知识体系，再到制定第一部国家层面的哲学社会科学发展规划，至少向我们清晰揭示了这样一个基本事实：中国特色社会主义事业离不开中国特色哲学社会科学的支撑，必须加快构建中国特色哲学社会科学、建构中国自主的知识体系。加快构建中国特色哲学社会科学、建构中国自主的知识体系是一个长期的历史任务，必须持之以恒，实打实地把一件件事情办好。

作为其间的一项十分重要且异常关键的基础建设，就是编纂好哲学社会科学学科年鉴，将中国特色哲学社会科学事业的发展动态、变化历程记录下来，呈现出来。以接续奋斗的精神，年复一年，一茬接着一茬干，一棒接着一棒跑。就此而论，编纂哲学社会科学学科年鉴，其最基本、最核心、最重要的意义，就在于为中国特色哲学社会科学事业立传。

呈现在读者面前的这一《中国哲学社会科学学科年鉴》系列，就是在这样的背学科年鉴是哲学社会科学界的学术公共产品。作为哲学社会科学研究的"国家队"，编纂、提供学科年鉴这一学术公共产品，无疑是中国社会科学院的职责所在、使命所系。中国社会科学院具备编纂好学科年鉴的有利条件：一是学科较为齐全；二是研究力量较为雄厚；三是具有"国家队"的权威性；四是与学界联系广泛，主管120家全国学会，便于组织全国学界力量共同参与年鉴编纂。

（四）

当然，在肯定成绩的同时，还要看到，当前哲学社会科学学科年鉴编纂工作仍有较大的提升空间，我们还有很长的路要走。

1. 逐步扩大学科年鉴编纂规模

经过40多年的发展，特别是"中国社会科学年鉴工程"实施10年来的努力，哲学社会科学系列学科年鉴已经形成了一定的规模，覆盖了90%的一级学科和部分重点的二三级学科。但是，也不容忽视，目前还存在一些学科年鉴空白之地。如法学、政治学、国际政治、区域国别研究等重要的一级学科，目前还没有学科年鉴。

中国自主知识体系的基础是学科体系，完整的学科年鉴体系有助于完善的学科体系和知识体系的形成。尽快启动相关领域的学科年鉴编纂，抓紧填补相关领域的学科年鉴空白，使哲学社会科学年鉴覆盖所有一级学科以及重要的二三级学科，显然是当下哲学社会科学界应当着力推进的一项重要工作。

2. 持续提高学科年鉴编纂质量

在扩张规模、填补空白的同时，还应当以加快构建中国特色哲学社会科学、建构中国自主的知识体系为目标，下大力气提高学科年鉴编纂质量，实现高质量发展。

一是统一学科年鉴的体例规范。学科年鉴必须是成体系的，而不是凌乱的；是规范的，而不是随意的。大型丛书的编纂靠的是组织严密，条例清楚，文字谨严。学科年鉴的体例要更加侧重于存史内容的发掘，对关乎学术成果、学术人物、重要数据、学术机构评价的内容，要通过体例加以强调和规范。哲学社会科学所有学科年鉴，应当做到"四个基本统一"：名称基本统一，体例基本统一，篇幅基本统一，出版时间、发布时间基本统一。

二是增强学科年鉴的权威性。年鉴的权威性，说到底取决于内容的权威性。学科年鉴是在对大量原始信息、文献进行筛选、整理、分析、加工的基础上，以高密度的方式将各类学术信息、情报传递给读者的权威工具书。权威的内容需要权威的机构来编纂，来撰写，来审定。学科综述是学科年鉴的灵魂，也是年鉴学术评价功能的集中体现，必须由权威学者来撰写学科综述。

三是要提高学科年鉴的时效性。学科年鉴虽然有存史功能，但更多学者希望将其作为学术工具书，从中获取对当下研究有价值的资料。这就需要增强年鉴的时效性，前一年的年鉴内容，第二年上半年要完成编纂，下半年完成出版。除了加快编纂和出版进度，年鉴的时效性还体现在编写的频度上。一级学科的年鉴，原则上都应当一年一鉴。

3. 不断扩大学科年鉴影响力

学科年鉴的价值在于应用，应用的前提是具有影响力。要通过各种途径，让学界了解学科年鉴，接受学科年鉴，使用学科年鉴，使学科年鉴真正成为学术研究的好帮手。

一是加强对学科年鉴的宣传。"酒香也怕巷子深"。每部学科年鉴出版之后，要及时举行发布会，正式向学界介绍和推出，提高学科年鉴的知名度。编纂单位也要加大对学科年鉴的宣传，结合学会年会、学术会议、年度优秀成果评选等活动，既加强对学科年鉴的宣传，又发挥学科年鉴的学术评价作用。

二要在使用中提高学科年鉴的影响力。要让学界使用学科年鉴，必须让学科年鉴贴近学界的需求，真正做到有用、能用、管用。因此，不能关起门来编学科年鉴，而是要根据学界的需求来编纂，为他们了解学术动态、掌握学科前沿、开展学术研究提供便利。要确保学科年鉴内容的原创性、独特性，提供其他渠道提供不了的学术信息。实现这个目标，就需要在学科年鉴内容创新上下功夫，不仅是筛选和转载，更多的内容需要用心策划、加工和提炼。实际上，编纂学科年鉴不仅是整理、汇编资料，更是一项学术研究工作。

三是提高学科年鉴使用的便捷性。当今网络时代，要让学科年鉴走进千万学者中间，必须重视学科年鉴的网络传播，提高学科年鉴阅读与获取的便捷性。出版社要重视学科年鉴数据库产品的开发。同时，要注重同知识资源平台的合作，利用一切途径扩大学科年鉴的传播力、影响力。在做好国内出版的同时，还要做好学科年鉴的海外发行，向国际学术界推广我国的学科年鉴。

4. 注重完善学科年鉴编纂工作机制

实现学科年鉴的高质量发展，是一项系统工程，需要哲学社会科学界的集思广益，共同努力，形成推动学科年鉴工作高质量发展的工作机制。哲学社会科学学科年鉴编纂，中国社会科学院当然要当主力军，但并不能包打天下，应当充分调动哲学社会科学界的力量，开展协调创新，与广大同仁一道，共同编纂好学科年鉴。

学科年鉴管理部门和编纂单位不仅要逐渐加大对学科年鉴的经费投入，而且要创新学科年鉴出版形式，探索纸本与网络相结合的新型出版模式，适当压缩纸本内容，增加网络传播内容。这样做，一方面可提高经费使用效益，另一方面，也有利于提升学科年鉴的传播力，进一步调动相关单位、科研人员参与学科年鉴编纂的积极性。

随着学科年鉴规模的扩大和质量的提升，可适时启动优秀学科年鉴的评奖活动，加强对优秀年鉴和优秀年鉴编辑人员的激励，形成学科年鉴工作良性发展的机制。要加强年鉴工作机制和编辑队伍建设，有条件的要成立专门的学科年鉴编辑部，或者由相对固定人员负责学科年鉴编纂，确保学科年鉴工作的连续性和编纂质量。

出版社要做好学科年鉴出版的服务工作，协调好学科年鉴编纂中的技术问题，提高学科年鉴质量和工作效率。除此之外，还要下大力气做好学科年鉴的市场推广和数字产品发行。

说到这里，可将本文的结论做如下归结：学科年鉴在加快构建中国特色哲学社会科学、建构中国自主知识体系中的地位和作用既十分重要，又异常关键，我们必须高度重视学科年鉴的编纂出版工作，奋力谱写哲学社会科学学科年鉴编纂工作新篇章。

第一篇

特　稿

准确全面把握新时代民族工作主线
推动铸牢中华民族共同体意识研究

宁夏大学　彭向前

为促进各民族共同团结奋斗、共同繁荣发展，最终实现中华民族伟大复兴，习近平总书记号召新时代民族工作要以铸牢中华民族共同体意识为主线。为精准把握新时代民族工作主线，推动中华民族共同体意识研究，亟须构建有中国特色的民族史理论体系与话语体系，揭示在我国各民族共同缔造统一国家的历史进程中中华民族共同体已经客观存在；加强对"前中华一体"时期辽、西夏、金史研究，更加深刻地认识中华民族共同体的形成过程；重视民族古文字及其文献研究，为阐明唇齿相依、血脉相连的中华民族共同体的形成提供实证；从中华民族多元一体格局出发，向青年学子阐明唇齿相依、血脉相连的中华民族共同体的形成过程，从"自在"、"自觉"到"自强"的发展过程，使其树立正确的历史观、民族观、国家观、文化观，培养中国特色社会主义合格建设者和可靠接班人；在社会上普及民族史学理论知识，使"三个离不开""五个认同"等思想观念深深扎根各族群众心中，使民族地区领导干部树立对我国多民族历史认识上的正确观点，为其在实际工作中处理错综复杂的民族问题提供理论依据和历史依据。

党的十八大以来，习近平总书记深刻把握民族工作的历史方位和时代课题，对铸牢中华民族共同体意识作出一系列重要论述。"中华民族共同体意识"这一概念被官方正式提出以来，其话语表述经历了从"牢固树立中华民族共同体意识"到"积极培养中华民族共同体意识"，再到"铸牢中华民族共同体意识"的发展过程。在2019年9月召开的全国民族团结进步表彰大会上，习近平总书记要求"以铸牢中华民族共同体意识为主线，把民族团结进步事业作为基础性事业抓紧抓好"。高校和科研院所在中华民族共同体意识研究方面具有天然的优势和不可推卸的责任，中央统战部、中央宣传部、教育部、国家民委依托高校和科研院所，共同建设一批铸牢中华民族共同体意识研究基地。精准把握新时代"铸牢中华民族共同体意识"这一民族工作主线，促进各民族共同团结奋斗、共同繁荣发展，对实现中华民族伟大复兴具有重要意义。

一　构建有中国特色的民族史理论体系

中华民族共同体孕育于中华文明数千年的历史长河中，一部中国史，就是一部各民族交融汇聚成多元一体中华民族的历史，就是各民族共同缔造、发展、巩固统一的伟大祖国的历史。西方学者脱离中国特定的历史背景，把少数民族与汉族的关系看成截然对立的，把辽、西夏、金、元、清这些由少数民族建立起来统治华夏地区的朝代统称"征服王朝"，不承认少数民族是中国的一部分，否定我国是统一的多民族国家。而当前中国民族史研究领域理论研究与学科话语体系建设明显不足，特别是一些研究简单采用近现代西方的民族国家理论，生搬硬套一些观点，对中华民族的形成存在曲解和误读，消解着中华民族的凝聚力。

铸牢中华民族共同体意识，必须构建中国特色民族史理论体系。我国自古以来就是一个统一的多民族国家，在关于天下观、夷夏观、文明秩序等方面形成一系列颇具概括力和表现力的观念，渗透和支配中国人心灵数千年。在中国古代先民心目中，包含"中国"和蛮、夷、戎、狄五方之民在内的"天下"，具有某些现代国家的属性。夷夏的关系如同阴阳，"中国之有夷狄，如昼之有夜，阳之有阴"①，双方互相依存，不可分割。在春秋大一统学说中，"中国"和"天下"终究是要合一的，"华夷一体"的出现是历史的必然。②

在先秦时期的一系列经籍中，这方面具有代表性的论述有两种：一是"畿服"理论，二是"春秋三世说"。先看"畿服"理论。古代中国人在"天圆地方"说的影响下，认为天穹如盖，大地方正，"中国"居其中，四夷环绕于外，由此形成了中心与边缘的概念，文明与野蛮的对立。大地就像一个四方形的棋盘一样向四周发散出去，中央为地方千里的"王畿"，由内而外每五百里为一"服"。"畿"是就其地域而言；"服"是就其职位而言。服，即"服事天子"，有"五服"或"九服"之分。"五服"为甸服、侯服、绥服、要服、荒服③，"九服"为侯服、甸服、男服、采服、卫服、蛮服、夷服、镇服、藩服④，这套理论在那些通常题作"禹贡"、"华夷"、"贡职"或"舆地"的天下地图里，有直观的描述。"畿服理论"有三点值得注意：其一，真正具有某些现代国家属性的是古代天子所统的"天下"，而非诸侯所治理的"国家"。"溥天之下，莫非王土；率土之滨，莫非王臣"⑤，邦国的土地和所有民众，

---

① （宋）范祖禹：《唐鉴》卷6，商务印书馆影印文渊阁四库全书本。
② 陈玉屏：《略论中国古代的"天下"、"国家"和"中国"观》，《民族研究》2005年第1期。
③ （元）朱祖义：《尚书句解》卷3，商务印书馆影印文渊阁四库全书本。
④ （东汉）郑玄：《周礼注疏》卷33，商务印书馆影印文渊阁四库全书本。
⑤ （南宋）王质：《诗总闻》卷13《北山》，商务印书馆影印文渊阁四库全书本。

在理论上是属于天子的。"礼乐征伐，自天子出"①，重大事情的决定权在天子。邦君们只是受天子委托，在封地上进行代管性质的统治，只有治权而无主权，并对天子承担若干义务。其二，古代"中国"的含义。"畿服"理论是一种文明秩序的安排，存在着文化上的层级意义，即地理空间越靠外缘，就越是荒无人烟，就越野蛮，越缺乏文化气息，文明的等级也就越低。"中国"和"夷狄"并非完全是种族概念，而是先进与落后、文明与野蛮的文化概念。古代"中国"并非是一个政权的名称，而是随着所指对象不同具有不同的含义，包括一国之中心（本义）、地域意义上的"中国"（中原）、种族概念上的"中国"（汉族）、文化意义上的"中国"（礼），重点在于"文化中国"。其三，天下包含"中国"和蛮、夷、戎、狄五方之民。中国古代人文世界中的"外部"，不是指"天下"之外的外部，而是指"天下"之中的外部，即与中心相对的边缘部分。内部和外部的关系被界定为中心和外围的关系。如北宋石介认为："天处乎上，地处乎下，居天地之中者曰中国，居天地之偏者曰四夷，四夷外也，中国内也，天地为之乎内外，所以限也。"② 这段话很好地说明了"内""外"在中国传统语境中即中心和偏远的意思。"中国"居中，属于天下范围无疑；四夷虽居外、居偏，但仍在天下范围之内，双方共处于"天下"这个统一体中。"畿服"理论恰好契合于我们现在所说的"三个离不开"，即"汉族离不开少数民族，少数民族离不开汉族，各少数民族之间也互相离不开"。

再看"春秋三世说"。此说乃《公羊》学派首创，东汉经学大师何休作了进一步发挥，将《春秋》所记242年的历史，理想化地分为三个阶段："所传闻之世"、"所闻之世"和"所见之世"。③ 所谓"见治起于衰乱之中"的"可传闻之世"，正是对天下万国、夷夏分化尚不分明的状态的描绘。此时各邦国或曰各族群之间异多于同，各家都循内外有别的原则行事，这就叫"内其国而外诸夏"。这里的诸夏，指后世那些"诸夏"之国的前身。随着历史的发展，同遵周礼的华夏集团形成。华夏诸国制度文化、精神文化大同小异，而与蛮、夷、戎、狄集团差异明显，故而此时世曰"升平"，"内诸夏而外夷狄"。"春秋三世说"的高明之处还在于提出了一个"著治太平"的"所见之世"，即所谓"太平之世"的到来。到了太平之世，"夷狄进至于爵"。此时，蛮、夷、戎、狄之邦，制度文化已赶上诸夏的水平，其君主俱受封为诸侯，与诸夏无内外之别，于是"天下远近小大若一"，即四夷都变成了"中国"，"中国"与"天下"合而为一。"春秋三世说"的可贵之处在于：不将华夷之别凝固化、永久化，认为随着历史的发展，夷狄将赶上诸夏的发展水平，华夷之间的差别不复存在，华夷一体终将实现。"春秋三世说"正好反映出民族是一个历史范畴、民族融合

---

① 何晏：《论语注疏》卷16，商务印书馆影印文渊阁四库全书本。
② 石介：《祖徕石先生文集》卷10，中华书局1984年版，第116页。
③ 何休：《春秋公羊传注疏》卷1，商务印书馆影印文渊阁四库全书本。

是民族发展的归宿这一客观历史规律，与我们现在所提倡的"中华一体"有异曲同工之妙。

总之，基于中国古代历史的特殊性，我们把研究工作强行纳入西方民族国家史学范式，无异于削足适履。当务之急，是对构建中国特色民族史理论体系在内容上作出顶层设计，明确研究方向，强化政治引领。顶层设计以习近平新时代中国特色社会主义思想为指导，深入贯彻习近平总书记在全国民族团结进步表彰大会上的讲话精神以及总书记给中国历史研究院贺信精神，坚持历史唯物主义和辩证唯物主义的理论方法，尊重历史、实事求是，在中国特定历史背景中解读民族史。树立文化自信，摒弃简单采用近现代西方民族国家理论的做法，当然也不能一味地照搬古人。揭示在我国各民族共同缔造统一国家的历史进程中中华民族共同体已经客观存在，构建有中国特色的民族史概念体系、叙事体系、话语体系，铸牢中华民族共同体意识，服务中华民族伟大复兴战略全局。

二　加强"前中华一体"时期民族史研究

在中华一体的形成过程中，10—13 世纪的辽宋西夏金时期是一个关键时期，值得历史工作者深入研究。我国统一的多民族国家在秦汉形成以后，先后经历了两次民族大融合时期，第一次是 3—6 世纪魏晋南北朝时期，第二次即 10—13 世纪五代十国、辽宋西夏金时期。此一时期民族关系民族意识发生重大转折性的变化，宋人富弼在论述古今夷狄不同时，一口气列举了八个方面，说辽和西夏："自契丹侵取燕、蓟以北，拓跋自得灵夏以西，其间所生英豪，皆为其用。得中国土地，役中国人力，称中国位号，仿中国官属，任中国贤才，读中国书籍，用中国车服，行中国法令，是二敌所为，皆与中国等。而又劲兵骁将长于中国，中国所有，彼尽得之，彼之所长，中国不及。当以中国劲敌待之，庶几可御，岂可以上古夷狄待二敌也。"① 钱彦远也认为："古者，夷狄言语衣服与中国不同，其来也，不过驱老弱，掠畜产而已。今契丹据山后诸镇，元昊盗灵武银夏，衣冠、车服、子女、玉帛，莫不用之。"② 古人虽然也多少指出了上述变化，但囿于狭隘的民族主义观点，他们不可能意识到这种变化所具有的重大意义。今人对这种变化作出高度评价，认为辽宋西夏金时期，历史的发展正由"天下一体"向"中华一体"过渡，被称为"前中华一体"时期，为后来的元朝实现统一的全国的中国、中华创造了条件，元朝的建立标志着统一的多民族"中华一体"的开始。③

---

① （南宋）李焘：《长编》卷 150 庆历四年六月戊午。
② （南宋）李焘：《长编》卷 159 庆历六年八月癸亥。
③ 张博泉：《中华一体的历史轨迹》，辽宁人民出版社 1995 年版，第 93—115 页。

在 2019 年召开的全国民族团结进步表彰大会上，习近平总书记明确指出，"我们悠久的历史是各民族共同书写的。分立如南北朝，都自诩中华正统；对峙如宋辽夏金，都被称为'桃花石'；统一如秦汉、隋唐、元明清，更是'六合同风，九州共贯'"。辽宋西夏金时期，各民族政权皆不自外于封建王朝序列，主张"中国"与"正统"不以民族来划分，而以文化为核心标准。它们在认同宋朝为中国的同时，认为自身也具有正统地位，也有资格称"中国"。① 契丹人受其先祖鲜卑人的影响，建国之后即因袭鲜卑人附会自己为"炎黄子孙"自称"中国"的传统，开始以"中国"自居。《辽史·耶律倍传》记载，辽太祖曾"问侍臣曰：'受命之君，当事天敬神。有大功德者，朕欲祀之，何先？'皆以佛对。太祖曰：'佛非中国教。'（耶律）倍曰：'孔子大圣，万世所尊，宜先。'太祖大悦，即建孔子庙，诏皇太子春秋释奠。"② 此语是辽太祖站在"中国"立场上以"中国人"自诩的一种表现。到辽圣宗后期，又萌生自称"中国正统"的思想意识。《松漠纪闻》记载，"大辽道宗朝，有汉人讲《论语》，至'北辰居其所而众星拱之'，道宗曰：'吾闻北极之下为中国，此岂其地邪？'"③ 众星拱卫的北极，为天之中。辽道宗特别强调北极之下为"中国"，无疑是以"天下之中"的中央之国自居而自称"中国"的一种表现。金人进入中原地区以后，即继承汉儒"中原即中国"的理念。在历代封建王朝中，金朝统治者尤其青睐于祭祀名山大川，此举无非意在证明自己是继承中原的统绪，是中国王朝的一分子。④ 赵秉文《蜀汉正名论》："《春秋》诸侯用夷礼则夷之，夷而进于中国则中国之。西蜀僻陋之国，先主、武候有公天下之心，宜称曰汉。汉者，公天下之言也。自余则否。"⑤ 可见赵秉文继承了用文化区别中国和夷狄的思想，意在为金朝自称中国正统张目。西夏虽然尚未发现其自称"中国"的记载，但有资料显示西夏是超越五代、北宋，直接继承唐朝为正统。如西夏国名"大白高国"，是受其在五德中的行序"金德"而决定，以白为高，进而以色尚称国。西夏以大唐王朝的土德为续统，土生金，宣称"国属金"⑥，此举意在表明他们是继唐王朝之后统治西北地区的，从而将自己的政权纳入华夏正统传承序列之中。⑦ 西夏仁宗仁孝时期儒学发展达到顶峰，人庆三年（1146）"尊孔子为文宣帝"⑧，超过中原王朝"文宣王"的封谥规格。按照

---

① 赵永春：《试论辽人的"中国"观》，《文史哲》2010 年第 3 期；赵永春：《试论金人的"中国"观》，《中国边疆史地研究》2009 年第 4 期；马升林、彭向前：《试论辽宋西夏金时期少数民族政权的"中国观"》，《宁夏社会科学》2020 年第 2 期。

② （元）脱脱等：《辽史》卷 72《耶律倍传》，中华书局 1974 年版。

③ （南宋）洪皓：《松漠纪闻》卷 1，明正德嘉靖顾氏文房小说本。

④ 庞倩：《试论金代对正统地位的塑造》，硕士学位论文，宁夏大学，2013 年。

⑤ （金）赵秉文：《滏水集》卷 14，商务印书馆影印文渊阁四库全书本。

⑥ ［俄］克恰诺夫、李范文、罗矛昆：《〈圣立义海〉研究》，宁夏人民出版社 1995 年版。

⑦ 王炯、彭向前：《"五德终始说"视野下的"大白高国"》，《青海民族学院学报》2009 年第 3 期。

⑧ （元）脱脱等：《宋史》卷 486《夏国传下》，中华书局 1977 年版。

孔子以"礼"区分中国和四夷的标准，西夏无疑可以列入"文化"意义上的中国。研究这一时期历史，应注重强调辽、宋、西夏、金各朝都自视为中华文明的继承者，为此后中国的大一统准备了条件。宋朝在全国政治、经济、文化中具有核心地位，是当时各民族发展的压舱石。各少数民族王朝互学互鉴，为构建"中华民族多元一体"格局，共同缔造中华文明做出了历史性贡献。①

总之，辽宋西夏金时期已经出现了人不分华夷、地不分南北，皆可称"中国"的"大中国"意识，"中国"的范围由外而内，以旋涡的形式扩大了，学界称之为"前中华一体"时期，元代统一后，"中国"与"天下"合而为一，标志着"中华一体"的局面开始形成。可以这样说，没有辽宋西夏金时期在局部统一基础上的民族融合与经济、文化交流，就没有元明清时期空前的大统一。加强对"前中华一体"时期辽、西夏、金史研究，可以更加深刻地认识中华民族共同体的形成过程。

三　重视民族古文字及其文献研究

少数民族古文字大多是参照和借鉴汉字造成的。如北方的西夏文、契丹文、女真文等；南方的壮侗语族中有方块壮字、方块布依字、方块侗字、方块毛南字、京文、水书等，藏缅语族有方块白文、方块哈尼文，苗瑶语族有女书、瑶文、方块苗文等。

各民族古文字及其文献形象地展示了各民族的深度交往和文化的高度融合，生动地记录了边疆与内地的关系、少数民族与中央王朝的关系。尤其是用少数民族文字翻译的汉文典籍，从中可以获得中原政权和周边民族在文化上互动的史实，是研究中华民族共同体意识的宝贵资料。

以"夏译汉籍"为例。"夏译汉籍"特指用西夏文翻译的汉文世俗典籍，不包括大量译自汉文的佛经。其种类丰富，包括译自汉文的儒经《论语全解》《孟子》《孟子传》《孝经》《孝经传》，兵书《孙子兵法三注》《孙子兵法》《六韬》《黄石公三略》《将苑》，道家著作《孔子和坛记》，医书《明堂灸经》，史书《十二国》《类林》《贞观政要》，童蒙读本《经史杂抄》以及西夏人依据汉文典籍编译而成的《新集慈孝传》《德行集》等七大类 21 种，遍及汉文典籍中的精华，皆属善本之列。"夏译汉籍"的研究价值是多方面的，除了在西夏语文译释研究方面有重要价值外，对西夏文化发展史、思想史以及中国文献史和民族文化交流史的研究也具有重要价值。"夏译汉籍"文献学价值主要表现在版本、校勘、训诂方面。在版本价值方面。"夏译汉籍"距今上千年左右，底本有的亡佚不存，有的由于宋朝严行书禁，或为官本所不收，或为官本以外的别本，从中可以反映出未经宋人编辑的汉文古本原貌，能够为我们探索唐宋时期今本的形成过程提供新的线索和启发，具有重要的版本价值。在

---

① 史金波：《深入推进宋辽夏金史研究的思考》，《河北学刊》2020 年第 5 期。

校勘价值方面。"夏译汉籍"所依据的底本均为北宋或北宋以前的古本，皆属善本之列，可以作为校勘之资。在训诂价值方面。"夏译汉籍"在诠释字词及名物、制度方面，可以填补古代注家的空缺，具有独特的训诂价值。借助中国古代少数民族语言来阐释汉文古书，与传统的"以书校书"的做法迥然不同，可以解决许多以前所不能解决的问题，从版本、校勘、训诂等方面全方位促进中华传统典籍研究。"夏译汉籍"反映出传统优秀文化是各民族共同传承和发展的，相关研究可以为阐明唇齿相依、血脉相连的中华民族共同体的形成过程提供实证。①

儒经在西夏流传广、影响深。西夏人在对宋交往中，就曾不止一次地引用《孟子》以维护本国的利益。如《宋大诏令集》卷二三五《赐夏国主给还绥州誓诏》开头，装叙西夏誓表部分较为完整，其中有这么一段："非不知畏天而事大，勉坚卫国之猷，背盟者不祥，寅懔奉君之体。若乃言亡其实，祈众神而共诛；信不克周，冀百殃而咸萃。自敦盟约，愈谨守于藩条；深愧愆尤，乞颁回于誓诏。"宋熙宁二年，即夏乾道二年（1069），因秉常进誓表，乞颁誓诏，及请以安远、塞门二砦易绥州，遂赐以誓书。西夏誓表中所谓"畏天而事大，勉坚卫国之猷"，当语出《孟子·梁惠王下》："齐宣王问曰：'交邻国有道乎？'孟子对曰：'有。惟仁者为能以大事小，是故汤事葛，文王事昆夷。惟智者为能以小事大，故太王事獯鬻，勾践事吴。以大事小者，乐天者也；以小事大者，畏天者也。乐天者保天下，畏天者保其国。'"再如《续资治通鉴长编》记载，元丰五年，即夏大安八年（1082），夏国南都统、星茂威明吉禒在永乐之役大获全胜后，欲趁势求和，在致书宋环庆路经略使卢秉时，曾直接提到《孟子》一书："昨朝廷暴驱甲兵，大行侵讨，盖天子与边臣之议，谓夏国方守先誓，宜出不虞，五路进兵，一举可定，遂有去年灵州之役，今秋永乐之战，较其胜负，与夫前日之议，为何如哉？且中国非不经营之，五路穷讨之策既尝施之矣，诸边肆挠之谋亦尝用之矣，知侥倖之无成，故终归乐天事小之道。兼夏国提封一万里，带甲数十万，西连于阗，作我欢邻，北有大燕，为我强援。今与中国乘隙伺便，角力竞斗，虽十年岂得休哉？念天民无辜，被兹涂炭之苦，《孟子》所谓'未有好杀能得天下'者也。"② 文中的"乐天事小"，显然是化用上引《孟子·梁惠王下》中的"以大事小者，乐天者也"。而"《孟子》所谓'未有好杀能得天下'者也"，则化用《孟子·尽心下》"不仁而得国者有之矣。不仁而得天下者，未之有也"。这里尤其值得注意的是，中原王朝传统的"天下观"业已为西夏王朝所接受，西夏主动承认与宋朝双方共处于"天下"这个统一体中。由此可见，西夏不仅如上所述在时间上将自己的政权纳入华夏正统传承序列，以大唐王朝的土德为续统，以金德自居；在空间上也将自己的政权与北宋王朝纳入同一个"天下"，大小相依，不可分割。西方学者

---

① 彭向前：《夏译汉籍的学术价值》，《文史知识》2017年第3期。

② （南宋）李焘：《续资治通鉴长编》卷331元丰五年十一月。

长期以来错误地认为，党项族建立的西夏是属于中亚系统的独立国家，实际上西夏王朝从来也没有自外于"中国"。西夏是中世纪中国地方割据政权，而不是独立国家，更不是属于中亚系统的独立国家，西夏历史只能是中国历史不可分割的一部分。[①]

历史上用少数民族文字翻译的汉文典籍，实际上是中原王朝对周边少数民族实行影响、少数民族对汉族传统文化认同的一种体现。这种文化认同，是中国之所以成为一个历史悠久的、统一的多民族国家的思想基础，也是中华民族凝聚力的内在底蕴，对当前铸牢中华民族共同体意识具有重大的现实意义。

四　重视打造历史学课程思政体系

在高校开展铸牢中华民族共同体意识教育活动中，重视打造历史学课程思政体系。深入发掘历史中的优质思政教学资源，揭示在我国各民族共同缔造统一国家的历史进程中，中华民族共同体自华夷五方格局形成之初即已经客观存在。

中华民族作为一个自在的民族实体是几千年的历史过程所形成的，作为一个自觉的民族实体，则是近百年来中国和西方列强对抗中出现的。在近现代救亡图存的共同斗争中，我国各民族产生了同属中华民族的强烈认同感。鸦片战争之后的 100 多年间，面对亡国灭种的空前危机，各族儿女团结抗争、共赴国难，休戚相关的共同体特征更加凸显，中华民族意识应运而生。在当代中国发展进步的宏伟征程中，中华民族共同体意识不断强化巩固。在中国共产党的领导下，各族人民并肩浴血奋战，打败了封建地主阶级、官僚资产阶级和帝国主义列强等内外敌人，缔造了中华人民共和国，赋予了中华民族全新的意义。各民族携手走过新民主主义革命、社会主义建设和改革开放各个历史时期，迎来中华民族走向伟大复兴的新纪元。国家实力的不断增强、国际地位的不断上升、人民生活的不断改善，极大地激发了全体中国人的国家认同感，显著增强了中华民族共同体意识。2017 年党的十九大修改《党章》，增加了"铸牢中华民族共同体意识"的表述。2018 年第十三届全国人民代表大会第一次会议通过的《宪法修正案》，首次将"中华民族"写入宪法。

构建有中国特色的民族史理论体系，从中华民族多元一体格局出发，向青年学子阐明唇齿相依、血脉相连的中华民族共同体的形成过程，从"自在"、"自觉"到"自强"的发展过程，使其树立正确的历史观、民族观、国家观、文化观，培养中国特色社会主义合格建设者和可靠接班人。

---

① 李华瑞：《西夏是一个中亚国家吗？——评俄国近三十年的西夏史研究》，杜建录主编《西夏学》，第 20 辑，甘肃文化出版社 2020 年版。

五 普及民族史学理论知识

社会上有不少人囿于所学专业,加上工作繁忙,民族史学理论知识匮乏,不知道应该如何认识中国历史上的民族战争,如何看待中国历史上的疆域,如何评价少数民族的历史作用,等等。如对网络上流行的"崖山之后无中国,明亡之后非华夏"的言论持相同看法,更有甚者,把中国古代史上的民族战争与日寇入侵相提并论,根本不了解兄弟阋墙与共御外侮有着质的不同。实际上,此类观点是西方学者"征服王朝"论的翻版,都是把少数民族与汉族对立起来。我们要充分认识到这些观点的危害性,坚决予以抵制,自觉维护和巩固多民族国家的主权认同和领土完整。

尤其是在民族地区工作的领导干部,举手投足代表着党和政府在各民族群众心目中的形象,身负引领和塑造社会风气的责任,言行标准自然要高于普通公众,在他们中间普及民族史学理论知识,使之树立对我国多民族历史的正确观点,可以为其在实际工作中处理错综复杂的民族问题提供理论依据和历史依据,对维护安定团结的政治局面,对促进地方经济、文化建设和社会发展具有重要作用。

史学工作者在积极构建有中国特色的民族史理论体系与话语体系的同时,还应肩负起普及民族史学理论知识的重任,从中华民族多元一体格局出发,向社会各界阐明唇齿相依、血脉相连的中华民族共同体的形成过程,使"三个离不开""五个认同"等思想观念深深扎根各族群众心中,铸牢中华民族共同体意识,为实现中华民族伟大复兴贡献智慧和力量。

第二篇

研究综述

2019 年辽史研究综述[*]

2019 年辽史研究综述[*]

西北大学　武亚南　王善军[**]

2019 年辽史研究取得了很大发展，研究成果颇为丰富。据不完全统计，全年出版专著 20 余部，发表论文 200 多篇。

综合性研究方面：程妮娜《黑龙江通史·辽金卷》（社会科学文献出版社）叙述了辽金统治下黑龙江地区各民族社会文化变迁的历史，认为在南北文化的碰撞下，当地的政治、社会、经济、文化、思想都发生了重要变化，展现了我国"中华民族多元一体"发展的历史轨迹。

政治方面：都兴智《东丹史》（中国社会科学出版社）论述了东丹国的政治、经济、文化、民俗及重要的历史人物等。在东丹国号、大氏姓氏、国民南迁时间、官制、东丹国罢废时间等问题上都提出了与以往不同的观点。同时还就东丹国民流向及相关的历史地理问题等进行了论述和考证。武玉环《辽金职官管理制度研究》（人民出版社）从统一的多民族国家角度出发，对辽金王朝职官管理制度的发生、发展与演变进行了全面研究，涉及职官的选拔、考核、监察、奖惩、俸禄和致仕等方面。周峰《五代辽宋西夏金边政史》（花木兰文化事业有限公司）对五代辽宋西夏金时期各个政权的边政进行了概括性的梳理，主要方面包括各个政权的疆域、治边机构、治边思想、治边措施和边疆发展等。韦兵《完整的天下经验：宋辽夏金元之间的互动》（北京师范大学出版社）从观念和实证两方面论述华夏天下世界的多元一体，认为夷、夏的互动构成了中国，理解中国的关键就是要从这种双向、动态的"势"去把握，这才是完整的天下经验。郑毅《辽朝的建立及其边疆经略——契丹与漠北、中原、东北的地缘政治变迁》（东北大学出版社）以地缘政治为视角探讨了辽朝边疆经略的有关问题，包括契丹建国前史、阿保机到天祚时期的边疆与边政等内容。

思想文化方面：高福顺《教育与辽代社会》（人民出版社）从教育与社会生活互动视角出发，通过对教育政策的创立与发展、官学教育体系的构成、私学教育的类型

---

　* 基金项目：本文系国家社会科学基金重大项目"辽宋西夏金元族谱文献整理与研究"（课题编号：19ZDA200）的阶段性成果。

　** 武亚南，男，河北邯郸人，西北大学历史学院在读博士研究生，主要从事辽金史研究。王善军，男，山东沂南人，西北大学历史学院教授、博士生导师，主要从事辽金史、宋史、中国社会史研究。

与实施、儒学教育及其社会实践、佛学与道学教育的社会实践、社会教育与科技教育等方面进行全面、系统的分析与梳理，揭示"契丹辽文化"形成的内在因素与民族特色。蒋金玲《辽朝对中原王朝外交思想研究》（吉林大学出版社）分辽太祖太宗、辽世宗至辽景宗、辽圣宗、辽兴宗至天祚帝共4个时期论述了辽朝对后梁、后唐、后晋、后汉、后周、北汉以及北宋等中原王朝的外交思想，认为辽朝外交思想及其支配下的外交实践，为"中国多元一体"理论的构建提供了思想层面和实践层面的双重指导。傅林《契丹语和辽代汉语及其接触研究》（商务印书馆）利用契丹语文本和汉语相关文本对契丹语和辽代汉语做综合研究。

考古文物方面：黄小钰《北京及周边地区辽代壁画墓研究》（科学出版社）利用考古类型学的方法，对北京及周边地区辽代壁画墓进行了系统的整理和分期分区研究，并结合文献史料对其反映的社会背景及文化渊源进行了分析和探讨。大同市博物馆编《契丹王朝——大辽五京精品文物展》（山西人民出版社）是以专题展览中相关展品介绍为主的图录，以纪念大同市博物馆建馆六十周年。

艺术史研究方面：张鹏《辽金皇家艺术工程研究》（浙江大学出版社）从美术史的研究视野出发，把考古发现与历史研究相结合，考察探讨辽金皇家艺术工程中所呈现出的艺术史要素，也涉及不同民族和不同阶层的文化取向、地域文化、历史渊源以及彼此之间的多元互动，有助于深化对辽金美术的理解。张明远《山西古代寺观彩塑·辽金彩塑》（山西人民出版社）全面介绍了辽金时期山西的寺观彩塑艺术。

本年度出版的论文集方面：贾淑荣、韩世明主编《辽金史论集》第十七辑（中国社会科学出版社），收录辽、金史研究和相关文章24篇。任爱君主编《契丹学研究》第一辑（商务印书馆），收录了23篇论文及学术动态评论，涵盖了历史学、考古学、文献学、语言学、地理学等多学科领域。辽宁省博物馆编《辽金历史与考古》第十辑（科学出版社），收录辽、金史研究和相关文章45篇。

普及类读物方面：邱树森《辽夏金元小史》（人民出版社），简明扼要地介绍了契丹、女真、西夏和元朝的历史。王冠臣《大辽晚歌》（中国文史出版社），运用文学的手法，描绘了有辽一代从兴到衰的历史。

另外，中华书局重印了已故辽史专家张正明的著作《契丹史略》，并改名为《契丹简史》。该书对契丹部落的形成、组织结构、社会制度、文化艺术、分裂变迁等做了全面研究。

以下分专题对本年度辽史研究的相关论文加以介绍。

（一）政治史

政治史仍然是辽史研究的重点，既包括对辽朝历史地位、政治事件、政治人物的研究，也包括对法律与军事、官制、统治政策、政权关系等方面的研究。

1. 辽朝历史地位

对于辽朝的历史地位，学界已有不少论断，但多是从经济、政治、军事和文化等角度来阐述其地位和影响。高福顺《辽朝在中国古史谱系中的历史定位》（《中国边疆史地研究》2019年第2期）从中国古史谱系的长时段视角考察辽朝的历史贡献，认为辽朝对中国北疆民族区域的鼎革与重建改变了中国古史谱系发展的历史走向，尤其是辽朝对中国北疆民族区域社会的整合力度，是任何朝代都无法比拟的。安北江《地缘政治与王朝秩序：8—13世纪"天下中国观"与"国家认同"演绎》[《河北师范大学学报（哲学社会科学版）》2019年第4期]对"天下中国"观的演绎与各民族政权之间的互动关系进行了探讨。

2. 政治事件

政治事件的多维度展开仍是政治史研究的重要议题。肖爱民《辽朝皇帝尊号中频繁使用天字的政治内涵分析》（《中国边疆史地研究》2019年第1期）认为，辽朝皇帝尊号中使用由"天"字构成的词素，在不同的时代背景下体现的政治内涵也不同。这种在尊号中频繁使用"天"字的政治内涵就是神道设教，表明君权神授，统治获得了天神的护佑、辅佐，为皇位披上一层神圣的合法外衣。肖爱民《辽朝追尊皇帝及其原因钩沉》[《内蒙古社会科学（汉文版）》2019年第2期]认为，在辽朝所追尊的7位皇帝中，耶律倍、耶律濬是因为后来儿子登基而追尊的；耶律李胡是圣宗为笼络李胡及其支持者的后裔而追尊的；兴宗追尊太祖之父、祖和天祚帝追尊太祖之曾祖、高祖，与辽中晚期自称中国、自比于华夏、自视为正统的政治环境有关。苗润博《被改写的政治时间：再论契丹开国年代问题》（《文史哲》2019年第6期）认为，契丹开国年代问题的根源并非不同文献系统的方枘圆凿，而是辽朝后期史官对太祖时代历史的重构与改造。康鹏《东丹国存亡问题再思考》（《北方文物》2019年第4期）认为，东丹仅可指称国家，不能指称族属，与渤海并不能等同。东丹国及东京地区与耶律倍一系、六院夷离堇房、横帐季父房之间并无明确的分封关系。曹流《子凭母贵与辽代继位三案》[《中央民族大学学报（哲学社会科学版）》2019年第5期]对辽太宗、世宗、穆宗继位三案予以分析，揭示出辽前期特有的凭借后族之力夺取皇位的"子凭母贵"现象，并指出其背后实为辽代两大后族的权力之争，即旧有契丹后族拔里氏支持下的东丹系与新兴契丹化的回鹘后族述律氏支持下的太宗系之间的皇权之争。冯科《契丹部落联盟时期"王""汗"称号及其关系——兼论"天皇王—天皇帝"称号及其双重性》[《内蒙古社会科学（汉文版）》2019年第6期]认为，契丹从部落联盟时期到建国后，契丹人"王""汗"相通的观念逐渐转变为"皇帝"与"（可）汗"互通。学界对契丹文字的解读也显示"王"与"汗"、"皇帝"与"（可）汗"具有互通关系。耿涛《"扶余之变"到"横渡之约"：辽世宗即位始末考辨》[《中央民族大学学报（哲学社会科学版）》2019年第6期]探讨了扶余之变以来契丹贵族政治斗争与辽世宗上位的关联，并揭示出辽世宗即位后所面临的政治困局。

3. 法律与军事

李文军《国家制度变迁中的"边疆资源"——辽代法制儒家化再思考》[《中央民族大学学报（哲学社会科学版）》2019 年第 4 期]认为，辽代法制儒家化并不是"汉化"，其实质更可能是，契丹统治者在保持民族特性的前提下，利用儒家法度对核心区域进行部分制度整合，借此实现对草原部族的更强控制。程麒《辽代连坐制探析——兼与契丹籍没法比较》[《河北北方学院学报（社会科学版）》2019 年第 5 期]认为，连坐制度在辽代的法律中占有重要地位，与籍没法贯穿辽代始终。辽代连坐制度体现了辽代法律蕃汉杂糅的特点，根本目的是维护辽代契丹贵族的统治。才俊良《试论辽道宗的法制改革》[《河北北方学院学报（社会科学版）》2019 年第 2 期]认为，辽道宗的法制改革违背了"因俗而治"的统治政策，加之地方司法审判能力缺失、吏治腐败和耶律乙辛擅权等因素，导致改革以失败告终。吴飞《"行逐水草"与"打草谷"——辽朝初期契丹军队后勤补给方式再研究》（《宋史研究论丛》第 25 辑，科学出版社）论述了辽朝初期契丹军队后勤的补给方式"行逐水草"与"打草谷"，同时也指出了这种补给方式的弊端。

4. 统治政策

周路星《文化、群体与认同：辽朝"汉契一体"观念的构建》（《阴山学刊》2019 年第 1 期）认为，辽朝统治者通过采取尊孔崇儒、建立汉城安置汉民、因俗而治等措施不断地构建汉契一体的新观念，辽境内的汉民对辽朝统治的认同感也日益增强。武文君与杨军《辽代山西诸州的一体化》（《古代文明》2019 年第 2 期）对山西诸州在辽代的军、政、财方面的一体化进程与面貌进行了梳理，进一步厘清了辽朝区划体系演变的脉络。祁丽与孙文政《耶律阿保机利用宗教构建与巩固皇权考略》（《哈尔滨学院学报》2019 年第 9 期）认为，耶律阿保机为了适应统治需要，采取"多教制衡"的策略，以达到巩固皇权的目的。李俊《论辽朝对铁骊的经略》（《呼伦贝尔学院学报》2019 年第 5 期）分三个阶段探讨了辽朝对铁骊的统治。

5. 政治制度

陈俊达与杨军《辽代节镇体制的唐五代渊源》（《唐史论丛》第二十九辑，三秦出版社）论述了契丹对唐五代节镇体制的接触，以及契丹引入节镇体制的历史脉络。李碧瑶《辽代巡检制度考述》（《东北亚研究论丛》第 11 辑，商务印书馆）论述了辽代各类巡检的职责和设置模式。鲁西奇《辽金时期北方地区的乡里制度及其演变》（《文史》2019 年第 4 辑）论述了辽金时期北方地区的乡里制度及其演变脉络，指出辽金时期北方地区的乡里控制体系，是在"北族"制度与"唐制"两大制度背景下变化发展而来的。陈德洋《辽代奉圣州节度使研究》（《宋史研究论丛》第 25 辑，科学出版社）就辽代奉圣州节度使选任的变迁来研究辽朝政治的变迁。

（1）官制

洪纬《"肇迹王业"——契丹于越研究》（《地域文化研究》2019年第3期）从于越任官者的政治活动角度出发，来探讨契丹建国前后于越一职的权力变化与于越权力的争夺，并在此基础上认识于越对于契丹建国与皇权的意义。鞠贺《辽朝惕隐研究》[《西北民族大学学报（哲学社会科学版）》2019年第1期]从惕隐的设置、分类、职能和转迁等几个方面进行了探讨。陈鹏《辽代地方监察体制研究》（《史学集刊》2019年第4期）认为，辽代地方监察体制呈现出层级化特点，存在道、镇、州三级监察区。此外，辽代存在临时遣使监察，是对地方三级监察体制的补充，强化了朝廷对镇、州的监控。张宏利《契丹建辽前后北南宰相府职能转变与地位变迁》（《保定学院学报》2019年第4期）认为，契丹建辽前后，北南宰相府地位由能够左右契丹民族发展、辽朝政治走向的权力中心，降为北枢密院辖下的管理全国部族事务的中央部族管理机构。

（2）对外关系、民族关系

辽朝的对外关系和民族关系研究本年度成果颇丰。魏志江与陶莎《辽帝国的国家安全思想研究》（《国际安全研究》2019年第5期）认为，辽帝国探索出了一套以"因俗而治"和"一国二元"体制为制度框架的国家政治和农耕与游牧并重的国家安全思想。陶莎《义理与时势：澶渊之盟后辽圣宗对高丽政策探析》（《江海学刊》2019年第2期）认为，辽圣宗在澶渊之盟后，对高丽政策转为强势，目的在于落实辽朝对高丽的宗主国身份。其背后原因是要树立君主权威、实现政治理想，希望借重构辽丽关系取得主导东北亚秩序的地位。田志光、李兵《宋辽无联姻现象再解析》（《中州学刊》2019年第3期）认为，北宋开始无联姻是出于汉民族对于联姻政策的反思以及国家利益的考量，其本质是汉民族国家以实际利益交换而维持与周边民族政权的稳定关系。佟薇、韩宾娜《渤海国据有辽东史事考》（《中国历史地理论丛》2019年第1期）从相关史料的辨析、渤海占据辽东的时间、渤海与契丹在辽东之地的博弈三个方面对渤海国是否据有辽东这一问题进行探讨。贾淑荣等《契丹与达斡尔族渊源考辨》[《内蒙古民族大学学报（社会科学版）》2019年第6期]认为，达斡尔在唐朝时即已作为独立的民族出现，是室韦中的达垢部，后被契丹征服。达斡尔族在形成过程中的确有契丹成分的加入，但其主体一直是达斡尔族。张敬坤《辽、宋交聘中的辽朝宴仪探析》（《保定学院学报》2019年第1期）对辽、宋交聘过程中的曲宴礼仪进行了探讨，认为辽朝对于中原王朝之礼乐文化有所吸收。宋凌云《辽与日本交往问题刍议》[《河北北方学院学报（社会科学版）》2019年第1期]认为，在辽塑造其正统地位的需要下，只需日本有名义上的贡即可；日本为摆脱朝贡体系的影响，对外交采取消极的锁国态势，此即两者交往甚少的主要原因。辛时代《东北亚政局下的契丹与隋朝关系研究》[《渤海大学学报（哲学社会科学版）》2019年第1期]认为，有隋一代，契丹对隋朝贡6次，其中5次在文帝时期，1次在炀帝时期，这种情况与东北亚的政局发展紧密相关。黄为坊《试析辽代渤海移民的生存状态》（《东北亚研究论丛》第 11 辑，商务印书馆）论述了辽代渤海移民的类型、所从事的生产交换活动和他们当时的生存状态。孙昊《10 世纪契丹西征及其与辖戛斯人的交通》（《欧亚学刊》新 9 辑，商务印书馆）论述了契丹与辖戛斯进行交通的政治信道，以及沿途的地缘政治关系，认为政治因素的作用比较突出。蒋武雄《宋使节在不同时间和季节使辽的原因与影响》（《成大历史学报》第 56 期，2019 年 6 月）探讨了宋朝使节于比较固定的冬季外，在不同时间和季节使辽的原因以及影响。

近年来随着国家对"一带一路"的提倡，草原丝绸之路的相关研究开始成为热点。丝路研究的升温，也反映了历史研究和现实的紧密结合。魏志江、杨立中《论辽与内陆亚洲的关系》（《江海学刊》2019 年第 2 期）探讨了辽与内陆亚洲诸国高昌回鹘、于阗、东、西喀喇汗国以及伽色尼王朝等国的政治、外交和经贸关系。李雪峰与艾冲《西夏与辽朝交通干线"直路"的开辟与作用》（《甘肃社会科学》2019 年第 6 期）对西夏与辽交通往来的干道进行了研究，对深入研究夏辽关系和草原丝绸之路西南线的形成与发展具有一定的意义。周路星《辽代和亲政策与草原丝绸之路的繁盛》（《唐山师范学院学报》2019 年第 2 期）对辽朝经营下的草原丝绸之路进行了探讨。

（3）政治人物

近年来对于辽代政治人物的研究开始借鉴社会心理学的方法，分析人物的心理因素与政治事件的联系，产生了新的学术研究范式。税玉婷《耶律阿保机的情感生活与辽初政治》[《赤峰学院学报（汉文哲学社会科学版）》2019 年第 5 期]认为，耶律阿保机夫妇与三子的感情亲疏，使二人对皇位继位人有着的不同的考量，并进而影响着辽朝政治的走向。从帝王情感视角进行研究的文章还有刘丽影《辽景宗的情感世界与辽朝中期政局》、王征《辽道宗的情感世界与辽朝后期政治——以萧观音案为中心》、王金秋《天祚帝的情感世界与辽朝灭亡》[《赤峰学院学报（汉文哲学社会科学版）》2019 年第 5 期]。王金秋《辽穆宗精神分裂疾病问题研究》[《赤峰学院学报（汉文哲学社会科学版）》2019 年第 10 期]认为，辽穆宗嗜睡、酗酒、滥杀等行为，均是其患有精神分裂症的表现，同时也导致辽穆宗对外决策失误，使辽朝陷入内外交困的不利境地。魏聪聪《辽代画院待诏张文甫小考》（《美术》2019 年第 5 期）对张文甫及其绘画风格进行考证分析，对辽代绘画史的研究具有一定价值。李耀兴《辽太宗之子罨撒葛考》[《河北北方学院学报（社会科学版）》2019 年第 1 期]认为，辽太宗之子罨撒葛，其名可能具有大帐皮室的含义，且其应为辽太宗第三子，是辽朝第一位拥有皇太叔称号的人。卢修龙《辽世宗被弑原因探微》（《佳木斯大学社会科学学报》2019 年第 1 期）认为，辽世宗称帝后册立汉女甄氏为后、继续南征中原以及亲任察割，借此摆脱契丹后族势力的掣肘，是其遇弑的关键因素。

（二）经济史

2019 年度关于辽代经济史的研究成果，在数量上比往年稍多，主要分为人地关系、商业、农牧业和手工业、财政货币等方面。

1. 人地关系

王金秋《辽代人地关系研究》［《赤峰学院学报（汉文哲学社会科学版）》2019年第 1 期］从人地关系的视角出发，讨论辽代利用自然资源模式的变迁及其原因以及对辽朝社会经济各方面的影响。王征《人地关系视角下的辽代四时捺钵再探讨》［《赤峰学院学报（汉文哲学社会科学版）》2019 年第 1 期］从人地关系角度审视捺钵，认为捺钵的传统本来源自游牧的生产方式，辽朝建国之后，出于种种原因转为以渔猎为主。李玉磊《移民与辽代土地开发》［《赤峰学院学报（汉文哲学社会科学版）》2019 年第 1 期］从环境史的视角切入，对移民与辽代土地开发问题进行了探讨。

2. 商贸、农牧业、手工业

程嘉静与杨富学《辽朝东北亚丝路及其贸易考实》［《河南师范大学学报（哲学社会科学版）》2019 年第 5 期］对东北亚的丝绸之路进行了考论，认为辽朝通过这些交通路线加强了和各国的经济文化交流。陶莎《犁向西北：辽朝上京道农业发展轨迹》［《云南民族大学学报（哲学社会科学版）》2019 年第 4 期］认为，辽朝上京道的农业发展趋势基本上是由东南向西北推进，这与辽朝势力扩张的趋势大体吻合。张国庆《辽朝工匠及其管理初探——以石刻文字为中心》（《史学集刊》2019 年第 4期）认为，出土石刻文字表明，辽朝有木匠、石匠、砌匠、铁匠、瓦匠、锻匠、贴金匠、画匠等不同类别的工匠；政府对工匠的管理，一是各类工匠"作头"管理，二是建筑行业各部门"提点""勾当"类官员管理，三是手工业大类行业"使""都监"等官员管理。孟娟《从典籍里浅析辽代"二税户"》（《汉字文化》2019 年第 8期）对头下军州"二税户"与寺院"二税户"进行了比较研究。赵文生《辽代蒙古高原东部地区的农业开发及镇、防、维三州的设置》（《农业考古》2019 年第 4 期）探讨了辽朝在蒙古高原东部地区的农业开发及镇、防、维等边防城的军政建置问题。丁海斌与赵丽娜《西夏、辽、金商业文书研究》（《档案》2019 年第 7 期）对辽、夏、金的商业文书进行了系统的梳理和总结，勾勒出了三个政权的商业文书概况。

3. 财政货币

杜海燕《辽代钱文字体与特征》（《朔方论丛》第七辑，内蒙古大学出版社）论述了辽代钱文字体与特征，认为其体现了辽朝统治者的政治思想和契丹人的性格特性。陈德洋与付亚洲《辽代山西地区财政管理变迁探究》［《山西大同大学学报（社会科学版）》2019 年第 3 期］探讨了辽代山西地区财政管理变迁及运转状况。莫磊与廖云杉《论辽朝官厅会计》（《财会月刊》2019 年第 8 期）对辽朝时期的会计演变及其历史意义进行了系统论述。隋志刚《辽代金属钱币的初步研究》[《赤峰学院学报（汉文哲学社会科学版）》2019 年第 5 期] 对辽代金属钱币的分类、特点、流通等内容进行了探究。

（三）文化史

关于辽代文化史研究的成果，主要分为礼仪、习俗、语言文字与文献考辨、诗歌文学、图书、宗教和艺术等方面。

1. 礼仪、习俗

李彦颉与张玲《大同地区辽代墓葬壁画中天象图新探》[《山西大同大学学报（社会科学版）》2019 年第 1 期] 通过对大同地区辽代墓葬壁画中天象图的分析，认为星象图的文化元素深受中原汉文化和草原契丹文化的双重影响，聚合了儒释道三教的生死观和丧葬观，反映了时人的丧葬文化。樊睿《试析宋辽金墓葬中的启门图》[《郑州大学学报（哲学社会科学版）》2019 年第 2 期] 对启门图的区域特征、文化因素、衰亡的原因等方面进行了探讨。崔世平《后唐德妃墓志考释——兼论辽墓的"中朝轨式"》（《考古》2019 年第 12 期）对德妃墓志涉及的伊氏家族和德妃生平、历史地理和丧葬制度诸问题进行了进一步的阐释。李月新《〈辽史·礼志〉载诸"门"探析》[《赤峰学院学报（汉文哲学社会科学版）》2019 年第 7 期] 认为，诸"门"不仅在辽朝的朝会、朝觐、封册等多种仪式上发挥了分割空间的礼仪功能，而且还透露出诸多国家礼仪举行地点的信息，反映了辽代朝礼在仪式形式上和内容意涵等方面的制度特色。张佳琦《辽代金属面具考》[《赤峰学院学报（汉文哲学社会科学版）》2019 年第 4 期] 结合覆面及面具的相关资料，探讨了辽代金属面具的起源与发展的情况。

2. 语言文字与文献考辨

傅林《从契丹汉字音看汉语北方方言轻声的产生年代和机制》（中国社会科学院历史所魏晋南北朝隋唐史研究室、宋辽金元史研究室编《隋唐辽宋金元史论丛》第九辑，上海古籍出版社）以契丹汉字音为视角，探讨了北方方言中汉语轻声的产生年代和机制问题。武文君《〈辽史·兵卫志〉的史源与史料价值》（《史学理论与史学史学刊》总第 20 卷，社会科学文献出版社）论述了《辽史·兵卫志》的史源与史料价值，并指出《兵卫志》也存在嫁接文献、史例不严谨等问题。苗润博《蒙古西征视野下的信息流通与文本生成——〈辽史〉所记"西辽事迹"探源》（《文史》2019 年第 3 辑）对"西辽事迹"的文本结构和流传问题进行了详细考证，认为"西辽事迹"的生成过程本身就是一个极富研究价值的学术命题。胡亮《辽金乐志的编纂与刊行》（《出版发行研究》2019 年第 5 期）对辽金乐志的编纂与刊行进行了考证。冯科《〈魏书〉〈北史〉"契丹传"比较辨析》（《宋史研究论丛》第 25 辑，科学出版社）论述了《魏书·契丹传》和《北史·契丹传》的史源特点及其史料价值。

彭馺茹罕《契丹文史料所见安团将军及割烈司徒名讳考释》[《内蒙古社会科学（汉文版）》2019 年第 3 期］通过解读新近发现的契丹小字碑刻，考证国舅小翁帐阿古只之子安团及其孙割烈名字及身份，得出相关史料中的"迷古德""迷骨里""迷古宁"均为阿古只之子安团的另一个名字。杜成辉《辽代卜筮书中的木奴与天牛考》（《敦煌研究》2019 年第 1 期）结合敦煌葬书文献中的有关资料，对木奴和天牛以及鸣吠歌吼等内容作了考察，指出鸣吠歌吼各有其主，并纠正了后人对"呼"的错误理解。周然然《〈辽史〉与〈蒙古秘史〉音译词缀的对比研究》[《赤峰学院学报（汉文哲学社会科学版)》2019 年第 1 期］通过对比研究《辽史》与《蒙古秘史》读音相同或相近的音译词缀，分析了他们读音相近字的共同语义。陈俊达与孙国军《辽代节镇体制相关文献辨析》[《赤峰学院学报（汉文哲学社会科学版)》2019 年第 4 期］对研究辽代节镇体制的文献史料进行了梳理。

3. 诗歌文学、图书

和谈《论契丹人在秦地的活动及诗词创作——以耶律楚材家族为中心的考察》[《西北大学学报（哲学社会科学版)》2019 年第 4 期］认为，契丹人在此地的文学创作活动，既反映出中华文化交流交融的情况，也为中华文化的多元包容与灿烂多样做出了贡献。和谈《金元之际契丹文士的焦虑意识及文学表达——以耶律楚材家族为中心》（《东南学术》2019 年第 4 期）一文，通过金元易代之际契丹文士的诗文作品，探讨了金元时期契丹文士的生存处境。聂鸿音《中原诗歌在西夏和契丹的传播》[《四川师范大学学报（社会科学版)》2019 年第 4 期］认为，中原诗歌传入西夏与传入契丹之后的境遇截然不同，原因在于统治者的态度和两个民族不同的文化水平。吴凤霞《苏天爵与辽宋金元史编纂》[《内蒙古民族大学学报（社会科学版)》2019 年第 6 期］考证了苏天爵的史学著述和史学思想，认为其著述为明初编纂《元史》提供了史料依据；其史料观和史学倾向为元末编纂宋史、辽史、金史提供了参考意见，在一定程度上影响了三史史料的搜求、立例、编纂思想。杨卫东与李西亚《辽朝与金朝图书出版发展的比较研究》（《北方文物》2019 年第 2 期）对辽金时期图书出版业发展原因的异同进行了对比分析。

4. 宗教

王佳《辽金时期东北地区的佛教信仰和舍利崇拜》（《地域文化研究》2019 年第 5 期）运用碑铭、题记等资料，考察东北地区辽金时期的佛教信仰特点。认为佛舍利崇拜、建造经幢、邑社组织等活动深入民间。王德朋《论辽金时期佛教徒的焚身供养》（《北京社会科学》2019 年第 11 期）对辽金时期僧俗焚身的相关问题进行了探讨。王珊等《辽代庆州白塔佛经用纸与印刷的初步研究》（《文物》2019 年第 2 期）对辽代庆州白塔佛经的印刷及所使用的纸张信息进行了一些初步梳理与研究，认为辽代庆州白塔比应县木塔和天宫寺塔的建成时间更早，发现的印经数量更多，研究价值巨大。严耀中《述论辽宋时期〈法华经〉及天台教义在北方的流传》（《中原文化研究》2019 年第 3 期）讨论了辽宋时期《法华经》及天台教义在北方的流传情况。武海龙与彭杰《吐鲁番博物馆所藏〈契丹藏〉佛经残片考释——从〈囉嚩拏说救疗小儿疾病经〉看〈契丹藏〉传入高昌回鹘的时间》（《西域研究》2019 年第 4 期）对《契丹藏》残片进行了考释，并考证了《契丹藏》传入的时间。

5. 艺术

张晶《辽金文艺对中华美学的贡献》（《民族文学研究》2019 年第 6 期）认为，契丹、女真上层及士大夫的文化观念，尤其是华夷关系方面的观念变化，对于辽金文艺有深刻影响，也产生了很多新的审美质素，从而为中华美学增添了生机勃勃的活力。吴思佳《辽代墓室人物壁画美术的主题研究》（《贵州民族研究》2019 年第 4 期）论述了辽代墓室人物壁画的美术风格特点、美术核心价值。赵晓峰与李永洁《内蒙古地区出土辽代蹀躞带考》［《赤峰学院学报（汉文哲学社会科学版）》2019 年第 4 期］以内蒙古地区出土的考古材料为基础，对出土的蹀躞带，从形态和特点上进行探讨，并对辽蹀躞带形成的诸文化因素进行了研究。沈学英《辽代雅乐与礼乐制度探微》（《中国音乐》2019 年第 2 期）对辽代礼乐文化与中原唐朝礼乐文化进行了比较性研究。

（四）社会史

2019 年度关于辽代社会史的研究成果相对较少，主要分为宗族和生活习俗两个方面。

1. 宗族

王善军《辽代的宗族字辈与排行》（《安徽史学》2019 年第 1 期）认为，辽代汉族因继承传统的宗族习俗，比较严格地使用字辈和排行；契丹族、渤海族和奚族也已广泛使用字辈取名，并流行以排行相称甚至取名。从辽代各主要民族的情况看，辽人取名明显带有各民族相互影响的特征，而字辈和排行习俗一方面体现出各民族日常生活的趋同性，另一方面也体现出汉族文化对其他民族的深刻影响。管仲乐《技艺、血缘、信仰：房山石经文献所见辽代幽州石刻刻工家族》［《南京艺术学院学报（美术与设计）》2019 年第 5 期］通过稽考辽刻房山石经，探究出较为显见的家族刻工——吴氏、宫氏、邵氏、韩氏的信息，认为这些家族呈现了血缘上的胡汉交融、技艺上的协作配合、社会生活中佛教信仰浓厚三个特点。郝艾利与陆旭超《辽朝刘仁恭家族社会地位探析——以刘氏家族墓志为中心》［《渤海大学学报（哲学社会科学版）》2019 年第 3 期］从仕宦、婚姻、经济生活等角度论述了刘仁恭家族的发展与社会地位。

2. 生活习俗

李春雷与李荣辉《辽代节日的文化因素分析》（《地域文化研究》2019 年第 3 期）认为，契丹人的游牧渔猎文化、萨满文化和蕴含了儒释道的中原汉文化，共同缔造了丰富多彩的辽文化，形成了独具特色的辽代节日文化。孙文政《辽代服饰制度考》（《北方文物》2019 年第 4 期）认为，辽朝服饰制度的建立，是辽朝二元政治制度的产物。崔岩勤《辽陈国公主墓出土玉佩饰探析》［《赤峰学院学报（汉文哲学社会科学版）》2019 年第 3 期］分析探讨了玉佩饰的种类、形制、工艺、题材及文化内涵。辽朝服饰制度的发展与演变，始终体现了辽朝统治者的治国理念。黄晓蕾《从"辽瓷"看契丹人的生活》［《赤峰学院学报（汉文哲学社会科学版）》2019 年第 9 期］通过对辽瓷的演变研究，反映出了契丹人生活的变化。袁成《辽朝近亲婚配探究》（《佳木斯大学社会科学学报》2019 年第 1 期）认为，辽朝在婚俗方面具有明显的民族色彩，其表亲联姻、不论辈分的婚俗非常盛行，特别是在皇族和后族中表现尤为明显。

（五）历史地理

本年度历史地理研究也有不少成果问世，主要是对城址和交通要道的考述，也有利用新技术手段进行的探索。

1. 城址

董新林《辽上京规制和北宋东京模式》（《考古》2019 年第 5 期）认为，辽上京规制融入北宋东京模式中，反映了多民族不断融合和中华帝国大一统的趋势。孙文政《辽朝室韦国王府故城考》（《地域文化研究》2019 年第 6 期）通过考古调查和历史文献梳理，认为伊拉哈古城外城垣应为辽朝设立室韦国王府时所建立的室韦国王府故城。连吉林《内蒙古开鲁县辽墓发现的墨书题记与辽之龙化州》（《北方文物》2019 年第 2 期）根据金宝屯一号墓葬墨书题记、福巨古城的调查钻探成果、新发现的两处佛寺遗址并结合文献资料，推测通辽市科尔沁区的福巨古城即辽代的龙化州。许潇婧《GIS 支持下辽上京周边地区城址分布问题研究》［《赤峰学院学报（汉文哲学社会科学版）》2019 年第 12 期］将 GIS 与城址考古相结合，对辽代上京城周边地区的城址进行定量分析，探讨辽上京周边地区自然地理环境与城址分布因素之间的关系。［日］高桥学而《关于辽河下流地区辽代州县城的分布》（《北方民族考古》第 6 辑，科学出版社）通过实地考察，对辽河流域各城址的分布进行了考证。

2. 交通

景爱《辽代的鹰路与五国部研究》（《地域文化研究》2019 年第 1 期）根据史书记载，结合前人的实地考察结果，认为五国部只限于松花江下游沿岸，分别在今黑龙江省的依兰、汤原、桦川、绥滨、富锦五县，其故址至今仍存。梁维《辽代春捺钵路线考论》（《史学集刊》2019 年第 3 期）考证了辽朝历代皇帝春捺钵地点，描绘出了他们的捺钵路线，并探讨了总体路线的方向及变化规律，认为春捺钵的路线变化主要受自然和政治两个因素的影响。胡廷荣《王安石使辽诗和使辽终点涿州考》［《赤峰学院学报（汉文哲学社会科学版）》2019 年第 1 期］补证王安石暮春使辽之实，认定其使辽终点在涿州，并重新确认其部分使辽诗作。李栋国《辽代驿道广平甸路新考》（《河北民族师范学院学报》2019 年第 1 期）、《辽代驿道辽上京路新考（上）》（《河北民族师范学院学报》2019 年第 2 期）分别对辽代驿道广平甸路和辽上京路进行了考证。

（六）考古与文物

2019 年度关于考古与文物方面的成果较多，而遗址的发掘和文物的整理也为学术研究提供了新的材料和创获。

1. 考古发现

谷敏等《云冈石窟窟顶二区北魏辽金佛教寺院遗址》（《考古学报》2019 年第 1 期）介绍了 2011 年云冈石窟第五、六窟窟顶佛寺遗址的发掘情况。王彪等《河北蔚县东坡寨辽代壁画墓发掘简报》（《文物春秋》2019 年第 1 期）介绍了蔚县博物馆在蔚县杨庄窠乡东坡寨村墓葬出土壁画的情况。王雁华《河北涿鹿辽代东郡夫人康氏墓发掘简报》（《文物春秋》2019 年第 2 期）介绍了涿鹿县城西辽代墓葬的发掘情况。孟庆旭等《吉林白城市城四家子古城北发现三座辽代墓葬》（《文物春秋》2019 年第 2 期）介绍了吉林省文物考古研究所对白城市洮北区城四家子古城北发现的三座墓葬的发掘情况。汪盈等《内蒙古巴林左旗辽上京宫城南门遗址发掘简报》（《考古》2019 年第 5 期）介绍了辽上京宫城南门遗址的发掘情况，并根据建筑形制、营造次第和出土遗物等，结合历史文献推知此门应为《辽史》所载"承天门"。

2. 文物研究

彭建《辽三彩鸭形水盂》（《湖北社会科学》2019 年第 7 期）介绍了辽三彩鸭形水盂的基本情况。李含笑与彭善国《辽代篦纹陶器施纹工艺研究——以城岗子城址出土陶器为例》（《北方文物》2019 年第 1 期）以吉林省德惠市菜园子镇城岗子辽代城址出土的篦纹陶器标本为研究材料，对辽代篦纹陶器施纹的工艺进行了研究。李威与徐峥《吐尔基山辽墓出土彩绘木棺及棺床的保护修复》（《草原文物》2019 年第 1 期）介绍了科尔沁左翼后旗的吐尔基山辽墓和出土彩绘木棺及棺床保护修复的基本情况。王鑫玥《黑龙江辽金时期出土石制品研究》（《大庆社会科学》2019 年第 2 期）对辽金时期的石制品类型、使用功能和演化趋势进行了归纳与研究。

（七）研究回顾与书评

王德朋《20 世纪 50 年代以来辽代佛教研究述评》（《史学月刊》2019 年第 8 期）认为，20 世纪 50 年代以来，辽代佛教研究取得了重要进展。今后的辽代佛教研究应该在佛教史料的搜集和整理、议题和视角的拓展、多学科合作等方面下功夫。苗润博《问题更新与范式转换：契丹早期史百年研究述评》（《唐宋历史评论》第 6 辑，社会科学文献出版社）对百年以来契丹早期史的研究成果进行了总结，并指出了存在的问题：一是对学术史关注、回应不够；二是材料的使用上过度相信和依赖《辽史》；三是对契丹早期历史的认识层面上，过于追求唯一的、确定不变的叙述脉络。作者也指出，要做好契丹早期史料的"减法"与契丹史研究范式的转型。贾淑荣《第十四届辽金契丹女真史学术研讨会概述》（《中国史研究动态》2019 年第 3 期）对 2018 年 8 月在内蒙古通辽市召开的"第十四届辽金契丹女真史学术研讨会"的会议内容作了介绍。孙国军与陈俊达《从〈契丹小字研究〉到〈契丹小字再研究〉：清格尔泰先生的契丹文研究》［《内蒙古大学学报（哲学社会科学版）》2019 年第 5 期］介绍了清格尔泰先生在契丹文研究上的成就。盖之庸与李权《内蒙古辽代考古综述》（《草原文物》2019 年第 1 期）把自 1949 年以来内蒙古辽代考古的重要发现分为古城址、墓葬、佛寺遗址等类进行了叙述。张意承与李玉君《二十世纪以来辽金五京研究综述》（《黑龙江民族丛刊》2019 年第 3 期）总结了 20 世纪以来辽金五京的研究成果，并指出这些研究仍然有所欠缺：一是对金朝的关注度不足；二是各京研究偏向严重；三是各自为战，没有形成体系。包伟民《走向深化：辽宋夏金史研究展望》（《文史哲》2019 年第 5 期）论述了辽宋夏金史研究如何突破当前困境和增加学术创新。学者应以多元的取向与更强的全局意识，认真探讨辽宋夏金时期一些核心议题，以此为深化研究的重要基础。具体展开研究工作时要有更敏锐的批判意识、更扎实的基础研究和更坚定的常识立场。

各类研究回顾数量的增加也反映了一些范围较小或相对冷僻的课题得到学者们的重视，说明了在这些领域已经有了不少的学术成果积累。相关文章还有姜建初与姜维公《辽代木叶山研究述论》（《长春师范大学学报》2019 年第 5 期），侯莹莹《40 年来学界对宋人出使辽金〈行程录〉的研究》［《廊坊师范学院学报（社会科学版）》2019 年第 4 期］，陈俊达《辽代节镇体制研究述评》［《赤峰学院学报（汉文哲学社会科学版）》2019 年第 2、3 期］，卢修龙《辽朝的历史作用研究综述》（《佳木斯大学社会科学学报》2019 年第 3 期），高嘉懋《唐与契丹和亲研究综述》（《佳木斯大学社会科学学报》2019 年第 3 期）等。

总的来看，2019 年的辽史研究成果不少，传统的政治史仍然受到学界的重视，成果最为集中。既有对政治人物的分析，也有对政治事件的考辨，还有对双边问题的讨论，更有对辽朝历史定位的突破。经济史和社会史的研究成果较少，如何改变这种现状，产生新的学术热点，值得我们深思。当然，从新的视角进行研究的成果也不在少数。越来越多的学者呼吁要具备广阔的视野和多领域的知识来进行学术探索，不能仅仅局限于一朝，而要放眼整个时代。同近几年的情况一样，2019 年度辽史研究也存在一些"炒冷饭"的嫌疑，重复而了无新意的研究成果，仍有一定的市场。有的研究看似采用新方法、新视角，但实际上只是照抄既定模式，生搬硬套。脚踏实地推进对辽代历史各个方面的认识，维护学术共同体的声誉，仍是辽史研究者今后努力的方向。

2019 年西夏学研究综述

宁夏大学　杨志高

2019 年度西夏学研究成果，据不完全统计有出版著作（译作）21 部，发表学术论文近 280 篇①（重要学术资讯 16 篇），举办大型重要学术会议 6 场。其中省级获奖作品 17 部（篇）。各类成果从数量上来讲，与前几年相比呈增长态势；质量也有不同程度的提升。

一　专著

（一）原始文献搜集刊布与研究（3 部）

俄罗斯科学院东方文献研究所、中国社会科学院民族学与人类学研究所主编《俄藏黑水城文献》第 28、29 册（上海古籍出版社），束锡红、府宪展、聂君著《异域寻珍：流失海外民族古文献文物搜寻、刊布与研究》（《北方民族大学学术文库》，社会科学文献出版社）。

（二）文献释读研究（5 部）

孙颖新著《西夏文〈大宝积经·无量寿如来会〉对勘研究》（社会科学文献出版社），尤桦著《〈天盛律令〉武器装备条文整理研究》（《西夏文献研究丛刊》，上海古籍出版社），翟丽萍著《〈天盛律令〉职官门整理研究》（《西夏文献研究丛刊》，上海古籍出版社），张笑峰著《〈天盛律令〉铁箭符牌条文整理研究》（《西夏文献研究丛刊》，上海古籍出版社），张琰玲编著《西夏遗民文献整理与研究》（《西夏研究论丛》第四辑，凤凰出版社）。

（三）艺术、边政、经济文化交流（3 部）

王艳云著《西夏经变画艺术研究》（上海古籍出版社），张红艳著《北宋与西

夏边境地区的经济文化交流研究》（三秦出版社），周峰著《五代辽宋西夏金边政史》（王明荪主编《古代历史文化研究辑刊》第 22 编第 8 册，花木兰文化事业有限公司）。

（四）论文集结（4 部）

杜建录主编《西夏学》第十七辑至第十九辑（甘肃文化出版社），中华司法研究会民族法制文化研究专业委员会、甘肃省民族法制文化研究所编《丝绸之路法律文献研究·黑水城出土法律文献》（卷二）（人民法院出版社）。

（五）相关中译本（1 部）

［俄］尼·米·普尔热瓦尔斯基著，王嘎译《蒙古和唐古特人地区：1870－1873 年中国高原纪行》（中国工人出版社）。书中所说的唐古特地区，也就是青藏高原北部带。此书虽非西夏专著，但有助于了解"唐古特"名称的演变。该书的第十章专门从人类学和民族学的角度对唐古特人进行了详细的考察。

（六）修订、重印本（2 部）

贾常业编著《西夏文字典》（修订版）（甘肃文化出版社），曾瑞龙著《拓边西北：北宋中后期对夏战争研究》（浙江大学出版社）。

（七）目录及其他通俗相关作品（4 部）

周峰编著《二十一世纪西夏学论著目录（2001—2015 年）》（潘美月、杜洁祥主编《古典文献研究辑刊》第 28 编第 5 册，花木兰文化出版社），龚书铎、刘德麟编《图说中国史——辽·西夏·金》（四川人民出版社），银川西夏陵区管理处、西夏博物馆编《西夏博物馆基本陈列》（宁夏人民出版社），刘思文编著《神秘西夏的瑰宝遗珍：西夏博物馆》（李炳武主编《丝路物语书系》，西安出版社）。

著作类成果集中于俄藏文献资料的继续刊布（已至藏传佛教文献部分）和文献的解读研究方面，其他专题研究数量还是相对较少，外文中译作品更是凤毛麟角。

二 学术会议

（一）"敦煌与丝路钱币"学术研讨会在甘肃敦煌市敦煌研究院召开

6 月 29—30 日，由甘肃省历史学会、敦煌研究院联合主办，敦煌研究院人文研究部、敦煌文献研究所承办。来自内地高校及澳门、新加坡、阿塞拜疆等海内外地区的 46 位专家学者参加了会议。会议围绕丝绸之路钱币考古发现和钱币实物研究等进行了深入的交流与探讨。西夏钱币研究专家牛达生先生介绍了自己研究贺兰山出土西夏窑藏钱币的过程。会前敦煌研究院人文研究部、敦煌文献研究所于 6 月 28 日在兰州院部主办了第七期"丝绸之路与敦煌学"系列公益学术讲座。

（二）"第六届西夏学国际学术论坛"在宁夏银川市宁夏大学召开

8 月 15—16 日，由教育部人文社科重点研究基地宁夏大学西夏学研究院主办、银川西夏陵区管理处、银川西夏陵文化投资有限公司协办。来自海内外 60 多家研究机构和高校的 130 多位专家学者围绕西夏社会历史、语言文字、文献文物、考古艺术以及西夏陵遗址保护与申报世界文化遗产等主题展开交流。"西夏学国际学术论坛"自 2010 年在银川召开以来，相继在甘肃武威、北京、甘肃张掖、内蒙古阿拉善举办5 届。

（三）"鄂尔多斯党项西夏文化与区域文化旅游融合发展研讨会"在内蒙古乌审旗召开

9 月 15—17 日，由宁夏大学西夏学研究院、鄂尔多斯学研究会、乌审旗委、旗政府主办。与会领导、专家学者 60 多人，围绕"李继迁与地斤泽——以地斤泽地望为中心""西夏时期的鄂尔多斯""丝路西夏文化旅游产业研发"三大主题展开了深入探讨。

（四）首届"民族学贺兰山论坛"在宁夏银川市宁夏大学召开

10 月 14—15 日，由宁夏大学、厦门大学、陕西师范大学主办，宁夏大学民族学与文化旅游产业研究院、厦门大学社会与人类学院、陕西师范大学中国西部边疆研究院承办。150 多位与会代表来自全国 60 多家高校和研究院所。中国民族学学会会长、中国社会科学院民族学与人类学研究所所长王延中研究员和知名专家杨建新、史金波、陈育宁、周伟洲、周大鸣、黎小龙、石硕分别作了大会主题报告。主题和分组会议内容涉及马克思主义民族学理论与方法，中华民族多元一体格局视野下的民族交往交流交融，"一带一路"与东西方文化交流，新时期如何发挥中国民族学优势、铸牢中华民族共同体意识和西夏历史文化研究等方面。

（五）"辽宋夏金时期中国行政区划与地域文化研讨会"在宁夏银川市宁夏大学举办

10 月 24—25 日，由宁夏大学民族学与文化旅游产业研究院主办，宁夏大学西夏学研究院和银川市西夏陵区管理处协办。南京大学的李昌宪教授、陕西师范大学的艾冲教授等近 40 位来自全国各地高校和研究院（所）的知名专家与中青年学者参加了此次学术研讨会。议题包括辽宋夏金时期的行政区划、文化、基层组织与社会问题研究，都市、交通、边疆、族群与区域政权的互动问题研究及"西夏地理志"的编撰等。

（六）"第九届中国少数民族古籍文献国际学术研讨会"在云南昆明市云南民族大学召开

10月27—29日，由中国民族古文字研究会、中央民族大学中国少数民族语言研究院、云南民族大学主办，云南民族大学民族文化学院承办。来自法国、蒙古国、匈牙利、美国、俄罗斯、日本和国内的科研院所、高校的70多位专家学者出席了会议。会议就突厥、回鹘、察合台、契丹、女真、西夏、蒙古、八思巴、满文、锡伯、彝、壮、纳西东巴、白、水文等文字文献进行了充分的讨论，其内容涉及新材料、新碑刻的发现与整理，少数民族文字的文字学研究、词语的考释和语法的研究，还有相关民族历史文化的研究，贯穿了文献学、语言学和文字学的研究方法。上述各类学术研讨会都有若干研究西夏历史文化方面的论文发表。

三　论著获奖

宁夏回族自治区从2019年1月起，启动了第十四届哲学社会科学优秀成果奖评奖工作。根据自治区人民政府令：《宁夏回族自治区哲学社会科学文学艺术奖励办法》，宁夏哲学社会科学奖评审委员会按每三年一评奖的政策，对2015年1月至2017年12月的申报成果进行了严格的资格审查和政治审核，其后经专家评审、媒体公示（11月）和自治区政府常务会议讨论通过正式公布（宁政发〔2020〕6号），共有176项优秀成果奖获奖作品（著作34部、论文142篇），其中西夏历史文化相关作品多项获奖。

（一）著作类

一等奖（6部）3部：杜建录《中国藏黑水城汉文文献整理研究》（人民出版社）、杨志高《〈慈悲道场忏法〉西夏译文的复原与研究》（中国社会科学出版社）、杨蕤《回鹘时代：10—13世纪陆上丝绸之路贸易研究》（中国社会科学出版社）；三等奖（17部）3部：李进增等《西夏文物·宁夏编》（全12册，中华书局、天津古籍出版社），姜歆《西夏司法制度研究》（凤凰出版社），苏正喜、摆小龙《西吉宋夏堡寨调查与研究》（宁夏人民出版社）。

（二）论文类

一等奖（27篇）1篇：佟建荣《汉文史料中的西夏番姓考辨》（《中央民族大学学报》2016年第4期）；二等奖（48篇）4篇：于光建《西夏典当借贷中的中间人职责述论》（《宁夏社会科学》2016年第4期），段玉泉《西夏文〈圣胜相顶尊母成就法〉考释》（《西夏学》2017年第2期），刘晖、赵彦龙、孙小倩《西夏档案保管制度再探索》（《档案学通讯》2016年第2期），郭艳华《宋夏休战与柳永词的"盛世"之音》（《北方民族大学学报》2016年第6期）；三等奖（67篇）6篇：保宏彪《宋初西北边防体系中的灵州》（《西夏研究》2017年第4期），潘洁、陈朝辉《黑水城出土钱粮物的放支方式》（《敦煌研究》2015年第4期），余军《西夏王陵对唐宋陵寝制度的继承与嬗变——以西夏王陵三号陵园为切入点》（《宋史研究论丛》第十六辑2015年8月），杨满忠、何晓燕《从历代孔子谥号看西夏儒学的发展与贡献》（《西夏研究》2015年第3期），宁夏文物保护中心、宁夏博物馆《西夏可移动文物管理、保护、研究和利用专项调查报告》（《第一次全国可移动文物普查专项调查报告》2016年12月），赵彦龙《西夏档案编纂研究》（《档案学研究》2017年第1期）。

2019年度期刊论文大体涉及西夏语文与文献研究，西夏文文献整理研究，宋辽夏金元汉文、回鹘文、藏文之文献研究，王朝、民族、遗民，制度、社会，经济、贸易，文学、文书、书法、宗教，都城、区域、交通、军事，石窟、壁画、版画、绘画，陵墓、造像、陶瓷及其他，综述、会议、学人、书评、资讯十一个方面。对原始西夏文世俗、宗教新文献资料解读研究持续拓展。新资料是学科发展的基础，是学术研究的生命力所在。所谓西夏文献的"碎片化"研究，应该是西夏学较长时期不可逾越的阶段，这不仅事关学科内在要求，也是学科存在、发展的必经之路。没有细节性的"碎片化"局部性研究，何来整体、宏观研究。任何空大上的缺乏坚实的原始文献支撑的西夏研究，都是无源之水、无本之木。黑水城汉文西夏文献及与之相关的宋辽金元文献在原刊布识读的基础上有了进一步研究，但其中不少文献的不能断代抑或断代错误，都严重影响其史料价值。敦煌石窟及其壁画、造像等研究数量突出，但毋庸讳言，低层次、重复和比附研究现象突出，一些成果缺乏严谨的史料和论证。其余原传统领域的西夏语文与文献研究，王朝、民族、遗民，制度、社会，经济、贸易，文学、文书、书法、宗教，都城、交通、军事几方面都有不同程度的深化和细化。从发布阵地来说，宁夏的学术刊物是重镇之一，还有一个现象是有些刊物也增设长期或不等的"西夏专题"（"西夏学研究"）栏目进行组稿刊发。据统计，《西夏学》第十八辑、第十九辑（2019年第1、2期），每辑收论文分5组，分别计收30篇、33篇；《西夏研究》全年4期刊载有关西夏历史、西夏文献考释、西夏语言研究、考古文物及黑水城汉文献等文58篇（第1期17篇、第2期15篇、第3期13篇、第4期13篇）；《宁夏社会科学》16篇（第1期2篇、第2期5篇、第3期2篇、第4期2篇、第5期3篇、第6期2篇）；《宁夏师范学院学报》7篇。*Journal of Chinese Writing Systems*（《中国文字》，由华东师范大学中国文字研究与应用中心主办，简称JCWS）是一份同行评议国际学术期刊，专注于中国文字理论及应用研究。《中华文化论坛》2019年第6期开设孙伯君主持"'西夏文化研究'专题"，收录4篇论文。《绵阳师范学院学报》2019年第9期收录3篇论文。下面按照各分类、择要述之。①

1. 西夏文文献整理研究

（1）宗教文献方面：孙伯君、胡进杉《西夏文〈菩提心及常作法事〉研究》（《西夏学》2019 年第 1 期），认为俄藏 Инв. №. 6510 是藏传佛教"发菩提心"实修仪轨的西夏文译本，刊行于夏襄宗应天元年（1206）。该本是黑水城出土同类藏传佛典译本中罕见的存有明确刊行年代的刻本，为确定俄藏、英藏等其他残卷的内容以及研究西夏晚期藏传佛教的流行情况提供了极有价值的参考。孙昌盛《〈胜住仪轨〉夏藏文对勘研究》（《西夏学》2019 年第 2 期），认为俄藏西夏文献《胜住仪轨》译自藏文文本，其底本为 Sumatikīrti（善慧称）著的 rab tu gnas pavi cho ga（《胜住仪轨》），是一部西夏佛教胜住法实用仪轨指南。西夏译本文末还有著译者题款，梵文著者"须摩底乞哩底"指印度大班智达 Sumatikīrti（善慧称），藏文译者"丕啰纳乞哩底"是西藏历史上著名译经比丘 Praj？ākīrti（智慧称），西夏文译者"慧照"是西夏晚期五明寺著名译经僧。魏文、［俄］索罗宁、谢皓玥《西夏文星曜礼忏文献〈圣曜母中道法事供养根〉译考》（《敦煌研究》2019 年第 3 期），对俄藏 Инв. №. 4737《圣曜母中道法事供养根》进行了全文译释，以此为基础厘清了文本本身的结构和属性，并进一步对属于同一体系和疑似其他体系的相关文献进行了辨析和阐说。麻晓芳《西夏文〈无边庄严会·清净陀罗尼品〉初、校译本对勘札记》（《西夏学》2019 年第 1 期），通过对俄藏《无边庄严会·清净陀罗尼品》惠宗时期初译本 Инв. №. 7377 和仁宗时期校译本 Инв. №. 373 的对勘，认为两译本间的主要差异包括咒语对音用字、语法用字以及讹误字等几个方面，其中 №373 在对音用字等方面体现出译经规范，但经文中的讹误与通假现象也有不精审的地方。《大宝积经》是大乘佛教的重要经典。张映晖《西夏文〈大宝积经〉卷十"密迹金刚力士会"考释——兼论西夏时期的金刚力士形象》（《绵阳师范学院学报》2019 年第 9 期）、张九玲《俄藏西夏文〈大宝积经〉卷九十五释读》（《绵阳师范学院学报》2019 年第 9 期）两文在翻译的基础上，分别就其相关的佛教护法形象密迹金刚力士和"偈"文体进行了讨论。前文指出密迹金刚力士在西夏时期的壁画多有体现，在王朝中后期受到辽金佛教以及藏密的影响，其形象显示出"显密圆融"的特点。马万梅《英藏西夏文〈金光明最胜王经〉卷六残片考论——兼与俄藏、国图藏本之比较》（《西夏学》2019 年第 1 期），通过对其残片进行对比整理，认为俄藏本为夏惠宗时期的初译本佛经，英藏本为夏仁宗时期的校译本佛经，国家图书馆藏本为夏神宗时期的重校本佛经。

（2）世俗文献方面

史金波《英藏黑水城出土抵押贷粮契考》（《文津学志》第十二辑），对英藏西

---

① 丁卓源《2019 年西夏学研究述评》（《西夏研究》2020 年第 2 期）文中已述及论文，本文一般不再重复。

夏文草书写本 Or. 12380－0023 抵押贷粮契进行翻译、考证，包括立契时间、立契者、出贷者、借贷粮食的数量及利息、契约保证和违约处罚、签字画押、算码等。认为这件契约反映西夏后期社会贫富差距不断拉大、贷粮手段多样、存在无人身自由的阶层等社会现象。史金波《西夏文军抄账译释研究》（《军事历史研究》2019 年第 3 期），对俄、英藏西夏文军抄账进行了翻译和考释。认为这些文书反映出对西夏政权基层军事组织有多种检校、登录形式；反映出西夏兵民合一的军事体制和管理特点；反映出西夏全民皆兵的军事体制有政府费用补助作为保障，而所谓西夏军队 "人人自备其费" 的说法值得商榷。聂鸿音《〈五公经〉：存世谶书的早期样本》（《中华文化论坛》2019 年第 6 期），就最近发现 13 世纪中叶的一部夏译唐五代时谶书《大圣五公经》进行了研究，认为其反映了该书的早期面貌。通过对比可知，500 余年后的通行汉文本经过了后人的大幅增补和改动，其中的佛教因素并非原作固有，而是民间宗教流传过程中不断适应世俗观念的产物。彭向前《出土文献中的推人游年八卦法》（《西夏学》2019 年第 1 期）认为，西夏历日文献中载有八卦配年的做法是号称 "小游年" 的 "推人游年八卦法" 的一个组成部分，并解释了 "推人游年八卦法" 中 "巽不受八、坤不受一" 的排布规则，确立起年龄与八卦的对应关系。陈广恩《黑水城出土俄藏西夏文 2554 号文书的断代问题——围绕〈事林广记〉的考察》（《西夏学》2019 年第 2 期），根据俄藏西夏文文书中的《鸦鸣占》和《育骏方》与《事林广记》等类书的关系，以及文书中所出现的元代社会信息，认为 2554 号文书应该是元代而非西夏时期的文书。田晓霈《黑水城出土西夏文典地契研究》（《中国农史》2019 年第 4 期），对俄藏 5147 号文书包含的 4 件典地贷粮契进行译释，结合《天盛律令》与唐末敦煌典地契加以对比，认为西夏在质押类型、收息方式、地上财产归属、抵押周期以及 "牙人担保" 制度方面与敦煌契存在区别。同时将典地契与土地买卖契对比，发现西夏晚期天庆至光定年间土地价值未发生重大变动，但自然条件优渥的肥壤良田价值明显居高。杜艳梅《俄藏 Инв. No. 7892－8 贷粮契及相关研究》（《西夏学》2019 年第 1 期），认为 Инв. No. 7892－8 号《贷粮契》是同一出贷人梁善盛借出的两件性质不同的文书，文书断代为至天庆年。另外，文书涉及的计息方式主要有日利、月利、共利以及月共并存，出借者梁善盛应为寺院粮食借贷的经手人，反映了西夏晚期高利贷出贷的本质，也体现出寺院借贷的管理模式。

2. 黑水城宋夏元汉文、回鹘文、藏文之文献研究

在黑水城出土的汉文社会文献方面，邵天松有两文。其一《黑水城出土西夏汉文社会文献词语例释》（《西夏学》2019 年第 1 期），选取 "夹袴" "缴申" "节状" "紧行" "勘请" "口券" "纳袄" "批请" "披毡" 九例为大型语文辞书失收或释义有待完善的语词进行考释。其二《黑水城出土宋代汉文社会文献词语例释》（《汉语史学报》第二十辑，2019 年），则选取了 "白状" "干照" "借掇／掇借" "倍罚" "齐足" 五个词语作了考释。郝军军《黑水城出土 M1·1287［F68：W1］残历考》

（《敦煌研究》2019 年第 3 期），对其历日残片年代进行了重新研究，认为之前学者结论明显有误，确切年代应是元至正二十三年（1363），是元代《授时历》的实物。黎李、黎大祥《武威亥母洞寺出土西夏汉文"宝银"账单及其学术价值》（《西夏学》2019 年第 2 期），认为记账单反映了西夏时期亥母洞石窟寺内商业经营和佛事活动中收入的"宝银"数量，为了解西夏亥母洞石窟寺的寺院经济、西夏社会是否使用流通白银、铸造白银等经济状况等提供了新材料。叶娇、徐凯《"旋褊"考》（《敦煌研究》2019 年第 4 期），对各大辞书或未收录或释义不详的"旋褊"一名，以传世文献中的用例为基础语料，再辅以敦煌文献、黑水城文献及古代壁画资料，认为"旋褊"原作"襈褊"，是出现于唐末，盛行于西夏、北宋时期的服饰。

此外，范建文《黑水城出土〈宋西北边境军政文书〉中"砲"类文书再讨论》（《西夏学》2019 年第 1 期），认为囿于史料解读理路及对宋代兵器史、火药火器史的认识等，对《宋西北边境军政文书》中"砲"类文书的史学价值的抬高研判，尚存商榷空间。邓文韬《一件未刊布的黑水城出土元代借钱契考释》（《西夏研究》2019 年第 2 期），对银川市佑啓堂所藏无年款且出土地不明的一件借钱契残件进行研究，认为该契尾部署名的知见人"都丁布"与元代中后期宁肃王亦思干答儿在位期限大致相近，故此契应成文于元代中后期，且出土于额济纳旗黑水城遗址，反映了元代亦集乃路西夏遗民群体贫富分化现象。王巍《黑水城出土纳甲筮法文书初探》（《中华文化论坛》2019 年第 6 期），通过对黑水城所出纳甲筮法类文书的分析，结合纳甲筮法这一占卜体系的内容及其发展，认为黑水城所出这类文书上承唐末宋初的《火珠林》，下启明、清两代的纳甲筮法文献，正处于我国纳甲筮法体系建构之初，其理论体系及概念应用等方面已趋于规范，在文学形式、内容体例等方面也多有建树。王阳《黑水城元代法制文书校读札记》［《北方民族大学学报（哲学社会科学版）》2019 年第 6 期］，对《中国藏黑水城所出元代律令与词讼文书整理与研究》和《中国藏黑水城汉文文献的整理与研究》二书中数则元代法制文书录、校方面的可商之处作了检取辨正。

再者，何湘君《内蒙古黑水城出土回鹘景教写本研究》（《吐鲁番学研究》2019 年第 1 期），回鹘景教写本文献很罕见。该残片是内蒙古自治区出土的一件叙利亚文回鹘语景教（或称东方教会、聂斯脱里）写本。此文在茨默德文版的基础上对残片转写、考释作进一步整理，提供了一份带有详细注解的汉文版本。此外，经整理进一步证实该写本年代属于 14 世纪后期。［日］武内绍人著，陈明迪、陆离译《黑水城和额济纳旗出土藏文文献简介》（《西夏学》2019 年第 1 期），该文系日本学者武内绍人所著《大英图书馆藏斯坦因所获黑水城藏文文献》中的简介部分。概述了黑水城和额济纳遗址出土藏文文书的基本状况。介绍了文书的出土地点，分布情况，文书的种类。对文书断代与分期作了相关研究。重点讨论了藏文文书对于研究内亚地区藏语传统和藏传佛教发展的历史意义。

3. 石窟、壁画、版画、绘画

杨富学《敦煌石窟"西夏艺术风格"献疑》(《黑河学院学报》2019 年第 10 期),认为敦煌石窟文化是丝绸之路上的代表性文化,融汇了众多少数民族的历史,其艺术风格多样。厘清石窟的时代,区分石窟艺术的特点,建立石窟艺术断代的原则,判定敦煌石窟中所涵盖的"西夏艺术"的数量,才能真正推进敦煌文化研究的持续发展。杨富学《裕固族初世史乃解开晚期敦煌石窟密码之要钥》(《敦煌研究》2019 年第 5 期),认为敦煌晚期石窟向称难治,关键在于民族更迭频繁,艺术风格继承性不明显,汉文文献记载稀少,需要重视出土文献、题记和少数民族历史文化活动的研究。从 9 世纪中叶开始活动于敦煌一带的裕固族先民回鹘营建了许多所谓的"西夏窟"。沙武田、李晓凤《敦煌石窟六字真言题识时代探析》(《敦煌学辑刊》2019 年第 4 期)的研究表明,敦煌石窟所有六字真言题识不大可能如传统的观点始于元代,而应是产生于西夏而流行于元代。就具体的时代作品而言,西夏主要包括莫高窟第 464 窟后室东壁门上方和第 95 窟六字真言团花中的文字;元代则包括莫高窟北区诸石窟中的题识和《莫高窟六字真言碣》。赵晓星近些年来持续对西夏石窟进行考古、艺术研究,前后有四篇专文。2019 年的《西夏时期敦煌涅槃变中的抚足者——西夏石窟考古与艺术研究之四》(《敦煌研究》2019 年第 1 期),以西夏时期敦煌的涅槃变为研究中心,通过对西千佛洞第 9 窟,榆林窟第 2、3 窟,东千佛洞第 2、5、7 窟,肃北五个庙第 1 窟各处涅槃变的考察,梳理了敦煌西夏涅槃变中"抚足者"的变化。作者将这一时期涅槃变佛足处人物分成三种类型,认为新出现的贵人相老者为印度医师耆婆,这种变化与北宋以来佛教思想的变化有关。

此外,有关石窟水月观音图像的年代和研究,是多年学术界老生常谈的问题,2019 年度有多篇文章。沙武田《水月观音图像样式的创新与意图——瓜州西夏石窟唐僧取经图出现原因再考察》(《民族艺林》2019 年第 1 期),唐僧取经图是瓜州西夏石窟水月观音图常见的画面,以往学界认为玄奘法师西行求法经行瓜州,在胡人向导石磐陀的帮助下偷渡玉门关。该文以五代宋时期莫高窟壁画中没有出现玄奘取经图之现象,对瓜州西夏水月观音和唐僧取经图作详细的梳理,说明取经图出现在水月观音中是西夏时期观音信仰崇拜的新因素,而与所谓的写实画面表现玄奘在瓜州的经历没有多大关系,更多体现的则是唐僧取经图在图像表达上的象征和符号意义。汪正一《敦煌西夏水月观音变"僧人与猴行者"身份新释》(《丝绸之路研究集刊》第 4 辑,商务印书馆),通过对两宋时期观音信仰、僧伽信仰以及两者密切关系的梳理,认为:其一,敦煌西夏时期壁画水月观音变、普贤变以及十一面观音变中的僧人、猴行者组合,应为泗州大圣僧伽和水妖巫支祁;其二,僧伽降伏巫支祁故事盛行于北宋徽宗时期,与徽宗"尊道改佛"有关,是佛道斗争的间接结果;其三,实际上反映了水月观音与泗州大圣信仰在敦煌地区结合并流行的历史状况,可能是西夏仁宗倡导学习宋朝政治文化时引入的新泗州僧伽信仰图像。何卯平《西夏水月观音净瓶盥盏研

究——兼论纳尔逊艺术博物馆藏〈水月观音图〉的创作时间》（《西夏学》2019 年第
1 期），对故宫博物院称为宋代《水月观音图》的美国纳尔逊艺术博物馆藏 13—14 世
纪《水月观音图》进行了探讨，文章从该作品中描绘的一处小细节入手，确定其为
西夏范式之一的净瓶盘盏，并推定该作品的创作时间为南宋 12 世纪末至 13 世纪始的
1183—1227 年间，并存疑刘玉权提出榆林窟 21 窟前室、甬道壁画的分期为回鹘的主
张。张美晨《西夏水月观音图像研究》（《美与时代（中）》，《美术学刊》2019 年第
3 期），从水月观音图像的产生、内容开始论述，逐步深入并详细论述其艺术风格，
认为从唐代创造以来，当属西夏时期的水月观音图像最美。常红红《西夏水月观音
中的荐亡图像考释——以东千佛洞第二窟壁画为中心》（《大足学刊》第 3 辑），认为
西夏时代的水月观音图像在继承唐代周昉（活动于 8 世纪）所创传统样式的基础上，
相当一部分将"亡者往生"或"丧葬仪式"描绘其中，用来追荐亡人。东千佛洞第
二窟后室南、北壁水月观音，其中增添"亡者""冥府判官与鬼卒"等形象，折射了
西夏佛教信仰中浓郁的实用性和功利性色彩。王胜泽《莫高窟第 95 窟水月观音图为
西夏考》（《西夏学》2019 年第 1 期）对敦煌莫高窟 95 窟窟形、地仗层、造窟思想
和图像特征等方面展开论述，认为北窟为西夏洞窟，其中的水月观音图像为西夏所
绘，而非元代。

　　杨浣、魏亚丽《黑水城版画残图研究两题》（《西夏学》2019 年第 1 期），对均
为残图的俄藏黑水城文献 Дx2878、Ф360、TK278 扉画进行了研究，认为：ДФ2878
残存榜题可据德国印度艺术博物馆藏吐鲁番出土蒙元初期回鹘文佛经《阿毗达摩俱
舍释论卷》卷首扉画补为《佛为天曹地府说法之处》，是早在唐代或已出现的主题佛
经版画；Ф360、TK278 扉画残页可以缀补，刻绘的是《中阿含经》卷第二十五佛尊
在舍卫国在胜林给孤独园为众比丘辨析的场景。杨浣、段玉泉《黑水城出土版画
〈释迦牟尼佛说三归依经处〉与〈释迦摩尼佛说三贤劫经之处〉的比较研究》（《西
夏研究》2019 年第 2 期），通过对英藏 Orl2380/3197《佛说圣大乘三归依经》、《释迦
牟尼佛说三归依经处》与俄藏 Инв. No.7188《现在贤劫千佛名经》经图《释迦摩尼
佛说三贤劫经之处》进行对比，认为四者构图、风格十分相像，可以互勘补阙乃至
于整体还原，但其细节诸如它们之间的时代关系还不易厘清。胡进杉《三幅西夏文
佛经扉画题记释析》（《西夏学》2018 年第 2 期），以《观弥勒菩萨上生兜率天经》
《佛母大孔雀明王经》《妙法莲华经》三部佛典为例，针对其扉画的西夏文题记予以
翻译解释，并探讨其与本经经文内容之关系，并认为其除了庄严佛经，以表示刻写者
或施印者的虔敬之心，也有借扉画图示让信众能很快了解本经内容作用。胡进杉
《三车或四车——一幅西夏文佛经扉画的省思》（《西夏学》2019 年第 2 期），认为佛
经扉画并不是一种纯艺术，是为解说、铺陈佛经内容而制作，因此绘刻同一经典，其
关键之人、事、地、物理应一致，如有不同，则透露出施经者对其内容的不同解读，
中国国家图书馆所藏西夏文《妙法莲华经》卷二扉画即是如此。此经卷首扉画描绘

"火宅喻"的图式，不同于同时或早期的宋元刻本之只绘三车，而多一大白牛车，是施经者于经文的解释有所不同之故。杨冰华《试论元代西夏文佛经版画对明清水陆画的影响》（《世界宗教文化》2019 年第 4 期），通过对中俄藏西夏文佛经版画《梁皇宝忏图》考索，认为：此图以西藏萨迦派佛经版画为依据，但制版时经修改而藏风骤减；与此同时，此版画也影响了北水陆法会修斋仪轨《天地冥阳水陆仪文》的代表性图像。何卯平《〈番王礼佛图〉创作年代考》（《中国国家博物馆馆刊》2019 年第 3 期），对现藏于美国克利夫兰艺术博物馆被认定为 10 世纪赵光辅之作或是宋元人摹品的《番王礼佛图》进行了探讨，通过爬梳生卒年不详的赵光辅与宋和西夏的渊源，论证该作品的创作时间为 1033—1038 年，并由此提出佛教艺术造像中的"西夏范式"。何卯平《梁楷〈出山释迦图〉再考》（《美术》2019 年第 7 期），对自 20 世纪初以来学界长期争辩的梁楷《出山释迦图》真伪、创作年代、东传时代等重要信息作了新研究，认为该图人物样式来自西夏范式。根据西夏范式在南宋江浙一带的流行时间和传播路线可以确认该图式创作时间为 13 世纪初年；东传时间为 13 世纪中期。

4. 陵墓、陶瓷及其他

余斌、余雷《"以形论变"——西夏王陵形制演进探讨》（《宁夏社会科学》2019 年第 2 期），认为：西夏王陵营建时序长近 200 年，其形制演进反映"不变与渐变"的双重特征；而其陵园夯土遗存形制则具"模数恒定""型整优进""建法几何"等营筑特点。孔德翊、马立群《西夏陵遗产的价值内涵探析》（《西夏学》2019 年第 2 期），认为西夏陵在整体上为业已消失的西夏文明提供了见证，通过城与陵、山与陵之间关系和造陵元素选择三个方面，吸收和融合了多元文化基因；在陵址的选择、布局以及陪葬等诸多方面，西夏陵将国家统治中心、王权秩序、君臣关系等思想文化因素结合到一起，以物化的形式对现实统治秩序作了自我表达。杜建录、王富春、邓文韬《陕西横山出土〈故野利氏夫人墓志铭〉初探》（《西夏学》2019 年第 2 期），认为 2006 年出土于横山的墓志铭是一方宋代党项族妇女墓志，志主野利氏，嫁与银州都知兵马使拓跋某为妻。其中所涉及的志主之夫姓、三女婚嫁，一方面说明唐朝赐姓"李氏"后一部分拓跋部仍姓拓跋，另一方面则证明唐末至宋初拓跋氏部族与野利氏部族的联姻是双向的。陈玮《新见北宋保宁院山寺党项民众建塔碑研究》（《西夏学》2019 年第 2 期），以该石碑记载修建该层的凤川镇民众姓名和其他史料，认为参与修塔的凤川镇民众均为出于熟户蕃部的宋属党项人，凤川镇的党项人和华池地区的汉人一起建塔，通过宗教信仰的实践促进了北宋西北边境的蕃汉交流。邓文韬《四川广元千佛崖石窟元代西夏遗裔题记及其史料价值初探》（《西夏学》2019 年第 2 期），认为广元石窟尚存两方题记由唐兀人题写，当事者为朝廷命官，他们因到云南、四川诸道守省或审囚而途经广元石窟，进行了佛事活动。其内容反映了西夏遗裔对元朝的贡献，也证明了在西南地区活动的西夏遗裔在元末仍然传承着本民族的佛教信仰。

孙圣国《唐宋文化影响下的西夏陶瓷牡丹纹样发展研究》（《中国陶瓷》2019 年第 2 期），认为在中原文化的西渐过程中，对西夏陶瓷装饰产生深刻影响的主要是唐代传统纹样和宋代生色花纹样。文章通过对西夏陶瓷纹样的图像进行分析与比较，试图揭示西夏陶瓷纹饰的文化渊源及在传播中的形态流变问题。王琦《甘肃武威塔儿湾遗址出土西夏瓷器初探》（《文物天地》2019 年第 3 期）、任先君《甘肃省博物馆西夏瓷器分析》（《艺术品鉴》2019 年第 30 期），以甘肃省博物馆藏少量西夏瓷器做简单梳理，并浅析探讨。章治宁《西夏塔式擦擦造像艺术》（《西夏学》2019 年第 1 期），从佛教雕塑艺术的角度对西夏塔擦造像单塔、多塔、百八塔等作了类型区分和造型辨识，并探讨了它们的造像特点和艺术风格。认为西夏境内广泛分布的各式擦擦，是西夏藏传佛教文化广为流布的标志。梁斌杰、宋浩《宁夏中卫市沙坡头区常乐镇发现西夏窖藏铁器》（《西夏研究》2019 年第 1 期），对 2017 年中卫市在破获的一起盗掘文物案件中追回一批西夏时期窖藏铁器进行了报道。中卫地区在宋夏时期属于西夏疆域发现较大规模的西夏铁器窖藏尚属首次。

5. 西夏语文与文献研究

聂鸿音《一文双语：西夏文字的性质》（《宁夏社会科学》2019 年第 5 期），认为西夏文记录的并不仅仅是笼统的西夏语，实际上是"番"和"勒尼"两种完全不同的语言。前者是河湟一带党项人传统的通行语，后者是外来的统治部族带入的，使用范围较窄。政府同时设计一套文字来记录两种语言，这在汉字系文字的历史上罕见。番语和勒尼语在西夏文学作品里被分别看待，但是官方的字典未予明确区分。在与河西党项人相处的过程中，西夏统治者倾向于融入本地番人并使用番语，这使得他们本部族的勒尼语很快走向了衰亡。孙颖新《再论西夏文献中的通假现象》（《语言研究》2019 年第 3 期），在此前自己多篇论文中明确西夏文献中通假现象存在的基础上，进一步认为：西夏文通假字可分为同音通假和近音通假两大类，后者大致可分为"平上对应"、"同一韵摄"、"松紧喉"和"平卷舌"四种；此外，西夏文献中还有"两两通假"和"隐性通假"等较为特殊的通假形式。张竹梅《说说西夏韵图〈五音切韵〉的韵等问题》（《西夏学》2019 年第 2 期），通检西夏语韵 105 图各韵字或同小韵译音汉字之韵等，认为第一栏译音汉字为一等韵西夏韵字的占比最大，第二栏次之，第三栏又次之，第四栏仅个别而已，且与各栏位相匹配的各等西夏语韵字基本上未过半数，甚至占比过小。通过译音汉字韵等分析，大致可以确认西夏语韵分三等。但同时也折射出《五音切韵》韵图之西夏语韵字并非按栏分等，此其与汉语韵图之本质差别。Duan Yuquan Conjunction wja1 in Tangut Language JCWS2019. 1（段玉泉《关于西夏语连词 wja¹ 的研究》，《中国文字》2019 年第 1 期），对目前词典中存在歧义的西夏语 wja¹ 被认为是动词、名词或代词进行了辨析，明确了 wja¹ 是西夏语语法词中的连词，可以用来翻译藏语中的连词 na。在复句中其通常出现在前一分句的末尾，并表示与后一分句的递进、假设、条件和顺承关系。再者，后一分句通常是疑问句，其中递进关系复句中以反问句为主，其他复句中也可以是反问句或一般疑问句。但是在不使用疑问句的情况下，也有个别例外。彭向前、杨帅《"夏译汉籍"中的断句情况考察》（《西夏研究》2019 年第 1 期），通过考察"夏译汉籍"中的断句情况，认为这种做法不仅可以为我们判断西夏人对汉文经典的熟悉程度提供一种依据，还对我们今天标点整理古籍具有一定的参考价值。吴宇、邓章应《西夏文〈同义〉文字考订》（《西夏学》2019 年第 2 期），对《同义》甲种本字形作了考订，考订残损字形 5 例，补出缺失字形 8 例，校正讹误字形 6 例，校正字序 7 例，共计 26 例。吴宇、邓章应《西夏文〈同义〉重复字研究》（《西夏学》2019 年第 1 期），在前人基础上，对一般不会重复的《同义》重复字进行重新整理，共计 27 处，并补充其正文大字重复的两个原因：一是因形体相近，写本笔误导致重复；二是同一个词处于不同的义类导致重复。

[捷克] 施立策著，聂鸿音编译《西夏虚字考源》（《西夏研究》2019 年第 3 期），通过与中国西南部以及南亚部分地区藏缅语言的比较研究，确定聂历山《唐古特语文学》中描述的六个西夏虚字，分别表示动词的"体"或名词的"格"，来源于古藏缅语甚至古汉藏语，认为利用现代多种语言可以重建其演化历程。[日] 荒川慎太郎著，孟令兮、麻晓芳译《西夏语的双数后缀》（《西夏研究》2019 年第 4 期），重新分析和进一步考察了西田龙雄关于西夏语词素耳¹kI：三种用法中的引用证据并不充分"双数"标记假说，在原例证基础上，提出如下商榷：作为标记，后缀耳¹kI：的功能是表示动作施事者为双数；这种用法不强制出现，经常在短句或简单句中省略，但在长句或复杂段落中，为便于读者确认动作的施事者为双数而出现；在一些藏缅语，特别是嘉戎语中，存在发音和用法与之相近的有潜在同源关系的后缀。刘兴长、孟昱煜《基于 HOG 特征提取和模糊支持向量机的西夏文字识别》（《西夏学》2019 年第 5 期），提出了基于方向梯度直方图（Histogram of oriented gradient, HOG）特征提取和模糊支持向量机（Fuzzy support vector machine, FSVM）的西夏文字识别技术。认为将 HOG 特征提取和 FSVM 相结合应用于西夏文字识别，会优于现有的其他方法。

6. 都城、堡寨、交通、军事

史金波《西夏首都兴庆府（中兴府）》（《西夏学》2019 年第 2 期），论述了西夏政治、经济、文化中心首都兴庆府建城经过；考证在西夏崇宗永安年间改为中兴府；指出元代中兴府为西夏中兴路首府，后演变为宁夏府，至近代为银川市。杨浣、付强强《省嵬城与省嵬山》（《宁夏社会科学》2019 年第 2 期），分别从文献记载梳理、辨正了"省嵬"城之"省嵬"和"省嵬山"地名变迁，指出前者属西夏定州，城池主要毁弃于乾隆三年（1739）地震，后者为地略当今贺兰山——卓子山山地，也即《水经注》中记载的石崖山或画石山。张文平《西夏北部边防军司城寨探考》（《草原文物》2019 年第 2 期），对史料无载而近年来蒙古国、俄罗斯等国的考古学者指为西夏长城的观点进行了探讨回应。文章研究西夏北部边防所设的三个军司及其他因素，指出蒙古国南戈壁省的汉外长城不可能属于西夏长城，也难以认为属西夏加筑沿用。

李雪峰《夏辽"直路"西夏境内驿站位置考述》（《西夏学》2019 年第 2 期），以古遗迹遗物考察与文献记载、古今地图等对比分析，对夏辽朝的交通干道的"直路"进行了研究，认为"直路"在西夏夺取胜州（1035 年）后线路基本固定，驿道共设 16 个驿站。《西夏地形图》仅绘出了其中 12 个驿站，还有 4 个驿站未被绘出。李雪峰、艾冲《西夏与辽朝交通干线"直路"的开辟与作用》（《甘肃社会科学》2019 年第 6 期），认为"直路"从西夏李继迁至李元昊时期开辟、完善，不仅是西夏与辽交通往来的干道，也是西夏东部道路交通网的轴心，西夏东北驻防体系的基石。许伟伟《西夏中期河西地区的军事建置问题——以西夏法典〈天盛律令〉为中心》（《西夏学》2019 年第 1 期），主要以《天盛律令》相关资料为据，研究认为西夏军事左右厢分区中的右厢河西地区设有南院、西院、卓啰、肃州、瓜州、沙州、黑水、啰庞岭等监军司以及与监军司在级别上相当的军，这些与基层的军事建置构成了西夏河西地区的军事地理布局。段金强《北宋哲宗时期宋夏关系研究》[《新西部》（中旬刊）2019 年第 1 期]，认为北宋哲宗统治前后时期对西夏施行了截然不同的两种政策：元祐初年对西夏采取"妥协退让""羁縻"的消极防御，导致宋夏冲突不断；元祐后期对西夏采取积极进攻的"浅攻扰边""进筑"，迫使西夏不断遣使求和，纳贡称臣。林鹄《从熙河大捷到永乐惨败——宋神宗对夏军事策略之检讨》（《军事历史研究》2019 年第 2 期），认为宋熙宁、元丰年间，神宗对夏军事准备策略，带有盲目自信的鲜明个性：虽取得熙河大捷，但并未完成其打破对夏僵持战局的战略构想；策划灵州战事时突发奇想、一时兴起，灵州战败。与此同时，又按照自己的个性、偏听偏信，酿成永乐之战惨败。至临终前，仍在策划不切实际的灭夏策略。陈德洋《辽兴宗时期辽与西夏战争琐议》（《西夏学》2019 年第 2 期），研究契丹建立的辽和党项建立的西夏并立百余年，自兴宗时西夏立国，重熙年间，以正统自居的辽朝与西夏先后发生 3 次战争，双方各有胜负。战争之后双方议和，造成宋、辽、西夏的三足鼎立。雷家圣《高遵裕与宋夏灵州之役的再探讨》[《首都师范大学学报（社会科学版）》2019 年第 2 期]，认为元丰宋夏之战——灵州之役的失败，宋高遵裕负有主要的责任，但其败因不在于外戚掌兵，在于宋朝动员军力超过了后勤补给体系的负荷，使得前线缺乏补给。兰书臣《宋夏好水川之战再探》（《军事历史》2019 年第 3 期），认为西夏元昊称帝后，针对北宋的制裁，发动了好水川之战。君臣的能谋善战、进攻方向和地点的正确选择、通信工具和手段运用以及骑兵"铁鹞子"在战场上的突击作用，是西夏取得好水川之战胜利的重要原因。尤桦《西夏棍棒类兵器及其相关问题考论》（《西夏学》2019 年第 1 期），结合文献典籍、文物考古、壁画艺术等资料，对西夏兵器中的棍棒及其相关问题进行研究，分别考释了西夏棍棒的配备及其在《天盛律令》中的规定，论述了铁链枷从守城战具走向战场的转变，分析了西夏骨朵在仪卫制度和佛教画中的使用及其文化蕴涵等。

7. 王朝、民族、遗民

邓文韬《西夏国名别称"夏台"源流考》（《西夏学》2019 年第 1 期），考析了作为西夏国名号之一的"夏台"，从得自唐代夏州治所统万城的别称，到党项定难军政权的自号和他称，到夏州地区、西夏政权，直到元明时期作为地理概念，指称整个西夏故地的过程。陈岑《西夏王号性质考略》（《西夏学》2019 年第 1 期），认为多达 26 个的西夏王号，包括号、爵、职等多重体系。其中既有早期王号部落首领称号，也有受到辽代的影响作为官职的院王与双国号王爵，余下王号皆效仿中原王朝。西夏王号在性质及渊源上所呈现的多样性，正是其多元一体文化在政治、制度上的反映。

保宏彪《党项—西夏割据政权政治中心的西移及其三大影响要素》（《西夏研究》2019 年第 2 期），认为党项—西夏割据政权的政治中心一路西移，先后经历夏州、西平府、兴庆府三个阶段。在这一过程中，生态、经济、军事成为影响其发展轨迹的主要要素。刘双怡《府州折氏与夏州李氏不同发展轨迹再探》（《西夏学》2019 年第 2 期），认为在宋以前都具有藩镇性质且实力相当的府州折氏与夏州李氏之所以结局殊悬，李氏独立建国一是与唐中后期西北藩属体制的崩溃有关，五代混乱时期，各政权仅能维系表面形式的藩属，而不能进行实质性的节制；二是李氏与折氏所处之地理位置也决定了其自身的经济基础及其对宗主国的不同意义。［俄］克恰诺夫著，闫廷亮、陈建明译《西夏人论中原——以西夏文资料为中心》（《西夏学》2019 年第 2 期），依据西夏文资料，从西夏的角度探讨了这一时期对中原的看法，揭示了西夏一方面敬仰中原文化并从中借鉴有益于自己民族文化的成果，另一方面为了谋求自立和构建以自我为基础的文化而与之抗争的心态。

都刘平、鲁玥含《元代西夏遗裔孟昉行迹征略》（《西夏学》2019 年第 1 期），综合诸方面文献，对著名古文家、散曲家的元代西夏遗裔孟昉的生平作一次实证性的考察，弥补了前人研究的缺漏乃至误失。胡蓉《元末西夏遗民诗人王翰与东南文化》[《西北民族大学学报（哲学社会科学版）》2019 年第 2 期]，对元代迁居东南地区的第四代西夏遗民王翰进行了研究，认为王翰为研究元末明初西夏遗民生存状况提供了范本；他的理学思想体现在孝道、忠君爱国等方面；他的山水题材的诗歌彰显了他的理学精神，其诗歌带有东南地域色彩，在艺术上达到了较高的水平。

8. 制度、社会、经济、贸易

罗海山《西夏亲邻之法初论》（乜小红、陈国灿主编《丝绸之路出土各族契约文献研究论集》，中华书局，2019 年 4 月），认为西夏立法对亲邻先买权持禁止态度。其原因在于西夏社会土地交易不频繁，人均土地占有量相对充足，儒家观念影响有限，亲邻关系不太紧密，宗族组织不发达，即缺乏亲邻之法存在的基础。戴羽、朱立扬《西夏罚金刑研究》（《西夏学》2019 年第 2 期），认为西夏罚金刑主要包括罚钱、罚马、罚铁、罚俸等四种类型，各刑在《天盛律令》《贞观玉镜将》《新法》《法则》中刑等或不同或一致。西夏不同罚金刑彼此之间衔接有序，相互之间可易科执行。西夏罚金刑是在唐宋赎刑的基础上，根据本国少铜多马的实际情况所做的变通。田晓霈《西夏"水军"新考》（《史志学刊》2019 年第 3 期）通过对三处宋人记载的重新考证，并结合《天盛律令》，考证出宋人言称的"水军"事实上只是渡河作战的西夏步骑兵和主管河渡事务的津渡官，宋人蔑称"水贼"，实际上西夏并未形成有正规军事编制的"水军"。李治涛、尤桦《西夏水利立法研究——以〈天盛律令〉〈亥年新法〉为中心》（《西夏学》2019 年第 2 期），认为西夏统治者高度重视农田水利建设，在《天盛律令》《亥年新法》等法典中都有水利机构设置、卷埽制度、春季开渠、依次放水、设施维护等方面的法规，这不仅促进了西夏社会经济的发展，还对中国西北地区的开发做出了巨大的贡献。

郝振宇《资源竞争、身份变迁与文化抉择——以党项西夏社会性格变化为例》[《中南民族大学学报（人文社会科学版）》2019 年第 2 期]，认为党项作为游牧民族，自隋唐起，在与中原汉人长达数百年的历史互动中出现了由"俗尚武力"转向"文风赫然"的社会性格变化的现象。这种变化是在资源竞争、身份变迁与文化抉择三者的作用下实现的。周腊生《西夏状元释褐职任窥斑》（《湖北职业技术学院学报》2019 年第 2 期），以目前元、清和已有成果中所见的高岳、李遵顼、高智耀 3 位状元资料为据，探究了西夏状元释褐职任。认为西夏有时是模仿宋朝，授给状元的初始职任跟宋朝相同或基本相同；有时又自行其是，给状元以奇高的初始职任。西夏对状元夺魁后究竟该授以什么样的初始职任并没有制度化，有时比较随意，波动很大。

骆详译《西夏土地的典卖、土地产权与宋夏的"一田二主制"》（《中国农史》2019 年第 2 期），对比分析了夏宋土地典卖、产权方面的异同，认为西夏原主人将土地出典后，虽然仍拥有其土地所有权，但只有在付清承典人的本利钱后，原主人才能将出典的土地交易，这与宋代原主人在土地出典的同时，将土地所有权出卖给第三方有着很大的区别，西夏的土地流转未如宋代那般自由与频繁。但在典权兼具用益物权与担保物权功能的特点上，西夏与宋代相似，从赋役科派与籍帐编制的角度来看，西夏的承典人与宋代相类，都具有"二地主"的身份，也存在类似于宋代的"一田二主制"。杨际平《4—13 世纪汉文、吐蕃文、西夏文买卖、博换牛马驼驴契比较研究》（《敦煌学辑刊》2019 年第 1 期），认为 4—13 世纪在我国吐鲁番、敦煌、黑水城等地先后出现的一些汉文、吐蕃文、西夏文的买卖、博换马牛驼驴契约，其基本格式相近，但各族契约立契时间的表述、契书行文主体、立契缘由、对所买卖牲畜的指定、畜价及其支付手段、预防条款与违约罚则、契约尾署、保人责任行文等方面往往有各自的特点。

高仁《西夏畜牧业研究》（《中国经济史研究》2019 年第 1 期），全文主要考察了西夏畜牧经济的生产方式、生产关系、经济制度及区域差异,认为畜牧业为西夏国民经济的重要支柱。郝振宇《西夏分家析产问题述论》(《西夏学》2019 年第 1 期),对西夏分家的户籍独立、家产析分的两个内容和析产的两种情况进行了讨论。认为西夏人对分家的认知和实践是西夏社会变迁的一个缩影,在西夏被析分的家产主要是与日常密切相关的生产生活资料。郝振宇《西夏土地买卖租种的价格、租金与违约赔付》(《青海民族研究》2019 年第 2 期),对西夏土地买卖和租种的相关问题进行探讨。认为在西夏,土地买卖和租种是一种较为普遍的行为,土地买卖、租金价格分别为 0.07 石/亩左右、0.087 石/亩左右。对于违约赔付问题,法律有相应的具体规定以保证受损人的基本权益。郝振宇《西夏民间谷物典当借贷的利率、期限与违约赔付研究》(《中国社会经济史研究》2019 年第 3 期),认为西夏民间谷物典当利率依谷物种类不同而有所差异,但都以总和计息;其借贷以一年为期,一般是春借秋还;赔付方式依放贷者身份不同可分为据借贷的谷物数量、"一石还二石"两种情况。孔祥辉《西夏晚期黑水城地区寺院经济研究——基于出土西夏文契约文书的考察》(《中国农史》2019 年第 3 期),通过对黑水城出土西夏天庆甲寅年(1194)正月至二月,当地同一寺院与附近农户签立契约文书的研究,认为西夏后期,黑水城周边已形成以寺院为主导的农村市场。在被主导的市场中,农民与寺院在土地、牲畜交易中地位极不平等,进一步加剧了土地兼并及水资源争夺,并进而深刻地影响了西夏晚期黑水城地区的农村经济社会。任长幸《夏宋盐业朝贡关系研究》(《中国盐文化》第 12 辑),认为西夏丰富的盐业资源,不仅通过对外贸易转化为主要财政收入之一,而且通过朝贡这种特殊的邦交方式,在宋、辽(金)等强国间保持了均衡势力。

9. 文学、文书、宗教

聂鸿音《中原诗歌在西夏和契丹的传播》[《四川师范大学学报(社会科学版)》2019 年第 4 期],认为中原诗歌传入西夏与传入契丹之后的境遇截然不同,其原因一是西夏人的群众基础不及契丹深厚;二是西夏君王在文学领域则尽力维护自己的传统而未提倡学习中原诗歌,因而西夏接受外来的政治制度,并未导致文学传统的变革。张彤云《〈圣立义海〉故事新考三则》(《西夏研究》2019 年第 1 期)研究西夏类书《圣立义海》中未被前人考证过的三则故事的史料来源,分析指出其分别源自《三国志》卷五十七《骆统传》,范摅《云溪友议》卷中"苗夫人"条,以及《晋书》卷四十三《王戎传》。格根珠拉《〈圣立义海〉中反映的"九品才性"问题——古代民族语童蒙教材中的"等级"观念》[《青海师范大学学报(哲学社会科学版)》2019 年第 6 期],以西夏文《圣立义海》第十三章部分的记载为线索,结合儒学"九品"相关的说法,以及佛教概念里的"十界"和诸如"二十五等""四十八等"等分类学说对该文献中的"九品才性"问题进行了探讨,并论述了儒家思想及其社会制度渊源和宋代中原佛教对西夏社会性读物编纂的影响。

孙伯君《元代〈河西藏〉编刊资料补正》(《中华文化论坛》2019 年第 6 期),

对记载元代有关校理、纂集、印施《河西藏》的西夏文《过去庄严劫千佛名经》卷尾发愿文进行了重新释读，并对现存与元代编刊《河西藏》相关的资料进行了进一步梳理和考释。段玉泉《瑞典藏元刊西夏文大藏经再探讨》（《中华文化论坛》2019年第 6 期）在前人基础上研究瑞典所藏一组元代刊刻西夏文大藏经版画牌记，推论其中的"当今皇帝""仪天兴圣慈仁昭懿寿元皇太后""正宫皇后"身份和印制时间。论文对瑞典藏河西藏出土于黑水城的观点也提出了初步的怀疑。李若愚《西夏时期藏传佛教的流传》（《宁夏社会科学》2019 年第 1 期），认为从西夏语语源来看西夏王朝在初期就受到藏传佛教的影响，到崇宗乾顺时期，西夏政府已经开始组织翻译藏文佛经。此外，藏传佛教在西夏的流传有着浓厚的官方背景，尤其是藏传密教受到西夏统治者的推崇与大力弘扬。陈连龙、李颖《西夏佛教口语传播特征研究》（《西夏学》2019 年第 1 期），认为西夏佛教重要的传播媒介是口头言语，其传播形式主要包含诵经、说法、佛曲、谤语、译经等，其传播内容丰富，种类融通，表达多样。陈玮《黑水城文书所见北宋初年西行求法僧研究》[《新疆大学学报》（哲学·人文社会科学版）2019 年第 2 期]，通过对俄藏、英藏有关智坚、志坚两份文书的比对研究，认为北宋初年丝绸之路灵州道不仅畅捷，而且此时佛法复兴后中原密宗也对敦煌产生了影响。齐德舜《宋代印度密教高僧金总持研究》（《世界宗教研究》2019年第 2 期），认为印度密教高僧"金总持"早年受李元昊延请至西夏并赐尊称。宋元丰年间，金总持受邀入主宋朝传法院翻译佛教显密经典，被尊称为"译经三藏明因妙善普济大师"。宋徽宗时崇道抑佛，金总持离开传法院南游江浙，直至在民间弘法去世。何卯平、宁强《从往生到来迎：西夏净土信仰对西方三圣的观念与图像重构》（《敦煌学辑刊》2019 年第 3 期），认为"西方净土变"特别是其中的"阿弥陀净土变"图式从隋唐、晚唐五代以来，到 12 世纪以降经历了几番演变。其中"与愿印来迎"概念及图像范式，更是西夏佛教在对净土的诠释过程中形成的观念重构。通过佛教的东渐，这种西夏范式的影响广泛体现在南宋王朝以及 12—13 世纪日、韩净土宗的图式中。

陈瑞青《简论西夏"军籍"文书的性质及其价值》（《西夏学》2019 年第 2 期），对俄、英藏 7 件西夏文所谓"军籍"文书在前人基础上，从文书学角度进行了研究。认为这 7 件文书并非涉及西夏军籍，而是军抄首领官向上级报告军抄年校情况的告禀文。这批军事文书不仅证明了西夏中后期黑水监军司确实存在，同时还为研究西夏军事制度提供了珍贵的资料。就西夏契约性质与程式研究，赵彦龙、扶静《西夏借贷契约的性质与程式——西夏契约性质与程式研究之三》（《中国档案研究》2019 年第 1 期），赵彦龙、张倩《西夏典当契约的性质与程式——西夏契约性质与程式研究之五》（《西夏研究》2019 年第 4 期），赵彦龙、张倩《西夏租赁契约的性质与程式——西夏契约性质与程式研究之六》（《宁夏师范学院学报》2019 年第 9 期），进行了分门别类讨论①。丁海斌、赵丽娜《西夏、辽、金商业文书研究》（《档案》2019 年第 7 期），认为在西夏、辽、金三个少数民族政权的商业文书中，西夏类型较为全面，包括买卖、借贷、典当、租赁、雇佣、记账等文书。而辽和金的商业文书存世十分罕见，除了土地买卖文书，尚未发掘到其他典型的商业文书。

10. 综述、学人与成果、书评

史金波《加强民族史研究重视"绝学" 维护民族团结和国家统一》（《民族研究》2019 年第 2 期），主要结合中国社会科学院民族学与人类学研究所的民族史和"绝学"的西夏文字及其他古文字研究的进展，认为少数民族文献和文物是中国优秀传统文化的重要、有特色的组成部分，要发挥其在国家统一和民族团结方面的重大作用。

史金波《西夏文契约概论》（乜小红、陈国灿主编《丝绸之路出土各族契约文献研究论集》，中华书局，2019 年 4 月），概述了西夏文契约的发现、定名、内容整理、初步研究和出版，以及与契约相关籍帐的价值等内容。韩树伟《西夏契约文书研究述要》［《宁夏大学学报（人文社会科学版）》2019 年第 5 期］，从国外、国内研究两部分出发，对西夏契约文书进行了系统梳理，并提出自己的一些看法。赵生泉《四十年来西夏文草书研究的回顾与分析》（《西夏研究》2019 年第 1 期），简要回顾了国内外从初步识读西夏文草书到目前中国解读其草书的历程。认为国内学者的解读主要循"艺术"和"文字学"两个不同维度展开，并表现出历史、文字学、书写等 3 个不同研究倾向。宋坤《四十年来黑水城汉文佛教文献研究的回顾与展望》（《西夏研究》2019 年第 1 期），对黑水城出土汉文佛教文献分综合研究成果、宋辽金汉文佛教文献研究成果、夏元汉文佛教文献研究成果和与其相关研究的论文成果还进行了概述。马晓玲《四十年来西夏文物考古研究的回顾与展望》（《西夏研究》2019 年第 2 期），认为四十年来西夏文物考古研究，主要围绕石窟与壁画、王陵与墓葬、古塔与寺庙、城址与烽燧、窑址与窖藏、器物研究等方面展开，其研究内容与方法呈现不断深化的趋势。周泽鸿、于光建《四十年来西夏丧葬习俗研究的回顾与展望》（《西夏研究》2019 年第 3 期），认为四十年来学界在西夏陵寝制度、丧葬制度、丧葬习俗和特点等方面取得系列成果，对促进解读西夏历史文化的形成、影响要素及其历史地位发挥了重要的作用。张海娟《2011—2018 年国内西夏佛教文献研究综述》（《西夏研究》2019 年第 2 期），分文献刊布整理研究、文本研究、文献与佛教史研究三方面，对近 20 年来的国内西夏佛教文献研究作了粗略综述。孙广文《西夏天文历日研究综述》（《西夏研究》2019 年第 4 期），认为中外学者在历日文献整理、西夏残历定年、历谱复原等方面做了大量的工作。该文总结了西夏时期天文天象的文化源流和历史作

---

① 赵彦龙、扶静：《西夏牲畜买卖契约的性质与程式——西夏契约性质与程式研究之四》，《宁夏师范学院学报》2018 年第 4 期。

用，揭示了西夏在天文历法文化方面对中华传统文化的认同与贡献。闫强乐《西夏法律文献与法律史研究述论》（《西夏研究》2019 年第 2 期），通过西夏法律文献整理与研究、西夏的法律制度研究、西夏法律史研究的展望三方面的内容，系统梳理以西夏法律史为研究对象的相关论著。

史金波《邂逅西夏结缘文书——深切怀念陈国灿先生》（《敦煌学辑刊》2019 年第 1 期），深情回忆了作者与陈国灿几十年的学术交往，认为陈先生学术精深，对西夏研究做出过重要贡献，表达了对 2018 年去世、享年 85 岁的陈先生的深切怀念。何冰琦《奥登堡的西夏佛教研究》[《宁夏大学学报（人文社会科学版）》2019 年第 2 期]，认为奥登堡是十月革命前俄国唯一从事黑水城佛像研究并出版专著的学者，他的《黑水城废墟佛像》《黑水城佛像资料》论著在俄国具有首创性，其本人也是俄国乃至欧洲最伟大的专家。[日] 佐藤贵保著，王玫译《西田龙雄博士的西夏语研究成果以及对历史研究的影响》（《西夏研究》2019 年第 4 期），从直至 20 世纪上半叶的西夏语研究、西田博士对西夏语体系的阐明、对西夏史研究的贡献三部分，对已故日本著名西夏文专家、汉藏语言学家西田龙雄的西夏语研究方面的成果进行简单的回顾，并简述其成果对西夏史研究所产生的影响。

聂鸿音《〈普林斯顿大学藏西夏文法华经〉读后》（《西夏研究》2019 年第 2 期），对日本西夏学学者荒川慎太郎 2018 年刊布的《普林斯顿大学图书馆所藏西夏文〈妙法莲华经〉写真版及语言学研究》进行了评价，认为这部元成宗敕命重新校印的版本，书中出现了西夏动词趋向前缀连用的两个新例证，可以启发人们对于西夏语法的进一步思考。李华瑞《西夏社会经济史研究的重大成果——史金波〈西夏经济文书研究〉读后》（《中国史研究》2019 年第 2 期），从《西夏经济文书研究》的内容与特点、在西夏经济史史料学上的贡献、对西夏社会得出的重要认识三方面进行了分析，认为成果细致而全面、深入而系统，对于许多过去认识不清或尚未进入研究者视野的问题均给予很有分量的解答，对西夏史的认识比以前的研究也有所提高。段玉泉《〈西夏译华严宗著作研究〉读后》（《西夏研究》2019 年第 4 期），认为聂鸿音、孙伯君《西夏译华严宗著作研究》以选择具有明确来源的五部华严宗著作进行整理研究。该书一方面明确了西夏人翻译华严宗文献的主体和其理论传播者，另一方面运用四行式解读法对西夏文本进行音义标注，为西夏文献的规范解读提供了一个示范和重要语料。李鹏飞《〈西夏文宫廷诗集整理与研究〉评介》（《西夏研究》2019 年第 4 期），对梁松涛教授《西夏文〈宫廷诗集〉整理与研究》作了评价，认为全书无论是上编对西夏文诗歌的数量、版本和主题进行考究，还是下编释读，都反映了作者扎实谨严和匠心独运。上编为《西夏文学及地域文化特征研究》，其反映的党项文化和对汉族文化的取法借鉴，蕴含的民族思想文化和相关社会历史等丰富内容。

此外，相关书评、书讯还有：徐伟玲《多元交融——〈西夏经变画艺术研究〉

读书笔记》(《艺术大观》2019 年第 15 期)、孟令兮《〈西夏文藏传佛教史料——"大手印"法经典研究〉出版》(《西夏研究》2019 年第 3 期)、孟令兮《〈西夏译华严宗著作研究〉出版》(《西夏研究》2019 年第 4 期)、孙颖新《西夏文〈大宝积经·无量寿如来会〉对勘研究》(《世界宗教文化》2019 年第 3 期)、韩树伟《〈敦煌民族史探幽〉评介》(《西夏研究》2019 年第 3 期)。

2019 年金史研究综述

齐齐哈尔大学　彭赞超　李秀莲

2019 年我国学界的金史研究较为活跃，新的研究成果不断推出，金史研究受到了学界的重视，据不完全统计，出版与金朝有关的专著 20 余部，发表学术论文和硕博士学位论文 200 余篇。

一　金史研究及其相关的著作

2019 年度金史专题研究的专著和与之相关的各类著作共有 20 余部，其中学术类专著不多，仅有 10 部。武玉环《辽金职官管理制度研究》（人民出版社 2019 年版），从金代职官的选拔、考课、监察、奖惩、俸禄和致仕等方面对金朝的职官做了全面的研究，认为金朝的职官体制，是在学习唐、宋和辽的基础上加上本民族的特色而形成的。韦兵《完整的天下经验：宋辽夏金元之间的互动》（北京师范大学出版社 2019 年版）从观念和实证两方面论述了华夏天下世界的多元一体，认为农耕、游牧两个世界既有互动，又有共生共融。中国也是夷夏之间对立、互动、互融大势的产物。夷、夏二维，缺少任何一方都不能称其为中国。从实证的角度，将这种夷夏如阴阳观念的考察落实到具体的诸层面，如宋、辽、夏、金、元对文化象征资源的竞争，地域层面不同族群迭兴对当地历史人文的塑造以及个人层面这种跌宕互动的历史如何影响个人的命运与选择。杨忠谦《金代家族与金代文学关系研究》（中国社会科学出版社 2019 年版），对金代家族进行系统的史实、文献和文学研究，就金代家族的衍生状态、文化特征、文学贡献以及主要代表作家的创作情况给予考察和研究。揭示金代家族文学的形态特色与特殊的审美价值，以及作为一种家族文学样式在中国文学历史演进中富有生命力的存在意义，可以进一步增强人们对于中华文明多元一体格局的认识，从而促进社会和谐、增强民族团结。张静《金代诗歌接受史》（气象出版社 2019 年版），以元、明、清时期金诗的接受情况为研究对象，采用史料分析与现代理论阐释相结合的研究方法，在系统整理金代诗歌研究史料的基础上，从传播学、阐释学和接受美学的角度探讨了金诗在元代、明代和清代的接受与传播情况，并专门梳理和探讨了金代诗歌总集《中州集》在历代的接受与传播情况，从而对金诗接受历程做出了理论阐释，揭示出其在文学史上的重要价值与地位。孙文政《金代官印文献资料汇编》（中国文史出版社 2019 年版），全面系统地收集了 300 余篇金代官印考古资料研究成果等相关文献，介绍了金代官印印质、种类、引文、用途、刻法和装潢等方面的历史价值和艺术价值，是研究金代制度史、文化史和艺术史的重要史料。赵永春《金宋关系史研究》（增订本）（商务印书馆 2019 年版）是作者多年以来研究金宋关系史的论文选集。全书所选论文大部分是从金朝对宋政策的变化入手去研究金宋关系，以便认清和理解金朝对宋关系的发展和变化。全书共分为五编，第一编为总论；第二编为宋金"海上之盟"研究；第三编为金宋和战研究；第四编为宋金交聘制度与经济文化交流研究；第五编为附录，介绍了国内外对金史及金宋关系史研究的概况。该书对研究金宋关系具有重要的参考价值。刘振刚《陕北与陇东金代佛教造像研究》（甘肃教育出版社 2019 年版）以陕北和陇东金代佛像造像为考察对象，对该区域的佛教造像做了系统梳理、研究。对于认识金朝在中国佛教造像历史的地位具有重要意义，从而使中国佛教造像艺术的研究更趋完整。贾福玲、贾恒才《辽金花钱》（沈阳出版社 2019 年版）主要介绍了辽金各个时期、各种类的花钱，对花钱的特征进行翔实的阐述，图文并茂。同时还介绍了辽金时期的契丹钱币，对钱币上的契丹文字进行释读。张鹏《辽金皇家艺术工程研究》（浙江大学出版社 2019 年版）从美术史的研究视野出发，着眼于辽金时期的考古发现、传世文物和文献史籍，考察探讨了辽金皇家艺术工程中所呈现的艺术史要素，关照多种艺术语言和视觉综合体的内在逻辑关系。在探讨图像本体内在演变历史的同时，也涉及不同民族和不同阶层在文化取向、地域文化、历史渊源以及彼此之间多元互动的一系列复杂的外部因素，研究这一时期艺术的内在演变与外部环境中各种复杂社会因子的互动关系，以期相对准确地把握辽金美术发展的共性与特征及其形成的历史动因，探讨辽金美术构成上的普遍意义，从而深化对辽金美术的理解。张明远《山西古代寺观彩塑·辽金彩塑》（全 4册）对山西地区辽金寺观的彩塑进行了搜集整理，图文并茂，对于研究辽金时期的宗教彩塑具有重要意义。

（一）大型通史类著作涉及金朝研究的有六部

程妮娜《黑龙江通史——辽金卷》（社会科学文献出版社 2019 年版）以辽金王朝为主线，叙述了黑龙江地区北族王朝政治势力更替与各族社会文化变迁的历史。金代部分包括女真兴起与金朝建立、金朝对黑龙江地区的经营、军政建置与统辖、经济繁荣与文化发展、金末蒙古东渐与东夏国的兴亡等五章。阐述了辽金王朝对黑龙江地区实行强力统治的政策，使大部分族群相继完成了向文明社会的过渡。邱涛《中国反贪制度史》（上）（山西人民出版社 2019 年版），其中第五章第三部分对金代贪贿情况作了概述和研究。认为金代前期有关贪污的记载较少，金朝中后期贪污情况的记载较多。金朝的反贪机制主要包括建立监察反贪制度、制定反贪法律、对官吏管理制度的监督三大部分。关于反贪情况的介绍中，认为金太祖、熙宗时，反贪事件偶见记载。金世宗时期，反贪活动大量集中，成效最为显著，对女真人贪赃枉法之事，金世宗亦不姑息，所以金世宗朝反贪取得了良好的成效，世宗朝的反贪政策对后世也产生了深远影响。陆翔《北京建筑史》（中国建筑工业出版社 2019 年版）采用编年体为主、记事体为辅的编写原则，以朝代为纲目，以类型、实例充实章节。其中第五章对辽金宋时期的建筑进行了介绍，涉及城市建设、宫殿、社坛、苑囿、佛教建筑、道观与清真寺，同时还分析了相关的建筑技术。该书对我们了解辽金时期北京地区建筑有着重要意义。李小钰《中国古代文学多元化研究》（吉林大学出版社 2019 年版）从中国古代文学史、文学研究、文学观念发展、文学传播、文学文化批评、古代文学与教育教学 6 个方面阐述了中国古代文学的范畴，构建变现主义文学原理体系。其中第一章"中国古代文学史"的第三节宋辽金时期的文学，介绍了宋辽金时期的文学成就。汪文学《正统论——中国古代政治权力合法性理论研究》（贵州人民出版社 2019 年版）从中国古代的权力合法性理论——正统论展开分析和讨论。分析了其产生的文化心理背景和形成的社会根源，探讨了其本身的理论结构及其对中国古代政治文化的影响，辨析了其与西方权力合法性理论之异同。其中第七章中国历史上的正统之争的第四部分论述了元修《宋史》、《辽史》和《金史》时的正统之争。大同市博物馆《熠彩千年——大同地区墓葬壁画》（科学出版社 2019 年版），对大同地区出土的金代墓葬壁画做了系统性整理，对大同地区壁画的工艺、人物、时代演变等做了系统介绍，图文并茂，并对壁画的相关内容进行了考证。

（二）古籍校注类共有两部

（金）张从正著，谷建军校注《儒门事亲》（中国医药科技出版社 2019 年版）凡十五卷，集中体现了张氏的主要医学思想和诊疗特色，可谓有说有辩、有记有解、有诫有笺、有诠有释、有断有论、有疏有述、有衍有诀，对中医学的创新与发展影响深远，至今仍具有重要的学习与研究价值。（金）佚名著，任文彪点校《大金集礼》（浙江大学出版社 2019 年版）以怡府旧藏本为底本，同时以文渊阁本、广雅书局刻本为校本，对《大金集礼》进行了点校。该书共四十卷，另有附录五卷，对《金文最》引用《大金集礼》文章详表、《大金集礼》书目著录及学者提要序跋、《大金集礼》书影、《大金集礼》研究、金代礼制资料辑注进行了整理和研究。金代文献流传至今寥寥可数，出于官方编纂者尤为少见，《集礼》作为一部篇帙较多且重要的官修典籍，在金代历史研究、《金史》校勘、文学研究、文献辑佚等方面有着重要价值。

（三）综合类论文集共有两部

辽宁省博物馆、辽宁省辽金契丹女真史学会编《辽金历史与考古》（第十辑）（科学出版社 2019 年版），分为纪念《辽金历史与考古》创刊十周年特约稿、考古发现与研究、历史研究、文物研究、碑刻研究和综述六大部分。其中涉及金朝历史研究的论文共有 12 篇，对金朝的制度以及考古等方面进行了深入研究。贾淑荣、韩世明《辽金史论集》（第十七辑）（中国社会科学出版社 2019 年版）是以 2018 年第十四届中国辽金契丹女真史学术研讨会暨中国·绥滨首届完颜家族起源问题研讨会提交的90 余篇论文为基础精选而出。全书分为两个部分，即辽契丹史研究、金女真史研究。其中有关金朝的论文共有 9 篇，涉及政治、文化、社会和宗教等方面，较为全面地反映了金史研究的状况和动态。

二　金代政治与政治制度研究

（一）有关金代政治制度的研究

宋卿《金代兵部尚书民族性考论》［《西南民族大学学报（人文社会科学版）》2019 年第 6 期］认为女真人在金代兵部尚书一职上占据多数，出职、科举、归降、因功都是兵部尚书入仕的途径，女真人以出职入仕为主，汉人则以科举为主。迁转方面女真人大多呈现的是一种官职的调动，非女真人则代表的是官职的升迁。金代兵部尚书无论在身份、入仕途径、职官迁转诸方面具有较强的民族性。王崎《金初"勃极烈"研究三题》（《宋史研究论丛》2019 年第 2 期）从金代勃极烈的性质、位序以及废除三方面进行了研究。认为金初的诸"勃极烈"并非某种职官，而是进入中央核心权利集团的身份象征。谙班勃极烈在太祖下诏以吴乞买"贰国政"之后，才具有"储贰"的地位。"勃极烈"制度的废除是其内部成员争权夺势的客观结果。"勃极烈"制度对金朝三省制的影响体现为"领三省事"的设置。孙文政《金朝后期泰州军政长官考略》（《黑河学院学报》2019 年第 6 期）对金朝后期泰州地区的军政长官进行了考证。认为金朝后期，共有七任泰州军政长官。由于蒙古军的入侵，泰州经济社会遭到很大程度的破坏。泰州长官虽尽力经略泰州，但是未能挽救灭亡的命运。郑成龙《金代群牧所变迁刍议》（《学习与探索》2019 年第 7 期）认为金朝沿袭了辽朝的群牧制度，并且负责管理契丹族群进行畜牧生产。天德年间的契丹农民起义沉重地打击了金代的群牧制度。世宗朝对群牧制度加以整顿，着重调节了女真与契丹两族群之间的矛盾，使各群牧有所恢复和发展。金朝末年，随着黄河以北的土地落入蒙古人之手，金代群牧制度也逐渐消亡。张宝珅《金代符宝郎考论》（《宋史研究论丛》2019 年第 2 期）认为符宝郎应是职官而非界现认为的承应人。符宝郎大多出身承应人，多从女真贵族中进行选任，其迁转体现了女真人在迁转方面的优势。郭海霞《金代济贫法律制度研究》（《北方文物》2019 年第 4 期）认为金代济贫法律制度的思想基础是"自然天命观"、儒家"仁"的理念与民本思想以及重农思想，金代的济贫主体包括官方济贫机构、民间团体以及慈善人士。金代济贫法律制度表现为主体的多元性、措施的多样性、法律形式的灵活性、救济力度的差异性以及制度实施的保障性。鲁西奇《辽金时期北方地区的乡里制度及其演变》(《文史》2019 年第 4 期)认为金代的乡里制度乃是"乡里正—村社主首"制度,乡里正继承了辽代的乡正与北宋前期乡里正,"村社"的源头之一则是女真的"寨"制。孙凌晨《金代在东北地区倡导清廉奉公的举措》(《中国社会科学报》2019 年 10 月 30 日第 008 版)认为金朝对东北地区倡导廉洁的举措有三:首先,制定相关的监察法令;其次,强化监察;最后,重视对监察官员的管理。史聪聪《略论〈金史〉中金世宗整顿吏治的主要措施》(《理论观察》2019 年第 9 期)认为金世宗从四个方面进行吏治的整顿,即鼓励直言进谏、扩大监察范围、加大反腐力度、选官以贤为主。通过以上政策,保证了金朝真正意义上的全盛时代。闫兴潘《论金代女真人的"超迁格"——民族关系影响下的职官制度变革》[《历史教学(下半月刊)》2019 年第 9 期]金朝前期设立的"超迁格"是女真人在职官制度领域的重要特权。"超迁格"与武散官系统相关,这与金朝前期女真人没有获得文散官的途径,以及金朝严格控制三品以上高官数量有关。女真人凭借"超迁格"其官阶迁转的平均速度可能是非女真人的三倍。金代的"超迁格"自章宗朝开始向非女真人开放,而这样做的初衷是缓和内部民族矛盾、巩固金朝统治。高云霄《金代官员除名制度探析》[《河北北方学院学报(社会科学版)》2019 年第 4 期]认为金代"除名"共有六种形式,适用范围广,对金代的政治、经济、军事以及道德风化都有积极的作用和影响。从总体上看,金朝"除名"制度整体执行效果不理想,虽然官员会被"除名",但是并不意味着被永久开除官籍。里景林《金代大定年间荐举制度的确立与运行探析》[《河北北方学院学报(社会科学版)》2019 年第 4 期]金朝的荐举制度在世宗朝确立,由于在职操纵荐举权,所以荐举制度在大定年间的运行并不理想,最终导致了金朝末年无人可用的窘迫局面。姜雨《金代驸马都尉探析》(《白城师范学院学报》2019 年第 3 期)认为金代驸马都尉仅从世婚家族中选取,仅授予尚公主者,其官阶较前朝有所提高,但只是虚职。驸马都尉享有丰富的物质利益和较高的政治地位,对驸马的个人仕途和家族地位也有影响。郭威《试论金代户部机构》[《东北亚研究论丛》(第 11 辑),商务印书馆]以户部为研究对象,探讨了其成立的过程和机构设置。认为金代户部建制仿效唐宋基本架构建官置属。户部机构的运作促进了大定明昌治世局面的出现。金代户部并未采用唐宋的分司体系,很可能仅分为女真、汉人两司,并讨论了其下属机构。冯利营《金初上京路、咸平路废罢再探——以〈揽辔录〉为中心的探讨》(《文物鉴定与鉴赏》2019 年第 22 期)通过对《揽辔录》中所载金代地理的时间进行考察,认为其所载时间点应该为海陵朝,海陵王削上京之号后,上京路也随之被废,并非出现会宁府路的单独设置;咸平路于正隆二年被废,正隆三年以后恢复。冯大北《宋金元五台山僧官考——以碑刻题衔为中心》(《五台山研究》2019 年第 2 期)文章通过石刻资料对金五台山僧官进行了考证,认为金代的僧官制度或许形成于金熙宗时期。而且金朝的僧官宗教、政治地位都较前朝降低。李秀莲、刘智博《金朝酋邦社会形态下勃极烈管制始末》（《辽金历史与考古》第 10 辑，科学出版社 2019 年版）认为勃极烈官制的出现与女真酋邦社会形态相适应，是社会分层的表现。皇权与勃极烈官制既有矛盾，又相互依存。勃极烈官制的瓦解主要是由于诸勃极烈的权力斗争。范学辉《金朝内迁女真人猛安数量考辨》（《历史研究》2019 年第 5 期），对传统观点提出了质疑，通过考辨认为金朝内迁的猛安数量并不是 130 多，实际上内迁的仅有 40 女真人猛安。曹国群、李刚《对金代提点刑狱的几点认识》（《辽金历史与考古》第 10 辑，科学出版社 2019 年版）对金代提点刑狱的兴废、职能及其所受的制约进行梳理。认为提点刑狱司在举荐人才、鼓励农事、审决冤狱、赈灾救济等方面都发挥了重要作用。王甜《金代东京路军政事件研究》（渤海大学硕士学位论文，2019 年）认为金代东京路具有重要的军政地位。东京路作为金朝重要的军事战略要地和政治中心，其存在在一定程度上会影响到金朝国家时局的变动和政权的历史发展进程。陈笑竹《金代胡里改路史事研究》（哈尔滨师范大学硕士学位论文，2019 年）对金朝胡里改路的治所、界限范围以及金朝建国前后胡里改路发生的史事进行了考证研究。李琼《金代平阳府研究》（山西师范大学硕士学位论文，2019 年）对平阳府行政区划进行了梳理，对担任平阳府及其辖属州县主官的任职时间、入仕途径、迁转都进行了考证。同时还考证了平阳府的经济、文教情况以及宗教信仰问题。刘硕《纥石烈氏与金代政局》（吉林大学硕士学位论文，2019 年）认为纥石烈氏在金朝前期一直处于政治边缘地带。纥石烈氏走向金朝统治集团的中心是在海陵篡立之后。纥石烈氏成员在政治、外交以及军事上都为金朝做出了卓越的贡献。

张喜丰《金代枢密院研究》（吉林大学博士学位论文，2019 年）认为金朝枢密院分别借鉴辽朝和宋朝的制度而设立。金初枢密院效仿辽制而设，主要是汉人群体主政的地方机构，长官多为燕云人士，是金朝"因俗而治"的体现。金朝后期枢密院仿照宋制而设，长官以女真人为主体，以宗室居多。此时的枢密院受到尚书省节制。宣宗年间，枢密院脱离尚书省节制，成为与之并行的机构。金后期的枢密院为抵御外敌、平定叛乱、镇压起义、对外征伐做出了重要贡献。

（二）关于金代群体研究

袁成《事宋金将探析》（《佳木斯大学社会科学学报》2019 年第 2 期）以叛金事宋的将领为切入点，认为"事宋金将"既削弱了金朝的军事力量，也不利于疆土守护和民心的归附；对宋朝增强了其军事力量，探知了金朝内部虚实并利于民心归附。卢修龙《金代泰山文士仕宦问题探析》（《泰山学院学报》2019 年第 2 期）认为科举制度成为金代泰山文士仕金的主流途径。登科的泰山文士一般授予七品以下的职官，入仕起点并不高。但是泰山文士促进了儒家文化在北方地区的传播和普及，同时淡化了华夷观念，在维护政权稳定方面发挥了重要的作用。张昆《南宋初年陕西叛将相关问题研究》（西北大学硕士学位论文，2019 年）以陕西地区的武将群体为研究对象，考察该群体对金和伪齐的态度。文章认为金宋朝对陕西叛将的态度和政策反映出陕西叛将在宋金川陕和战中发挥的重要作用，陕西叛将命运不断发生变化，是宋金在川陕角力的具体表现。

李鹤《南宋从伪楚官员研究》（河南大学硕士学位论文，2019 年）认为伪楚官员是研究宋金关系变化的重要切入点。

三 金代经济研究

关于金代经济的研究，多集中在农业与榷场角度。谢永刚、姜宁、闫佳乐《"运粮河"研究：基于金前期生产力水平的历史考察》（《边疆经济与文化》2019 年第 3 期）认为"兀术运粮河"与"兀术"无关。"运粮河"对金代初期供给首都"上京"的物资起到运输作用。考虑到金上京其时的社会经济基础，加之自然因素的影响，人工开河的可能性极其有限。刘欣、齐文涛《金代农业伦理思想研究》（《农业考古》2019 年第 4 期）文章将金代农业伦理思想分为重农思想、种植伦理思想、畜牧养殖伦理思想三部分。认为金朝统治者将重视农业的政治伦理思想渗透到国策之中，同时继承了周代以来形成的种植伦理观念。畜牧养殖伦理思想客观上表现出对其他物种乃至生态的尊重。李亚光、刘成赞《金代东京路农业发展述论》（《农业考古》2019 年第 6 期）认为金代东京路农业得到了较为快速的发展，虽有限制因素，但整体呈现出波浪式进步。刘智博、李秀莲《金宋榷场贸易的历史分期与特征》[《山西大同大学学报（社会科学版）》2019 年第 3 期]认为榷场贸易是金宋关系的重要组成部分，其发生、发展与衰落存在明显的历史分期。榷场贸易随着金宋的关系变化而不断地变化。金朝后期由于国力的衰退，双方榷场贸易最终走向衰落。孙建权《试论金代牛畜数量的变化及其原因》（《辽金历史与考古》第 10 辑，科学出版社 2019 年版）认为金代的牛畜数量经历了两个波浪形的发展过程。随着金朝灭辽与对宋战争的顺利进行，熙宗朝牛畜数量达到了第一个顶峰。但是海陵伐宋使牛畜数量跌入谷底。世宗虽然有意恢复牛畜，但是后继乏力。金代牛畜的数量随着对外战争的进行而大起大落，也决定了其政治、经济多种制度的整体走向。刘海峰、陈建立《金代利通监铸钱铅料与成本研究》（《自然辩证法通讯》2019 年第 12 期）通过分析河北曲阳燕川遗址出土的金书冶炼遗物，并结合历史文献，认定其为金代利通监的坩埚炼铅遗物。认为利通监可能直接利用了定窑原料和窑炉制作坩埚并开展冶铸活动。同时认为成本高等一系列原因导致其最终停止铸币。纪丽真《金代山东海盐业的管理及缉私问题研究》（《盐业史研究》2019 年第 4 期）认为金朝为了杜绝私盐，通过颁布法令和不断增设巡捕使、给予盐司官缉捕权、任用进士做盐官以及派使春秋两季巡查等方式缉私，以严格保证政府的盐课收入。边昊、吴凤霞《论辽金对辽西走廊交通的经营》（《北方文物》2019 年第 4 期）辽金时期是中国古代经营辽西走廊交通的重要时期，出于军事、外交和商业发展的需要，辽西走廊的诸路被有效地利用，实现了由难行到易走的转变，即古北口道、傍海道，这两条道路在维护和加强东北与中央联系方面发挥了重要的作用，也是辽金开发东北的主要表征之一。

四　金代文化研究

金代文化研究成果较多，且涉及面广泛。

（一）有关金代文学、文人群体、文化观念的研究

刘福燕、许并生《论贞祐南渡视域下的诗风丕变》（《晋阳学刊》2019 年第 3 期）认为金室南渡是金代诗歌发展史上的转折点，南渡诗人的心态发生了显著变化，进而又导致了对于南渡前浮艳诗风的反拨与转变，从而使南渡后诗坛出现明显的清新刚健、不事雕琢的诗歌新貌。周琦玥，姜复宁《方志佚文中所见的金末泰山区域文学生态》（《泰山学院学报》2019 年第 6 期）文章认为通过地方志所著录的文献，可以补辑金代佚诗三则。另有金诗一则与《全金诗》所收者存在异文，且诗碑尚存，对比可以看出嘉庆《肥城县新志》纂修时文献转录有疏漏。张晶《辽金文艺对中华美学的贡献》（《民族文学研究》2019 年第 6 期）认为居于统治地位的契丹、女真上层及士大夫的文化观念，尤其是华夷关系方面的观念变化，对于辽金文艺有深刻影响，也产生了很多新的审美质素，从而为中华美学增添了生机勃勃的活力。张晋芳《论金代初期的文学观念——以论诗诗、诗话为中心》（《集宁师范学院学报》2019 年第 5 期）认为金初文学观念，即以"情"为主的文学发生论、以"真"为核心的文学创作论、以"正"为人格的文学创作主体论。该观念对后期金代文学起到了重要的影响，使得金源文学及文学批评走上了一条健康发展之路。李莹《渤海遗裔文学的师承与流变——以王庭筠的后期诗风为中心》（《文学化刊》2019 年第 8 期）认为王庭筠的诗风与其渤海世家的文艺熏陶有关联。而且其诗歌呈现出复杂的情感体验和瘦硬通神的特征，展示了渤海遗裔文学的师承与流变轨迹。贾秀云《从史论看赵秉文的儒学思想》[《吉林师范大学学报（人文社会科学版）》2019 年第 2 期]认为赵秉文坚持儒学的理论基础，同时用儒学对当时的政治服务，根据当时的社会形势，对儒学家理论进行了适合现实的新阐释，并对金代后期的儒学思想发展起到了重要的影响作用。叶帅《"靖康文物"与金代女真的汉化》（《大众考古》2019 年第 10 期）对在"靖康之变"中被金朝所掠夺的文物进行了梳理，并且认为"靖康文物"对女真贵族迅速完成汉化起到了重要的作用。江枰《南宋与金、元对峙时期的苏学与程学盛衰论》（《文学遗产》2019 年第 5 期）认为金代前、中期，苏、黄诗成为金人效仿的首要对象。金代后期诗歌转而学唐的取向影响及于元、明。金代前期程学没有影响。金亡之前，朱学在北方有自发的传播。金亡之后，它在北方的传承虽已成体系，

也获得了官方的支持，但不能与同时的南宋相比，谈不上兴盛。张同德《猪八戒、野猪战神与女真族》（《明清小说研究》2019 年第 2 期）认为在东西方贸易与文化交流的过程中，中亚、东欧、印度等地的野猪战神神话传说和崇拜野猪的文化流传到东土。由于女真族已经有数千年养猪的历史以及整个族群在民习上对野猪的认可、喜爱和神话，其风俗文化与东西方野猪战神文化的交流过程最终促使猪八戒的形象在金朝形成。吴致宁《金代"国朝文派"概念提出的典型意义》认为金代"国朝文派"的提出正是注意到了金代文学进入新的发展阶段，强调了金代文学的独特性，确立了金代文学在中国古代文学史中独立的历史地位。朱子玄《杜仁杰诗文研究》（辽宁师范大学硕士学位论文，2019 年）以金末元初文学家杜仁杰为研究对象，研究了杜仁杰的生平、交游对象、诗文思想。认为杜仁杰不入仕体现了其对金朝的忠诚。杜仁杰诗歌虽少，但是题材丰富。薛琬莹《丽句与深采并流——金代散文赋化现象及其价值论析》（山西大学硕士学位论文，2019 年）认为金代出现了赋化现象的散文在艺术风格上的诸多共性，主要源于金源文士自身在中原儒学滋养下的文学、政治素养和金源社会在当时具有的历史、时代特色。体现在直观的篇幅、结构、对句、丽辞等外在形式，还体现在文字中流淌的强国气势、北人气度和儒士气局等意蕴。董昱涵《金后期河东词人群体研究》（华中师范大学硕士学位论文，2019 年）认为金后期河东词人受到社会时代背景和地域文化的双重影响而具有豪杰情结，词曲多展现北地景色的壮阔，呈现出慷慨豪爽、雄阔深远的审美取向。从情感上看，呈现对个人命运的伤感和对国家衰亡的沉痛，整体上表现出悲凉沧桑的情感特征。郑军帅《金代学记研究》（辽宁师范大学硕士学位论文，2019 年）认为金代学记数量在空间与时间上的分布有着较大的差异。金代学记内容丰富，多暗含对孔子及当时君王的歌颂。

（二）关于元好问的研究

路元敦《遗山诗歌的"金亡"书写》（《名作欣赏》2019 年第 11 期）认为在元好问最有成就的"纪乱诗"中，有一部分直接以哀叹"金亡"为题材的诗作，成为当时及后世文坛有关"金亡"书写的最强音。贾君琪《元好问七言律诗用典探微》（《巢湖学院学报》2019 年第 4 期）认为元好问七律用典选择与其所处的时代及生平经历密切相关。其七律中用典不仅使诗歌言之有物、含蓄蕴藉，同时也包含深刻的现实寓意，对其诗歌主导风格的形成亦有影响。张芸《试论元好问〈论诗三十首〉》[《文学教育（下）》2019 年第 8 期]认为元好问的代表作《论诗三十首》集中表达了他倡导回归风雅、推重雄健诗风、追求天然自成的诗学观点。韩冰、邹春秀《元好问与"吴蔡体"》（《忻州师范学院学报》2019 年第 6 期）认为元好问极力推崇"吴蔡体"抬高了金词的创作基础，使金词词史更加完整。章辉《金末元初文学家元好问文艺美学思想别论》（《吕梁学院学报》2019 年第 1 期）认为元好问完成了开端于赵秉文的"复古师唐"的号召，对于金代前期师宋过程中文字雕琢，情性虚假等流弊起到了纠正作用，开了元、明两代弃宋学唐的先河。此外元好问还强调金代政权也是华夏文明传承的用意。马鸿莹《金末社会与元好问仕隐的矛盾心态》（《忻州师范学院学报》2019 年第 4 期）以元好问为主要的研究对象，认为入仕和归隐的矛盾贯穿了元好问的前半生。究其原因既与金朝末年的社会生态密不可分，也与自身的主观仕进意愿相关。朱千慧《论元好问杏花诗词突出成就之因》（《名作欣赏》2019 年第 17 期）认为元好问能在杏花诗词方面取得成就的原因有三，一是花开娇艳的情态与民间风俗的影响使其钟情杏花不可抑制；二是花开绚烂的短暂与功名报复的失落使其产生沧桑变换之感而无人可替；三是花开花落的变迁与宗国破灭的国事使其抒发故国之情而不可复制。杨忠谦《论元好问中州咏史诗》（《名作欣赏》2019 年第 16 期）认为元好问的咏史诗以古鉴今、借古讽今，通过前朝政权、女真政权的衰落败亡，解释了封建政权由盛到衰的必然规律，充满了强烈的史鉴意识、批判意识。艺术上，元好问的咏史诗熔客观呈现与主观褒贬为一炉，其深刻的思想内容和高超的变现手法使元好问的咏史诗在金代诗歌中独树一帜。张建伟、张景源《论金代词人地理分布与群体特点》（《地域文化研究》2019 年第 3 期）认为金代不同于宋代，东北地区和西北地区的词人加入是词学版图一次大的拓展。金代词人多数有科举与仕宦的经历，但是王重阳等全真道士词人的崛起标志着词的通俗化。霍志军《幽并豪侠气：金代咏侠诗的文化内涵及审美追求》（《晋阳学刊》2019 年第 3 期）认为金代的咏侠诗与幽并地区胡汉杂处的地域文化和草原文明的冲击密切相关。金人的咏侠诗以慷慨豪迈、沉雄悲壮的风格，倔强豪爽、率情任真的情感，富有特色的民族语言，丰富了中国侠文学的审美特质，拓展了中国侠文学的地理范围。吴礼权《金代诗歌对名词铺排的继承和创新》（《河北师范大学学报（哲学社会科学版）》2019 年第 3 期）认为金诗的名词铺排文本的建构既继承了中国历代诗歌所创造的旧有结构模式，也有自己的独到创造，为中国诗歌的发展做出了贡献。徐亚玲《宋金遗民元夕词比较》（《福建茶叶》2019 年第 9 期）认为宋金遗民的元夕词都通过今昔对比、借古伤今，表达对故国的缅怀，相较而言金遗民哀而不伤，宋遗民的人生经历、情感体验更深刻悲苦。聂立申、王颖丹《金代名儒李之翰生平及交游考》[《鲁东大学学报（哲学社会科学版）》2019 年第 3 期]以泰山文士的杰出代表李之翰为研究对象，认为李之翰交游广泛，形成了以其为代表的数个文士群体，这些群体对特色地域文化的形成和丰富金代文学都做出了重大的贡献。区域治理编辑部《山西历史上总共出过多少位状元?》（《区域治理》2019 年第 22 期），认为金朝共有 14 位山西籍的状元，是历朝最多的，超过半数的山西籍状元出现于这一时期。段莹《金元鉴藏风气转移中的东平士人》（《故宫博物院院刊》2019 年第 12 期）认为东平士人崛起于金、元、宋鼎革之际，书画鉴藏就是这个群体较为突出的才能。他们的视野打破了南北局限，体现融合之势。

（三）关于金代戏曲、音乐、舞蹈研究

马小涵《金院本与北方目连戏的发展》（《玉林师范学院学报》2019 年第 1 期）金院本《打青提》转变了北方目连戏发展的方向，即由原来的"艳段"变成了一个独立演出的剧目。赵娟《金代女真乐舞艺术特征》（《中国民族博览》2019 年第 3 期）认为金代女真乐舞文化具有浓厚的北方渔猎民族文化特点，陶冶凝练了女真人奔放豁达、质朴及热爱生活的民族心理及性格。李浩楠《元杂剧〈相国寺公孙合汗衫〉中的金代史料研究》（《北方文物》2019 年第 2 期）认为剧中对武举制度、巡检职责以及开封、徐州等地的描写，有着鲜明的金代特征。本剧的部分文字可以作为金代史料使用。潘江《辽、金、元宫廷用乐制度之关联——基于对〈金史·乐志〉〈辽史·乐志〉与〈元史·礼乐志〉的解读》（《天津音乐学院学报》2019 年第 2 期）认为辽、金、元三个少数民族政权宫廷用乐之间有着密切的传承关系。辽、金、元三个少数民族政权在宫廷用乐方面体现出"夷汉相容、雅俗杂出"的特色。从长远观之对不同民族间音乐文化的交流以及中华民族传统音乐的多元化发展产生了划时代的历史影响。潘江《金代宫廷雅乐制定考》（《音乐传播》2019 年第 Z1 期）认为金宫廷雅乐之乐器、乐曲定名、乐舞等皆较多地承袭了唐、宋旧制。可以说，金廷沿袭了中原汉族的"制礼作乐"传统。施錡《〈司马槱梦苏小小图〉与金元之际的音乐表演形态》（《美术观察》2019 年第 1 期）考证了画中题跋者的身份，辨析了苏小小形象自唐代到宋代的转变。认为自北宋以来，苏小小以能歌善舞的演艺形象出现在诗文和绘画中。文章通过将其与这一时期诸多伎乐形象的相互对比，探索了相应的表演形式。《司马槱梦苏小小图》当为金代晚期作品，更可能是一件金代人物画。廖奔《误读的诸宫调"重大发现"——侯马二水金墓曲辞解》（《戏曲研究》2019 年第 2 期）得出了侯马二水金墓墨书曲词是当时民间传唱单个牌调的曲词，被墓主题壁砌进了墓室的结论。同时认为金元人有将流行词曲题写于墓壁的风俗。

（四）关于金代宗教及管理研究

安宁《辽金时期北京佛教文化再认识》（《法音》2019 年第 8 期）认为北京地位的提升和北方政治中心的南移使得佛教快速发展，这种变化为辽金时期佛教文化的发展奠定了基础。倪博洋《论金代全真道士长筌子词》（《宗教学研究》2019 年第 1 期）以金代道士长筌子的传教词为研究对象，认为长筌子传教词善用曲笔，建立了一套理景交融的传教策略与象喻式的传道话语。张怀宇《儒释道文化对王寂精神世界的影响》（《许昌学院学报》2019 年第 6 期）以金源诗人王寂为切入点，认为儒家的入世进取精神、道家的自适隐逸思想、佛家的出世解脱趋向，以上三家的思想都对王寂产生了影响。王德朋《论辽金时期佛教徒的焚身供养》（《北京社会科学》2019 年第 11 期）认为，辽金时期僧俗焚身需要预先获得政府批准，焚身过程有一套严密的宗教程序，焚身活动往往由个人行为演变成群体性宗教狂热，并常常伴随诸种祥瑞。辽金时期的焚身活动仍然受到部分社会成员的肯定。由于违背中国文化传统和佛教戒律，焚身供养最终走向沉寂。邓菲《多重祈愿——宋金墓葬中的宗教类图像组合》（《民族艺术》2019 年第 6 期）认为宋金时期的仿木构砖室墓中常饰有与宗教信仰有关的图像，通过不同的题材组合描绘出仙人接引墓主、亡者飞升天界的想象图景。这些组合一方面明显受到了唐宋以来佛教观念与文化的影响，另一方面呈现出道释混杂、三教合一的情形。墓中的宗教类图像展现出该时期冥世观中逝后世界的多种可能。杨东魁《金元时期全真道与王权关系研究》（河南大学硕士学位论文，2019 年）认为金元时期全真道依旧在很大程度上依赖王权而发展，但是保持了一定的自身独立性。全真道既争取王权的支持，又不参与统治阶层内部的政治斗争，甚至与之保持相应的距离。祝贺《金代宗教管理研究》（吉林大学博士学位论文，2019 年）对金代宗教管理进行了全面的、系统的研究。详细地梳理了金代宗教管理政策的沿革，并对金代在寺观、僧道、俗家信众、寺观经济等方面推行的具体管理政策和措施进行了探究，总结了金代宗教管理的特点和影响。

（五）关于金代图书出版以及文书的研究

杨卫东、李西亚《辽朝与金朝图书出版发展的比较研究》（《北方文物》2019 年第 2 期）认为辽金时期图书出版业发展的直接原因是统治者利用一切方式搜求中原图书典籍和刻板，网罗出版工人。对出版物的管理及图书出版内容方面，图书出版机构的设置，金比辽更加完善，同时金朝出版图书种类也较辽朝更加均衡。杨卫东、李西亚《儒释道三教融合视阈下金代宗教典籍的出版——以佛、道二教为中心》（《黑龙江民族丛刊》2019 年第 3 期）认为金朝在建立之时，统治者就采取了三教并用的政策。所以佛道典籍的出版进入了一个黄金发展时期。金代佛道宗教典籍的出版，是三教融合背景下金代三教并用政策的直接结果，适应了金代社会发展的需要。同时，在金代崇尚佛道的背景下，佛道宗教典籍的出版数量增多、流通范围不断扩大，也促进了儒释道三教更深层次的融合。李西亚《文化认同视阈下金代儒学典籍出版的内在理路》（《齐鲁学刊》2019 年第 5 期）认为金代对中原汉文化的认同为儒学典籍的出版与流通提供了重要保障。金代儒学典籍的出版与流通，在推动金朝不断向文明社会发展方面作用显著。吴荣政《试论金朝的文书档案事业》［《佛山科学技术学院学报（社会科学版）》2019 年第 3 期］认为金朝文书种类颇多，公私文书传递快捷，保护文书不受损失的设施架阁库在京城与州、府都有。金朝的档案有日历、起居注、国史、玉牒、方志，尤以实录编撰得最为完备。齐心、杨亦武《北京房山云居寺辽金刻经考述》（《辽金历史与考古》第 10 辑，科学出版社 2019 年版）认为金代石经刊刻始于太宗天会年间，至章宗明昌以后而止。金代刻经虽未得到皇帝的直接支持，却也得到皇族权要、地方官员、僧俗两界的广泛支持和参与。丁海斌、赵丽娜《西夏、辽、金商业文书研究》（《档案》2019 年第 7 期）认为辽金商业文书存世量较少，除了土地买卖文书，尚未发掘到其他典型的商业文书。金朝商业文书稀少是由于金朝书禁甚严，加之灭亡时典籍受到了毁灭性破坏。魏慧《金元刻本〈篇海〉（卷十、十一）与明刻本对比研究》（河北大学硕士学位论文，2019 年）认为金元刻本与明刻本产生差异的原因在于传刻过程中出现讹文、脱文、衍文、倒文等情况，以及在修订过程中引书不同产生的讹误。

（六）关于女真语言、文字研究

李盖提、聂鸿音《女真小字初探》（《满语研究》2019 年第 1 期）认为准确识别女真字读音的首要条件是解决汉语历史音韵问题，必须彻底深入研究通古斯语南语支语言。女真字可以分为两组，第一组字记录无形态变化的词和词根，第二组字仅记录后缀和音节，学界只了解第一组字在明代的读音。张义《从〈五音集韵〉新增字语音折合失误看金代口语语音现象》[《淮北师范大学学报（哲学社会科学版）》2019 年第 1 期]认为《五音集韵》中审音存在失误的情况主要是对河北口语语音的真实反映，体现了金代一系列重要音变现象。刘宇《论女真语双唇音的唇齿化现象》（《满语研究》2019 年第 2 期）通过对《金史·国语解》部分以双唇音声母汉字注音的女真语词语在《女真译语》中以唇齿声母汉字注音，发现这些声母亦对应清代满语唇齿音。结合汉语方言材料就可发现，此现象属于双唇音在 o/u 前出现的唇齿化，并不是真正演变为唇齿音。

（七）关于金代书法研究。

宋战利《开封繁塔金代题记墨迹考》（《文物》2019 年第 5 期）认为繁塔两则题记墨迹是金代赵秉文所提，可补赵秉文传世书法之阙，具有重要的史料及书法史研究价值。刘超《从对峙到合流：宋金书法走向元初"复古"的路径》（《吉林艺术学院学报》2019 年第 6 期）认为宋金的书法审美风尚形成了各自的特点。元初以赵孟頫为首的宋金文人的书法特点逐渐变得"崇古"，倡导以魏晋为宗"直取二王"的书学理念得到了时人的响应。张凯《宋金墓室壁画中的墨题题记》（《中国书法》2019 年第 11 期）将宋金时期的墓室壁画按功能分为三类，认为其有着不亚于画像的重要作用，能够真实体现墓志营造者的情感诉求，展现其情感真挚、理性认知和生命终极关怀的审美特征。壁画中的墨书与画像在异质中互渗，共同营造出墓室装饰的主体氛围。

（八）关于金代书评的研究

于文杰《慧眼开辟新天地——评胡传志先生〈金代诗论辑存校注〉》（《中国诗学研究》2019 年第 1 期）认为此版的《金代诗论辑存校注》辑录系统全面，编纂体例科学合理，材料处理上不拘泥，但是在资料搜集方面依旧有一些遗漏，文章注释方面还有未注之处，存在少量错误，同时缺少人名篇目索引，不利于检索。马振君《都兴智先生〈金代进士题名录〉指瑕》（《内江师范学院学报》2019 年第 11 期）认为《中国科举制度通史·辽金元卷》之《金代卷》所附《金代进士题名录》所载存在一定失校的情况。张晶、张勇耀《版本遴选精审 校勘注释详备——评张静校注〈中州集校注〉》（《民族文学研究》2019 年第 2 期）认为张静版本选择精审，校勘细查精对，注释宏富深广，呈现较高的水准。

（九）关于金代美术研究

李静云《浅析山西大同华严寺清代壁画追溯》（《文物鉴定与鉴赏》2019 年第 24 期）概括了山西大同华严寺的修缮情况，其大雄宝殿的壁画中能够体现辽金时的文化艺术特色。王利霞《试论大同辽金壁画墓的布局与特点》（《文物世界》2019 年第 6 期）从大同辽金墓葬分布概况、墓室壁画内容和装饰以及壁画特点方面出发，探索了大同辽金壁画墓概况以及蕴含其内的文化意义。壁画中人物的穿着、装饰，同样也是研究金代服饰、配饰十分珍贵的实物资料。马艳芳《晋城地区两处金代“人鱼”图像考》（《文物世界》2019 年第 6 期）对晋城地区发现的两处“人鱼”图像进行解析，彰显了晋城古代建筑装饰文化的博大精深。苏冠元《稷山金代段氏家族墓之砖雕艺术分析》（《美术》2019 年第 6 期）认为金代段氏家族墓的砖雕形制及装饰艺术相对于前代有较大突破，作为祭祀仪式的杂剧演出地位得到上升，开始作为墓室内主要的装饰成分。砖雕艺术所营造的象征环境，不仅体现出墓主人对逝后世界的享乐生活带有一种强烈的世俗性期盼，也暗示出祭奠亡者的灵魂在丧葬理念中蕴藏的神圣性与永久性。张裕涵、曹飞《河南义马狂口村金墓杂剧砖雕考》（《励耘学刊》2019 年第 2 期）认为河南义马狂口村金墓东壁嵌有五方杂剧砖雕，其五个角色的排序情况体现出杂剧发展到金代晚期，在角色类型上仍未有明显突破。金院本演出更加偏重故事性。墓中首次发现两段式演出结构。此墓的杂剧砖雕能证明宋金杂剧北移，同时说明义马在杂剧传播过程中具有重要作用。李清泉《壶关上好牢 1 号金宋墓“杂剧演乐图”壁画内容考释》（《文艺研究》2019 年第 12 期）认为上好牢 1 号宋金墓中的“杂剧演乐图”带有明显的民间社火表演色彩。这种表演与当时民间的宗教祭祀活动密切相关。画中的末泥角色的巫师样貌，反映了金院本形成时期末泥角色由社祭活动中的“神尸”（大巫）系统发展而来的情形。这幅壁画在墓葬中的出现，当与民间祭祀孤魂而举行的“超幽建醮”宗教仪式有关。张玲《晋北大同辽金墓葬文化特征探析》［《山西大同大学学报（社会科学版）》2019 年第 4 期］认为辽金时期汉人聚居区西京大同的文化与契丹、女真文化的影响是双向的，在大同汉人墓葬中体现得颇为明显。樊睿《礼仪与情感：宋金墓葬中的共坐图像再探讨》（《民族艺术》2019 年第 4 期）认为共坐图展现了极具特色的家庭关系全貌，成为家族延续稳定的象征。延保全、邓弟蛟《陕西渭南靳尚村金墓杂剧壁画考辨》［《戏曲》（中央戏剧学院学报）2019 年第 4 期］认为此幅壁画为我们研究金院本的演出场所、民间戏曲观念提供了有价值的实物资料。樊睿《试析宋辽金墓葬中的启门图》［《郑州大学学报（哲学社会科学版)》2019 年第 2 期］认为启门图在宋辽金时代不同政权疆域内客观存在并有一定的中心区域分布特征，大体由两京地区向周围汉人和少数民族地区辐射。启门图随着墓葬装饰的主体更替而走向消亡。王俊婷《晋南豫西北地区宋金墓葬音乐砖雕研究》（西安音乐学院硕士学位论文，2019 年）认为，晋南和豫西北两地区出土的音乐砖雕文物是宋金时期墓室装饰风气的反映，同时也是宋金音乐发展的图像佐证。对于宋金音乐砖雕的研究有利于进一步认识宋金时期音乐发展在中国音乐史上所处的地位与价值。聂炜《晋北地区金代墓室壁画图像研究》（太原理工大学硕士学位论文，2019 年）以晋北地区的金代墓葬为主要研究对象，从墓葬的装饰主题、仿木构的墓室壁画空间、壁面上呈现的视觉图像元素这三个方面进行研究。晋北地区的金代墓室空间的营造更像是在地下构筑的现实家宅的"微缩版"。孙帅杰《金代墓室壁画研究》（吉林大学硕士学位论文，2019 年）根据墓志壁画有无孝行图将金代墓室壁画分为两大区，又进一步分为若干小区进行分析。文章选取了宋金时期壁画中流行的剪刀、灯檠、牡丹等题材进行了专题分析，重点探讨了其寓意和流行的社会背景。认为金墓壁画从各个方面延续了宋代平民化的社会趋势，以牡丹、剪刀、孝行图为代表的装饰性图像体现了平民的美好祈愿，以各种家居生活图像为代表的世俗化题材象征着平民墓主幸福的日常生活。罗原《两宋辽金绘画中的宋与周边民族交往研究》（西南民族大学博士学位论文，2019 年）认为中国 10—13 世纪的部分绘画的确鉴证了宋与周边民族的交往，提供了一些有别于古籍资料的讯息。两宋辽金绘画的蓬勃发展论证了民族交往、交融、交流的重要作用。王天姿《辽金元时期壁画的历史内涵与旅游价值》（《黑龙江民族丛刊》2019 年第 4 期）认为实现壁画资源到旅游资源的价值转化，是历史文化和地区资源开发的重要一环，极具现实意义和经济价值。

其他一些有关金代文化的论文有，王观《金代建筑文化研究》（吉林大学博士学位论文，2019 年）认为对建筑及建筑活动的有效管控是金代统治者实施统治、推行教化的重要手段之一。金代建筑文化受汉文化的影响较深，同时也保留了部分少数民族的文化元素。樊思辰《金代丝织艺术特色研究》（哈尔滨师范大学硕士学位论文，2019 年）对金代丝织业生产情况、金代丝绸服饰主要类型、金代丝织装饰纹样风格以及金代丝织业对当时和后世的影响进行了研究。黄信《论定窑"尚食局"款瓷器的分期问题》（《文物春秋》2019 年第 4 期）认为定窑向尚食局进贡瓷器，而且对尚食局款瓷器进行统计和分析，发现这些瓷器可以分为北宋晚期、金代前期和金代后期，不同时期的"尚食局"款瓷器均有特色。宋志岭《枕上风光：宋金元时期磁州窑瓷枕纹饰研究》（景德镇陶瓷大学硕士学位论文，2019 年）认为宋金元时期磁州窑瓷枕纹饰充满民俗色彩表征，体现了对绘画的借鉴与融合，具有纹饰图样的装饰程式特征。

五 金代考古、文物研究

关于金代考古与墓葬等研究取得了可喜的成果。

（一）关于金代墓葬发掘简报及遗址研究

郑州市文物考古研究院《郑州华南城二路金代砖雕壁画墓发掘简报》（《中原文物》2019 年第 1 期）在郑州市华南城二路基建工地发掘了一座穹顶六角形金代砖雕壁画墓，由墓道、封门、甬道及墓室组成，墓葬穹顶外形呈塔式结构。墓室穹顶略呈弧形，其下为砖雕斗拱，墓室墙壁壁画为行孝图，反映了这一时期中国传统社会以孝为核心的家庭观念的牢固延续。与中原地区其他宋金壁画墓迥异的是，该墓墓顶外部所用塔式结构较为罕见。并认为这是宋金时期南北民族融合与文化交融的一种丧葬文化的体现。吉林大学考古学院、吉林省文物考古研究所、东北师范大学历史文化学院《吉林长岭县蛤蟆沁金代砖室墓发掘简报》（《北方文物》2019 年第 2 期）认为，此次发掘，清理了小型单室砖室墓 1 座，通过墓葬形制和出土器物断定为金代墓，墓葬虽遭到多次盗掘，出土遗物较少，但是墓葬整体结构保存尚好。北京市文物研究所《北京陵石门峪陵区 2017 年考古调查简报》（《北方文物》2019 年第 4 期）对北京金陵石门峪陵区进行了重点调查，认为该处遗址与金陵主陵区关系密切，是金陵重要组成部分。另外，此次调查也对主陵区“大宝顶”南侧的 5 个岩坑进行了核查和测绘，这为寻找金太祖以上“十帝陵”提供了新的线索。吉林大学考古学院、吉林省文物考古所、白城市博物馆《吉林省洮南市林海城址调查简报》（《北方文物》2019 年第 3 期）认为该城址使用时代应为辽代，金代仍有人生活居住，但规模不如辽代。城中发现的农具等，能够证明当时的生产模式当以定居农业为主。山西省考古研究所、河津市文物局《山西河津市固镇瓷窑址金代四号作坊发掘简报》（《考古》2019 年第 3 期）称该墓出土遗物以瓷器、窑具为主，有少量石质工具、陶片、铁器和钱币。通过对比研究分析，认为此作坊年代应为金中晚期。装烧工艺部分，碗、盘、盏类器物均采用匣钵装烧，装烧方式可分为圈足粘泥钉覆烧和涩圈叠烧。装饰技艺部分，陶瓷器产品表面装饰技法有白地黑花、剔划花填彩、珍珠地划花和印花。黑龙江省文物考古研究所《哈尔滨市阿城区金上京南城南垣西门址发掘简报》（《考古》2019 年第 5 期）对于遗址情况、主要遗迹、出土遗物进行了详细的介绍，认为此次对金代都城门址的科学发掘使世人了解了金代都城门的基本形制结构。南城南垣西门址由城门和瓮城两部分组成，门址为单门道，两侧有地栿石与排叉柱等构造。金上京城外城垣有多个门址，且个别的外部环绕有瓮城。从发掘的遗迹看，该门址在金代晚期被烧毁后未见重修的迹象，但作为进出城的通道一直被利用。瓮城内东北角发现有带火炕的房屋，具有特殊的使用功能。山西省考古研究所、晋中市考古研究所《山西晋中龙白金墓发掘简报》（《文物》2019 年第 11 期）认为此次发掘为研究晋中地区金代丧葬习俗、历史文化提供了实物资料，墓中有关的诗词内容对于考证诗词词牌的流传具有重要参考价值。林栋《康平张家窑林场长白山辽金遗址简介》（《辽金历史与考古》第 10 辑，科学出版社 2019 年版）介绍了 2017 年在林场长白山墓群附近发现的一处辽金时期居住遗址情况。该房址的废弃年代大体在辽晚期至金初，并在清代被沿用。在每个房间内部都发现了火炕和灶的遗迹。汤艳杰《金代墓葬文化差异研究》（河北大学硕士学位论文，2019 年）探究了金代东北地区、燕云地区和中原地区的墓葬文化特征，认为少数民族葬俗不必然走向汉化；通过研究金代墓葬在三地区域中的异同，得到墓葬随着时间的变化而变化，金代墓葬发展具有一定的复杂性且呈现出多元性的结论。赵里萌《中国东北地区辽金元城址的考古学研究》（吉林大学博士学位论文，2019 年）对东北地区辽金元城址进行考察，研究了城址的时代、性质、分布、分期、规模、平面形态、结构、布局等。

（二）关于金代考古发现、文物、遗址及文物保护研究

严静、王啸啸、赵西晨、黄晓娟、刘呆运《甘泉金代画像砖墓现场保护与整体搬迁》（《文物保护与考古科学》2019 年第 3 期）介绍对甘泉金代画像砖墓进行保护以及搬迁的情况。首先对现场进行调查，其次对现场保护加固，最后整体打包搬迁。王利民《金代闫德源墓的研究与审视》（《文物天地》2019 年第 11 期）对出土于大同市城西齿轮厂附近的闫德源墓进行了考释。此墓中出土了大批的道家文物，对研究金代道家发展有着重要的作用。吉林大学考古学院、吉林省文物考古研究所《吉林省松原市伯都古城的调查——兼论宁江州位置》（《边疆考古研究》2019 年第 1 期）认为大坡古城不是辽代宁江州，而伯都古城才是。刘阳、赵永军《黑龙江阿城发现金代墓葬》（《中国文物报》2019 年 8 月 9 日第 8 版）对黑龙江省哈尔滨市阿城区阿什河街道办事处白城村姜家磨坊屯南约一公里的金墓进行了考古挖掘。梁惠彤《漫谈金元枕上花鸟画的笔致意韵——以西汉南越王博物馆瓷枕藏品为例》（《文物天地》2019 年第 9 期）认为金元瓷枕匠师通过笔墨变化，释放出特有的"朴""雅""拙"的美感。李鸿雁和张海蓉分别对金代三彩印花枕和三彩莲花灯进行了专题报道（李鸿雁《金代博山窑三彩印花枕》；张海蓉《金代三彩莲花灯》，《淄博日报》2019 年 8 月 27 日第 006 版）。魏坚、周雪乔《阴山以北的金元时期城址》[《内蒙古社会科学（汉文版）》2019 年第 1 期]叙述了五代、辽、宋、西夏和金各朝的疆域、治边机构、治边思想、治边措施与边疆的发展。认为金代的城址规模多为中小型，平面多呈正方形，防御设施完善，遗址多选在山川形胜之处。梁会丽《城四家子城址的考古工作与认识》（《北方文物》2019 年第 4 期）介绍：通过对城四家子城址的考古调查和发掘，对城址的基本格局和功能分区有了一定的了解，明确了城墙、城门、城内建

筑的营建方式和时代。同时出土了大量的陶器，为辽金时期考古学文化分期充实了材料。呼啸《从实物看宋金元明时期陕西铜镜铸造》（《文博》2019 年第 5 期）对出土于陕西地区宋、金、元和明四朝的铜镜进行了专门的梳理与研究，并认为陕西东路至少从明昌七年就已经开始铸造铜镜，一直延续到承安五年。河北省文物研究所、张家口市文物考古研究所、崇礼区文化广电和旅游局《河北张家口市太子城金代城址》（《考古》2019 年第 7 期）介绍了对太子城进行主动发掘的情况，认为太子城遗址的时代应为金代中后期，约 1161—1234 年，城中出土的文物多集中在建筑构件、生活用品和防御类器物三种。孙银治《会宁县博物馆馆藏金"柳毅传书"镜鉴赏》（《文物鉴定与鉴赏》2019 年第 15 期）认为该面铜镜从侧面体现了金代会宁地区社会生活状况。王禹浪、王俊铮《绥芬河流域的古代历史文化及其民族与城址》（《哈尔滨学院学报》2019 年第 2 期）对绥芬河流域的古代民族和城址按时间进行了梳理。绥芬河流域及其邻近地区的中俄两国境内至今遗存有十余座女真筑城址，多数沿用渤海古城并加以改造。常铁伟《山西陵川崔府君庙山门楼的结构特征及价值初探》（《河南建材》2019 年第 6 期）认为陵川崔府君庙完整地保存了庙宇原布局，斗拱用材硕大，完全具备结构技能，是晋东南宋金时期建造技术和手法的重要实物例证，保存完好，具有极高的科学研究价值。汪瑀《基于设施共享的国家考古遗址公园规划研究》（《中国城市规划学会会议论文集》，2019 年）基于《国家考古遗址公园规划编制要求（试行）》设置类型分析了设置共享的模式与思路，结合金陵遗址公园的编制与其周围车厂村的现状特征，对该遗址公园的设施共享进行了实证研究。黄立平《认知历史文化保护金代万里长城》（《理论观察》2019 年第 8 期）从文物保护的角度论证了保护金代长城的意义。认为金长城的保护势在必行，保护金长城对发展我国文化遗产"申遗"工作有着巨大的意义。邱靖嘉《金代的长白山封祀——兼论金朝山川祭祀体系的二元特征》（《民族研究》2019 年第 3 期）通过对金世宗、章宗朝两次册封长白山及赵秉文报谢之始末，重点论证了咸平路辖境及金人出使长白山的道路行程问题，揭示出长白山在金人心中的三重意象。将金朝山川祭祀体系中以长白山为代表的女真神祇与源自中原汉制的岳镇海渎进行比较研究，考察金代礼制中汉文化与女真文化的二元特征。姜子强、韩笑《金朝陵山封祀刍论》（《地域文化研究》2019 年第 2 期）认为对陵山的封祀是金朝创立的一种独特的山川封祀文化，其不但继承了历代山川封祀制度，还根据实际情况对此加以改造。从而形成了一种多民族的、多元的山川封祀文化。王德忠、孙大川《长白山册封始于金代》（《辽金历史与考古》第 10 辑，科学出版社 2019 年版）认为金朝正式对长白山进行册封，把祭祀长白山列为国家祀典。后人常将东北的长白山与关中的长白山混淆。金朝册封长白山"灵应"封号，与道教有关。赵评春《金上京护国林神像——贵族服饰特点及和陵、胡凯山方位考》（《艺术设计研究》2019 年第 4 期）从黑龙江亚沟石刻人像的服饰特点进行考证，热恩威亚沟石刻为金世宗时期册封之"金上京护国林神像"。认为和陵位于亚沟石刻上京护国林神像山后东北至海沟河对临两岸山岭，即人头砬子的凸立山岩东南及其南一带的金代墓葬群所在地。而"人头砬子"就是著名的"胡凯山"。寇宇荣《山西宋金时期帐龛类小木作营造技艺研究》（太原理工大学硕士学位论文，2019 年）认为宋金时期小木作种类丰富，制作较为精细，代表着当时木构工艺的较高水平。赵怡博《内蒙古地区辽金元瓦当纹饰研究》（内蒙古师范大学硕士学位论文，2019 年）文章收集了辽金元三代各类纹饰瓦当资料，其中金代瓦当共有 31 枚。内蒙古地区瓦当纹饰体现了当时游牧文化与农耕文化交融的特点。从由兽面纹瓦当处于主导地位发展成为以龙纹瓦当为主要纹饰。沈芳漪《辽宋金元建筑中的栏杆形制与装饰研究》（浙江大学硕士学位论文，2019 年）通过对辽金元时期建筑栏杆实物、模型和图像的收集、梳理和分析进行研究，认为辽宋金元是斗子蜀柱式栏杆定制成熟和细部大发展时期，《营造法式》的部分记载能在辽宋金元时期栏杆中找到相应的实例，金多受辽、宋影响，呈现出各式杂糅的特征。尚校戍《京津冀地区花塔研究》（北京建筑大学硕士学位论文，2019 年）介绍了金朝时期的广惠寺花塔以及镇岗塔的地理位置并对以上两塔进行了测绘。文章还对宋辽金的花塔进行了对比，认为金代的花塔是对宋代和辽代花塔的继承和创新。

（三）关于墓志、碑文考释研究

王新英《伪齐〈傅肇墓志铭〉考释》（《邢台学院学报》2019 年第 4 期）对傅肇墓志铭进行了考证，可补伪齐阜昌进士和金代图书辑补等史实，具有较高的史料价值。裴兴荣、王玉贞《金代〈故征事郎长葛县簿郭公墓志铭〉考释》（《史志学刊》2019 年第 2 期）认为由于之前没有金代总集和全集收录，该墓志铭具有一定的文献价值。对碑文篆者张师颖，撰文者李枢，书碑者李仲略生平以及郭公延家族谱系进行了考证。孙梦瑶《完颜娄室神道碑铭文史事解析》（《哈尔滨师范大学社会科学学报》2019 年第 3 期）通过结合《金史》《辽史》等正史史料和碑文正文，分六段对完颜娄室碑铭文进行史事解析。周峰《金代〈李立墓志〉考释》（《辽金历史与考古》第 10 辑，科学出版社 2019 年版）认为《李立墓志》字数虽少，但是勾勒出其作为彩帛商人的一生。他生活时代正值宋金交替之际，其家庭遭遇战火摧残。由于汾州麻衣仙姑信仰浓厚，其长子受到影响，出家学道，一直未归。志石背面刊刻的苏轼诗，也说明了苏轼诗在宋金两代民间的流行程度。冯利营《〈大金故礼宾副使时公夫人张氏墓志铭〉再考释》（《文物春秋》2019 年第 5 期）对张氏的家族进行了详细的考证，并且对墓志中所载的金代地名及签军、削爵制度以及墓志题署者进行了考证。宋燕鹏《有关宋金之交华北的历史书写》（《隋唐辽宋金元史论丛》，2019 年）文章通过对不同时期的文书以及墓志铭进行研究，发现了不同立场的书写所带出的价值判断不同。高美《金代唐括安礼家族考释》（《佳木斯大学社会科学学报》2019 年第 1 期）文章利用宋人文献及碑刻材料梳理了唐括安礼家族谱系，并对唐括安礼被罢官的原因进行了考证，认为唐括安礼违背了金世宗的旨意才遭到罢官。

（四）对于金代官印的研究

李秀莲《"曷苏昆山谋克之印"历史信息的再解读》（《北方文物》2019 年第 1 期）认为将"曷苏昆"解释为满语，释为"篱笆"之意是有误的。"曷苏昆"，是契丹语"曷术"的同音异写，释为"铁"。曷苏昆山，即铁山，在今铁力县境内，曷苏昆山谋克之地是蒲与路的东界。刘玉玲《金代"窟忒忽达葛谋克印"考辨》（《北方文物》2019 年第 2 期）认为《金代官印》一书中所载第 182、183、206 页三方印模都是"窟忒忽达葛谋克印"，考证出窟忒忽达葛谋克属于咸平路。马洪《塔虎城出土金代押印考略》（《北方文物》2019 年第 3 期）认为《前郭县文物志》《吉林出土古代官印》所录塔虎城出土的所谓"同同"押印，其首字释读应属误解，而其定性为个人名、号私押，当然也不成立。该印实乃"合同"二字，是一枚罕见的金代民间书契用印。王禹浪《金代"椀都河谋克印"出土地点调查与研究》（《黑龙江民族丛刊》2019 年第 5 期）认为金代的椀都河谋克所在地就是今嫩江上游地区的卧都河入嫩江左岸的夹角地带，同时认为椀都河谋克当隶属于木吉猛安所辖，木吉猛安的所在地就是今天嫩江县郊区的墨尔根河注入嫩江左岸之地。薛磊《韩国国立中央博物馆藏金元官印》（《文物》2019 年第 7 期）考察了韩国国立中央博物馆馆藏的金卫绍王崇庆二年三月"行军万户傍字号之印"，此印为铜印，博物馆将其误记为铁印。该印印背或印侧并未刻有官印的铸造机构。该印是我们研究金朝后期政治制度的有力史料。叶帅《金代官印背后的金末困局》（《黑河学院学报》2019 年第 10 期）认为金朝末年官印呈现数量激增、新设和临时增设的官职增多、颁造机构和规制混乱、质量粗糙。这些都反映出"贞祐南渡"后，金廷陷入困局无力自拔。

六 金代科举与教育研究

关于金代科举与教育研究。侯震、张洪玮《明昌进士与金代地方治理研究》（《地域文化研究》2019 年第 3 期）认为明昌年间科举及第的进士与赐进士渐入政坛，宏词科进士在政坛上更是崭露头角，在金代地方治理上显露自己的才能。明昌进士对金代中晚期的地方政治建设起到了良好的作用。薛瑞兆《从女真状元夹谷中孚看金代策论选举制度及其文化意义》（《民族文学研究》2019 年第 2 期）从大定年间女真策论状元夹谷中孚的有关史料入手，考察了金代策论选举制度及其文化意义，认为金代策论、词赋、经义三种选举并存，成为一代文化多样性与包容性的显著标志，为学界深入研究金代科举制度提供了新文献与新视角。张国旺《金元时期孔颜孟三氏子弟教育考论》[《首都师范大学学报（社会科学版）》2019 年第 5 期]认为金初孔氏子弟教育或多出于家学。明昌元年，曲阜庙学的设立使孔氏教育有了统一的场所。教授一职多由宿儒担任，其教学内容多为"六经之道"和"圣人心法"，其目的是习学词赋经义，以参加科举考试。孙凌晨、罗丹丹《试论金代的孝亲教育》（《长春师范大学学报》2019 年第 5 期）认为金朝统治者积极接受儒家思想，借鉴中原王朝的统治策略，推行孝亲教育，使孝敬父母成为社会的伦理道德风尚，推动了当时北方地区的文明发展历程。孙凌晨、罗丹丹《论金代女真民族敬老教育的传承》（《长春教育学院学报》2019 年第 4 期）认为女真建国后，积极接受儒家思想，形成了敬老的社会伦理道德风尚，摒弃了其"贵壮贱老"的习俗，使"尊老优老"这一理念在女真民众之中获得了大力推广。桑东辉《金代的忠德观念及忠义状况》（《武陵学刊》2019 年第 3 期）认为金朝的民族融合程度较辽朝深，金人积极吸纳儒家思想，并进一步传承和发展了传统的道德观念。金代的忠德观极大地丰富和发展了起来。同时，金代忠德观还体现了中华民族多元一体的特点。王俊德《金代女真人文学生态生成的教育机理及其当代启示》（《民族教育研究》2019 年第 6 期）认为女真贵族在民族文学生态形成过程中贡献巨大。女真人所建立的特殊文学生态在元代也没有被完全打破，反而为元代文学生态的生成打下了厚实的铺垫，使元代文学也能取得辉煌成就。赵永春《金代孝文化发展特点探析》（《黑龙江民族丛刊》2019 年第 3 期）金代的孝文化是在沿袭《孝经》的基础上发展形成，对金代社会道德建设、改善社会风气和维护社会稳定做出了贡献，但是也存在倡导愚孝和愚忠的弊端。张昊《金朝大定年间女真进士科研究》（哈尔滨师范大学硕士学位论文，2019 年）以金朝大定年间的女真进士科为研究对象，认为金朝女真进士科体现了特权阶级色彩，考试流程和内容较为简单。金世宗颁行女真进士科带有片面性和矛盾性，女真进士科也未达到金世宗复兴女真民族文化的初衷。

七　金代民族问题与对外关系研究

有关金代民族问题及民族关系研究的论著有，马业杰《从乣军建制看金代民族政策的影响》（《哈尔滨学院学报》2019 年第 9 期）认为乣军虽然被当作金代边防体系上的重要组成部分，但是从实际效果来看并没有起到应有的作用。乣军中的民族构成使得乣军的建设具有很大的不稳定性，叛乱时发，凸显出金代民族政策的诸多问题。张宝珅《金末民族关系述论——从高庭玉、杨庭秀、韩玉之死说起》[《中央民族大学学报（哲学社会科学版）》2019 年第 4 期]认为金宣宗朝诸多名士在紧张的民族关系局面下死于非命，金末民族关系的波动还表现在士人开始消极避世，非女真人殉国者少于女真人等方面。这种动荡源于女真统治者始终秉持的女真本位意识，并表现在制定不当民族政策，改变以往重儒方针等方面。金末民族关系的改变只是各民族交往过程中的插曲，并不影响宋辽金元时期的民族大融合趋势。卓仁《辽金时期的达斡尔族先人——"达鲁古"》（《辽金历史与考古》第 10 辑，科学出版社 2019 年版）认为"达鲁古"来自"达姤"，属东胡系民族，而不属于一些学者认为的肃慎系民族女真的一支。"达鲁古"在唐代是室韦的一个部落，在辽代是辽国的一个部族，在金代是金国的"降服之民"，历史轨迹清楚。"达鲁古"参与了金代东北路边壕的修建，并在金国灭亡前夕，迁徙到黑龙江流域的广大地区，形成了新的共同体——达斡尔民族。达鲁古城不是塔虎城，应是土城子古城遗址。李智裕、苗霖霖《略论辽金时期东京渤海遗民高氏家族——以高模翰家族为中心》（《辽金历史与考古》第 10辑，科学出版社 2019 年版）认为家族主要成员在辽代通过军功、荫袭及科举等方式获得官职和爵位。此家族与金国女真统治集团关系紧密，对王朝的更替和兴衰产生过深远的影响。文章通过对高氏家族有关的传世文献研究考证，认为元代著名官员高昉一系也是高模翰后人。

（一）关于金代对外关系研究

石磊《蒙宋结盟与金国的灭亡》（《文史天地》2019 年第 9 期）从蒙宋两方的角度分析了蒙宋出兵夹攻金朝的原因，认为宋朝为了获得更多的战略缓冲资本而与蒙古夹攻金朝，但这仅是暂缓了蒙古南下的步伐，最终宋朝的灭亡也是可见的了。鞠贺、杨军《金朝遣高丽使臣类型再检讨》（《黑龙江社会科学》2019 年第 5 期）将金朝向高丽遣使的类型分为两类，即常使和泛使。认为不同类型的使臣负担着不同的外交使命，但最终目的都是加强金朝对高丽的控制、稳固并加强二者之间的宗藩关系。祁丽、孙文政《金长城的修建与蒙金关系》（《理论观察》2019 年第 12 期）认为金国为了防御蒙古等游牧部族对版图东部的侵扰，开始修筑东北路界壕边堡。金长城完整的防御体系，暂时避免了蒙古等游牧势力南下，保证了长城沿线两侧农牧民正常的生产生活。随着蒙古势力范围的不断扩张，以及金朝国力的衰弱，金长城终不能阻止蒙古南下灭金。王嘉琛《论金朝中期使宋女真族国信使的选任》（《兰州教育学院学报》2019 年第 12 期）认为金朝中期选任国信使的制度逐渐完备，更加倾向于选择家世背景显赫、个人综合素质较高的女真人担任。

（二）关于金代中国观问题的研究

狄宝心《仕金辽士诗之夏夷君国理念及人生志趣》〔《福建师范大学学报（哲学社会科学版）》2019 年第 5 期〕通过分析金朝初年燕云地区归降金朝的原仕辽官员所持有的中国观，认为降金士人超越了以中原模式为标准的贵夏贱夷的藩篱，认可夏夷文化兼容的多民族一体国家。安北江《地缘政治与王朝秩序：8—13 世纪"天下中国观"与"国家认同"演绎》〔《河北师范大学学报（哲学社会科学版）》2019 年第 4期〕认为辽宋金各朝的正统中国打造，就是中国古代"天下中国观"多元化的表现，这也是中国多元一体理念的一次尝试，为元代"中华一体"理念奠定了基础。程尼娜《从自称"中国"到纳入"正统"：中国正史中的〈金史〉》（《南国学术》2019

年第 4 期）认为金、元的"正统观"具有一脉相承的特点，元朝编修《金史》为传统的纪传体正史，《金史》被纳入中国正史，标志着女真人建立的金朝被纳入中国正统王朝的体系。明清以来古今学者几乎众口一词，认为"正统之议未决"是辽、宋、金三史直到元末才修成的原因，是一个误解。这一观点为我们认识中国历史上的"正统观"提供了新视角。江湄《怎样认识 10 至 13 世纪中华世界的分裂与再统一》（《史学月刊》2019 年第 6 期）从"内亚史观"的角度对 10—13 世纪的中国进行了剖析，认为采用"征服王朝论"和"内亚史观"，其意图在于以一种全球史、区域史的叙述策略，突破以民族国家为主体的叙事框架，强调这时代辽、夏、金、元政权的民族主体性、征服性以及他们所具有的内亚游牧帝国的历史脉络，从而将之从中国王朝史的脉络中解放出来，发掘其社会、文化、政治上难以被传统的中国史叙事回收的那些面相。但是，无论"内亚史观"还是"征服王朝论"确实又有另外一面，它或多或少质疑、解构着作为政治和文化统一体的"中国"概念及其连续性的历史叙事，忽视或较少强调贯穿于中国史的超越具体政权的"中国"认同，不太理解和尊重中国文化的自我意识和历史意识，把那种在漫长历史中形成的多民族甚至多文明的复合型社会看作人为的强制的，是不自然、不正当的，这与我们作为中国学者的情感、政治立场是有所冲突的。张笑歌《金代对华夷之辨的回应与重构》（《文化创新比较研究》2019 年第 23 期）认为先秦儒家经典构筑的华夷之辨，随着两宋时辽金异族政权的相继崛起和其势力的不断深入，成为摆在异族统治者面前的一道巨大的难题——为了获取正统的地位，金朝上下不断对其进行利于己方的深入诠释。徐洁《礼制视域下金代帝王的"大中国"意识》[《通化师范学院学报（人文社会科学）》2019 年第 4 期]纵观金代诸位帝王在礼制建设中表现出的"大中国"意识，认为其实质往往是统一于他们比较局限的，抑或是比较宽泛的"中国"概念。

八　金代文献学研究与专题学术综述

（一）有关金代文献研究

赵永春、祝贺《程卓〈使金录〉考论》（《史学集刊》2019 年第 6 期）认为程卓所著《使金录》并不是宋人出使辽金"语录"中最为简略的，而是众多"语录"中比较详赡的一种。书中涉及内容十分广泛，包括宋金交聘制度和礼仪，使者出使行程之地理、文明古迹、遗闻趣事、金代城市建筑、政治、军事、经济形势等，皆为作者亲见亲闻，是研究金末政治、军事、地理、经济、文化以及宋金交聘制度的珍贵资料。王久宇、邸海林《从〈三朝北盟会编〉看金朝女真体育文化》（《黑龙江社会科学》2019 年第 5 期）从《三朝北盟会编》所记载的女真体育文化入手，可以看到女真人日常体育生活的主要内容、女真人崇礼尚武的体育价值取向，可以知晓金朝建国前后女真人的骑射能力是军士的基本体育技能，可以明晰女真人勇敢无畏的拼搏精神在女真建国和伐辽灭宋的战争进程中发挥了巨大的作用。王新英《〈金史·地理志〉疏漏与补正研究》(《兴义民族师范学院学报》2019年第1期)结合石刻文献所载地理信息，共补充《金史·地理志》中未记载的一州、九县、一镇和一将营，对研究金代行政区划建置有着重要的意义。任永幸《从〈宣和乙巳奉使金国行程录〉看金代饮食习俗》(《白城师范学院学报》2019年第5期)从使金宋使许亢宗所作的《宣和乙巳奉使金国行程录》中扒梳了金朝的饮食习俗，认为早期女真人的饮食习俗受到自然条件和地理环境的影响，后期受中原的影响较大。顾若言、周阿根《从金代石刻文献看〈汉语大词典〉例证之疏失》(《汉字文化》2019年第5期)以《全金石刻文辑校》为研究语料，从辞典编纂角度对《汉语大词典》例证方面的不足提出商榷意见。冯俊《〈大金国志〉的史论及史学价值》(《衡水学院学报》2019年第6期)认为《大金国志》中保存了大量的史论，其中的论赞部分是对金代帝王评价的重要史料，为金史尤其是宋金战争史的研究提供了重要史事评论，对宋金战争史具有一定的史学价值。

(二) 关于金代研究的专题综述

苗霖霖《金朝墓志研究述论》(《中国史研究动态》2019年第1期)对金朝的墓志做了总体综述，认为学界对金朝历史研究起步晚，造成了研究成果较少。目前学者对金朝墓志的研究主要是通过墓志铭文内容研究墓主家族谱系及婚宦问题，以及通过铭文记载补充史书中对某些历史人物或事件的记载不足。但由于目前尚缺乏对金朝墓志的整体性研究，因而对墓志所涉及的金朝世家大族、宗教信仰及家庭人口等问题的研究略显不足。贾淑荣《第十四届辽金契丹女真史学术研讨会概述》(《中国史研究动态》2019年第3期)对2018年8月23—28日在内蒙古通辽市召开的"第十四届辽金契丹女真史学术研讨会"进行总结。研讨会对以下问题进行了探讨：辽金契丹女真史考古发掘动态及最新学术观点，辽金时期的政治、民族关系、对外关系等方面研究，辽金社会史及宗教方面的研究，辽金时期地名考、区域文化等方面的探讨。张意承、李玉君《二十世纪以来辽金五京研究综述》(《黑龙江民族丛刊》2019年第3期)对20世纪以来辽金时期五京研究进行了详细的梳理，同时提出了现阶段研究的问题，认为对辽金五京的研究不均衡、不成体系，需要结合当时历史情况，放在大的历史环境、城市体系中考察。侯莹莹《40年来学界对宋人出使辽金〈行程录〉的研究》[《廊坊师范学院学报（社会科学版）》2019年第4期]对20世纪70年代以来《行程录》的研究进行了总结性综述，提出现阶段的研究视角主要是集中在历史地理及文献考证等方面，对经济、历史及历史关联的关注相对缺乏。胡珀《20世纪80年代以来金代官制研究回顾》(《遵义师范学院学报》2019年第6期)对1980年以来金代官制研究进行了梳理，认为金代官制各个方面几乎均有专家学者研究，呈现百花齐放的态势，但是美中不足，目前还未有一部"金代官制研究"专著面世。里景栋

《21世纪以来的〈金史〉研究综述》（《辽金历史与考古》第10辑，科学出版社2019年版）对21世纪以来的《金史》研究展开了回顾。21世纪以来，有关《金史》的研究专著有3部、论文60余篇。除勘误校正、补正之外，在《金史》编纂、《金史》篇目问题等方面有较深入的研究。另外，石刻文献对《金史》内容的校补也有所推进。于东新《元好问散文研究七十年综述及展望》（《名作欣赏》2019年第34期）对新中国成立以来七十年间的元好问散文研究现状进行了梳理，认为现学界对于元好问散文研究依旧较为薄弱；文章对未来做出展望，期望有更多的学人关注元好问散文，并期望学界在"中华文化多元一体"学术思想的影响下，立足于"构建多元一体中华文学史"的广阔视野，在元好问散文领域做出更多元的开拓和创新。裴兴荣《七十年来中国大陆金代文学研究论著述评》（一）（二）（三）（四）（《名作欣赏》2019年第25期、第28期、第31期、第34期）对新中国成立七十年来金代文学研究进行了整理。文章将论著分为六大类20余小类进行了简要的分类述评，并对日后的金代文学研究提出了四点展望，即在研究对象上更加宽泛，在文本细读上再下功夫，在研究视野上更加开阔，在研究方法上更加多元。任永幸《金代官印研究述评》（《理论观察》2019年第9期）对金代官印辑录、金代官印制度研究、相关官印考证三方面进行了研究，对金代官印进行了较为全面的述评。吴博《黑龙江流域出土的金代官印概述》（《黑龙江民族丛刊》2019年第4期）对出土于黑龙江流域的金代官印进行了梳理，这对我们研究金代的政治制度、行政区划和对《金史》补充等问题有着巨大作用。高元宦《山西泽州县宋金石刻初探——以〈三晋石刻大全·晋城市泽州县卷〉为基础》（《文物鉴定与鉴赏》2019年第15期）认为研究泽州宋金石刻有助于我们了解泽州宋金石刻的特点、地域特色以及社会价值等。

九 其他相关研究

（一）关于金代帝王研究

耿改平《别样海陵王》（《呼伦贝尔学院学报》2019年第3期）一改过去学界对海陵王之评价，从更加积极的方面对海陵王进行评价；认为海陵王是推动金朝历史发展的贡献者，是金代九帝中不可多得的"诗人皇帝"。海陵王更是在迁都燕京、改革官职等方面对于加速北方各民族的融合，有着积极的作用。王征《金海陵王心理疾病研究》[《赤峰学院学学报（汉文哲学社会科学版）》2019年第10期]认为海陵王在其统治期间的疯狂行为源自其心理疾病。海陵的童年经历及成年后的生活环境使其形成了双重人格和自我中心两种人格障碍，使其行为走向极端，对金朝政治产生了巨大影响。李玉磊《完颜亮的情感世界与金代政治》[《赤峰学院学学报（汉文哲学社会科学版）》2019年第6期]认为由于完颜亮早年的特殊经历，形成了其特殊的性格，并在其称帝后得到释放，在其政治作为和个人生活中体现得淋漓尽致。王金秋

《乌林答氏·李氏·金世宗：金世宗的情感世界与金朝政局》[《赤峰学院学学报（汉文哲学社会科学版）》2019 年第 6 期] 认为金世宗在位期间，将个人情感掺杂到政治之中，金世宗对乌林答氏感情深厚，对元妃李氏的情感则建立在政治基础之上，这种个人情感对金中期政局产生了深远影响。

（二）关于金中都的研究

丁利娜《从考古发现谈金中都的社会等级结构》（《北方文物》2019 年第 3 期）文章从帝王及后妃、女真贵族、汉族高官及士人和平民阶层四个等级对陵墓分布、陵墓形制、葬制葬俗、随葬品组合等方面的区别进行了总结。丁利娜《试析女真帝王对中都金陵的营建》（《黑龙江社会科学》2019 年第 5 期）认为海陵王初创时期，中都金陵的规模较小，却是入葬成员规模最大的时期。金世宗朝时金陵设置趋于完备定型阶段。随着中都城的沦陷，宣宗及之后的金帝未能葬入此陵。李肇豪《北京的建都开端——关于金中都定都的历史考察》（《文物鉴定与鉴赏》2019 年第 12 期）文章从金中都定都的历史背景、对北京发展造成的影响、现存的几处北京的金代遗迹考察出发，对金中都进行了一些考察和探索。认为北京正式建都是从海陵王完颜亮迁都燕京开始的，从此改变了北京这个城市的命运，金中都的建立是北京发展的重要标志，金中都的建立对北京地理环境和社会文化的形成有巨大的影响。李珮《金代中都地区运河建设概述》（《首都博物馆论丛》2019 年第 0 期）文章以《金史·河渠志》为基本参考资料，概述了金代中都（今北京）地区的运河建设。认为金代缺乏大规模运河建设的战略需要、缺乏专业人才以及黄河灾害的影响都是金代北京地区运河建设不成功的原因。

（三）关于金代社会生活研究的论著

刘晓楠《金代的生祠与祠庙探析》[《九江学院学报（社会科学版）》2019 年第 4 期] 认为金代官方会为了维护统治而在一定程度上对祠庙发展有所控制。金代生祠的建立对金代民间信仰的发展起一个积极的作用。孙文政《金上京路姓氏、婚姻家庭及人口》（《理论观察》2019 年第 4 期）认为上京路的姓氏多以部为姓氏，婚姻更多地保留了女真人的旧俗，同时认为上京路人口自海陵王迁都后减少，后虽经世宗章宗人口有所恢复，但总量还是发展过慢。王雷《金代吏员服饰浅探》（《辽金历史与考古》第 10 辑，科学出版社 2019 年版）认为金代吏员服饰与平民差别不是很大，仅悬挂书袋以示区别，但与官员服饰有明显差别，体现了中国古代社会等级分明的特点。曹文瀚《金章宗时期的华北社会动乱与应对政策》[《中央民族大学学报（哲学社会科学版）》2019 年第 6 期] 认为金朝的土地政策随着人口增加逐渐不合时宜，土地分配不均，进而引发纠纷。金朝政府利用荒政制度缓和矛盾，因时制宜调整法律，并试图强化猛安谋克，改革保伍法与宗教制度。同时为了获得士人阶层的认同，宣传以土德代金德，借此宣告金朝是宋朝的正统继承者，使北方的知识分子与地方豪强产生文化自信与文化认同，进而认同金朝的统治。因此金章宗一朝也始终未爆发全国性的社会动乱。

（四）有关金代灾害研究

王星光、郑言午《也论金末汴京大疫的诱因与性质》（《历史研究》2019年第1期）认为李杲《内外伤辨惑论》中关于金末疫情为肺鼠疫的观点难以令人信服，此次大疫死亡金百万人，与战争、高密度人口流动、反复异常的天气及粮食的短缺等因素密切相关。周红冰《金代山东地区"蝗不入境"神话的兴起与消退》[《青岛农业大学学报（社会科学版）》2019年第4期]通过考察山东地区的地方志，认为金世宗、金章宗时期山东地区曾经出现"蝗不入境"的记载，而且这类资料的来源相同。中国历代所强调的德政避蝗思想在金代依然使用。金代严格的捕蝗连坐制度和官员惩戒措施，使"蝗不入境"记载成为地方官员讳灾的重要手段。

（五）关于金代历史地理的研究

赵永春《金代五国城的历史地位》（《北华大学学报》2019年第5期）认为五国城所在的胡里改路是金代地方高级行政区，是金代在边疆地区所设置的十分重要的军政机构。夏宇旭《梨树县偏脸城考述》（《地域文化研究》2019年第5期）认为金代偏脸城出于宋金的交通要冲之地。海陵将韩州治所迁到偏脸城。文化的汇集，民族的交融，造就了偏脸城的繁华。王俊铮《金代北疆"蒲与路北至北边界火鲁火疃谋克"交通与行政建制考索》（《辽宁省博物馆馆刊》，2019年）研究《金史·地理志》所载的"蒲峪路北至北边界火鲁火疃谋克三千里"这一金代北疆交通大动脉通过的地区，并通过考古资料进行了考证。

综合来看，金代历史研究在深度和广度上较之前的研究有了一定的深入推进，成果显著。2019年金代历史研究关于政治与政治制度、文化、考古、民族问题与对外关系类的成果较多。学位论文方面，涉及政治制度、经济、民族与民族关系、社会、宗教、考古学、艺术、书法等领域十分广泛。然而，从现有的成果来看，金史研究与其他朝代相比依旧较为薄弱，仍需继续努力，共创金史研究的美好未来。

《亥年新法》研究综述

宁夏大学　宋兆辉

随着黑水城出土文献的持续刊布，西夏学研究不断进步，继《天盛律令》后又一部引人瞩目的西夏法律文献——《亥年新法》（下文称《新法》）在内蒙古额济纳旗黑水城遗址出土，现藏俄罗斯科学院东方文献研究所，文献照片于 1999 年刊布在《俄藏黑水城文献》第九册，为西夏晚期的法典，其成书不晚于西夏神宗光定五年（1215），乙亥年，共存十七卷，有甲、乙、丙、丁、戊、己、庚、辛八种版本，且现存《亥年新法》均为手抄本，编号从俄 Инв. No. 5543 到俄 Инв. No. 7787，页码从第 119 页至第 337 页，共 200 余页。学界围绕《亥年新法》所涉及的法律、政治、经济、军事、宗教、社会等多方面内容进行了广泛的研究，涌现了大量有价值的学术成果。本文在系统梳理《亥年新法》相关研究成果的基础上，从综合性研究、成书年代与残片补释和社会经济等方面分三个部分进行综述。

一　综合性研究

《亥年新法》的内容涉及各个方面，为研究西夏史提供了大量材料，但在研究成果方面目前还少。首先进行此工作的是俄罗斯学者戈尔巴乔娃、克恰诺夫。《俄藏黑水城文献》卷九（上海古籍出版社 1999 年版）中存有《亥年新法》影印版，《西夏文写本和刊本》（中国社会科学出版社 1978 年版），对其进行了简略的介绍。克恰诺夫 *Новые законы Тангутского государства*（《十三世纪唐古特国家新法》，东方文学出版社 2013 年版）（первая четверть XIII в.）（Москва：Издательство восточной литературы，2013），是对《亥年新法》最新的研究著作。除此之外，宁夏大学西夏学研究院助理研究员王培培的《〈亥年新法〉与西夏晚期社会研究》（国家社科基金一般项目）正处于研究之中。

二　成书年代与文献译释

在成书年代方面，惠宏、段玉泉主编《西夏文献解题目录》（阳光出版社 2015

年版）指出编修者不详，在部分写本卷尾或题有光定四年（1214）款，并明确成书不晚于西夏神宗光定五年（1215），所以这本书当在此之前修成。

在文献译释方面，现存于世的《亥年新法》原本为手抄本的西夏文，藏于俄罗斯科学院东方文献研究所。贾常业《西夏法律文献〈新法〉第一译释》（《宁夏社会科学》2009 年第 4 期）通过译释得出其是对《天盛律令》第一的补充，探讨了《亥年新法》新的体例和编写顺序以及道德说教的内容，为了解西夏社会提供了一个完整资料。梁松涛、袁利《黑水城出土西夏文〈亥年新法〉卷十二考释》（《宁夏师范学院学报》2013 年第 2 期）对《亥年新法》卷十二进行了全部录文及考释，并与《天盛律令》及宋辽金内宫宿卫当值不来处罚进行了对比，理清了西夏法条传承的变化，为研究西夏内宫制度提供了新的史料。梁松涛《黑水城出土西夏文〈亥年新法〉卷十三"隐逃人门"考释》（《宁夏师范学院学报》2015 年第 2 期）对《亥年新法》卷十三进行了全部录文及考释，并与《天盛律令》中关于隐逃人法条进行对比，对西夏不同时期的同一法条变化做了研究，进一步提供了新的见解。此外，还有一些以《亥年新法》单独一卷为研究的硕士学位论文。赵焕震《西夏文〈亥年新法〉卷十五"租地夫役"条文释读与研究》（宁夏大学硕士学位论文，2014 年）选取卷十五为研究对象，对西夏文本进行录文、释读和校勘，通过对两个写本之间的详细对勘，在法条基础之上，判断"租地夫役"实际上是关于夫役为草的规定，增进了对西夏寺庙、寺院经济活动以及西夏后期租地夫役、役草等方面发生的变化的认识。闫成红《西夏文〈亥年新法〉卷十六十七合本释读与研究》（宁夏大学硕士学位论文，2016 年）选取卷十六、卷十七为研究对象，对西夏文本进行录文、校勘和释读，以乙种本为底本，探讨西夏磨勘制度及其变化；同时涉及西夏文草书辨认的问题，为后来的研究者提供了一些经验。安北江《西夏文献〈亥年新法〉卷十五（下）释读与相关问题研究》（宁夏大学硕士学位论文，2017 年）选取卷十五为研究对象，对西夏文本进行录文、校勘和释读，以甲种本为底本，以辛种本为校勘本，从语言学、历史学等角度进行解读。周峰的博士学位论文《西夏文〈亥年新法·第三〉译释与研究》（中国社会科学院研究生院，2013 年）选取卷三为研究对象，以乙种本为底本、以甲种本为校勘本，并且参照《天盛律令》相关内容，逐步进行对译和意译，通过纵向对比和横向对比，对西夏法典的"源"有了系统的认识，从刑法的重要内容盗窃法入手，论述了西夏对官私财物和统治阶级利益的保护及其对西夏后期社会的影响。

三　残片补释方面的研究

《亥年新法》原本存在一些残片和残卷，对这方面的研究也是一个大的方向。在残片补释方面，学界对一些残片和残卷的释读也在一定程度上对原文本进行了补充。文志勇《俄藏黑水城文献〈亥年新法〉第 2549、5369 号残卷译释》（《宁夏师范学院学报》2009 年第 1 期）通过对第 2549 号和第 5369 号两个残卷进行译释和研究，认为该残卷属于《亥年新法》卷九，第 5369 号补充《天盛律令》中用钱赎罪和以官品当罪的条例，得出了《亥年新法》在死刑的降减方面比《天盛律令》严格，在短期徒刑方面量刑较为宽松；并为西夏文草书的解读提供了经验和方法。梁松涛、张昊堃《黑水城出土 Инв. No.4794 西夏文法典新译及考释》（《中国古代法律文献研究》2014 年）通过对出土文献的全部录文、考释及翻译，认为此法典卷十内容涉及官员相见仪、坐次仪，为西夏法律及礼仪制度研究提供了新史料。安北江《黑水城出土 748 号税制文书考释——兼论西夏"通检推排"》（《中国农史》2019 年第 1 期）通过对文献进行录文及考释，进一步了解西夏社会通检推排等相关制度，同时反映了后期不断恶化的国内外政治经济形势。李语、戴羽《俄藏 Инв. No.5448 号残片考补》（《西夏研究》2019 年第 3 期）判断了残片的来源，认为属于《亥年新法》卷七"卖赦禁罪"内容，残片细化并补充了放走违禁者的处罚，明确量刑标准，反映了西夏晚期因边境倒卖猎獭而修订律令严加惩处的事实。

四　社会、经济等方面的研究

西夏地处西北内陆，气候方面干旱少雨的特点成为制约西夏农田水利发展的重要因素，很早就有发展农田水利进行灌溉的做法，西夏相关的农田水利规定散见于《天盛律令》之中，学界对此已多有论述，《亥年新法》在律令条文方面多有继承《天盛律令》。李治涛、尤桦《西夏水利立法研究——以〈天盛律令〉〈亥年新法〉为中心》（《西夏学》2019 年第 2 期）就是从纵向发展的角度来分析，认为西夏统治者高度重视农田水利建设，制定了非常详细和独具特点的水利法规，既有之前一脉相承的内容，也有西夏后期社会发展的新特点，不仅促进了西夏社会经济的发展，还对中国西北地区的开发做出了贡献。

有关官吏任用制度等方面的探讨表现在官当制度，梁松涛、李灵均《试论西夏中晚期官当制度之变化》（《宋史研究论丛》2015 年第 1 期）通过梳理《亥年新法》中有关官当的法条，发现西夏中晚期官当制度的变化，反映了西夏晚期因战争因素而导致政府财政紧张的真实状况。

五　结语

综上所述，学界对黑水城出土文献《亥年新法》的研究取得了一定成果，如卷十七的残卷，已经译释的卷一、卷二、卷三、卷四、卷十五、卷十六及卷十七合本以及卷十、卷十二、卷十三的部分（包括残片）研究。不足之处在于：首先，学者们的视野目前较为单一，大多是对文献的解读，因此需要更多地依据文本对西夏社会经济展开广泛研究；其次，缺乏横向的对比研究，缺乏与同时代辽宋金元政权的比较；最后，因为起步晚、内容有错乱的部分且抄本存在西夏文草书，释读辨认有一定的困难，所以其他的卷数还有待更深一步的释读整理。

目前对《亥年新法》的研究处于深入发展的阶段，相信之后学者对它的关注度会持续提高，研究范围日益拓展。

2019 年西夏军事地理研究综述

宁夏大学　马小斌

西夏时期战事首尾不绝，为军事地理研究提供了丰富的素材。2019 年西夏军事地理研究的内容不断丰富，研究范围继续扩展，内容涉及西夏军事机构设置的深入探索、西夏古城遗址及要地考察、西夏军事法制问题的探析及对战争的深入探讨等方面。在研究过程中，对文献来源的征引更加全面，通过多民族、多时期的史料、考古资料结合探索同一史实，得出更加翔实的史料分析。

军事地理又称"武事地理"或"兵要地理"，主要探讨与军事活动相关的地理现象和地理事实。① 西夏以武立国，又处于四战之地，战事频繁，相关的军事地理研究素材丰富，从国家的军事地理方略、军事机构地理配置、战役的地理进程到具备重要军事意义的城寨与关隘的地理分布、具有军事价值的津渡与交通线的分布、自然地理对军事行动的影响等，都是军事地理研究的范畴，更广的研究视角与新方法的运用将当代军事地理的研究推向更高的层次。2019 年，学界对西夏军事地理的研究继续深耕，取得了一系列的成果。

一　西夏军事机构的设置

关于西夏的军事机构的研究在西夏军事地理研究中不可或缺，《天盛律令》中对西夏军事机构制定了完备的法律规定，《贞观玉镜将》更是在我国军史与兵书中占据着重要的位置，通过这两本书，我们可以完整地认识西夏的军事建置。许伟伟《西夏中期河西地区的军事建置问题——以西夏法典〈天盛律令〉为中心》（《西夏历史文化研究》2019 年第 1 期）通过以《天盛律令》中记载的军事建置为标准，结合黑水城出土文献研究成果与传统文献资料，探讨了西夏右厢河西地区军事建置，河西地区作为西夏通往西域的交通与贸易要道，也是防御西蕃、回鹘、守卫兴灵二州的前线。包括监军司、军等军事机构及城、堡、寨、军溜、更口、烽火等军事要塞，它们共同组成了西夏河西地区完整的军事建置。在许伟伟《西夏边防的基层军事建置问

---

① 杨蕤：《四十年来西夏地理研究的回顾与展望》，《西夏研究》2018 年第 4 期。

题》（《西夏研究》2019 年第 1 期）中除了梳理西夏在边境的基层军事建置之外，对这些基层军事建置的功能做了详细的说明，包括集结作战与防御的军事功能、维护治安，控制部族人口与稳定生产的社会功能、榷场管理与使节往来管理等的外交功能等，这是边境地区的基层军事建置的客观需要。田晓霈《西夏"水军"新考》（《史志学刊》2019 年第 3 期）结合《天盛律令》与宋人史料，考证了西夏的"水军"事实上是渡河作战的西夏步骑兵与主管河渡事务的津渡官。津渡官一方面承担着收费渡民的民用功能；另一方面又配备军事装备，承担着查禁走私、监察军情、军事守卫与还击的军用功能，这也是宋人口中"西界水贼"称呼的由来，但津渡官主要职能还是限定在对河流渡口的管理，没有独立编制，并不是实际意义上的"军"。

监军司作为西夏境内重要的地方军事机构，全国分为左、右两厢，兼社会性与区域性划分为十二监军司①，不同史料亦有不同的记载。随着不同时期国内外政治形势的变化，监军司数量、驻地与名称皆发生改变。学术界关于西夏监军司多有关注与研究。魏淑霞《制度史视域下的西夏监军司探析》（《宁夏师范学院学报》2019 年第 9 期）梳理了历史上的监军制度，认为西夏监军司的设置是在承袭夏州割据政权的旧制，即唐宋时期监军制度的基础上，结合党项部落兵制的实际情况发展形成，并且由最初的单一军事职能发展到集军事与行政于一体的职能，发挥着重要的作用。高仁《"左厢"、"右厢"与经略司——再探西夏"边中"的高级政区》（《中国历史地理论丛》2019 年第 2 辑）对从左、右厢到经略司的演变做了细致的梳理。左、右厢大体以首都兴庆府为中轴线，分东西两部统领除京畿以外区域的所有兵马，对比其余监军司，较早便具备了行政的职能。崇宗亲政之后，左、右厢监军司便被左、右经略司所取代，经略司成为军政合一的地方行政制度。这是西夏上层推行的专制主义与部落体制的冲突融合的结果，对"崇仁之治"起到了很大的推进力。

二 西夏军事法制

对西夏文书的翻译与解读为我们研究西夏如何以军事法律规范并保证制度的实施与命令的传达提供了重要的参考资料。史金波《西夏文军抄账译释研究》（《军事历史研究》2019 年第 3 期）翻译与考察了黑水城出土的西夏文军抄账。其中包括了以溜为单位的军抄账、以甲为单位的军抄账、军抄户籍账和军抄财物账，这些军事文书不仅包含以首领所辖军抄、以溜和抄为单位进行登录的文书，还包含了以户籍、财务形式进行登录的文书。这与西夏实行的军民合一的军事和管理体制密切相关，军抄与户籍、财务等有着密切的关联。在这些文书中存在西夏对军抄中兵丁的钱粮补贴的记载，与"人人自备其费"存在矛盾，为我们重新认识西夏军事制度提供了新的思路。

---

① （元）脱脱等撰：《宋史·夏国传》卷 485，中华书局，第 13981 页。

陈瑞青《简论西夏"军籍"文书的性质及其价值》(《西夏学》2019 年第 2 期)认为史金波先生系统研究整理的七件军籍文书,包括《西夏文军籍文书考略》中所载的四件俄藏黑水城西夏文草书"军籍"文书与三件英藏黑水城西夏文草书"军籍"文书不属于一般意义上的"军籍"。文书记载了各军抄首领官汇报的是所辖各抄人员包括正军、辅主的人数、年龄,以及马匹、甲披的配备情况,结合其行文主体与格式,当属于黑水城军抄首领官向上级汇报所管军抄一年来兵员、官马、甲披、印信等注籍情况的告禀公文,即官文书。此类文书对我们认识黑水监军司,了解西夏军抄的组织形态、战具配给、与"户头"管理等具有重要的参考价值。

通过《天盛改旧新定律令》与《贞观玉镜将》,我们可以更深层次地认识西夏军事法制。张笑峰《西夏的兵符制度》(《西夏研究》2019 年第 4 期)考察了西夏文文献中关于西夏兵符的记载,包括了传世文献中的起兵符契、起兵木契,还有《天盛改旧新定律令》《贞观玉镜将》中记载的发兵谕文和符节。同时,西夏兵符的管理与派遣有着严格的规定,这与西夏战事频发有着密切的联系。何静《西夏军法研究——兼与唐宋对比》(南京师范学院硕士学位论文,2019 年)结合传世文献、《天盛律令》、《贞观玉镜将》等史料,系统研究了包括军籍、军抄、武器、后勤、赏罚制度等多方面的军法内容,分析了西夏军法与唐宋军法的联系与区别。西夏军法是借鉴与学习唐宋军法的基础上,保留本民族的实际需要而形成的。姜歆《〈天盛改旧新定律令〉征兵制度探析》(《西夏研究》2019 年第 2 期)结合西夏《天盛改旧新定律令》对征兵对象、入伍条件、军籍管理等方面的记录,认为其部落兵制特点明显,与辽朝的征兵制有相似之处。

三 要地考察

对古城遗址与战略要地的考察,一直是历史研究的重要方面,是军事地理研究必不可少的内容。对古城遗址的考察可以使我们的军事地理研究更加全面与客观,研究成果更具说服力。杨浣、段玉泉《克夷门考》(《北方民族大学学报》2019 年第 5 期)指出克夷门地望问题长期以来悬而未决的原因在于:一是史料有误,克夷门问题众说纷纭,作者对比关于克夷门的记载与克夷门地形,结合成吉思汗征西夏行军道路,得出克夷门地区可能是贺兰山北端末尾处,即历史上称之为"乞伏山"的一段。二是训音有误。通过查询相关地理记载,这段区域历史上有"克危""乞夷""乞银"之称,是不同时期、不同民族对这一段山脉的称呼。同样,在杨浣、付强强《省嵬城与省嵬山》(《宁夏社会科学》2019 年第 2 期)一文中,通过地形、史料等多角度的考证,确认了省嵬城与省嵬山的前世今生。付强强《西夏山川地理考三题》(宁夏大学硕士学位论文,2019 年)除了梳理前文已经提到的省嵬城与省嵬山,还对惟精山与韦精川、浦洛河与灵州川的地理问题做了深入的探究,其中惟精山在史籍中亦有韦精山、威经山的记载，在我们日常的阅读与研究中，会经常遇见一山多名的情况，这就要求我们结合具体地形，不同时期的史料记载考证，当俄藏《西夏地图册》重现学界之时，西夏军事地理研究会更上一层楼。

张多勇、马悦宁、张建香《西夏对宋构筑的铁钳左翼——金汤、白豹、后桥考察研究》（《宁夏社会科学》2019 年第 2 期）实地考察了金汤、白豹、后桥三个古城的遗址，对古城遗址做了细致的调查与描述，认为其与西寿保泰军司深入宋界，共同构成了西夏对宋进攻的两翼，而北宋构筑的"大顺城防御系统"和"怀安防御系统"是对深入宋界的金汤、白豹、后桥三座城池的有效防御。李雪峰《夏辽"直路"西夏境内驿站位置考述》（《西夏历史文化研究》2019 年第 2 期）考证了西夏时期开辟的通往辽国首都临潢府城的驿道"直路"，是夏辽之间重要的交通干道，作者参考诸多存世地图史料，结合"直路"经行地自然环境和野外考察，详细复原了历史上"直路"经由地的十六个驿站，为我们深入探索夏辽贸易往来、西夏东北部交通体系与军队驻防体系提供了坚实的基础。保宏彪《党项—西夏割据政权政治中心的西移及其三大影响要素》（《西夏研究》2019 年第 2 期）党项—西夏割据政权的政治中心一路西移，先后经历夏州、西平府、兴庆府三个阶段。在这一过程中，生态、军事、经济成为政治中心西移的重要影响因素。

四　对战争的讨论

对战争的讨论是军事地理研究不可避免的重要内容，从对一场战争前的策略制定，到战争中的地理进程、具体经过、后勤维护，再到战后的反思等。我们可以从很多角度去对一场战争进行探讨。孙方圆《宋夏战争中宋军对饮用水的认知与利用》（《史学月刊》2019 年第 2 期）将宋夏战争中的饮用水作为独立的军事地理要素加以讨论，考察并梳理了宋夏战争时期宋军为保障饮用水安全而采取的措施、宋夏之间对饮用水的较量与争夺、宋军对饮用水军事价值的认知与利用饮用水的手段的发展。我们可以看到，宋夏边境战争频发，随着宋军"浅攻扰耕"与"进筑"战略的实行，宋军实战经验因累积而提升，对水的军事价值的认知也逐渐提升。我们可以想到边境地区的西夏军队对水的军事价值的认知同样是不会落后的，西夏本身地处内陆，水资源的利用，事关其存之。在军事地理研究的范畴中，从自然资源或后勤资源入手去探究不失为一种独特视角。

雷家圣《高遵裕与宋夏灵州之役的再探讨》（《首都师范大学学报》2019 年第 2 期）探究了高遵裕的生平，认为其受外戚影响有限，军事经验丰富，西北拓边尽心尽责，五路伐夏虽有责却不是主要败因。北宋在灵州之战战败的主要原因是宋军后勤体系无法供应三十余万大军。兰书成《宋夏好水川之战再探》（《军事历史》2019 年第 3 期）在详细梳理宋夏好水川之战经过的同时，在引起战争的经济原因上大着笔墨，指出战后西夏开始铸造自己的钱币。陈德洋《辽兴宗时期辽与西夏战争琐议》（《西夏学》2019 年第 2 期）探讨了 1044 年到 1053 年，辽与西夏进行的三次较大规模战争的起因、经过与结果。辽朝重熙年间，国力强盛，开始以北朝自居，赵永春先生指出，"辽圣宗时期，契丹人萌生了自称中国正统的思想"①。同样，自 1038 年西夏建国后，国家意识增强，对辽的态度也不复之前的谦卑，双方战争不可避免。战罢议和，辽与西夏互相心生间隙，辽夏国力的损耗在一定程度上对北宋、辽与西夏的三足鼎立起到了维持的作用。

五　回顾与展望

总而言之，2019 年西夏军事地理研究取得了一系列的成果。在研究内容与研究领域、研究品质、研究方法与研究资料等方面都取得了显著的提升。

（一）研究内容不断丰富，研究领域日益广阔

西夏军事地理研究是西夏学研究的重要方向，学界对西夏军事地理的研究多有关注。近年来，随着学界对黑水城出土资料、西夏文献和汉文传世文献关于宋夏沿边记载的深入解读，众多研究方面得到深耕和校正。同时，研究的视角不再局限在战争、城寨、军事建置等方面，对宋夏沿边饮用水等自然资源和粮食补给等的研究，使得西夏军事地理研究的领域进一步扩展，独特的研究视角启发了更多的学者，起到了积极的推动作用。

（二）研究品质不断提升

2019 年，西夏军事地理研究在内容不断丰富的同时，研究品质方面亦有提升，主要表现在众多研究内容列入国家社科基金项目，众多研究成果发表在国内有重要影响力的刊物上，有效地提升了西夏军事地理研究的影响力与吸引力。

（三）研究方法与研究资料多元化转变

我们可以看到田野考察和考古学的研究方法在越来越多的西夏军事地理研究中被应用，相比传统的依赖文献记载的研究方法，田野考察与考古资料具备更加强大的解释功能。结合汉文传世文献、出土文献、文物考古资料、古代少数民族语言文献记载等研究资料，研究成果更具说服力。

当然，在 2019 年西夏军事地理研究取得一系列成果的同时，我们对未来的研究应该有更加充足的认识。在研究对象的选择上，应进一步细化西夏军事地理研究的分

---

① 赵永春：《契丹的"中国"认同》，《黑龙江民族丛刊》2015 年第 1 期。

支，后勤、自然资源等在军事地理研究中的关注度有待进一步提升。在资料的应用上，汉文传世文献、西夏文献、考古资料等有进一步结合与解读，与西夏并存的古代少数民族的史料也有待于我们进一步的挖掘。未来的西夏军事与地理研究会更加丰富多彩。

二十年来西夏军事研究回顾与展望

宁夏大学　刘宇丽

西夏军事是西夏社会历史文化的重要组成部分，也是中国古代军事史研究的重要内容。近二十年来，在充分挖掘汉文史籍、西夏文献、考古史料的基础上，西夏军事研究取得了不小的学术成就，论文从西夏军事制度、战争情况、军事地理等方面，爬疏相关成果，以便更好地了解西夏军事领域研究的整体状况。

古往今来，军事对一个国家和政权的发展壮大发挥着重要的作用，西夏自李元昊称帝建国，历时近两百年灭亡，在此期间，西夏在政治、经济、军事等方面展现了其独有的特色，在军事上建立了强大的军队以及详备的军事法律和制度，西夏军事制度在吸收中原文化基础的同时保留着自己的民族特色，创造了丰富的军事文化遗产，考察这一问题有助于全面整体认识西夏的军事政权，对我们探究西北少数民族军事文化与中原文化的交流融合也有着重要的意义。

汤开建《二十世纪西夏军事制度研究》以时间顺序回顾了20世纪国内外西夏军事领域研究的成就与不足，认为这一时期西夏军事研究除了对监军司、边防制度、武器装备等个案问题的研究较为深入外，其余内容大多流于简单的论述，并对原始文本的可靠性重视不够，研究水准尚处于初级阶段。[①] 近年来，在西夏学研究热潮逐渐高涨的背景下，西夏军事领域在前人研究的基础上继续发展前进，国内诸多学者对此展开了卓有成效的研究，有不少专著和文章问世，研究成果数量及质量均有大幅度的提升，有关西夏军事的研究现状也见于一些分时段和专题的西夏学研究综述中，文章现从西夏军事制度、军事战争、军事地理等方面梳理近20年西夏军事领域的研究成果，以期有裨于学界。

一　西夏军事研究回顾

自1908年俄国探险家科兹洛夫率领的探险队在黑水城发现了一批军事文书和法律文献后，西夏军事研究获得了丰富的原始资料，开始逐步兴起和发展，经过许多专

[①]　杜建录：《二十世纪西夏学》，宁夏人民出版社2004年版，第44—56页。

家学者对传统典籍与出土文献的整理与研究，西夏军事领域的成果逐渐增多，出现了
《西夏战史》（宁夏人民出版社 1993 年版）等专门探讨西夏军事的综合性著作，为西
夏军事研究的深入发展打下了坚实的基础。

近 20 年来西夏军事领域研究进入了发展阶段，专论西夏军事的著作有，尤桦
《〈天盛改旧新定律令〉武器装备条文整理研究》（宁夏大学博士学位论文，2015 年）
对律令中武器装备条文中的名物进行了详细的注解考释，同时对各类武器装备的发展
脉络、形制特点、配备和管理制度展开了专题研究。张笑峰《〈天盛律令〉铁箭符牌
条文整理研究》（上海古籍出版社 2019 年版）分校勘译释和名物制度考论两大部分，
研究了西夏铁箭、信牌和兵符的渊源、配备与派遣制度等内容。此外，一些综合性著
作中也涵盖了西夏军事相关的内容，如史金波《西夏社会》（上海人民出版社 2007
年版），李锡厚、白滨《辽金西夏史》（上海人民出版社 2003 年版），汤开建《党项
西夏史探微》（商务印书馆 2013 年版），漆侠主编的《辽宋西夏金代通史》（人民出
版社 2012 年版）以及穆鸿利、武玉环主编的《中国大通史》（学苑出版社 2018 年
版）等著作对西夏军事制度以及战争等内容均有通论性的介绍，从不同的论述角度
加深了我们对于西夏军事的整体认识，取得了丰硕的成果。相关论文已达百余篇，取
得了不小的成就，根据内容特点可分为三类，现将代表性著作和论文成果综述如下。

（一）军事制度研究

军事制度一直是军事领域研究的重点，涉及内容较多，研究成果丰富。军事制度
研究的成果主要体现在两个方面，一是综合性研究，主要对西夏军事制度整体进行论
述，代表成果主要有胡若飞《西夏军事制度研究〈本续〉密咒释考》（内蒙古大学出
版社 2003 年版），该书上篇搜集整理并归类研究了汉文和西夏史料中有关军制的内
容，同时详细探讨了军事官员和机构、军律与军抄等问题。汤开建《近几十年国内
西夏军事制度研究中存在的几个问题》（《宁夏社会科学》2002 年第 4 期）对军事制
度的定性、军事组织发展、中央兵和地方兵的界定以及军队数量等问题进行了探讨，
认为目前许多关于军事制度的基本认识仍处于模糊的状态。陈广恩《从〈天盛改旧
新定律令〉看西夏军事制度的几个特点》（《元史及民族与边疆研究集刊》2004 年第
1 期）认为律令反映的西夏军事制度具有全民皆兵制、女兵制、重视骑兵建设、军事
外交和军法灵活合理等特点。刘建丽《略论党项夏国的军事制度》[《宁夏大学学报
（人文社会科学版）》2007 年第 6 期]对西夏兵种、军事战术以及《贞观玉镜将》的
概况进行了探讨，认为西夏军事制度是中原文化与党项民族文化的结晶。姜歆《从
〈天盛律令〉看西夏的军事管理机构》（《西夏研究》2013 年第 4 期）通过律令探讨
认为西夏中央与地方军事管理机构具有完备的法律规定和简单有效的管理体系。李温
《西夏的军事立法与军事制度》（《西夏研究论文集增订版》2017 年）也对西夏的军
种、监军司和军事后勤制度等内容进行了论述。王元林《试析黑水城遗址出土西夏

军事法制文书及其文化遗产价值》（中西书局 2012 年版）以黑水城出土的军事法律文书为中心探讨了西夏的军事法律制度及其蕴含的文化遗产价值。二是专门性的研究，即对军事制度中的个案问题进行分析论述，包括组织机构、兵役兵种、边防制度、军事后勤等方面。

1. 组织机构

军事机构研究侧重于对监军司以及基层军事组织军抄的讨论研究。西夏监军司作为军政合一的边防管理机构，学界历来对此颇多关注，研究不仅涉及军事领域，同时也涉及政区演变相关的地理领域，监军司研究包括对其政区、数量、驻地等内容的探讨，张多勇《西夏监军司的研究现状和尚待解决的问题》（《西夏研究》2015 年第 3 期）论述了西夏监军司数量、驻地和辖区等存在争议的问题，并认为西夏监军司地理还处于一个文献研究的阶段。他还分别撰文对西夏十二监军司中的左厢神勇监军司、宥州嘉宁监军司、石州祥祐监军司、白马强镇监军司的地望和更名等问题进行了考察研究。[1] 鲁人勇《西夏监军司考》（《宁夏社会科学》2001 年第 1 期）论述了西夏前中期监军司数量、名称和驻地的变化以及考证监军司的研究方法。魏淑霞《制度史视域下的西夏监军司探析》（《宁夏师范学院学报》2019 年第 9 期）探讨了西夏监军司的职能变化以及与历史上监军制度的关系，认为西夏监军司是具有集军事与行政一体的职能，并在承袭唐宋监军制的基础上结合自身的特色形成的地方军事建制。

近年来在整理文献资料的过程中，陆续翻译了一批西夏军事文书，为研究西夏基层军事组织军抄以及军籍文书等问题提供了珍贵的原始文献，学界对这一问题的研究也开始增多，代表性的成果有，彭向前《释"负赡"》（《东北史地》2011 年第 2 期）对"负赡"和"负担"进行了分析论证，认为"负担"是"负赡"的形讹，而不是军抄的组成部分。史金波《西夏军抄文书初释》（辽夏金元历史文献国际研讨会，2008 年）、《西夏文军抄账译释研究》（《历史研究》2019 年第 3 期）对不同军抄账进行了分类考释，通过文书论述了军抄人员组成、军籍和户籍等问题，并认为西夏兵丁有钱粮补给，西夏军队"人人自备其费"的说法值得进一步商榷。另一篇《西夏文军籍文书考略——以俄藏黑水城出土军籍文书为例》（《中国史研究》2012 年第 4 期）则通过对军籍文书的翻译和初步研究，论述了西夏晚期黑城地区基层军事组织的情况。翟丽萍《试述西夏军抄》（《西夏学》2017 年第 1 期）通过军抄文书的研究认为军抄是由正军和辅主组成的，而若干军抄与寨妇组成的军溜又组成了西夏的基层军事组织。

---

[1] 张多勇、王志军：《西夏左厢神勇一年斜（宁西）监军司考察研究》，《西夏学》2017 年第 1 期。张多勇：《西夏宥州—东院监军司考察研究》，《西夏学》2016 年第 2 期；张多勇、杨蕤：《西夏绥州—石州监军司治所与防御系统考察研究》，《西夏研究》2016 年第 3 期；张多勇：《西夏白马强镇监军司地望考察》，《西夏学》，2015 年。

2. 兵役兵种

西夏实行全民皆兵的部落兵制，凡成丁男子都要服兵役，兵员数量庞大，研究成果主要体现在对全民皆兵制、征兵制、兵符兵种等问题的研究。邵方《西夏的兵役制度论》（《中国政法大学学报》2012年第5期）探讨了兵役制度的形成与完善，认为全民皆兵的兵役制度体现了党项族的尚武习俗和游牧特征。姜歆《〈天盛改旧新定律令〉征兵制度探析》（《西夏研究》2019年第2期）将西夏的征兵制度与宋辽的征兵制度加以比较，认为西夏与辽的征兵制度都体现了适用于游牧民族政权的特点。张笑峰《西夏的兵符制度》（《西夏研究》2019年第4期）通过探讨西夏发兵谕文和符节的种类、管理和派遣等内容，认为发兵谕文和符节联系密切，规定严格。何玉红《西夏女兵及其社会风尚》［《云南民族大学学报（哲学社会科学版）》2004年第5期］重点论述了西夏女兵社会风尚的出现及其形成的原因。田晓霈《西夏"水军"新考》（《史志学刊》2019年第3期）认为西夏没有正式的水军建制，宋史材料中的"水军"是渡河作战的西夏步骑兵和主管河渡事务的津渡官。尤桦《西夏察军略论》（《西夏学》2013年第1期）对察军的定义、职能和职权等内容进行了探讨，认为察军作为监督军队首领和上报军功军绩的重要职官成了中央和地方连接的重要纽带。陈瑞青《西夏"统军官"研究》（《宁夏社会科学》2016年第1期）认为统军官分为常设和战时两个系统，同时统军官的选任体现了西夏将领的用人特色，但也增加了政治风险。

3. 边防制度

西夏建国后，为严防周边民族政权的侵扰，建立了一套较为完整的边疆防御体系。陈广恩《关于西夏边防制度的几个问题》（《宁夏社会科学》2001年第3期）对西夏边防制度中将领的选派、边防军的职责、奖罚制度及其特点进行了探讨。许伟伟《西夏边防的基层军事建置问题》（《西夏研究》2019年第1期）详细探讨了西夏沿边基层军事机构的设置和防御作战功能，认为西夏边防基层军事机构的内外联动构成了强有力的前沿防御体系，其又在《西夏中期河西地区的军事建置问题——以西夏法典〈天盛律令〉为中心》（《西夏学》2019年第1期）中重点探讨了西夏右厢河西地区的监军司、军和基层军事建置，论证了西夏在河西地区着力经营和军事建置的重要性。

4. 军事后勤

后勤是从物质、技术方面保障军队建设和作战需要的必不可少的基础性的军事活动，有战争和军队即应有后勤活动。[1] 军事后勤主要包括对粮食、马匹以及武器装备等供给研究。综合论述军事后勤制度的文章主要有以下几篇。贾随生《浅论西夏军事后勤制度的形成与完善》（《固原师专学报》2004年第2期）认为军事后勤制度形

---

[1] 许保林：《中国兵书与古代军事后勤》，《军事历史研究》1991年第2期。

成于元昊时期，完善于仁孝时期。其《西夏军事后勤供给概论》（《宁夏社会科学》2004 年第 2 期）则探讨了军粮、武器、马匹等后勤供给情况，认为西夏军事后勤制度与全民皆兵制和宗法封建制相适应。武器装备的研究较多的有尤桦和陈广恩，尤桦《西夏棍棒类兵器及其相关问题考论》（《西夏学》2019 年第 1 期）探讨了西夏棍棒类兵器的形制、功能及其反映的社会问题。《西夏浑脱考述》（《宁夏师范学院学报》2019 年第 2 期）论述了西夏浑脱的军事功能，认为浑脱作为武器装备具有促使军事战术灵活多变的作用。《西夏武器装备法律条文与唐宋法律条文比较研究》（《西夏学》2016 年第 2 期）则探讨了西夏武器装备法律条文与唐宋法律条文之间的渊源与差异，认为西夏的法律条文相比唐宋律法更为详细和灵活。陈广恩的三篇文章《西夏兵器及其在中国兵器史上的地位》（《宁夏社会科学》2002 年第 1 期）、《西夏兵器及其配备制度》（《固原师专学报》2001 年第 4 期）、《关于西夏兵器的几个问题》（《青海民族学院学报》2001 年第 3 期）对西夏兵器进行了全面探讨，认为西夏兵器在中国兵器史上占有重要的地位，并通过研究西夏兵器的种类、制作方法、配备情况以及兵器的校验等问题，认为兵器配备和校验都是逐渐走向制度化的过程。姜歆《论西夏将兵的装备》（《西夏研究》2016 年第 4 期）论述了西夏将兵装备的产生、配备和检校制度，认为其装备兵器精锐，甲胄坚良。苏冠文《西夏军队装备述论》（《宁夏社会科学》2000 年第 6 期）论述了西夏的战马、甲胄、兵器和指挥用具，认为西夏在冷兵器时代就已经拥有高水平的军队装备。张笑峰《西夏铁箭制度初探》（《西夏学》2016 年第 1 期）通过研究律令中的铁箭条文认为铁箭制度源于北方少数民族以铁箭为信契的传统，管理严格。

（二）军事战争研究

辽宋夏金时期是中原王朝与周边各个少数民族政权战争冲突不断的对峙时期，西夏也时常因领土扩张和利益冲突与周边各个民族政权发生战争，近年来许多专家学者也对此有过专门的研究。

军事战争方面的研究成果主要体现在三个层次，其一，论述西夏与周边民族重要战争经过、胜败原因和影响等问题，包括与宋、辽、金以及蒙古发生的历次大小战争。母雅妮、郝振宇《宋夏三川口之战的历史影响》［《宁夏大学学报（人文社会科学版）》2017 年第 5 期］以三川口之战为切入点研究了战争对河西丝路发展造成的影响。兰书臣《宋夏好水川之战再探》（《军事历史》2019 年第 3 期）论述了宋夏好水川之战的始末和西夏胜利的原因，认为北宋失败议和后整体上对夏已处于守势。雷家圣《高遵裕与宋夏灵州之役的再探讨》［《首都师范大学学报（社会科学版）》2019 年第 2 期］认为高遵裕作为外戚掌兵是战役失败主要原因的说法值得进一步商榷，其根本原因是庞大兵力后勤供给不足。赵一《安念墓志考释——兼谈宋夏灵州之役》（《宁夏师范学院学报》2018 年第 6 期）认为宋军灵州战败的原因主要是粮草不继以及攻城武器的缺乏。魏淑霞《熙宁变法与宋夏战争》（《西夏研究》2010 年第 4 期）从熙宁变法的角度梳理宋夏之间发生的战争，认为熙宁变法加强了北宋防御西夏的军事能力。张玉海《简论宋夏平夏城之战》（《西夏研究》2010 年第 4 期）探讨了平夏城之战的始末及其影响。其次有关西夏与其他民族之间战争的主要有，陈德洋《辽兴宗时期辽与西夏战争琐议》（《西夏学》2019 年第 2 期）、《试论金宣宗时期的金夏之战》（《西夏学》2013 年第 3 期）分别对辽夏战争、金夏交战的原因、概况及其影响进行了论述。李蔚《略论蒙夏战争的特点及西夏灭亡的原因》（《固原师专学报》2000 年第 4 期）认为西夏灭亡的主要原因是统治阶级内部矛盾激化以及实行的"附蒙侵金"的错误政策。

其二，关于宋夏战争中各方战略决策等问题的探讨，主要包括交战双方政治和军事战略决策的实施对战争走向和结局的影响等。穆殿云《结构、文化与权力冲动——宋夏战争动力析论》（《社会科学论坛》2018 年第 1 期）认为宋夏战争的驱动力主要是由两国关系的结构性弊病、两国各自的战略文化差异以及两国统治集团的权力冲动等因素构成的。王战扬《北宋中后期对夏战争的军事决策及其成败》（《东岳论丛》2019 年第 9 期）认为北宋对夏战争成败和中央与边防之间互动以及统治者的战前决策有重要关系。林鹄《从熙和大捷到永乐惨败——宋神宗对夏军事策略之探讨》（《军事历史研究》2019 年第 2 期）认为神宗个人对灭夏的焦急心态和盲目自信是导致永乐惨败的重要因素。

其三，宋夏战争作为北宋和西夏重要的政治、军事问题，对北宋的文学、经济也产生了重要影响，出现了将宋夏战争与北宋文学、贸易结合起来研究的新视角，如宋华、郭艳华《论宋夏战争奏议文书写之"剀切"文风》[《北方民族大学学报（哲学社会科学版)》2019 年第 6 期]通过分析宋夏战争时北宋士大夫上疏的奏议文书，认为其表现出了切合事理、犯颜直谏的"剀切"文风。张帆《仁宗朝宋夏战争之下的茶马贸易》（《茶叶》2020 年第 2 期）探讨了战争背景下宋夏茶马贸易的发展和影响，认为对当时的宋夏关系起到了重要的推动作用。程龙《北宋西北沿边屯田的空间分布与发展差异》（《中国农史》2007 年第 3 期）从军事战争的角度探讨了宋夏战争对西北屯田分布的影响以及屯田在战争中的作用。

（三）军事地理及其他研究

军事活动与军事地理关系十分密切，主要是探讨与军事活动有关的地理问题，包括战争的地点、路线，军事城堡要塞地望考察等内容。相关研究主要有，李雪峰、艾冲《西夏与辽朝交通干线"直路"的开辟与作用》（《甘肃社会科学》2019 年第 6 期）认为西夏"直路"的开辟既是西夏与辽时期交通往来的干道，也是西夏统治东部地区的生命线。张多勇、马悦宁、张建香《西夏对宋构筑的铁钳左翼——金汤、白豹、后桥考察研究》（《宁夏社会科学》2019 年第 3 期）对宋夏对峙时期西夏三个楔子金汤、白豹、后桥古城遗址进行了实地考察，论证了三寨在宋夏战争中具有非常重要的战略地位。余军《西夏若干城寨地望研究述要》[《西北第二民族学院学报（哲学社会科学版）》2000 年第 1 期]对蒙古攻伐西夏过程中所涉及的西夏若干城寨地望进行了论述。尚平《宋夏好水川战场位置再探》（《宁夏师范学院学报》2018 年第 9 期）认为宋夏好水川战役的主战场即现今兴隆镇所在的什字路河。张多勇、庞家伟、李振华、魏建斌《西夏在马啣山设置的两个军事关隘考察》[《石河子大学学报（哲学社会科学版）》2016 年第 4 期]对凡川会、龛谷川相关关城、堡寨遗址进行实地考察，并确定了地理坐标。李玉峰《西夏瓦川会考》[《河北北方学院学报（社会科学版）》2015 年第 5 期]论述了宋夏边界瓦川会堡寨设立、地望与职能等问题。张多勇《宋夏对峙时期清远军考察研究》（《西夏研究》2018 年第 4 期）通过对北宋和西夏清远军地望的考察论证了清远军在宋夏战争中的重要地位，其又在《西夏通吐蕃河湟间的交通路线及沿路军事堡寨考察》（《中国历史地理论丛》2020 年第 3 期）一文中通过对水磨沟军事通道及湟州、南宗寨等沿边军事堡寨的考察，认为西夏卓啰和南监军司是连接庄浪河谷地和水磨沟的节点。赵坤《论清远军在宋夏战争中的有限作用及其原因》（《西夏学》2016 年第 2 期）认为前期清远军选址不当加上后期宋夏战争策略和局势的变化是其军事作用弱化的主要原因。

除上述研究外还涉及军事情报、通信以及军事体育文化的相关问题，王凯的《西夏对域外信息的收集》（《西夏研究》2019 年第 4 期）认为西夏通过建立强大的信息网能够准确获取敌方情报，对西夏在战争中占据主动地位具有重要意义。尤桦《西夏烽候制度研究》（《西夏学》2017 年第 1 期）探讨了西夏烽候的遗址以及其在西夏军事通信体系中发挥的重要作用。关于西夏军事体育文化的研究主要有戴薇、彭利华《从岩画看西夏王朝军事体育活动》（《兰台世界》2013 年第 36 期）以及王平《西夏军事体育文化的探析》（《才智》2011 年第 33 期）探讨了西夏军事体育文化的内容、特点及其与科学技术和岩画等方面的关系。

二　学术成就与展望

西夏军事研究作为西夏学中一个重要的学科，由于其涉及许多基本的问题，同时还受到资料的限制，所以早期研究一直处于初级阶段。[①] 但近二十年以来，在西夏学学科体系不断完善，研究理论和领域不断开拓创新的背景下，出现了不少西夏军事专题论述和以西夏军事角度为选题的学位论文，据粗略统计，中国知网中收录的论文中涉及西夏军事研究的有两百余篇，相比前期数量有明显的增加。分析以上研究成果，可看出目前西夏军事研究已经步入了发展阶段，并大致有以下三个特点。

---

① 杜建录：《二十世纪西夏学》，宁夏人民出版社 2004 年版，第 44—56 页。

　　首先在材料的运用上，相比前期文章更多地选择《西夏纪》《西夏书事》等清人著作作为研究的史料，对文本原始可靠性重视不够的现象，近二十年学界更注重原始资料的运用，在继续挖掘《宋史》《续资治通鉴长编》等汉文文献史料的同时，充分利用西夏文献，尤其是黑水城出土的世俗文献等西夏学原始资料和考古资料，如文书、碑石、题记、石窟壁画等史料展开研究，使汉文与西夏文献相互论证。其次在内容的选择上，相比前期内容大多流于简单的论述，近年来西夏军事研究在宏观概括的基础上更深入具体问题中，回顾研究成果，可以看出一些文章在总结前人成果基础的同时提出了新的观点，如学界对于西夏军事文书的性质持有不同的看法，陈瑞青即撰文认为黑水城出土的 7 件军籍"文书"并非西夏军籍，而是军抄首领官向上级报告所管军抄年校情况的告禀文①。最后，这一时期研究的视角也更为开阔，开始注重交叉学科的研究，大多数学者也在研究过程中运用了跨学科的研究方法，如在边防城堡寨遗址的考察、监军司政区划分等问题中运用了地理学的理论方法推进研究，同时注重从不同的视角去研究问题，如从军事史、制度史、法制史、文学史等角度去研究军事制度和战争，运用对比研究的方法探讨各政权军事制度和军法之间的渊源和差异等都扩展了西夏军事研究的视野，突破了传统军事制度和战争史研究的局限，为进一步研究西夏军事做出了重要贡献。

　　西夏军事研究在取得成绩的同时，也或多或少存在一些问题。其一，由于资料的限制，仍然还有很多基本问题存在争议，且大多研究者使用的是经过翻译后的文献资料，这也影响了西夏文文献的利用，故今后研究在对汉文史籍、出土文献和文物考古等资料的应用上都还有进一步深入挖掘的必要。其二，从研究回顾可以看出其研究对象不平衡的问题，相比综合性和整体性的研究，有关监军司、武器装备等军事制度和宋夏战争等个案研究仍然占据主流，其他方面的研究则略显薄弱，故今后应更加重视全局性的研究，促使西夏军事研究向纵深方向发展。

　　展望未来，在新旧材料不断发掘和利用的过程中，西夏军事研究还有很大进步空间，相信今后在加强对西夏文献的解读和整理、注重跨学科交汇融合，创新研究视角的努力下，西夏军事领域研究必将有更广阔的发展前景。

---

① 陈瑞青：《简论西夏"军籍"文书的性质及其价值》，《西夏学》2019 年第 2 期。

2019 年西夏经济研究综述

宁夏大学　路　风

2019 年西夏经济研究，据不完全统计发表论文 30 余篇，数量上较少。内容方面对出土契约研究较多，有新见的论文不多。本年度尚未见西夏经济方面的专题研究著作。下面将 2019 年度发表的论文作概述。

一　综论

保宏彪《党项—西夏割据政权政治中心的西移及其三大影响要素》（《西夏研究》2019 年第 2 期）认为在党项—西夏割据政权政治中心从夏州、西平府到兴庆府的西移过程中，生态、经济、军事因素发挥了至关重要的作用。灵州地区得天独厚的水利灌溉条件、土肥地广的沃野平原以及大批掌握熟练耕作技术的汉族民众使灵州地区的社会经济在西夏建立后得到迅速恢复，为党项—西夏割据政权的稳定发展奠定了坚实的物质基础。［俄］И. Ф. 波波娃编，崔红芬、文健译《宋时期的非汉族政权之西夏（982—1227）》（《西夏研究》2019 年第 3 期）详细论述了夏政权 200 多年的发展历程，包括白高大夏国的来历，党项、木雅、藏人、西羌、三苗、宕昌等之间的联系，以及西夏语言的发展演变、行政机构和官署的设置、法律的制定和经济文化的发展等多个方面，对一些问题阐释了自己的观点。

赵彦龙、丁海斌、赵丽娜《西夏、辽、金商业文书研究》（《档案》2019 年第 7 期）从分类及出土情况、内容及社会背景方面介绍了存世的西夏商业文书基本情况。韩树伟《西夏契约文书研究述要》［《宁夏大学学报（人文社会科学版）》2019 年第 9 期］概述了国外、国内西夏契约文书的研究现状。张倩《西夏典当契约的性质与程式——西夏契约性质与程式研究之五》（《西夏研究》2019 年第 4 期）利用档案学理论从性质、程式角度对西夏典当契约进行了分析。赵彦龙、张倩《西夏租赁契约的性质与程式——西夏契约性质与程式研究之六》（《宁夏师范学院学报》2019 年第 9 期）利用档案学理论从性质、程式角度对西夏租赁契约进行了分析。

二　农牧业

骆详译《西夏土地的典卖、土地产权与宋夏的"一田二主制"》(《中国农史》2019 年第 2 期)认为西夏土地流转不如宋代自由与频繁。郝振宇《西夏土地买卖租种的价格/租金与违约赔付》(《历史学研究》2019 年第 2 期)认为西夏土地买卖和租种较为普遍,土地买卖的价格在 0.07 石/亩左右,土地租金在 0.087 石/亩左右。土地买卖和租种过程中如发生违约则需要赔付。孔祥辉《西夏晚期黑水城地区寺院经济研究——基于出土西夏文契约文书的考察》(《中国农史》2019 年第 3 期)认为西夏晚期黑水城周边寺院在自然灾害以及宗教力量的作用下主导了当地土地和牲畜的交易、借贷,对农村经济社会产生巨大影响。田晓霈《黑水城出土西夏文典地契研究》(《中国农史》2019 年第 4 期)对俄藏 Инв. No.5147 中 4 件典地契进行了译释整理,并结合《天盛律令》与唐末敦煌典地契加以对比,认为西夏与敦煌典地契在质押类型、收息方式、地上财产归属、抵押周期以及"牙人担保"制度方面存在显著差别。通过典地契与土地买卖契对比,黑水城地区农业生态差异较大,尽管西夏晚期天庆至光定年间土地价值变动不大,但自然条件优渥的肥壤良田价值远高于同期普通土地。

《西夏时期鄂尔多斯高原的畜牧经济》(《西夏学》2019 年第 1 期)认为得益于优越的自然条件和对唐代"北河曲"牧群旧有的若干体系的承袭,西夏时期鄂尔多斯草原畜牧业较为繁盛。以夏州为中心的"五州之地"是当时畜牧业的中心,五州各地区在牲畜的种类、数量以及牧养方式上差异较大。

李治涛、尤桦《西夏水利立法研究——以〈天盛律令〉〈亥年新法〉为中心》(《西夏学》2019 年第 2 期)认为西夏水利立法受当时政治、经济情况影响,西夏中期的《天盛律令》着眼于水利建设本身,对水利的管理和维护有详尽的规定,西夏晚期的《亥年新法》则侧重于赋税和徭役的征收。

三　手工业

王丽娜《西夏、元时期河西走廊手工匠作行业组织流变考》(《民族艺术》2019 年第 3 期)认为西夏时期河西走廊的手工匠作行业门类齐全、分工细致,行业发展具有显著的西夏民族特色。得益于西夏畜牧业的发展,河西走廊这一时期皮毛加工行业较为发达。

四　借贷业

郝振宇《西夏民间谷物典当借贷的利率、期限与违约赔付研究》(《中国社会经济史研究》2019 年第 3 期）认为谷物典当一般以一年为期，以总和计息，违约时债权人会出售抵押物以弥补损失。借贷的利率和赔付方式取决于放贷者身份，寺院僧人放贷者和平民放贷者有所不同。田晓霈、崔红风《俄藏 Инв. No. 5147 西夏文借贷契研究》（《西夏研究》2019 年第 3 期）译释整理了俄藏 Инв. No. 5147 文书中 4 件西夏时期的信用借贷契。通过结合《天盛改旧新定律令》与敦煌借贷契对比分析，发现西夏在契约程式和借贷收息制度上对唐制多有继承。但西夏的契约债券担保制度相较于唐代，更突出保人的担保意义。李温《西夏的钱币制度及其立法》（《西夏研究》2019 年第 2 期）介绍了西夏钱币的种类和相关管理机构。认为尽管西夏铸造了汉字钱和 5 种西夏文钱，但由于经济落后和缺少铜、铁等矿产资源，因此仍大量使用北宋钱币。

五　交通

李雪峰《夏辽"直路"西夏境内一战位置考述》（《西夏学》2019 年第 2 期）考证了"直路"在西夏境内驿站所在位置，对"直路"具体线路进行了复原。李雪峰、李艾《西夏与辽朝交通干线"直路"的开辟与作用》（《甘肃社会科学》2019 年第 6 期）考证了"直路"开辟的原因、时间和过程，并探讨了"直路"在夏辽关系史、草原丝绸之路以及西夏历史中的作用。

六　人口、社会

郝振宇《西夏分家析产问题述论》（《西夏学》2019 年第 1 期）认为在西夏社会，父母与子女分居十分普遍。分家包括取得独立户籍和析分家产，其中析分家产涉及对畜、谷、宝物、钱等动产以及土地等不动产的析分。郝振宇《西夏基层社会管理组织问题研究》（《内蒙古社会科学》2019 年第 2 期）认为西夏基层管理组织的设置兼有对中原王朝的承袭和西夏特色。乡、里、农迁溜等以农业为基础的基层管理组织，有协助政府征收赋税的社会职责。

田晓霈《黑水城出土 5147 - 1 号西夏文典身契研究》（《宁夏社会科学》2019 年第 4 期）通过将俄藏 Инв. No. 5147 - 1 文书即一件以人口为质押物的西夏文草书典身贷粮契，与《天盛律令》与敦煌典身契对比分析，认为西夏质押类型借鉴了唐代典身制度的习惯，收息方式上则呈现"典息两立"的特点。通过对比典身契与人口买卖契，认为由于西夏晚期社会动荡，黑水城地区人口价值不断降低。

西夏官服研究综述

宁夏大学　任怀晟　杨　浣

中国古代采用中原王朝制度文化的各个政权都建立过自己的职官服饰体系，西夏也曾拥有这样的一套完备官服制度。但由于西夏资料失散各地，其官服制度的研究就显得更加困难。面对这种情况，学界仍然在资料汇总、释读、比对、断代、分类等方面进行了有力的推进。许多专著中有介绍官服的章节，也有很多论文在个案上突破较大，但官服的名物对应、职级特点仍是近期研究的重要方向。

官服是古代服饰史的核心，它既反映了古代社会的文化理念，又体现了古代社会的等级制度。过去学界比较重视中原王朝的官服研究，对北方少数民族王朝的官服关注较少。西夏官服上承唐宋、下启元明，是中国服饰史的重要组成部分；传世史料中这方面内容不多，官服研究倚重的出土史料虽数量巨大，但近代历经盗掠、散布各地，过去一直未能汇编出版。囿于资料的缺失以及对语言文字的陌生，学界对它的研究比较薄弱，以至于中国服饰史在这里形成缺环。

21世纪以来，大量有关西夏服饰的文物、文献得以刊布，使得这一领域的研究条件逐渐成熟。关于西夏官服的研究，学界主要有三个方面的进展。

一　资料刊布

图像史料最具代表性的著作有史金波《西夏文物》［中华书局，甘肃编、内蒙古编（2014年）；宁夏编（2016年）］和束锡红《俄藏黑水城艺术品》Ⅰ.Ⅱ.（上海古籍出版社2008、2010年版）等专著，刊出的人物绘画、雕塑和配饰等多达万余。文本史料有中、俄、英等馆藏西夏文献达百余卷（册），如史金波《俄藏黑水城文献》（上海古籍出版社1996—2019年版），杜建录《中国藏西夏文献》（敦煌文艺出版社2006—2012年版），英国国家图书馆《英藏黑水城文献》（上海古籍出版社、英国国家博物馆2005年版），武宇林、荒川慎太郎主编《日本藏西夏文文献》（甘肃人民出版社2011年版），史金波、［法］克丽斯蒂娜·克拉美罗蒂（Cristina Cramerotti）《法国吉美国立亚洲艺术博物馆藏西夏文献》（中华书局）等都展示了异常丰富的服饰记录。这为官服在内的西夏服饰研究提供了素材方面的根基。

二　综述通论

含有西夏服饰章节的专著较少。捷连提耶夫－卡坦斯基《西夏物质文化》（文物出版社 1993 年版）第一章突出特点是通过西夏文偏旁部首和字意的分析研究西夏纺织品的种类和用途；韩小忙、孙昌盛、陈悦新《西夏美术史》（上海三联书店 2001 年版）在第二、三章两章展示了绘画和雕塑作品中的西夏官服形象；陈育宁、汤晓芳《西夏艺术史》（2014）第五章通过对黑水城、敦煌、武威的图像资料进行梳理，结合文献确认西夏官服的形象；谢静、郑炳林《敦煌石窟中的少数民族服饰研究》（甘肃教育出版社 2016 年版）第四编介绍了敦煌石窟中的西夏服饰图像资料，并着重论述了吐蕃、回鹘、鲜卑、契丹、女真对西夏服饰的影响；史金波《西夏社会》（上海人民出版社 2007 年版）利用汉、西夏文献梳理出西夏服饰制度演变的脉络，利用最新的西夏文文献解读成果，并对照国内外文物介绍了西夏帝后官员服饰的样式。这些涉及官服的专著以素材的分类、释读、介绍为主，为官服职级的深入研究提供了阶梯。

三　专题研究

西夏官服专题研究主要在深入认识文本和图像史料的基础上、以论文的形式展开。出于研究者自身知识构成的原因，这些前期成果对文物、文献的侧重有所不同。

（一）以文物为主的研究成果

文物研究主要集中在服饰、帽饰、纹样三方面。首先，服饰研究的主要成果出自谢静和任怀晟。谢静对于西夏官服的研究主要着眼于敦煌壁画信息的整理与发掘，她结合敦煌和黑水城出土绘画作品完成该领域的主要论文有两篇。论文一《敦煌石窟中西夏供养人服饰研究》（《敦煌研究》2007 年第 3 期）根据文献梳理了党项建国前后服饰的情况，着重对绘画作品中的西夏文武官服形象进行了介绍。论文二《敦煌石窟中的西夏服饰研究之二——中原汉族服饰对西夏服饰的影响》（《艺术设计研究》2009 年第 3 期）侧重介绍中原"品色衣"对西夏官服等级色彩、"十二章"、龙凤纹饰对西夏帝后服饰的影响。谢静在《敦煌石窟中的少数民族服饰研究》一书的附录中，展示了在谢生保先生指导下完成的《敦煌石窟中的西夏党项族服饰资料调查表》，这是后继西夏服饰研究图像资料的重要索引之一。

任怀晟对于西夏服饰的研究主要集中在西夏官服体系的探索，前期论文主要有四篇。其一，《西夏公服刍议》（《西夏学》2013 年第 1 期）通过对比《辽史》《宋史》《隆平集》等汉文文献，《圣义立海》《天盛改旧定新律令》等西夏文献，以及黑水城、榆林窟等处的图像资料，发现文献记载中西夏存在类似宋朝的公服门类。这个门类的服装也似宋朝公服那样以品色区分，称为"公服"。西夏文官公服为"幞头、靴、笏、带"，武职公服为"金银冠、袍、靴、带"。其二，与杨浣合作完成《西夏官服管窥》（《西夏研究》2014 年第 3 期）。该文论述了西夏官服中"汉式头巾"与胡服头巾的一个重要区别首先在于胡服头巾为"阔大带"后垂。其次，揭示冠、带中贵金属贵重程度和质量是西夏武职服装冠、带等级区分的重要标志。其三，《西夏朝服的冠饰研究》（《西夏学》2018 年第 2 期）介绍"博山"是西夏朝服的重要标志，并论证了其文官的朝服由冠、大袖袍衫、裙裳构成，裳在袍衫内，无方心曲领。西夏朝服的帽冠没有簪导，戴冠者不披发。其四，《敦煌莫高窟 409 窟、237 窟男供养人像考》（《敦煌学辑刊》2019 年第 3 期）主要探索解决西夏与回鹘帝王服饰的区分问题。任怀晟所发现的西夏公服、朝服体系，以及西夏与回鹘服饰的区别，为西夏官服研究提供了新的探索方向，为西夏官服体系的复原做了有益的铺垫。

其次，帽饰方面有魏亚丽关于西夏官员帽饰的三篇论文。《西夏武官帽式研究》（《西夏学》2015 年第十一辑）认为富有民族特色的镂冠、黑漆冠是西夏法典明文规定的上朝服饰的首服。镂冠系列为官职较高的武将穿戴；黑漆冠是官职较低者便服首服。魏亚丽与杨浣合作完成的《西夏幞头考——兼论西夏文官帽式》（《西夏研究》2015 年第 2 期）认为幞头是西夏法典规定的文官上朝首服。流行于西夏的幞头主要有软脚幞头、硬脚幞头、展脚幞头、直脚幞头、交脚幞头、无脚幞头和长脚罗幞头等。西夏幞头基本上沿袭了唐宋汉族文官幞头的形制，没有明显的党项民族特点。魏亚丽与关静婷《西夏绘画作品中的通天冠》（《西夏学》2018 年第 1 期）一文发现西夏绘画作品中佩戴通天冠的天神主要出现在西夏晚期，其形制、纹样方面基本与中原相同。西夏绘画作品再现前代绘画风格和人物冠戴，说明西夏深受中原文明的影响。从魏亚丽等学者的成果可以看出，他们对于西夏官员首服的帽饰等级、职别、源流关系极为关注。

最后，西夏官服纹样研究方面有魏亚丽和宋娟、王胜泽的两篇论文。魏亚丽的《试论西夏服饰中的植物纹样》（《西夏学》2018 年第 2 期）对西夏纺织品、图像艺术品的人物服饰中的植物纹样，如梅花纹、卷草纹、莲花纹等进行了分类研究，发现西夏服饰中植物纹样的种类和图案的构成方式与中国传统植物纹样有极大的相似性。并发现这些纹样的使用者大多属于贵族阶层。宋娟、王胜泽《从宁夏博物馆藏"荔枝纹金牌饰"看西夏六号陵的墓主身份》（《宁夏社会科学》2018 年第 1 期）采用以纹样为依据确认西夏官员身份的方法，通过对比西夏六号陵出土金牌饰与宋、辽、元出土的 4 件荔枝纹金带具，发现其为荔枝纹金带具，为宋廷所赐。结合荔枝纹金带具出现时间、墓主身份及宋代舆服制度的规定，推断六号陵墓主当为德明。魏亚丽、宋娟、王胜泽通过纹样揭示着装者社会层级乃至具体身份的方法是西夏官服级别确认的重要途径。

（二）以文献为主的研究成果

文献研究领域关于西夏官服的研究论文主要有两篇。其一是彭向前《谅祚改制考论》[《内蒙古社会科学（论文版）》2008 年第 4 期]。该文认为西夏开国皇帝元昊为建立独立政权极力推广蕃俗，排斥已接受的汉文化，变服饰、改礼乐、创文字，此类举措虽然一时有利于西夏政权的建立，却不利于西夏社会的长治久安。西夏立国后，要维持并发展其封建统治，在保持本民族特色的同时，必然要充分利用中原王朝先进的政治制度并大力汲取汉族的儒家思想。在服饰上体现为谅祚时期采用了唐宋官服的红鞓、幞头和佩鱼，这是西夏官服发展历程的重要转折。其二是张笑峰的《西夏"上服"考》（《西夏学》2017 年第 1 期）。该文通过对《天盛律令》《贞观玉镜将》中上服相关条文的梳理，认为西夏的"上服"共有三等，大锦上服为上等，杂花锦上服、杂锦上服、唐呢上服为中等，其余则为下等。彭向前和张笑峰的研究为西夏官服改变的历史背景、改制内容、目的，以及官服等级的划分研究提供了重要的文献支撑。

由上可见，目前西夏服饰史料比较充足，官服研究个案突破较多，总体局面方兴未艾。由于西夏官服是宋夏样式的混合体，是政治等级制度与社会风俗结合的产物，也是中原舆服制度文化与西夏服饰文化结合的产物，加之西夏"蕃汉之争"带来的服饰中党项和中原元素比例调整，如今西夏官服"名""物"不能对应、体系框架不清的情况依然存在。所以探究官服的样式、色彩、图案与职级的关系，考寻其功能和寓意、源流，仍是未来西夏官服研究的重要方向。

2018—2019 年西夏佛教研究综述

宁夏大学　杨　也

20 世纪 80 年代科兹洛夫在黑水城发现大量的西夏文献后，国内相继出土和发现了大批西夏文献。其中佛教文献的比重也很可观。2019 年到 2020 年，国内西夏佛教的相关研究取得了丰硕的成果。本文对 2019 年到 2020 年西夏佛教研究成果进行简单扼要的介绍，内容涉及佛教遗址、艺术、文物与考古诸方面。

一　佛教文献考释和语言研究

文志勇、崔红芬《〈华严忏仪〉题记及相关问题探析》（《西夏文献研究》2018年第 1 期）首先对佛经题记涉及的西夏遗民一行慧觉辑录忏仪的年代、刊印及传入云南的情况加以探析；再依据其流传序的记载，对华严经在印度形成、传入中土的翻译、唐宋弘传，尤其是对宋弘扬华严的广智大师进行考证，对西夏时期传播华严经典的国师和帝师作了相应考证。王培培《〈英国图书馆藏斯坦因所获新疆出土古藏文写本〉读后》（《西夏研究》2018 年第 1 期）指出《英国图书馆藏斯坦因所获新疆出土古藏文写本》一书公布的古藏文写本文献绝大多数为首次发表，认为武内绍人梳理的英藏古藏文文献及其考察和鉴定很出色。认为佛教文献的内容审订方面仍有缺憾，并对混杂在古藏文写本中的几件汉文佛教文献残片进行了释读。沙武田、李晓凤《敦煌石窟六字真言题识时代探析》（《敦煌学辑刊》2019 年第 4 期）明确敦煌石窟六字真言题识产生的时代，对研究敦煌西夏元洞窟的分期断代、壁画内容、艺术风格、洞窟思想以及社会背景具有重要的参考价值。崔红芬《〈佛说阿弥陀经〉及其相关问题探析》（《西夏学》2019 年第 2 期）对《佛说阿弥陀经》进行了梳理和考证，介绍了汉夏文《佛说阿弥陀经》的遗存、西夏文本《佛说阿弥陀经》的译校年代、《佛说阿弥陀经》密教化趋势、西夏净土经典流传的原因。赵沈亭《莫高窟西夏石窟壁画无量寿经变定名考》（《宁夏大学学报》2019 年第 6 期）主要以有无体现往生的思想对阿弥陀经变与无量寿经变进行区别，并探究其图像特征。麻晓芳《〈佛说四人出现世间经〉的西夏译本》（《西夏研究》2019 年第 1 期）对行书写本《佛说四人出现世间经》参照刘宋求那跋陀罗所译汉本佛经释读了全文。认为此经为研究西夏佛教史以及西夏语提供一份基础性语料，对进一步认识西夏文草书字形，并在此基础上解读草书文献也有一定价值。宋坤《黑水城所出〈慈觉禅师劝化集〉作者宗赜生平交游新考》（《西夏学》2018 年第 1 期）主要结合新出资料对宗赜的生平、交游情况进行了新的考证。王龙《黑水城出土西夏文〈仁王经〉补释》（《西夏学》2018 年第 2 期）对相同内容的不同版本文献进行了梳理，明确了其校勘价值。孙昌盛《〈胜住仪轨〉夏藏文对勘研究》（《西夏学》2019 年第 2 期）按照藏文底本对《胜住仪轨》进行了对勘研究，并讨论了《胜住仪轨》的著译者，介绍了西夏胜住法仪。孟令兮《〈西夏译华严宗著作研究〉出版》（《西夏研究》2019 年第 4 期）介绍了《华严经》的流传传播影响等，阐释了聂鸿音、孙伯君从俄藏西夏文文献中选取五部华严禅宗著作，运用"四行对译法"加以解读的情况以及关于这些文献的翻译和刊印年代等问题。文健《略论西夏佛教管理的特色—以〈天盛改旧新定律令〉为例》（《西夏研究》2018 年第 3 期）从僧官任命、试经度僧、寺籍管理和赐衣制度等方面探讨西夏佛教管理中的中原文化特色，以及僧人受到法律法规的约束和地位。曾金雪《西夏文〈大般涅槃经〉卷二十二译释研究》（陕西师范大学硕士学位论文，2018 年）对《大般涅槃经》的翻译者昙无谶和汉夏文本做一简单概述并考证了《大般涅槃经》的翻译和校勘年代，并对佛经的注释进行了校勘。马振颖、赵松山《西夏文写本、刻本文献中的小图案研究》（《西夏研究》2018 年第 4 期）。对西夏文写本、刻本文献中的小图案进行研究，可了解当时雕版刊刻及抄写经书的背景。分析这些小图案的主要来源，探讨它们在写本、刻本中出现的原因及作用。陈瑞青《西夏〈黑水河建桥敕碑〉文体性质初探》（《西夏学》2018 年第 2 期），指出《黑河建桥敕碑》在形式上采用敕文，但实际内容则属于祭文。西夏在学习中原王朝礼法时，更加观照文体在实际政治生活中产生的作用。杨志高《有关佛教名相在西夏文经典中的几例标点——以〈慈悲道场忏法〉和〈经律异相〉为例》（《西夏学》2018 年第 1 期）梳理了中原地区相关名相的翻译和梵文出处，对涉及的四例佛教名相在西夏文经典中的标点作了尝试性探讨。陈俊吉《11 至 13 世纪华严经变探究：以黑水城出土文献为例》（《艺术生活》2019 年第 3 期）阐述了黑水城文献史料出土的华严相关经刻本图像，属于金、西夏时期之作，其刻版经变内容与宋代遗留华严刻本图像有显著差异，对于了解南北地域差异很有价值。此外还可以了解当时华严教法与密法融会的情况等。庞倩、王龙《中国国家图书馆藏西夏文〈不空索神变真言经〉考论》（《西夏学》2018 年第 2 期）对经文"十字真言"部分进行了对勘，指出其翻译的依据是汉文而非梵文，并对经文残片做了汉译，可补罗福成所作经文残缺。蔡莉《西夏文佛教伪经考》（宁夏大学硕士学位论文，2019 年）从存世的黑水城文献中整理出西夏文佛教伪经共八部分别进行译释、校对、版本和渊源考察。同时，在 2018 年第 2 期《西夏研究》上蔡莉发表了《西夏佛典疑伪经研究综述》。王龙《西夏文草书〈显扬圣教论·成不思议品第十〉考补》（《西夏研究》2019 年第 1 期）释读了西夏文《显扬圣教论》卷十七"成不思议品"第十，并对西夏文草书加以厘定、录文、释读和校注。张映晖《西夏文〈大宝积经〉卷十"密迹金刚力士会"考释——兼论西夏时期的金刚力士形象》（《绵阳师范学院学报》2019 年第 9 期）以《大正藏》汉文本为底本，采用"四行对译法"对西夏本的《大宝积经》卷十部分进行翻译和校对。［日］武内绍人著，陈明迪、陆离译《黑水城和额济纳出土藏文文献简介》（《西夏学》2019 年第 1 期）概述了黑水城和额济纳遗址出土藏文文书的基本状况。介绍了文书的出土地点、分布情况、文书的种类，对文书断代与分期作了相关研究，其中有西夏佛教的介绍。张映晖《黑水城出土西夏文〈百千印陀罗尼经〉考释》（《西夏学》2018 年第 2 期）对《百千印陀罗尼经》进行了全文翻译，认为西夏文本与现存以宋《开宝藏》为底本刊印的高丽本最为接近。黎大祥《甘肃武威亥母洞石窟寺的几件西夏汉文文献考释》（《西夏学》2018 年第 2 期）对出土的几件汉文文献的释读，对西夏时期的寺院经济及多元文化略作探讨。赵阳《俄藏黑水城汉文佛教文学文献研究》（兰州大学硕士学位论文，2019 年）论证了西夏的佛教与文学、西夏的净土信仰与文学、西夏的禅宗与文学等内容。

此外，还有一些专著。沈卫荣于 2018 年在甘肃文化出版社出版《西夏佛教文献与历史研究》，是西夏藏传佛教文献研究成果的集大成之作，共收录论文 20 篇。段玉泉于 2019 年在阳光出版社出版《西夏佛教序跋题记研究》，是关于西夏佛教序跋题记的文本辑录译校汇释和专题研究。赵忠于 2019 在甘肃人民美术出版社出版的《河州兰若庙观记下》是一部资料汇编，书中有佛教文献。孙昌武《中国古代北方民族与佛教》于 2019 年在中华书局出版，著作中有关于西夏佛教的介绍。《汉藏佛学研究丛书：西夏文藏传佛教史料"大手印"法经典研究》，由孙伯君、聂鸿音著，2018 年在中国藏学出版社出版，是目前西夏文大手印法研究的第一部学术专著，对研究藏传佛教特别是大手印法在西夏和中原的传播具有重要意义。2018 年俄罗斯科学院东方文献研究所、上海古籍出版社、中国社会科学院民族学与人类学研究所共同出版《俄藏黑水城文献 27 西夏文佛教部分》。孙颖新著《西夏文〈无量寿经〉研究》于 2018 年在中国社会科学出版社出版，指出西夏本的重新译出可为中国佛教史和西夏文献学的研究提供一份新的基础材料。吴超、霍红霞校注《俄藏黑水城汉文佛教文献释录上》于 2018 年在学苑出版社出版。

二　建筑遗迹研究

黄新、白胤《西夏时期佛塔发展演变及历时性研究》（《居业》2019 年第 9 期）介绍了西夏佛塔的历时性发展演变及其特征。崔云胜《"甘泉有迦叶遗迹"文化内涵探析》（《西夏学》2018 年第 1 期）介绍了张掖大佛寺的修建得益于迦叶佛涅槃像及其背后的宗教文化内涵。文章通过三部分来阐释，分别为"佛教中的迦叶佛""迦叶佛对现实世界的影响""甘泉'迦叶佛遗迹'的文化内涵"。邓文韬《四川广元千佛崖石窟元代西夏遗裔题记及其史料价值初探》（《西夏学》2019 年第 2 期）指出题记内容反映了西夏遗裔对元朝监察事业的贡献，也证明了在西南地区活动的西夏遗裔在元末仍然传承着本民族的佛教信仰。石建刚《北宋沿边党项熟户的净土殿堂（二）—陕西志丹县何家坬石窟的思想内涵与民族属性分析》（《西夏研究》2018 年第 2 期）对佛教洞窟何家坬石窟中保存的石窟造像进行了考证，主要包括造像题材及其内涵分析、何家坬石窟所见之党项特征、何家坬石窟中的汉风元素等。崔烨《承天寺文化价值与保护初探》（《中国民族博览》2018 年第 8 期）介绍了佛塔及寺院起源与发展、承天寺历史沿革、承天寺文化价值、承天寺保护与开发。沙武田《敦煌西夏石窟营建史构建》（《西夏研究》2018 年第 1 期）对敦煌西夏石窟营建史进行简单的梳理，认为莫高窟更多强调的是对传统曹氏归义军艺术和沙州回鹘艺术的继续，西夏沙州洞窟集体营建的特征应该与敦煌传统世家大族到了西夏时期由于受西夏社会的影响而整体衰败有关。张书彬《中古法华信仰新图像类型之考释——以榆林窟第 3 窟〈昙翼感普贤菩萨化现女身图〉（拟题）为中心》（《中国美术学院学报》2019 年第 12 期）在学者们研究的基础上对榆林窟第 3 窟《昙翼感普贤菩萨化现女身图》进行了深一步的研究。赵一鹏、杨媛超、陈雯、邢子孟、杨珺钧《西夏时期宁夏境内古佛塔的建筑艺术风格》（《长江丛刊》2018 年第 15 期）介绍了西夏时期一些佛塔建筑风格。陈玮《新见北宋保宁院山寺党项民众建塔碑研究》（《西夏学》2019 年第 2 期）考证了建塔碑所见宋属党项人及其佛教信仰。

三 文化传播交流

陈玮《瓜州榆林窟题记所见大理国与西夏关系研究》（《丝绸之路研究集刊》2018 年第 00 期）探讨了大理国与西夏交通关系。仇王军《蒙元时期宁夏佛教考述》（《宁夏社会科学》2018 年第 4 期）指出受西夏时期藏传佛教在宁夏传播和蒙元统治者推崇藏传佛教的影响，蒙元时期宁夏藏传佛教传播广泛。何卯平、宁强《孙悟空形象与西夏民族渊源初探》（《敦煌学辑刊》2018 年第 4 期）指出孙悟空形象的构成元素来自西夏民族和他们杰出的创造。白乖乖《西夏与周边民族的佛教关系》（北方民族大学硕士学位论文，2018 年）阐述了西夏与周边政权的佛教交流。李若愚《西夏时期藏传佛教的流传》（《宁夏社会科学》2019 年第 1 期）指出西夏传佛教的流传有着浓厚的官方背景。魏亚丽《从"莲花化生"到"连生贵子"——论西夏"婴戏莲印花绢"童子纹样的文化内涵》（《装饰》2019 年第 8 期）指出西夏婴戏莲印花绢亦具象着西夏对中原文化的承袭及其与中原文化交往、交流、交融的史实，凸显了中华文化多元一体的特征。何冰琦《奥登堡的西夏佛教研究》（《宁夏大学学报》2019 年第 2 期）主要介绍了奥登堡对西夏佛教的研究情况及贡献。何卯平、宁强《从往

生到来迎：西夏净土信仰对西方三圣的观念与图像重构》（《敦煌学辑刊》2019 年第
3 期）介绍了佛"说法"与菩萨"引路"、西方三圣的"来迎"、西夏来迎范式对
12—13 世纪日、韩净土信仰的影响。陈连龙、李颖《西夏佛教口语传播特征研究》
（《西夏学》2019 年第 1 期）指出西夏佛教重要的传播媒介是口头言语，其传播形式
主要包含诵经、说法、佛曲、谚语、译经等。陈连龙、李颖《文化传播视域下的西
夏〈心经〉藏本研究》（《西夏研究》2019 年第 3 期）分析西夏《心经》传播的原
因，对西夏《心经》藏本进行整理以及分析。王颂《十一世纪中国北方广泛流行的
华严禅典籍与人物》（《世界文化宗教》2018 年第 4 期）介绍了华严禅在西夏的流行
的情况。仇王军《清代宁夏佛教考述》（《西夏研究》2019 年第 3 期）对清代的宁夏
佛教发展情况进行了考证。

四　壁画、服饰艺术

方争利《寻找民族身份感的认同——西夏绘画中的"镂冠"》（《美术学报》
2019 年第 4 期）介绍了西夏绘画中的镂冠、西夏镂冠的样式来源。

常红红《西夏水月观音中的荐亡图像考释——以东千佛洞第二窟壁画为中心》
（《大足学刊·第三辑》2019 年）指出西夏水月观音对不同佛教经典之间图像的"借
用"，以及与丧葬法事的融合，折射了西夏佛教信仰中浓郁的实用性及功利性色彩。
闫丽《张掖大佛寺砖雕画初探》（《河西学院学报》2018 年第 3 期）对画面构图与特
征的分析，反映汉传、藏传佛教的交流和河州雕刻工艺的发达。何卯平《〈番王礼佛
图〉创作年代考》（《书画研究》2019 年第 3 期）尝试厘清宋代中央政府与少数民族
政权的关系，论证该作品的创作时间并由此提出佛教艺术造像中的"西夏范式"。梁
韵彦《制作史视角下的宋夏"一段式"变相扉画阅读顺序再探》（《西夏学》2019 年
第 1 期）从"一段式"变相扉画的阅读顺序、扉画制作模式对变相构图的影响等方
面研究了"一段式"变相扉画。魏亚丽、关静婷《西夏绘画作品中的通天冠》（《西
夏学》2018 年第 1 期）介绍了通天冠的传承与流变、西夏绘画作品中的通天冠及其
反映的问题等等。朱生云《榆林窟第 29 窟壁画研究》（陕西师范大学硕士学位论文，
2018 年）对西夏时期的瓜州及榆林窟第 29 窟内容、榆林窟第 29 窟显教图像、榆林
窟第 29 窟密教图像、榆林窟第 29 窟供养人图像等进行了研究和梳理。王丽娟《从出
土唐卡看西夏的金刚亥母信仰》（西北师范大学硕士学位论文，2018 年）介绍了唐卡
与西夏唐卡、金刚亥母与有关金刚亥母内容的西夏唐卡，研究了出土唐卡所反映的西夏
金刚亥母信仰等内容。李前军《东千佛洞二窟卷草纹审美形态的文化变迁》（《西
北民族大学学报》2018 年第 1 期）从美术创作与文化研究的角度，对卷草纹出现的
文化原因和其独特艺术样式的形成机制、卷草纹图样的典型性和独特性展开了研究。
陆文军《西夏壁画中的山水研究（下）》（《民族艺林》2019 年第 2 期）从西夏壁画

山水的景物描写、中国审美思想对西夏壁画山水的影响、"佛画中没有山水题材"的思考角度来阐述研究西夏壁画中的山水。沙武田《水月观音图像样式的创新与意图——瓜州西夏石窟唐僧取经图出现原因再考察》对唐僧取经图出现于瓜州石窟的原因进行辨析。包括瓜州西夏石窟唐僧取经画面再解读,由西夏人功德主引发的思考——瓜州西夏石窟唐僧取经图选择的文化现象与宗教观等内容。李玉峰《西夏金刚杵的造型与纹样探析》(《西夏学》2018 年第 2 期)从西夏金刚杵及其纹样的分类、不同物质载体上的金刚杵及纹样、金刚杵作为法器与装饰纹样的差异等方面进行了阐述。章治宁《西夏擦擦单尊造像艺术探析》(《西夏学》2018 年第 2 期)解读了出土的西夏擦擦单尊造像的内容,订正了命名,归纳了艺术风格特点,认为其是受中国传统文化、汉藏等佛教文化影响而形成的有一定自身特点的佛教造像类型。任怀晟、魏亚丽《图像中的西夏皇帝服饰》(《西夏研究》2018 年第 3 期)依照佛经图像对西夏帝后服饰作了较为系统的论述。汤晓芳《西夏雕塑和壁画中的猴面人物》(《西夏学》2018 年第 1 期)指出西夏雕塑和壁画中的猴面人物反映了西夏时期藏、羌信仰的民族特征。蒋超年、赵雪野《武威西夏博物馆藏米拉日巴造像探析》(《文物天地》2018 年第 4 期)介绍了米拉日巴生平及其造型特征。王胜泽《西夏佛教图像中的皇权意识》(《敦煌学辑刊》2018 年第 1 期)认为西夏佛教图像体现着一种皇权意识,表现在图像中人物的服饰、画面色彩、装饰图案等方面。郭静《榆林窟第 3 窟五十一面千手观音经变中的西夏物质文化影像》(《宁夏师范学院学报》2018 年第 2 期)指出壁画中的大量世俗器物和场面包括农、工、商、乐、杂技百戏、建筑 6 类,这些物质生活影像,对于西夏物质文化的研究有重要的史料价值。王胜泽《美术史背景下敦煌西夏石窟绘画研究》(兰州大学博士学位论文,2019 年)对敦煌西夏石窟绘画内容进行了全方位的整理,对其风格、艺术手法进行了探究,对其个别图像进行了考证。

五 文物与考古

在《甘肃武威亥母寺遗址出土 250 余片西夏文文献》(《文物鉴定与鉴赏》2018 年第 2 期)中考古队领队赵雪野介绍了出土文献情况。蒋超年、赵雪野《窟寺佛影武威亥母寺遗址考古记》(《大众考古》2018 年第 8 期)对亥母寺遗址进行了考古。马万梅《内蒙古高油坊出土西夏化生童子金耳坠考释及其文化意象》(《宁夏社会科学》2018 年第 3 期)通过考释发现这种形象来源于佛教的"化生乐伎"。陈悦新《银川所出西夏佛教造像》(《石窟寺研究》,科学出版社 2018 年版)介绍了宏佛塔所出绘画与泥塑佛像、山嘴沟石窟壁画中的佛像、西夏佛像艺术的渊源。马文婷《宁夏出土西夏塔龛千佛图唐卡构图及内容解析》(《文物鉴定与鉴赏》2019 年第 11 期)对出土唐卡进行了细致研究。何卯平《梁楷〈出山释迦图〉再考》(《美术》2019 年第 7 期）从该图绘画程式中一个特殊的现象入手，探赜索隐，发现该图人物样式来自西夏范式，并考证了其创作时间。席鑫洋《飞来峰第 90 龛大势至菩萨头冠宝瓶及与西夏渊源关系考》（《西夏学》2019 年第 2 期）对宝瓶造型进行考察，根据现有相关图像的比对考证，认为其受到了西夏佛教艺术的影响。胡嘉麟《西夏文铜镜的真言文法与四臂观音像研究》（《西夏学》2018 年第 2 期）对西夏文六字真言的构字法进行研究并注释，对铜镜与四臂观音像进行了考证。

综上所述，随着西夏佛经文献的不断刊布与出土，该领域学者在前人研究的基础上有了进一步的研究。2018 年到 2019 年，西夏佛经研究在文献文本以及石窟遗迹、艺术壁画图像等诸多方面都有深一步探究，取得了一定成果。

西夏文《新集锦合辞》研究述要

宁夏社会科学院　孙广文

西夏文《新集锦合辞》是研究党项族源历史、西夏社会生活、民族关系、科学技术、天文地理、文学艺术的重要资料，20 世纪 60 年代以来，中外西夏学者对这部文献的研究取得了一系列成果，在整理译释、版本对勘、内容分析等方面做了一些重要的工作，为今后的相关研究奠定了基础，同时，也应该看到，西夏文《新集锦合辞》的文献研究和利用还存在诸多问题，需要有进一步的探索和研究。

西夏谚语是党项西夏时期人民群众口头创作、口头流传的一种格言式民间文学，经过文人的整理、润饰后结集而成《新集锦合辞》一书，在西夏境内流传，成为指导人们生产、生活的经验总结。

现存黑水城出土的西夏文《新集锦合辞》有藏于俄罗斯东方文献研究所 3 种和藏于大英博物馆 1 种。史金波在其著作《西夏社会》中，对现存《新集锦合辞》各种版本作了比较详细的描述和统计。藏于俄罗斯东方文献研究所的西夏文《新集锦合辞》甲种本，为乾祐年间蒲梁尼刻本，蝴蝶装，高 21.5 厘米、宽 15 厘米，框高 17.5 厘米、宽 12 厘米，左右双栏，面 7 行，行 10—15 字，为西夏乾祐七年（1176）学士梁德养初编、乾祐十八年（1187）王仁持增补、由蒲梁尼刻板印行的，后署"褐布商人蒲梁尼印行"。乙种本，写本，5 残页，存谚语 53 条；丙种本，写本，1 残页，存谚语 14 条。大英博物馆藏《新集锦合辞》，写本，为若干纸粘连成的长卷，残存 7 纸。①

《新集锦合辞》又译作《新集锦合道理》《新对偶谚语集锦》《新集锦合谚语》等。西夏乾祐七年由御史承旨番学士梁德养初编，乾祐十八年切韵博士王仁持增补，后由褐布商人蒲梁尼刻版印行。全书录西夏格言及谚语 364 条，每条谚语由字数相等的上下两联组成，三言至十八言不等，对仗工整，通俗易懂，富寓哲理。

一　整理与翻译

《新集锦合辞》作为一种出土的西夏文世俗文献，是研究党项族源历史、西夏社

---

① 史金波：《西夏社会》，上海人民出版社 2007 年版，第 415 页。

会生活、民族关系、科学技术、天文地理、文学艺术的重要资料，其重要性不言而喻，但这部著作自 1909 年出土后就长期湮没于大量黑水城出土文献中，直到苏联学者聂历山和克恰诺夫的研究成果在 1960 年和 1974 年先后发表才引起国内学界注意。20 世纪 80 年代后，我国学者也在西夏谚语的译释及相关研究方面进行了有益的尝试。20 世纪末，史金波等人将西夏文《新集锦合辞》整理刊布于《俄藏黑水城文献》为以后的研究提供了便利。

书名《新集锦合辞》西夏文写作"𘃎𗥤𗀗𘄒𘉞"，与这几个西夏字对应的汉语为"新，集（辑、纂）锦（纨）合（对偶、格言、谚言、辞）谚语"。因为这本书完全是西夏人对日常社会生活的经验总结，没有相应的汉文本可资对勘，因此，对于书名的翻译，国内外西夏学专家各执一端。克恰诺夫译为《新集锦成对格言》，但在其论述中则多次说到这本书是"谚语性格言"，具有"谚语性质"①。西田龙雄译为《新集锦合道理》②，罗矛昆译为《新对偶谚语集锦》③，陈炳应在综合分析《新集锦合辞》的西夏文书名后，将之译为《新集锦成对谚语》④，除此之外，还有学者将其译为《新集锦合词》《新集锦合谚语》等。

聂历山在其著作《西夏语文学》中的"西夏文字与文献"一节，在讨论关于西夏文学形式时，确定了《新集锦合辞》的谚语性质并对 364 条谚语中的 23 条作了翻译。聂历山的翻译主要集中在西夏谚语中关于党项西夏普通民众处世道理的内容上，比如"蚂蚁无论怎样努力，也比不上狮子王。苍蝇无论如何打扮，也比不上金翅鸟"，"不孝敬父母，会增加痛苦。不尊敬贤者，会降低成就与知识"等。在聂历山研究的基础上，克恰诺夫对聂历山的部分译文作了订正，同时用俄语翻译了《新集锦合辞》的全部谚语。此后，我国学者罗矛昆根据西夏文原本，参考克恰诺夫的俄译本，对《新集锦合辞》中的部分谚语重新翻译，并作了简单的注释，作为《中国谚语集成·宁夏卷》（中国民间文艺出版社 1990 年版）的重要组成部分出版。1993 年，陈炳应发表了其历时十年的研究成果《西夏谚语——新集锦成对谚语》（山西人民出版社 1993 年版），在这部著作的第一章里，作者重新翻译了《新集锦合辞》的全部内容，陈先生的翻译一方面对克恰诺夫所译不准确的地方作了订正，另一方面又对一些难以索解的内容作了详细的注释分析，并再次公布了《新集锦合辞》所有原始图版，是研究《新集锦合辞》集大成之作。

西夏文《新集锦合辞》的翻译涉及西夏语言文字、民族源流、历史文化等内容，陈炳应先生的翻译虽规模备具，但仍然存在较大讨论的空间，需要进一步完善。比如第 210 条："喜衣已成，鱼都卧冰下，不觉冷；草料已切，骆驼吃（萨胡），不刺

---

① 陈炳应：《西夏谚语——新集锦成对谚语》，山西人民出版社 1993 年版，第 5 页。
② ［日］西田龙雄著：《西夏文字解读》，陈健玲译，宁夏人民出版社 1998 年版，第 171 页。
③ 罗矛昆：《中国谚语集成：宁夏卷》，中国民间文艺出版社 1990 年版，第 751 页。
④ 陈炳应：《西夏谚语——新集锦成对谚语》，山西人民出版社 1993 年版，第 5 页。

颚。"作者注释"喜衣与鱼卧冰下有何关系，费解"①。说明一些条目的准确翻译，仅仅文从字顺是完全不够的，需要深入了解西夏历史文化和民族风俗习惯等方面的知识，结合宋代西北方言，然后才能达到信、达、雅的译文要求。再比如陈炳应先生翻译《新集锦合辞·前言》，译文断断续续，远不能完整反映原文的真实意义，后来史金波在其著作《西夏社会》（上海人民出版社 2007 年版）中对这段文字作了重新翻译，为学界所认可。

二 《新集锦合辞》的性质特征与社会历史问题研究

《文海宝韵》对谚语的解释是"美言结合现妙语，说如歌之谓"，意即将嘉美的词语结合，妙语连珠，说出来如同唱歌一样，这是西夏谚语的特点，② 这是研究《新集锦合辞》这部书性质的依据。

谚语集序言中说："今谚语者，人产生往昔言语自古至今，妙句流传。千千诸人不离礼式，万万民谚语何弃。"③ 西夏谚语作为指导人们生产、生活的经验总结，且具有重要的教化功能，因此其内容十分丰富，是西夏文学艺术、社会经济、民族历史、风俗习惯、宗教信仰等研究的重要资料来源。

（一）《新集锦合辞》的性质与特征

最早对《新集锦合辞》这部西夏文著作进行研究的是苏联西夏学者聂历山。1963 年，聂历山在其著作《西夏语文学》（又名《唐古特语文学》）中，对这部文献进行了简要的分析：首先确定它是一种"格言或对联"式的民间文学，是包含各种邻近民族及本民族真正的民间创作并表现民族智慧和民俗的精粹，同时根据《新集锦合辞》作者姓名特征，认为梁德养为汉人。④ 大约与此同时，保存在大英博物馆的抄本《新集锦合辞》也被发现，英国学者格林斯特德对这个写本作了初步研究认定。此后，保存在苏联东方研究所的两个写本《新集锦合辞》也被发现。1971 年，《苏联人文学》第三期刊载了克恰诺夫撰写的《唐古特格言》一文，对西夏谚语作了初步的探讨。1974 年，苏联莫斯科科学出版社出版了克恰诺夫的俄文著作《新集锦成对格言》，在这部著作中，克恰诺夫写了《序论》和《论唐古特格言的性质和文艺特征问题》两篇文章，对《新集锦合辞》进行了系统研究，陈炳应翻译了这两篇文章并附录于《西夏谚语——新集锦成对谚语》之后。

---

① 陈炳应：《西夏谚语——新集锦成对谚语》，山西人民出版社 1993 年版，第 18、33 页。
② 史金波：《西夏社会》，上海人民出版社 2007 年版，第 415 页。
③ 同上书，第 415—416 页。
④ 聂历山著：《西夏语文学》，马忠建、文志勇、崔红芬译。李范文主编：《西夏研究》2007 年第 6 期，中国社会科学出版社，第 57 页。

　　克恰诺夫在《序论》一文中，介绍了西夏文《新集锦合辞》在苏联和英国的发现过程，详细描述了这部西夏谚语集的装帧和版式并对刻本和 3 个抄本进行了版本比对，认为 3 个抄本都是以 1187 年蒲梁尼刻本为母本的①。在《论唐古特格言的性质和文艺特征问题》一文中，作者主要讨论了五个问题：一、论唐古特格言的性质。作者依据中国古代史料记载，简要讨论了在唐古特的祖先与藏东地区的松巴人不仅是地域上的邻居，还同属"西羌别支"而具有血缘关系，同时又对西夏谚语的部分内容与《松巴母亲格言》的相似内容作了比较，并因此认为唐古特格言大多数是由党项人民自己创作的，但"唐古特格言是西藏格言体裁发展的不可分离部分"，且其主要成分的性质近似于中亚古代民族谚语。② 二、唐古特社会不同发展阶段在唐古特格言中的反映。西夏谚语反映了唐古特的民族历史和社会关系发展史，作者结合《圣立义海》中有关"黑头"、"赤面"和"白高河"的资料认为，"黑头"和"赤面"是唐古特历史时期的两个主要部落的名称；③ "女儿母族被拆散，儿子父族有权合"等一些谚语则反映了 4—7 世纪唐古特社会家族和亲属关系的重新建立以及父系社会关系社会阶层、身份制度的确立。④ 三、有关值得尊敬的人和口才的唐古特格言。在西夏谚语中，有关处世分寸和立世原则的智慧、勤劳、勇敢、善良、助人、忠勇被看作高尚的品格，而演讲则是与食物同样重要的武器。⑤ 四、唐古特格言的结构和造形方法。意义和文法并重是唐古特格言的基本结构特点，它在结构上由四个部分组成，是两节重叠构成，被分成两个相联系的比拟、对立、次序或重复的重叠，以此来表达双关的意义，完成格言韵律的和谐。⑥ 五、作者从意义和语法的重叠现象比较，分析认为唐古特格言在其形式和体裁方面近似西藏的、蒙古的、布略特、加尔梅克人等内亚民族格言，认为唐古特人在其形成历史上起过重要的作用。⑦ 克恰诺夫的研究从文献版本、谚语产生的时代背景和民族关系背景、语言现象和文学意义等几个方面细致讨论了西夏谚语所反映的社会历史问题，虽然其研究在不少问题上存在因主观而致偏颇的问题，但其广博的知识、细致的讨论、辩证的方法仍然是值得称道的。克恰诺夫出版《新集锦成对格言》的同时公布了西夏文西夏谚语的所有图版，为西夏谚语研究提供了必不可少的资料，此后，相关研究才逐步展开。

---

　　① ［苏联］克恰诺夫著，陈炳应译：《新集锦成对格言》，《西夏谚语——新集锦成对谚语》，山西人民出版社 1993 年版，第 139 页。

　　② 同上书，第 155 页。

　　③ 同上书，第 159 页。

　　④ 同上书，第 161—167 页。

　　⑤ 同上书，第 171 页。

　　⑥ 同上书，第 173—182 页。

　　⑦ 同上书，第 176—187 页。

（二）《新集锦合辞》反映的西夏历史与社会

国内最早研究西夏谚语的是陈炳应先生。1980 年，陈炳应发表了《西夏的诗歌、谚语所反映的社会历史问题》（《西北师大学报（社会科学版）》1980 年第 2 期）一文，在写作这篇文章时，陈先生可能还没有见到克恰诺夫《新集锦成对格言》一书，此文仅根据其所见聂历山的遗著《西夏文字及其文献》一文所公布的部分西夏诗歌和西夏谚语作为研究资料，讨论了西夏诗歌和谚语所反映的西夏社会历史问题。作者在西夏谚语所反映的社会历史的论述中，依据聂历山所公布的 23 条西夏谚语，讨论了西夏谚语所反映的西夏社会多方面的历史问题：一是揭露了社会的黑暗面，批判了西夏社会中贫富分化的现象；二是论述西夏时期下层人民对统治阶级及其封建制度、天命观的不满和批判；三是反映了西夏人对美好事物的追求和对自然现象的深入观察；四是体现了西夏人的性格、习俗。这些论述渗透着作者马克思主义的历史唯物观和阶级观。

霍升平、胡迅雷、李大同作《西夏谚语初探——兼与陈炳应同志商榷》（《宁夏大学学报》1986 年第 3 期）一文是根据俄译本克恰诺夫俄文本《新集锦合辞》及同书公布的西夏谚语图版进行的研究，文章在纠正了陈炳应《西夏的诗歌、谚语所反映的社会历史问题》一文中有关西夏谚语译文有误或不够准确部分的同时，利用西夏谚语作为基础资料讨论了其的艺术特点及其所反映的社会历史、民族风尚、伦理道德等方面的情况。1992 年，刘鑫民发表了《西夏伦理道德的化石》（《固原师专学报》1992 年第 4 期），文章主要考察了西夏谚语所反映的"孝亲敬老，以族为本"，"崇尚勇敢，扶助弱小"，"珍视友情，乡邻相顾"，"渴望智慧，尊敬师长"，"诚信谦虚，淡泊理智"及"勤劳节俭、忠贞节烈、血亲复仇"等方面的伦理道德观念，并试图说明这些道德规范形成的历史及社会原因及其反映的民族特色，以及它所呈现的多层复合、多种文化交融的特点。

1989 年，克恰诺夫访华，将自己的著作《新集锦成对格言》赠予陈炳应先生，陈炳应根据其附录的原文影印件译出了汉文①，载于 1993 年出版的《西夏谚语——新集锦成对谚语》一书中。《西夏谚语——新集锦成对谚语》内容主要有三章和两个附录。第一章，西夏谚语译注。介绍了俄藏西夏文《新集锦成对谚语》的一个刻本和两个字本，分析了将书名译作《新集锦成对谚语》的理由，其主要内容是将全部 164 条西夏文谚语译作汉文并加以注释，同时纠正了克恰诺夫、霍升平等人的一些翻译不准确的谚语条目。第二章，西夏谚语的时代背景和社会历史价值。在这一章里，作者依据西夏谚语的记载，结合《圣立义海》《番汉合十掌中珠》等历史文献，论述了以下几个问题：一是简要叙述了西夏的基本历史和社会经济文化发展水平；二是分

---

① 赵天英、陈虎：《陈炳应先生对西夏学的贡献与垂范》，《西夏学》2011 年第 1 期。

析西夏谚语中记载的天象、气候、山河、动物、矿藏等内容，论述了西夏人在面对天象、动物、植物时所反映的人类感情和对自然界的理解和认知；三是详细讨论了西夏谚语反映的人和社会，归纳了西夏谚语中对畜牧业、农业、商业和手工业的经验总结，讨论了西夏政治社会中的贫富分化现象和官僚制度，分析了一些西夏谚语中反映的勇敢和爱国思想，并讨论了西夏谚语所记载的党项民族起源和西夏社会宗教、风俗及道德观念等问题。作者总结了西夏谚语有人民谚和文士谚两大类，人民谚占绝大多数，从内容、体裁、形式、格律等几个方面分析了西夏谚语以精练的言词表达人民心声、以形象生动的画面表现大自然、形式上赋比兴和韵律的运用、西夏谚语集在我国文学史和出版史地位以及存在的问题。

除专著外，还有一些研究是把西夏谚语作为一个章节来讨论。史金波在其著作《西夏社会》的第十章里列文归纳了西夏谚语哲理性、实践性、教化性、通俗性和民族性五个特点[①]；张迎胜主编的《西夏文化概论》中依据内容，将西夏谚语分为政治谚语、风俗谚语、道德谚语、劳动谚语和科学谚语五个类别[②]。除此之外，杜建录主编的《解密西夏》（宁夏人民出版社 2016 年版）；史金波著，陈高华、徐吉军编《中国风俗通史丛书·西夏风俗》（上海文化出版社 2017 年版）等也都对西夏谚语作了概论性的研究。

（三）《新集锦合辞》中文学与文化思想研究

谚语集序言中说："今谚语者，人产生往昔言语自古至今，妙句流传。千千诸人不离礼式，万万民谚语何弃。"[③] 西夏谚语作为指导人们生产、生活的经验总结，且具有重要的教化功能，因此其内容十分丰富，是西夏文学艺术、社会经济、民族历史、风俗习惯、宗教信仰等研究的重要资料来源。

当然，谚语作为一种民间文学形式，文学相关研究也相对丰富，但是由于西夏经济社会发展比较落后，文学创作相对寥落，呈现出民谚民谣发达而作家文学滞后的特征。[④]《新集锦合辞》作为一种民间文学，在一定程度上代表了西夏民间文学的创作水准。史金波先生对西夏文学和《新集锦合辞》在西夏文学创作中的地位和面貌有精辟的概括："西夏的文学作品传世极少，过去所能见到的只是汉文文献中尚存的零星佚文。俄藏黑水城文献中有西夏文诗歌集的写本和刻本，保存了数十首诗歌，反映西夏诗歌的面貌和特点。在谚语集《新集锦合辞》中，搜集了大量多种类型的西夏谚语，以醇厚的民族风格展示了西夏社会风情与党项族的民俗伦理、道德观念。谚语还为了解西夏文字的对偶、引申、韵律等形式提供了有价值的素材。西夏佛经中有很

---

① 史金波：《西夏社会》，上海人民出版社 2007 年版，第 417—418 页。

② 张迎胜主编：《西夏文化概论》，甘肃文化出版社 1995 年版，第 88—90 页。

③ 史金波：《西夏社会》，上海人民出版社 2007 年版，第 415—416 页。

④ 傅璇琮、蒋寅主编：《中国古代文学通论：宋代卷》，辽宁人民出版社 2016 年版，第 309 页。

多发愿文和序言，这些出自西夏人手笔的作品以精妙的文采阐明佛学奥理，叙述译经、印经的经过，祝愿美好的未来，多用对仗工整的骈文，是研究西夏文学特点的重要资料。"① 研究西夏文学，《新集锦合辞》是非常理想的研究对象和资料来源。王昊《试论西夏文学的华儒内蕴》（《北京大学学报（哲学社会科学版）》2013 年第 5 期）论述了《新集锦合辞》中伦理道德风俗信仰折射的儒家的思想观念；王艳春《西夏谚语中的日月意象》（《西夏研究》2018 年第 4 期）一文选取了《新集锦合辞》364 条谚语中包含日月意象的 10 条并对其做了细致分析；马小龙《宋夏百年和战背景下文化交流与西夏文学》（兰州大学硕士学位论文，2005 年）选取了《新集锦合辞》中的部分条目，从文学的角度分析了西夏谚语所反映的民族心理、社会风俗等问题。黄震云、杨浣《论西夏诗》（《徐州工程学院学报（社会科学版）》2013 年第 5 期）认为，谚语是一种语体，也是一种文体。谚是言的一种，主要作用是直言明理，语用对答形式，因此要求成对，是具有乐感的表达方式，出自西周建立起来的政教合一的行政方式，称周谚，编辑成册后，作为道理在发挥作用。西夏谚语体现了传统的乐语特征，也体现了谚语的功能特征，其形式应该有诵，并且富有节奏和韵律。

《新集锦合辞》中所包含的文化思想也得到了总结。王培培《西夏谚语中的佛教因素》（《西夏学》2017 年第 2 期）一文，认为西夏谚语从文字形式到思想内容方面都渗透了佛教的内容，并摘录了部分条目，按内容含义比对了佛教内容，检索比对出自佛典的谚语词条和富有佛教特点的条目。崔红芬《西夏文学作品中所见儒释相融思想》（《青海民族研究》2007 年第 4 期）检录了《新集锦合辞》的部分条目，说明在西夏谚语中包含了佛儒思想。郭勤华《从谚语看党项人的哲学思想》（《西夏研究》2015 年第 4 期）一文总结了西夏谚语中反映了从实际出发、实事求是的唯物辩证法的思想，认为西夏谚语是党项民族在实践的基础上总结出来的、富有哲理的民族谚语，并用于指导其日常的生产和生活，反映了实践论和认识论的思想。

三 相关问题思考及未来研究展望

中国中古时期是中华多元一体格局形成的重要阶段，对这一时期民族文化的研究是对中国中古时期历史脉络分析的重要内容，对这一时期多元文化融合的透视可以为当前重构中华民族多元一体格局理论提供史实依据。西夏境内民族多元，党项族与汉族、吐蕃族、契丹族等杂居共处，互通有无，在物质文化与精神文化相互交融中逐渐形成"多元一体"格局。从这个角度来看，西夏文《新集锦合辞》的充分研究必须放在中国中古时期西北边疆的整体文化背景中。总结以上研究成果可以看出，克恰诺

---

① 史金波、魏同贤、［苏联］克恰诺夫主编：《俄藏黑水城出土文献：第 1 册》，上海古籍出版社 1999 年版，第 7 页。

夫、陈炳应等前辈学人在西夏文《新集锦合辞》的研究方面取得了巨大的成绩，但由于有关西夏谚语的相关研究成果公布主要在 20 世纪后半叶，这些研究可利用的西夏语言与文字方面的成果仅有《圣立义海》《文海》等少量西夏文字书，同时也未能够很好地结合宋代西北方音及西北社会风俗研究成果，《新集锦合辞》的翻译还不够准确，从而影响了此后对这部西夏文文献的深入研究和利用。因此自 1993 年陈炳应先生的《西夏谚语——新集锦成对谚语》出版，很多关于《新集锦合辞》的研究仍然停留在对这部文献的介绍上，部分研究则集中于少数语条讨论其反映的西夏社会历史问题。该领域研究显而易见的问题是：一是随着新资料的公布、新西夏文字典等工具书的问世，很多原来译文中值得商榷和完善的地方显现了出来；二是无论该书有多大的史料价值，本质上它是一部文学作品，是一部在汉文化或者是儒家文化看来是"俗文学"的作品，从文学本位角度对《新集锦合辞》进行研究，包括文学意象、写作方法、表现形式、修辞手段、音韵格律、品鉴赏析等入手的研究还远远不够。针对上述问题，当前的研究还需从译释入手，结合当前方兴未艾的西夏语文学研究成果和宋代西北方音及社会风俗研究成果，着力进行已有分歧的解决和新问题的提出，把《新集锦合辞》与其时代背景和社会历史相联系，把谚语表现映射的社会生活和史料典籍相对照，或增强史料的说服力，或补充史料之不足。同时，由于这是一部"番人"谚语，所以它在文学上必然呈现出不同于中原文化的特征，也将呈现出不可避免地受其他文化影响的印记，找出其"同"与"不同"将是《新集锦合辞》研究的另一重要任务。

《同音》研究综述

宁夏大学　　周佳慧

　　《同音》是一部收字全面、学术地位重要的西夏文同音字书。对它的研究，由单纯文献整理到多样化研究扩展开来，学界从资料刊布、《同音》拟音和释读、残片研究、版本研究等方面进行了细致严谨的考察，在西夏语文字学、音韵学、版本学等方面取得了丰硕成果。

　　《同音》是一部西夏文字书，各字以同音为类进行排列。序言介绍了著者和整理者姓名官职、书中大字小字字数。正文按声母类别划分为九品：重唇音、轻唇音、舌头音、舌上音、牙音、齿头音、正齿音、喉音、来日音，每品内部的同音字被划分为一组，各同音组首尾处用小圈隔开；没有同音字的独字附在每一品的末尾，不以小圈划分。《同音》以大字为正文，下方小字是注字。最常见的注释格式是，大字和注字共同构成一个词，组词顺序是从右向左读，这个词就是大字的解释。跋文介绍了著书和整理此书的原因。

　　此书自出土以来，以其丰富的文字量、不同版本间的显著区别、新颖的字书形式和考古补充的新材料得到了西夏学界的密切关注。《同音》研究经过百年发展，形成了从文献整理、宏观研究到微观研究的研究趋势。本文将以西夏学界对《同音》的研究发展变化为纲进行概述和总结，对《同音》从释读、拟音、新材料、版本研究等方面的研究史进行梳理。

一　文献刊布与初步研究

　　1909 年，科兹洛夫于黑水城发掘了大量西夏文献，其中就包括两个版本的《同音》，保存较为完整、刊布于《西夏文写本与刊本》[①] 和《俄藏黑水城文献》[②] 的《同音》编号分别是 Инв. No. 207、No. 208、No. 209、No. 2619、No. 4775、No. X1，后

---

　　① ［苏联］戈尔巴乔娃、［苏联］克恰诺夫：《西夏文写本与刊本》，载中国社会科学院民族研究所历史研究室资料组编《民族史译文集（第三集）》，科学出版社 1978 年版。
　　② 俄罗斯东方研究所圣彼得堡分所、中国社会科学院民族研究所、上海古籍出版社编：《俄藏黑水城文献（第七册）》，上海古籍出版社 1997 年版。

来的《中国藏西夏文献》①《英藏黑水城文献》② 中也有残片收录。罗振玉、罗福成父子是介绍《同音》到中国的先驱，1919 年，罗振玉抄录义长本《同音》，并首次在日本出版。1923 年，其子罗福成从俄国学者手中借到《同音》，全文抄录并出版于旅顺库籍整理处，定名为《西夏国书字典音同》。1932 年，罗福成发表了《韵统举例》③，选取了《同音》第一品重唇音中的 146 字进行了译释，"韵统"即为现在所说的"同音"。1935 年，他重新抄写了义长本《同音》并在大连刊印，名为《西夏国书字典音同》④ 一卷。

对《同音》进行深入研究的学者首推聂历山，他的研究时间较早但超出了同时代学者的学术眼光，对于书的体例分析深入透彻。1927 年，聂历山在《西夏文字典小记》中首次辨认出《同音》并详细介绍了它的体例。他首次翻译了《同音》序，辨认出《同音》的作者和成书时间；确定全书依声母发音部位按照九品分类；阐明大字与注字的关系；发现两个小圆圈之间是同音字；提出书中标注的大字、小字字数并不是实际字数。

20 世纪 60 年代，学术界着重研究它的声韵系统。1963 年，苏联学者索弗罗诺夫、克恰诺夫合著了《西夏语音韵学研究》，日本学者桥本万太郎发表了《西夏国书字典〈同音〉的同居韵》。1964 年，西田龙雄出版了《西夏语研究》第一卷⑤，利用《文海宝韵》《五音切韵》《番汉合时掌中珠》以及汉、藏、梵文对音资料，对《同音》进行了系统研究，构拟了西夏语音系，并对可释读的西夏文字进行了分析。1966 年出版了《西夏语研究》第二卷，对《同音》已释的 3537 字按照部首进行分类，编写了《西夏文字小字典》并附在书后备查。1968 年，索弗罗诺夫出版了《西夏语文法》1.2 卷，第一次将俄藏《同音》新旧两种版本按声韵分类，并附反切注音、列表、剪贴、影印和 5810 个西夏字检字索引，指出每个字在《同音》里属于第几品、第几小类，在拟音方面比西田教授更进了一步。1979 年，龚煌城在国际汉藏学研讨会中宣读了《西夏语浊塞音与浊塞擦音》⑥，使用了《同音》中的部分材料，首次提出了西夏语中普通的浊塞音与浊塞擦音都不鼻化。

---

①　史金波、陈育宁主编：《中国藏西夏文献》，甘肃人民出版社、敦煌文艺出版社 2005 年版。

②　西北第二民族学院、上海古籍出版社、英国国家图书馆编：《英藏黑水城文献》，上海古籍出版社 2005—2010 年版。

③　罗福成：《韵统举例》，《国立北平图书馆馆刊·西夏文专号（卷 4 第 3 号）》，书目文献出版社 1992 年版。

④　罗福成：《西夏国书字典音同》，库籍整理处，1935 年。

⑤　［日］西田龙雄：《西夏语研究》，东京：座右宝刊行会，1964 年。

⑥　龚煌城：《西夏语浊塞音与浊塞擦音》，载《西夏语言文字研究论集》，民族出版社 2005 年版。

二　综合研究

首位对《同音》进行综合探究的是李范文。1982 年李范文发表了《西夏韵书〈同音〉校释》，不久后的 1986 年，他出版了巨著《同音研究》①。书中进行了《同音》全文译释，辨正了《同音》的字数，用索弗罗诺夫提供的小字本校勘了罗抄本，补充了缺失的内容；根据《五音切韵序》译出九声和一百零五韵，并考察其来历和根据；对声母、韵母进行音值拟测，建立反切系联表，确定了音值，并逐条讨论了声韵未决问题，拟定了声韵配合表，试图建立《同音》的语音系统。书后附带了《同音》检字索引和汉夏检字索引，并有反切系联表、声韵配合表以资参照，这使《同音研究》在作为论著的同时，也是一部可资使用的字典。

1988 年，《宁夏社会科学》刊布了黄振华对《同音研究》的书评——《评李范文著〈同音研究〉》② 以及李范文对此的回应《是"实事求是的客观评价"吗？——答黄振华〈评李范文著同音研究〉》③。黄振华认为，《同音研究》中有待改进的方向主要表现在：字形校勘、字义译释、字音拟构等方面。关于编纂过程，他质疑作者未考虑《同音》不同版本差别；翻译《同音》西夏文序跋部分语句有误，兀啰文信本并不是集体创作；指出了字形抄录、字义解释有待改进之处。关于字音拟构，认为轻唇音不应一笔勾销。李范文作出了概括性的回复，序言译释问题，保留意见以待进一步探究。关于拟音问题，仍然坚持西夏文没有轻唇音的说法，释义各有正误，过则改之。2003 年李范文发表了《西夏文同音与同义比较研究》④。

三　研究深化

前期研究为《同音》全貌的呈现提供了纲目。在文本初步释读和综合研究的基础上，围绕《同音》的各项研究不断深化和展开。

（一）残片研究

随着新中国考古工作的有序进行，学界对于新出土同音残片的研究逐渐展开，推动了《同音》文本的完善。1976 年，甘肃居延考古队发现了 23 个《同音》残片，

---

①　李范文：《同音研究》，宁夏人民出版社 1986 年版。

②　黄振华：《评李范文著〈同音研究〉》，《宁夏社会科学》1988 年第 4 期。

③　李范文：《是"实事求是的客观评价"吗？——答黄振华〈评李范文著同音研究〉》，《宁夏社会科学》1988 年第 4 期。

④　李范文：《西夏文同音与同义比较研究》，《西北第二民族学院学报（哲学社会科学版）》2003 年第 2 期。

初步整理工作由岳邦湖、陈炳应进行，并于 1980 年出版《我国发现的西夏文字典〈音同〉残篇的整理复原与考释》①，复原了残片在原书中的位置，比较了出土本和义长本的差别。内蒙古自治区文物考古研究所在 1983—1984 年间于黑水城进行了两次考古发掘，出版了《内蒙古黑城考古发掘纪要》②，整理工作由史金波、黄振华进行，并在 1987 年发表了《黑城新出西夏文辞书〈音同〉初释》③ 一文，考察了残片所属音类、可能的版本、在原书中的位置，提供了复原图。2006 年梁继红发表《武威出土的西夏文韵书〈同音〉》④，判断亥母洞出土本为仁孝时期私人刻印的新版本。出土本和旧版本注字偶有不同，刻印水平较高，补充了不同的词汇和甘肃省博物馆藏新版本所没有的内容。

　　出土文献之外，散见各处的残片也在学界的努力下重见天日。2011 年韩小忙发表了《西夏文韵书〈同音〉残片的整理》⑤，进行了世界各地所藏《同音》残片的基本情况简介，包括收藏单位和出土地点、主要内容和版本、学术价值、纠谬。2014年，景永时发表了《俄藏〈同音〉未刊部分文献与版本价值述论》⑥，系统介绍了《同音》未刊部分文献的内容，提出重校版《同音》存在不同雕版与印本。2015 年，韩小忙发表了《俄藏佛教文献中夹杂的〈同音〉残片新考》⑦，从俄藏佛教文献中找出九张《同音》残片。据残页推断，《同音》乙种本的页数为 57 页。2017 年景永时、王荣飞发表了《俄藏黑水城文献未刊〈同音〉37B 残叶考释》⑧。37b 残页是俄藏 X1 号《同音》散落的页面，是对 X1 号的重要补充。

　　（二）版本研究

　　《同音》版本数量的探索是一个长期的过程。最早介绍该书的聂历山认为《同音》有 2 个版本出土，李范文在《同音研究》中吸收了这一说法。1985 年陈炳应根据《西夏文写本与刊本》公布的尺寸判断俄藏《同音》属于多个版本。⑨ 1992 年，史金波、黄振华在《西夏文字典〈音同〉序跋考释——〈音同〉研究之二》⑩ 中，

---

　　① 岳邦湖、陈炳应：《我国发现的西夏文字典〈音同〉残篇的整理复原与考释》，《中国民族古文字研究》，中国社会科学出版社 1980 年版。

　　② 郭治中、李逸友：《内蒙古黑城考古发掘纪要》，《文物》1987 年第 7 期。

　　③ 史金波、黄振华：《黑城新出西夏文辞书〈音同〉初释》，《文物》1987 年第 7 期。

　　④ 梁继红：《武威出土的西夏文韵书〈同音〉》，《陇右文博》2006 年第 1 期。

　　⑤ 韩小忙：《西夏文韵书〈同音〉残片的整理》，《西夏研究》2011 年第 3 期。

　　⑥ 景永时：《俄藏〈同音〉未刊部分文献与版本价值述论》，《北方民族大学学报（哲学社会科学版）》2014 年第 5 期。

　　⑦ 韩小忙：《俄藏佛教文献中夹杂的〈同音〉残片新考》，《宁夏社会科学》2015 年第 2 期。

　　⑧ 景永时、王荣飞：《俄藏黑水城文献未刊〈同音〉37B 残叶考释》，《北方民族大学学报（哲学社会科学版）》2017 年第 5 期。

　　⑨ 陈炳应：《西夏文物研究》，宁夏人民出版社 1985 年版。

　　⑩ 史金波、黄振华：《西夏文字典〈音同〉序跋考释——〈音同〉研究之二》，载《西夏文史论丛》，宁夏人民出版社 1992 年版。

根据《同音》序跋的记载推断《同音》至少曾有 5 个版本存世：切韵博士令六犬长、罗瑞灵长初编本，学士浑嵬白、兀名犬乐所编本，学士兀啰文信集成本，义长校勘本，梁德养重校本。2007 年聂鸿音《西夏遗文录》① 同意了这种说法。《俄藏黑水城文献》将材料整理为甲、乙、丙、丁四种，可以看成编者认为《同音》应被划分为 4 个版本。2011 年，韩小忙在《西夏文韵书〈同音〉残片的整理》② 中认为同音"乙种本"系统有 12 个版本。2012 年，景永时发表《西夏文字书〈同音〉的版本及相关问题》③，也认为有 12 个版本，但不同于韩氏，能明确断定的共 10 个版本。2016 年发表《西夏文〈同音〉版本问题综考》④ 讨论了贺兰山山嘴沟出土《同音》残片的 2 个版本和 1 个不同于义长本、德养本的新本。

（三）《同音》相关著作研究

1. 《同音》丁种本背注

《同音》丁种本背注，是德养本系统中的一个版本。聂历山曾以之为语言材料。背注可补充《文海宝韵》等字书的缺漏，参考价值很大，韩小忙对此书的研究厥功至伟。2010 年发表《〈同音〉丁种本背注初探》⑤，介绍了本书体例，讨论了释义、注音的形式，同年发表《俄藏〈同音〉丁种本背注之学术价值再发现》⑥。2011 年发表专著《〈同音背隐音义〉整理与研究》⑦，介绍了《同音背隐音义》的内容，根据音隐、音义类著作的属性定名此书。他的研究为学术界利用此文献提供了基础材料，关于《同音》丁种本出版时间，推定在乙种本之后，《文海宝韵》抄本和《同音文海宝韵合编》之前。2014 年孙伯君撰写了该书书评⑧。2011 年，韩小忙发表《〈同音背隐音义〉书名的拟定及其成书年代》⑨。

2. 《同音文海宝韵合编》

《同音文海宝韵合编》是西夏人兼采《同音》和《文海宝韵》进行合抄以资查阅的一部实用性著作，补充了《同音》过简之弊。2008 年韩小忙出版了《〈同音文海宝韵合编〉整理与研究》⑩，补充了西夏文形音义的新材料。由于《合编》原文难

① 聂鸿音：《西夏遗文录》，《西夏学》2007 年第 2 辑。
② 韩小忙：《西夏文韵书〈同音〉残片的整理》，《西夏研究》2011 年第 3 期。
③ 景永时：《西夏文字书〈同音〉的版本及相关问题》，《宁夏社会科学》2012 年第 6 期。
④ 景永时：《西夏文〈同音〉版本问题综考》，《宁夏社会科学》2016 年第 5 期。
⑤ 韩小忙：《〈同音〉丁种本背注初探》，《西夏研究》2010 年第 1 期。
⑥ 韩小忙：《俄藏〈同音〉丁种本背注之学术价值再发现》，《民族研究》2010 年第 3 期。
⑦ 韩小忙：《〈同音背隐音义〉整理与研究》，中国社会科学出版社 2011 年版。
⑧ 孙伯君：《韩小忙〈同音背隐音义〉整理与研究〉读后》，《宁夏社会科学》2014 年第 6 期。
⑨ 韩小忙：《〈同音背隐音义〉书名的拟定及其成书年代》，《宁夏社会科学》2011 年第 3 期。
⑩ 韩小忙：《〈同音文海宝韵合编〉整理与研究》，中国社会科学出版社 2008 年版。

以识别，此次整理使其可资使用。彭向前[①]、段玉泉[②]先后对此书进行了评介。

（四）其他

《同音》的其他研究角度，还包括异体字研究和二字格研究。2016 年贾常业《〈音同〉中的异体字与讹体字》[③]，详细标注了异讹字的写法和出处。2019 年柳玉宏发表《〈同音〉二字格探析》[④]，指出争议最大的问题是两个同义字放在一起又没有文献用例的结构证明是同义相训还是同义式合成词。

《同音》研究，最初是以《同音》为材料认识西夏文字和掌握西夏文字的形音义规律，后来研究重点转为《同音》本身的结构、内容、版本，后来的研究进一步拓宽视野，以新出土残片和其他文献中发现的残片为补充材料，进一步勾勒《同音》原貌，并细化出《〈同音〉丁种本背注》和《同音文海宝韵合编》两个新的研究对象。接下来的研究，应完善已取得的成果，对《同音》的释义进行校勘，以得到更加准确的西夏文参考资料；使用其他字书与之进行对勘，在一定的语言基础上进行藏汉对勘以进一步拓展《同音》可研究的范围。

---

① 彭向前：《〈《同音文海宝韵合编》整理与研究〉评介》，《西夏研究》2012 年第 4 期。
② 段玉泉：《〈《同音文海宝韵合编》整理与研究〉评介》，《辞书研究》2014 年第 4 期。
③ 贾常业：《〈音同〉中的异体字与讹体字》，《西夏研究》2016 年第 1 期。
④ 柳玉宏：《〈同音〉二字格探析》，《西夏学》2019 年第 1 期。

2010 年以来黑水城出土
西夏文诗歌研究综述

宁夏大学　马淑婷

黑水城出土西夏文诗歌材料对研究西夏时期的文艺、思想、风俗和历史等具有十分重要的学术价值。目前已刊布的材料集中在《俄藏黑水城文献》第 10 册和《英藏黑水城文献》第 2、3 册中，可大体分为党项民族原创、模仿汉文诗歌的拟作①和夏译汉文诗作三种，主要文学体裁为：诗、词、曲、辩、赞、颂、谚语等，代表性的作品主要有《西夏诗集》《宫廷诗集》《曲子辞》《三世属明言集文》《忍教搜颂》《新集碎金置掌文》《贤智集》《五更转》②《新集锦合辞》等。

西夏文诗歌研究始于 1935 年聂历山著《西夏语文学》（莫斯科：东方文学出版社，1960 年），之后的半个多世纪，一大批苏联、日本的西夏学者接续研究。代表性的有：苏联学者克恰诺夫《〈夏圣根赞歌〉——东方学文献的瑰宝》③《碎金置掌文：西夏文字手册》④《西夏谚语》⑤ 等，日本学者西田龙雄的《西夏王国的性格与文化》（《西夏王国の性格と文化》）⑥《西夏语〈月月乐诗〉的研究》（《西夏語〈月月楽詩〉の研究》）⑦ 等。由于资料限制，国内研究起步于 20 世纪 80 年代，最早的研究多为转译俄文成果并加之分析，如陈炳应先生将聂历山《西夏语文学》中收录的西夏文诗歌和谚语从俄文译为汉文并探讨其中反映的社会历史问题⑧。90 年代以来，随着黑水城出土文献的全面刊布，国内学者逐步从西夏诗歌的资料汇编与版本考证转向文学水平与历史价值的研究。2010 年以来这十年间，学界总计出版有关黑水城出土

---

① 聂鸿音：《党项诗歌的形式及其起源》，《西夏研究》2016 年第 4 期。

② 梁芳：《西夏文学史料述论》，硕士学位论文，宁夏大学，2012 年。

③ ［苏联］克恰诺夫：《〈夏圣根赞歌〉——东方学文献的瑰宝》，《东方文献》，1968 年。

④ ［苏联］克恰诺夫：《碎金置掌文：西夏文字手册》，载《中国和朝鲜文学的体裁和风格》，1969 年。

⑤ ［苏联］克恰诺夫：《西夏谚语》，《苏联民族志》1971 年第 3 期。

⑥ ［日］西田龙雄：《西夏王国的性格与文化》（《西夏王国の性格と文化》），《岩波讲座世界历史：第 9 卷》，日本：岩波书店，1970 年。

⑦ ［日］西田龙雄：《西夏语〈月月乐诗〉的研究》（《西夏語〈月月楽詩〉の研究》），载《京都大学文学部研究纪要》25，1997 年。

⑧ 陈炳应：《西夏的诗歌、谚语所反映的社会历史问题》，《西北师大学报（社会科学版）》1980 年第 2 期。

西夏文诗歌研究专著 1 部，即梁松涛著《西夏文〈宫廷诗集〉整理与研究》（上海古籍出版社 2018 年版）①；论文 40 余篇，可以说是成果颇丰。

本文拟从宏观认知和作品研究两个方面回顾和总结这一时期学界对于黑水城所出西夏文诗歌在文本译释、艺术价值和史料考证上的成绩，提出今后研究应当加强的问题，以就教于学界贤达。

一 宏观认知

（一）西夏诗歌艺术的论述

黄震云等《论西夏诗》〔《徐州工程学院学报（社会科学版）》2013 年第 5 期〕一方面将现存总数近千首，由西夏文、汉文、藏文等六种语言写成的西夏诗集分为五种类型，认为其章法和规范有所创新，其中西夏文写本诗集数量较少且研究还需时间；另一方面从语言、历史、文化等多角度分析评述西夏诗的价值。

聂鸿音《西夏诗歌用韵考》（《西夏研究》2013 年第 1 期）及《党项诗歌的形式及其起源》（《西夏研究》2016 年第 4 期）以西夏诗文集《三世属名言集文》和《贤智集》中的用韵现象为例，认为西夏诗歌作品句式灵活，不存在其《文海》式样的押韵，所谓用韵多是当时实际口语的反映，具有鲜明的本民族特色。在此基础上，聂鸿音《从格言到诗歌：党项民族文学的发展历程》（《宁夏社会科学》2018 年第 4 期）指出西夏民族文学中的"杂言体无韵诗"② 更强调"对仗"这一来自民间格言传统的核心要素。

（二）外来文化对西夏诗歌的影响

聂鸿音《中原诗歌在西夏和契丹的传播》〔《四川师范大学学报（社会科学版）》2019 年第 4 期〕认为传入西夏的中原诗歌比传入契丹的中原诗歌影响力小，一是因为西夏人口少于契丹且国民文化水平普遍不高；二是西夏君王在文学领域注重"民族独立意识"，强调其与中原文化的不同，尽力维护本民族的传统而未提倡学习中原诗歌。因此，西夏接受了中原汉文化的政治制度，却并未在文学领域引发变革。

王昊《试论西夏文学的华儒内蕴》〔《北京大学学报（哲学社会科学版）》2013 年第 5 期〕一文，通过"文化建构文学"的文学史观分析西夏文学以儒学为根基，肯定西夏对中华"文化共同体"的向心力，论述西夏"外蕃内汉"的文化接受、建

---

① 此外，还有聂鸿音《西夏文献论稿》（上海古籍出版社 2012 年版）也收录有作者 2010 年以前的关于西夏文诗歌研究系列文章，如《西夏译〈诗〉考》《西夏文〈夏圣根赞歌〉考释》《西夏文〈新修太学歌〉考释》《西夏文〈天下共乐歌〉〈劝世歌〉考释》《西夏文〈夫子善仪歌〉考释》《关于西夏文〈月月乐诗〉》《西夏文〈五更转〉考释》《西夏文〈贤智集序〉考释》等。

② 聂鸿音：《党项诗歌的形式及其起源》，《西夏研究》2016 年第 4 期。

构模式和对"华儒内蕴"的认同意义。

赵阳博士学位论文《俄藏黑水城汉文佛教文学文献研究》（兰州大学，2019 年）第一章"西夏的佛教与文学"认为包括西夏诗歌在内的西夏文学具有讲究"对仗"技法的使用；中后期较为繁荣；上层贵族文学作品居多；体现佛儒道相融等特点。

（三）对学界以往研究的评述及展望

汤君《西夏文学研究的回顾与展望》（《西夏学》2017 年第 2 期）认为把西夏文学作品本身，尤其是西夏文诗歌的研究做精做透的学者仍是少数，希望西夏文学研究能放在辽宋夏金大背景下进行深层次研究，呼吁加强西夏文等少数民族语言解读和语言人才队伍建设，同时，在辽宋夏金大背景下研究也为了解西夏多民族特性提供参考。

梁松涛《四十年来西夏文学研究的回顾与展望》（《西夏研究》2018 年第 4 期）认为近四十年来，多国所藏黑水城出土文献资料的相继出版极大地推动了西夏文诗歌作品的研究，未来西夏文学研究的关注点应微观与宏观相统一、句读与历史文化相结合、文学与多个学科相交融。

孙伯君《西夏文献与"丝绸之路"文化传统》［《西南民族大学学报（人文社会科学版）》2017 年第 8 期］从宗教学、语文学、文学等宏观角度论及存世西夏文献与河西走廊遗存文献、文物以及民间信仰之间的关联，肯定西夏文献对丝绸之路古代文明建构的重要价值以及对其加以保护的重大意义。同时，着重强调西夏俗文学和党项原创文学形式的格言对研究西夏社会历史、文化及丝路各国民间文学形式具有重要作用。

二　作品研究

（一）《宫廷诗集》和《西夏诗集》

黑水城出土西夏文诗歌《宫廷诗集》保存较为完整，有甲、乙两种版本，同时也是上层贵族阶级，特别是官方文学的代表。

1. 专著

梁松涛著《西夏文〈宫廷诗集〉整理与研究》（上海古籍出版社 2018 年版）分为上、下两编，上编从西夏文诗歌入手，分析当前西夏文献研读过程中存在的问题，其内容反映了西夏境内党项、汉、吐蕃等多元杂糅的民族思想文化及社会历史，下编列举西夏文诗歌甲、乙本进行逐字释读，为研究西夏文词汇提供宝贵借鉴。

该书首先对《宫廷诗集》进行了一个总括性介绍：甲、乙两种版本去重后共存诗 33 首，主要内容为赞美国家的怀古咏史；歌颂忠勇之臣、君臣和睦；歌咏西夏圣物和佛教劝世之作，反映了党项民族对自然界的认知和西夏对佛教与儒家文化的吸收、借鉴及其与后者的交融。其次，该书结构以上下两部分互为依托，一方面，作者运用多重证据法进行严谨的文献梳理,对《宫廷诗集》的版本进行了严密的考证,同时采用了"四行一注"的注解方法,诗歌原文下紧附国际音标和汉文翻译,将重点字词的解释详列文末,结构体例明晰完备。[①] 对每首诗歌的每个字做到形、音、义的统一。另一方面,作者以诗史互证的学术方法,跨历史、宗教、建筑、语言等多学科进行文化挖掘,厘清了西夏文学在文学史上独特的价值,对西夏文学和历史学研究具有深远意义。

2. 论文

近十年来,亦有学者选取《宫廷诗集》中某一首或某一特征所作的研究,涉及版本学、文学、历史学等多方面的考证。

(1) 在诗歌版本与释读方面,梁松涛《西夏文〈宫廷诗集〉版本考》(《宁夏社会科学》2011 年第 4 期)通过对《诗集》正面文书书写的刊刻时间及诗歌内容分析,考订第十册编号 Инв. № 121V《宫廷诗集》的写作时间应在乾祐十六年(1185)至光定辛巳年(1221),阅读顺序和图版排序也存有问题并指正。孙伯君《西夏文写本〈整驾西行烧香歌〉释补》(《西夏研究》2018 年第 3 期)在前人的基础上利用《宫廷诗集》甲种本补足乙种本并运用"四行对译法"重新整理和释读了西夏文《整驾西行烧香歌》。

(2) 在诗歌文学艺术方面,有梁松涛《西夏文〈宫廷诗集〉用典分析》(《西夏研究》2011 年第 3 期)与《黑水城出土西夏文〈宫廷诗集〉性质考》(《宁夏社会科学》2019 年第 6 期)。前者对西夏宫廷诗歌运用汉族和西夏民族典故手法表达内容进行了分析,并列举出《宫廷诗集》用典一览表。后者将《宫廷诗集》定性为西夏宫廷乐府歌辞,与汉民族宫廷乐府歌辞的主要特点在艺术形式上契合,具备演奏条件并对元代乐曲有一定影响力。

(3) 诗歌所涉西夏历史与文化方面,梁松涛《西夏文诗歌所反映的西夏建筑特点及其文化特质》(《宋史研究论丛》,2011 年)从西夏文《宫廷诗集》中保存的 5 首与西夏建筑有关的诗歌入手,在前人研究的基础上,探讨西夏中后期官方建筑内外形制、风格、布局等特点及其所反映的儒家文化特质,认为西夏文化从建筑风格来看虽仍有自己的民族特点,但更多地吸收了儒家文化的精髓,使其成为社会的主流文化。苏航《西夏文〈御驾西行烧香歌〉中西行皇帝身份再考》(《民族研究》2014 年第 4 期)将《御驾西行烧香歌》甲、乙版本与《黑水桥碑》汉、藏文文献对比后认为其中的西行皇帝为夏仁宗或桓宗,西行时间应在 1176 年以前或 1201—1204 年之间。

(4)《夏圣根赞歌》是学界引述最多的一首西夏诗歌。目前学界对《夏圣根赞歌》中"圣根""黑头""赤面"已多有研究,认为其与西夏人的祖先有关,如张海

---

① 李鹏飞:《〈西夏文《宫廷诗集》整理与研究〉评介》,《西夏研究》2019 年第 4 期。

娟、王培培译克恰诺夫《夏圣根赞歌》（《西夏学》2011 年第 2 期）通过对《夏圣根赞歌》的文本译释和分析，认为赞歌是描写西夏早期的历史和西夏祖先的事迹。而刘景云《辉煌的华夏史诗：〈夏圣根赞歌〉》（《敦煌研究》2017 年第 4 期）从中华民族历史的角度出发，通过语音和字形结构分析《夏圣根赞歌》内容后，认为赞歌不单是描绘西夏历史的史诗，也是从西夏拓跋民族角度描绘华夏数千年的历史诗歌，极具西夏文化特色，其中所称的祖先"黑头""赤面"也是华夏祖先"舜"，"石城"、"白河"和"漠水"就是黄帝与神农、蚩尤争斗的古战场"阪泉""涿鹿"，并附录作者（2014 年）、克恰诺夫（1968 年）和聂鸿音（1990 年）的译文对照表。

（5）《西夏诗集》，共存诗五首：《赋诗》《大诗》《月月乐诗》《道理诗》《聪颖诗》，因损毁和字迹模糊，目前还未有完整的译本。出于历史原因，俄罗斯学者对此研究较多，尤以克平先生的著作为代表。2010 年以后，国内学者将其著作引进并翻译，如王培培译《西夏文献中的"黑头"和"赤面"》（《西夏学》2010 年第 1 期）。该文首先论述俄藏黑水城出土西夏文诗歌刻本（Tang，25，No. 121）中西夏颂诗和赞歌的特点；其次认为西夏赞歌由庆赞语和大众语两种语言形式写成，其中有关"黑头"和"赤面"的词语分别代表似乎是西夏本土宗教"本西"法师后代的西夏上等人和大量百姓。又如杨蕤译《浅论西夏仪式语》（《北方语言丛论》2011 年）以《月月乐诗》为例，分析该诗仪式语和普通语的异同，认为西夏仪式语是前佛时期的产物，具有极高的学术价值。

（二）《贤智集》

《贤智集》是西夏僧官鲜卑宝源所作的诗文别集。[①]

孙伯君《西夏俗文学"辩"初探》（《西夏研究》2010 年第 4 期）通过分析《劝亲修善歌》的形式和内容，展示出西夏说唱文学体裁"辩"在继承敦煌文学"唱辩"体裁基础上发展出的典范技巧和具体样式，为深入研究宋初以后的说唱文学的发展提供参考。张清秀、孙伯君《西夏曲子词〈杨柳枝〉初探》（《宁夏社会科学》2011 年第 6 期）通过对西夏文《贤智集》中最后一篇《显真性以劝修法》的全文释读和体裁分析，研究西夏俗曲的范式，认为《杨柳枝》虽然是仿中原唐教坊曲而作，但是西夏俗文学的风格与敦煌文学颇为相似，句式上不再严格遵守七言绝句的格式，并在句尾创造性使用三字"和声"，将其应用于长篇说教，以增强讲唱的气势。

（三）《西夏谚语集》

西夏文《新集锦合辞》是一部西夏中后期印刷出版的俗语民谚集，对研究西夏人民生活、风俗习惯、思想意识等具有重要价值。

---

① 孙伯君：《西夏俗文学"辩"初探》，《西夏研究》2010 年第 4 期。

郭勒华《从谚语看党项人的哲学思想》（《西夏研究》2015 年第 4 期）认为党项族谚语中体现的唯物史观和辩证法的诸规律范畴等哲学思想是党项人在长期的生产实践和社会生活中归纳总结的，最具"党项族性格特征"，并对研究党项族文化具有重要现实意义。王培培《西夏谚语中的佛教因素》（《西夏学》2017 年第 2 期）与《西夏语"罗睺星"的来源》（《宁夏社会科学》2018 年第 4 期），前者摘录《新集锦合辞》中部分出自佛典的谚语词条和富有佛教特点的词条加以分析，认为佛教思想深入西夏人的思想和生活中；后者通过对西夏谚语及其他西夏文献的分析，认为罗睺星是一颗复仇之星。王艳云《西夏谚语中的日月意象》（《西夏研究》2018 年第 4 期）将黑水城出土《新集锦合辞》全集 364 条西夏文谚语中 10 条有关日月意象的谚语加以分析，指出在党项文化中日月意象的象征意义有三种：天文天象、圣贤和佛教文化。

（四）《五更转》曲子词

《五更转》源于中原，后流行于西北地区。目前掌握的资料表明这是一种小型的套曲，由一更唱到五更，每更一首至三首不等，每首有固定的句式①。

梁继红《武威藏西夏文〈五更转〉考释》（《敦煌研究》2013 年第 5 期）对武威藏西夏文《五更转》进行全文释读并与敦煌文献和俄藏黑水城出土西夏文《五更转》作了形式和内容上的比较，是具有西夏少数民族特色的再创作。徐希平、彭超《俄藏与中国藏两种西夏文曲辞〈五更转〉之探讨》（《民族文学研究》2016 年第 6 期）在前人研究的基础上进一步论述《五更转》的源流和从中原传入河西地区之后的演变轨迹，认为西夏文曲辞《五更转》源于中原，但题材风格与中原《五更辞》差别较大，受敦煌《五更转》影响更为明显。

（五）其他

景永时、王荣飞《未刊布的西夏文刻本〈碎金〉考论》（《敦煌学辑刊》2017 年第 4 期）分析其写本与刻本之间的误差，残存情况，版本特点及价值等。吴雪梅《宁夏佑啓堂藏三件西夏文残片考释》（《西夏研究》2018 年第 3 期）将黑水城出土西夏文《贤智集〈劝亲修善辩〉》和《新集锦合辞》与宁夏佑啓堂收藏的编号 No. 11 的西夏文《贤智集》首篇《劝亲修善辩》残片和手抄摘录为编号 No. 11V 的西夏文《新集锦合辞》残片作对比，依据孙伯君的录文对《劝亲修善辩》残片进行填补和修正，并罗列其不同版本装帧和版式的特点，待黑水城出土文献完全刊布后作进一步汇总及比较。

---

① 聂鸿音：《西夏文〈五更转〉残叶考》，《宁夏社会科学》2003 年第 5 期。

三 结语

西夏文诗歌以出土文献为主，四十年来，西夏文学研究经历了起步、发展与相对成熟三个阶段。① 目前，囿于黑水城出土文献尚未完全公布，已公布的大部分文献材料写于其他文书的背面，纸面字体晕染不清，且西夏文草书难以辨认等现实问题，西夏文的释读工作存在客观困难，学界的研究主体仍集中在已释读的西夏文诗歌或汉文诗歌的西夏文译本中。今后可能需要加强的地方主要有以下几点。

（一）回归文学作品特别是诗歌艺术本质的研究

从诗歌本身入手去做细致性的研究，最终还是需要回归到文学的本质上来。党项民族原创和拟作的诗歌具有鲜明的民族特色，反映了党项民族以及西夏境内各民族所具有的民族特性和社会风貌，并且在西夏文诗歌中存在大量的专有名词，这类专有名词也同样是西夏文化不可分割的部分。因此，黑水城所出西夏文诗歌的研究有利于我们更好地了解西夏的文学水平和风土人情。

传入西夏境内被译成西夏文的中原汉文诗作翻译水平不高，据聂鸿音等学者考证，西夏《诗经》译例中有半数均存在不同程度的误解，有的甚至可以说是严重失误，这说明西夏知识分子并不是那么熟悉《诗经》等中原经典文学②。这是由于中古北方少数民族翻译外民族语言作品时，往往采取这样一种处理手段，即对外民族语言中联合式合成词和一些并列复句的翻译，次序是颠倒的③。这种"颠倒"译法的原因在于：

> 我们知道，一个人在刚刚接触外民族语言的时候，如果这种语言和他母语的语序不同，那么这将成为初学者头脑中最强烈的印象——汉人和契丹人都会觉得对方说的话是"颠倒"的。初学者缺乏对外民族语言的理性认识，他们往往会过分地强调"颠倒"，以致把不必颠倒或不该颠倒的文句一概颠倒了过来。以后随着交际实践的积累和对外民族语言了解的深入，初学者才会慢慢地明白哪些文句是应该颠倒的，哪些文句是不该颠倒的或不必颠倒的，这时他们就变得成熟起来了。④

著名翻译学家季羡林先生认为："文学是一个民族、一个国家人民心灵的最具体

---

① 梁松涛著：《西夏文〈宫廷诗集〉整理与研究》，上海古籍出版社 2018 年版。
② 聂鸿音：《西夏译〈诗〉考》，《文学遗产》2003 年第 4 期。
③ 彭向前、杨浣：《保定出土明代西夏文石幢名称考》，《宁夏社会科学》2011 年第 4 期。
④ 聂鸿音：《〈夷坚志〉契丹诵诗新证》，《满语研究》2001 年第 2 期。

最生动的表现"①，所以"翻译或多或少只能是再创作，只能做到尽可能地接近原作"②。目前，学界对西夏文诗歌的释读水平参差不齐，既有文学性与准确性兼具的译释文本，也有如初学汉文的西夏译者一般的译释文本。所以，在对西夏文诗歌译释时，既要遵循西夏语的语法规则，也要符合翻译"信达雅"的标准，同时也为学界带来高水准的译释文本。

（二）既要做好单一作品的深入解读，也要注重西夏诗歌特别是诗集的整体研究

第一，目前学界仅有梁松涛著《西夏文〈宫廷诗集〉整理与研究》（上海古籍出版社 2018 年版）一本专著作为综合研究西夏文诗歌《宫廷诗集》的著作，但对于《宫廷诗集》中的部分诗歌，甚至其他西夏文诗歌，也不能够准确翻译，仅依据全诗所要表达的主题思想作了大致的译文，一篇译释文本中，既有直译之处，也有意译之处，没有贴合原作的译释文本，也就无法精准地研究诗歌所表达的内容和思想感情。所以，既要遵循学界"四行一注"的分析法，也要从每一部作品的细微之处入手，做深入解读。

第二，国内研究成果论著通常集中于解读西夏文诗歌文献内的一两首或一首诗歌中的几个片段③，并没有把整个西夏文诗集作为研究主体，分析其文学特色和历史价值，或依据研究者的主观选择，将诗歌文本切割，选取研究所需，忽略了诗歌的完整性。在此基础上，期待未来学界能够从单一视角的细碎性研究转向多角度的整体性研究。

（三）应加强西夏诗歌文史互证的研究

分析文学作品离不开作者的创作背景和创作情感，尤其是其中描述社会生活、反映社会问题的诗作，对研究西夏历史与文化具有重要作用。史学研究经过长足发展，从王国维先生提出的取"地下发现之新材料"与"纸上之材料"二者互相印证的"二重证据法"到"多重证据法"，史学理论的发展为史学考证打下了坚实基础。目前学界对于西夏文诗歌中反映的社会历史问题仅从个别角度分析和探讨，还不够全面，在此基础上，应结合历史、文化、社会等多学科视角，将黑水城出土西夏文诗歌与传世文物、汉文史料相互印证，利用诗歌文史互证的功能，更好地还原作者的思想情感和西夏的社会风貌。

---

① 季羡林：《季羡林谈翻译》，当代中国出版社 2007 年版。
② 季羡林：《季羡林序跋集》，新世界出版社 2008 年版。
③ 梁松涛著：《西夏文〈宫廷诗集〉整理与研究》，上海古籍出版社 2018 年版。

2010—2019 年黑水城出土医药
文献研究综述

宁夏大学　马浩强

　　黑水城出土文献中有不少的医疗与医药类的文献。通过对它们的研究可以加深对西夏以及元初亦集乃路乃至西北医学发展状况的了解。近十年来关于这一领域的论著主要围绕以下几个方面展开。一是对黑水城所藏医疗文献进行识别与整理；二是对识别与整理后的文献进行识别与释读；三是将已经释读完成的文献通过归纳、分类汇集成书。

　　党项迁居内地后，充分学习先进的汉文化，而中医药文化作为中国传统文化之一也自然会受到党项民族的学习。党项民族也拥有自己的医疗与医药方面的相关文化，在学习汉族医疗、医药的知识过程中，二者融合发展从而诞生了具有自身特点的医疗、医药知识体系。对于黑水城出土文献中医学方面的文献研究不仅可以了解我国在当时医学发展的整体水平以及西夏医学发展的整体状况，还可以进一步探索西夏境内的民族文化，为全面的研究西夏及境内诸民族提供助力。

　　近十年黑水城出土医疗与医药文献的研究主要集中于医方与药方的解读、个别医书的整理与研究以及黑水城出土医疗与医药文献的价值研究；主要成果多见于研究论文，研究论文主要集中于梁松涛、惠宏、汤晓龙、刘景云、张如青及吴国圣等人。而有关黑水城出土医疗与医药文献的研究专著较少，专著主要有梁松涛的《黑水城出土西夏文医药文献整理与研究》（2015）。

一　黑水城出土的医疗与医药文献

　　最早是在 1935 年，聂历山在《西夏文字及其文献》中对黑水城出土医疗与医药文献进行了简单的介绍。1963 年出版的科恰诺夫与戈尔巴切娃合著的《西夏文写本和刊本目录》对俄藏黑水城文献中的部分医疗与医药文献进行了编目。之后直到索洛宁才又开始对黑水城出土同类文献进行简单的介绍与研究。日本学者对黑水城出土医疗与医药文献的研究仅有西田龙雄，但因为西田龙雄在研究《益身灸序言》时未有文献原件，只有通过文献的照片进行研究，因此对《益身灸序言》的录文多有错误。

我国对黑水城出土的医疗与医药文献的研究较晚。1993 年我国与俄罗斯合作，开始共同出版《俄藏黑水城文献》时才对黑水城所出土的医疗文献有了新的认识。这批文献形式及数量为书册、长卷以及单页共合百面左右。之后对一系列俄藏黑水城医疗与医药文献的公之于众，让更多的专家、学者得以接触黑水城医疗与医药文献。除了在《俄藏黑水城文献》中对已经整理和识别的医疗与医药文献进行刊录外，2000 年出版的汉译本《天盛律令·物离库门》中对西夏时期的草药种类以及保存方法的详细介绍帮助学界更好地了解西夏时期的医药发展情况。在史金波出版的《西夏社会》（2007）中专门开设"医疗和医方"一节来论述当时对西夏医疗与医药研究后的最新成果。在之后的研究中，大量医学专家开始注意到《俄藏黑水城文献》中的医疗与医药文献，但因为西夏文字的限制便只能对其中的汉文文献展开研究。随着更多的具有西夏文字解读能力的研究学者加入黑水城出土医疗与医药文献的研究中，近十年的研究更多地对之前未能识别、考释的文献进行了解读，使黑水城出土医疗与医药文献的研究取得了突破性进展。

目前已确定的黑水城出土医疗与医药文献共分为汉文文献和西夏文文献，这批文献现藏于中国、英国和俄罗斯，以俄罗斯收藏居多。已识别的黑水城出土医药文献共 33 个编号，其中汉文文献共有 23 个编号，俄藏 9 个编号、英藏 5 个编号、中国藏 9 个编号[1]；西夏文医药文献已公布 10 个编号，其中俄藏 8 个编号，英藏 2 个编号[2]。黑水城出土西夏文医药文献根据其内容与性质可分为针灸类文献、医方类文献、佛经中的涉医文献、黑水城出土世俗文献[3]中的涉医文献四类。现已识别的黑水城出土医药文献都为抄本，书写形式为楷书、行书、草书，但是所识别的黑水城医药文献中有个别文献以多种的书写形式进行书写。黑水城出土医疗与医药文献均为纸本，版本形式为：册页装、卷子装、蝴蝶装以及缝缀装。

二　近十年学界的相关著作论文

近十年有关黑水城出土医药文献的研究著作较少，其中以梁松涛的《黑水城出土西夏文医药文献整理与研究》（2015）为代表。梁松涛《黑水城出土西夏文医药文献整理与研究》的最大贡献是将黑水城所出土的医药文献进行整合归类。将原本分散的西夏药方、医方等文献汇聚在一起，方便了专家学者以及普通读者对黑水城所出土医药文献的学习与研究。

---

① 梁松涛：《黑水城出土西夏文医药文献整理与研究》，社会科学文献出版社 2015 年版，第 2 页。
② 同上书，第 7 页。
③ 同上书，第 14 页。

该书首先对黑水城出土医疗与医药文献的馆藏情况、具体文献的形制以及文献字体与装帧方式做了简单介绍并依据内容对文献进行分类与归纳。同时对黑水城出土医疗与医药文献的国内外研究状况做出梳理，着重阐述了我国黑水城出土医疗与医药文献的研究成果并指出研究该类文献中的困难与问题。对黑水城出土医疗与医方文献的底本来源、特点以及价值进行了阐释。对文献中的西夏文医疗与医药文献的底本来源进行分析。同时对黑水城出土的医疗与医药文献的性质与流传的大致时间做出判断。该书也对西夏文医疗与医药文献的特点进行了分析讨论，并阐述了西夏文医疗与医药文献的价值和意义。

其次，以本草学特色、方剂学特色、西夏文医方中所展现的临床医学特色与所反映的医学理论特色四个方面论述黑水城出土医疗与医药文献的医学特色。并从三个方面对西夏医学在中国医学史上的地位展开论述。

再次，该书通过分析黑水城出土医疗与医药文献中的西夏文文献的民族特色、西夏医学与历日文化和占卜文化之间的关系以及西夏医学形成和发展与周边民族文化交流之间的关系三个方面论述西夏文医药文献反映的西夏文化。

最后，该书对黑水城出土医疗与医药文献中的单则医方（49 方）、医书（1 本）、医方残片（1 片）和 3 则针灸医书（《明堂灸经》2 则研究、佚名针灸文献 1 则）内容进行整理、翻译、校注并对医方、针灸的内容进行详尽考释。对这些具体医方进行溯源，通过对比汉籍医书让读者和学者可以直观地对黑水城出土医药文献进行学习和研究，同时对索罗宁的研究进行补充，并附录《其他地区出土西夏文医药文献》（4方）与《西夏文有关医学术语词汇表》（药材名录、专有名词），便于读者和学者进行比对和解决西夏文专业术语困难。

黑水城出土医疗与医药文献研究的数量相对丰富。在所发表的论文中以梁松涛、惠宏及汤晓龙等人研究成果较为丰硕，为释读、研究黑水城出土医疗与医药文献做出了巨大贡献。并具体从医方考释，医书考释，文献价值、特点等进行论述以及对文献进行整体论述四个方面做出了研究。

医方考释相关论文：《英藏黑水城出土医方初探》（2010）、《俄藏黑水城文献911 号西夏文医书第 14－1 页药方考释》（2011）、《俄藏黑水城西夏文医药文献"治偏头疾方"破释探析》（2011）、《黑水城出土西夏文医药芍药柏皮丸考释》（2012）、《黑水城出土西夏文药方"豆蔻香莲丸"释读》（2012）、《黑水城出土汉文医方——治疮疡方的考释与研究》（2012）、《俄藏黑水城医药文献 4894 号所载"五补丸"方考释》（2012）、《俄藏黑水城出土西夏文"五倍丸方"考释》（2012）、《黑水城出土3 则偏头痛西夏文古医方考释》（2012）、《黑水城出土西夏文文献古方还阳丹考述》（2012）、《黑水城出土西夏文古医方"天雄散"考述》（2012）、《黑水城出土西夏文古医方"人参半夏散"考述》（2012）、《黑水城出土一则西夏文"治口疮"古方考证》（2012）、《黑水城出土西夏文古方"黄耆丸"考述》（2012）、《黑水城出土二则齿科病方考述》（2012）、《黑水城出土西夏文三则治疗肠风泻血方考述》（2012）、《黑水城出土西夏文五则治疗眼疾古方考》（2012）、《黑水城出土 4979 号一则西夏文医方考释兼论西夏文医药文献的价值》（2012）、《黑水城出土西夏文古佚医方"萆薢丸"考》（2012）、《黑水城出土西夏文"三仙丹"方考述》（2012）、《俄藏黑水城文献 4384 西夏文古医方考》（2012）、《黑水城出土 4383（9－8）与 4894 号缀合西夏文医方考释》（2012）、《黑水城出土西夏文古医方"茯芋散"考》（2013）、《黑水城出土西夏文古佚医方"鹿角霜丸"考》（2013）、《西夏文治痢七方破译考释》（2013）、《西夏文"治妇人催生助产婴儿"古方二首考释》（2013）、惠宏《西夏文医方"消风散"考释》（2013）、《俄藏黑水城敕赐紫苑丸方考释》（2014）、《黑水城出土西夏文古佚医方"豆冰丹"考》（2014）、《黑水城出土西夏文医方"水胀食鸣丸"考》（2014）、《〈俄藏黑水城文献〉——元写本〈神仙洗头发治青盲疗于风毒方〉与〈医方〉初探》（2015）、《西夏医方"合香杂制剂"破译考释初探》（2015）、《黑水城出土西夏文 3 则治妇科病方考释》（2017）、《黑水城出土西夏古佚医方"半夏茯苓汤"考述》（2017）、《黑水城出土西夏文"车前子丸"考述》（2017）、《黑水城出土二则西夏文妇人产后医方考述》（2017）、《黑水城出土西夏文三则治疮医方考述》（2018）、《黑水城出土西夏文古佚方"顺天化气丸"考释》（2018）、《黑水城出土二则西夏文治脾胃医方考述》（2018）、《黑水城出土 4 则西夏文治热病医方考述》（2018）、《黑水城出土西夏文三则治恶疮医方考述》（2018）、《黑水城出土西夏文治妇人乳病医方 2 则考述》（2018）、《黑水城出土两则西夏文治妇科病方考述》（2018）、《黑水城出土二则西夏文治杂病医方考》（2018）、《黑水城出土西夏文四则治风癫疮医方考述》（2019）。

医书考释相关论文：《黑水城出土〈千金方〉再探讨》（2010）、《俄藏黑水城医学文献〈神仙方论〉辑校考释》（2010）、《两件新刊中国藏黑水城汉文文书残片考释》（2010）、《俄藏黑水城〈孙真人千金方〉》（2011）、《黑水城出土医方〈神仙方论〉的错乱及再校录》（2012）、《黑水城文书中发现的又一版本的〈千金药方〉》（2012）、《俄藏黑水城西夏文〈明堂灸经〉破译比较探析》（2013）、《黑水城出土西夏文〈明堂灸经〉残页考》（2017）、《黑水城出土汉文"胎产方书残卷"考释》（2017）、《西夏文〈明堂灸经〉补考》（2018）、《黑水城出土 6539 号西夏文〈明堂灸经〉考释》（2019）、《英藏西夏文〈明堂灸经〉残叶考》（2019）。

有关黑水城出土医疗与医药文献价值、特点等进行论述的论文：《黑水城出土西夏文医药文献价值刍议》（2011）、《黑水城出土医药文献所反映的西夏医学特色》（2012）、《黑水城出土西夏文医药文献底本来源及特点》（2013）。

对黑水城出土医疗与医药文献进行整体论述的相关论文：《黑水城出土元代写本医方的整理与研究》（2012）、《俄藏黑水城汉文文学及医学类文献词汇研究》（2012）、《"俄藏黑水城西夏文医药文献"破释解读初探》（2012）、《西夏文医药文献叙录》（2012）、《黑水城出土西夏文医药文献非计量单位的考察》（2012）、《黑水城出土医药文献存在及研究概况》（2013）、《黑水城出土西夏文医药文献底本来源及特点》（2013）、《〈黑水城出土西夏文医药文献与研究〉读后》（2016）。

三　研究聚焦的主要问题与基本结论

通过对近十年黑水城出土医疗及医药文献研究成果的整合及梳理可以发现对黑水城出土医疗与医药文献的研究主要集中在对具体的医方以及医书进行翻译和考释，并通过与汉籍医书的对比研究对医方和医书的底本来源进行追溯。通过医方与医书中的所医病症对以黑水城为主地区的地区性疾病及其特点做出分析，并发掘医药文献中民族文化交流的成分。这些研究成果对我们了解西夏及元初亦集乃路的医学发展和地区特色及文化交流起到了非常重要的作用。

在黑水城出土的医疗与医药文献中有大量的西夏文医方，近十年的研究以考释这些医方为主。这些医方的破译、诠释与研究对世人了解西夏及元初亦集乃路的药材种类有很大帮助。通过近十年对黑水城出土医疗与医药文献中具体医方的考释，学界明晰了医方中的具体药名以及治疗功效，通过具体药名和治疗功效，学界可以对西夏与元初亦集乃路的医学发展情况与特色有基本的认知，这对了解地区流行疾病有很大的帮助。同时对医方考释的过程当中可发现大量的唐宋金元时期的医书典籍。包括《肘后备急方》《眼科龙木论》《千金要方》《外台秘要方》《太平圣惠方》《博济方》《灵苑方》《本草衍义》《圣济总录》《太平惠民和剂局方》《小儿药证直诀》《小儿卫生总微论方》《陈氏经验方》《幼幼新书》《杨氏家藏方》《仁斋直指方》《严氏济生方》《黄帝素问宣明论方》《儒门事亲》《外科精义》《御药院方》《卫生宝鉴》《医垒元戎》《世医得效方》《寿亲养老新书》《医方集成》等。这批黑水城西夏文医药文献的出土、整理与研究极大地丰富了唐宋金元时期的医学典籍。[①]

对黑水城出土医疗与医药文献中的医书考释与勘定，从版本学与校勘学的角度而言具有更大的价值和作用。黑水城出土医疗与医药文献中的《千金方》是未经宋人校订的，对这批文献的研究首先可以让世人目睹未经校改的原版医书，对唐代孙思邈的《千金药方》有更为准确的了解与认识，不仅可以从中了解我国当时医学的发展水平，也可以通过比较现存医书与原本医书的不同来展示中国医学发展中发生的重大变化。通过研究考证出黑水城出土的《明堂灸经》存在至少 2 个不同译本[②]以及结合

---

① 梁松涛：《黑水城出土西夏文医药文献价值刍议》，《保定学院学报》2011 年第 6 期。
② 王荣飞：《英藏西夏文〈明堂灸经〉残叶考》，《北方民族大学学报（哲学社会科学版）》2019 年第 1 期。

至少 2 个版本抄录而成。① 并且通过与黑水城出土的《明堂灸经》进行对比，确定《新刊黄帝明堂灸经》与《太平圣惠方》之间的差异以及确定《黄帝明堂灸经》一书流传版本不止一个。② 由此可见黑水城出土医疗与医药文献不仅为我国中医现存或已佚亡古籍版本提供了范本，也为研究我国医学史的发展提供了丰富的资料。

通过考证黑水城出土医疗与医药文献，可以发现西夏及元初亦集乃路在医学发展过程中与周边民族文化交流的成分。在黑水城出土医方中，《千金方》的底本来源是唐代孙思邈所著《千金药方》。通过对《明堂灸经》溯源考释，确定了黑水城所出土的《明堂灸经》的底本来源与《太平圣惠方》卷 100 有密切的关系。③ 对比研究同时期的传世医籍可以发现《神仙方论》与《太平圣惠方》《圣济总录》等医书中的一些医方具有相似性，从中可以得知西夏医学与中原医学具有较深的渊源关系。④ 从对黑水城出土的医疗与医药文献中的大量医方的考释与破解中可以发现这些医方都可在周边地区所流行的医方与医药典籍中找到出处。这无疑证明了西夏与元初亦集乃路医学的发展与周边地区与民族有着深刻的联系。

黑水城出土医疗与医药文献的研究也反映出了西夏及元初亦集乃路的地区特色、民族特色以及地区性疾病的情况。这批文献中诸如枸杞、青盐、硇砂、大黄、甘草、苁蓉等⑤本土药材现今仍在使用的，传统药材制作尿制、奶制、醋制、酥油制等⑥在文献中也有所反映。西夏地处祖国西北，畜牧业发达，并且境内有以党项为主的游牧民族，因此有部分医方反映了这一民族特色。《西夏文"治妇人催生助产婴儿"古方二首考释》中的一则医方记载的助产应急物理疗法为：备一马背宽肥大马，洗刷干净，铺垫上新毡垫，将临产而动静怠缓的孕妇，扶上宽大马背坐定，借其自身体重下压，胎胞羊水一破，见新毡垫已湿，迅疾挽扶下马，顺利生产。随后喂汤喂水，加服中药调理。⑦ 此外黑水城医药文献中有一些治疗疮伤的医方，如：治疮疡外贴方，治锐器外伤、疮疡方，治诸般恶疮并痈肿方，治诸般疮肿一切暗风方，治口疮方，生肌药⑧等。黑水城地处额济纳旗，这里气候寒冷干旱，且为西夏的前沿军事重地，周围农作物相对较少，饮食以肉食为主。这些因素决定了当地军民的疮伤较为严重，气候所带来的冻疮、战争带来的疮伤以及饮食带来的疮伤都反映在黑水城出土医疗与医药

---

① 汤晓龙、张如青、刘景云等：《俄藏黑水城西夏文〈明堂灸经〉破译比较探析》，《中华中医药学会》（中华中医药学会第十六次全国中医药文化学术研讨会论文），2013 年。

② 同上。

③ 梁松涛：《黑水城出土 6539 号西夏文〈明堂灸经〉考释》，《敦煌学辑刊》2019 年第 3 期。

④ 张如青、汤晓龙：《俄藏黑水城医学文献〈神仙方论〉辑校考释》，《中华医史杂志》2010 年第 3 期。

⑤ 梁松涛：《黑水城出土西夏文医药文献整理与研究》，社会科学文献出版社 2015 年版，第 36 页。

⑥ 同上。

⑦ 汤晓龙、刘景云、张如青：《西夏文"治妇人催生助产婴儿"古方二首考释》，《中华中医药学会》（中华中医药学会第十五次中医医史文献学术年会论文集），2013 年。

⑧ 杨昕：《黑水城出土汉文医方——治疮疡方的考释与研究》，《西夏研究》2012 年第 2 期。

文献中。

　　黑水城出土的医疗与医药文献价值巨大，近十年的研究不仅使学界对西夏与元初亦集乃路的医学发展有了新的认识，也对中国医学的发展全貌有了新的了解，对传世医籍的校订与佚亡医籍的研究都有很大的帮助。这些同时也反映了地区特色，对了解黑水城的医疗水平以及地区性的特色疾病都有举足轻重的作用。

四　未来的发展趋势

　　近十年黑水城出土医疗与医药文献的研究中，多数对单则或多则医方进行具体分析，通过与其他汉籍医方的比对，了解其中的异同，这极大地方便了世人对其进行了解和学习，但相关专著十分稀少，无法将有关研究继续深入推动。新时代医学的发展不仅需要现代科学的力量，同样需要古代典籍的智慧。2003 年，便有人从明代吴又可的《瘟疫论》中找寻到了攻克"非典"的方法，屠呦呦提取青蒿素也从葛洪的《肘后备急方》中获得灵感。因此在研究黑水城出土医疗与医药文献的过程中，不仅需要"以古对古"，将不同版本的医方进行对比研究，也要"以古融今"，寻找其中内容与现代医学融合的发力点和结合点，推动现代医学更好地发展，让黑水城出土的医疗与医药文献在现实生活领域散发光彩。

近四十年来西夏瓷器研究综述

宁夏大学 马静楠

"吾华美术以制瓷为第一"① 西夏瓷器作为西夏文化的重要代表之一，是中国瓷器史上的一朵奇葩，展现了卓越的手工技艺，凝结了民族的智慧。随着西夏考古工作的进一步开展。以及对民间藏品的征集与鉴定，越来越多的西夏瓷器出现在学者的视野内，有力推动了西夏瓷研究的全面展开。经过近四十年的发展，西夏瓷器的研究已取得了长足进步，21 世纪以来研究成果不断丰富，学者们从不同角度对西夏瓷的各个方面进行细致的研究。本文系统梳理以西夏瓷器为研究对象的相关论著，以学术研究内容划分为总体研究、制作工艺、装饰技法、"官窑"和"官窑瓷器"、艺术特色及其他方面这五类，归纳和总结各阶段的研究特点，为今后的研究工作提供参考。

一 相关研究领域及主要内容

（一）总体研究

1. 地区性研究

西夏瓷器主要集中在宁夏、甘肃以及内蒙古三地，其中灵武的磁窑堡和回民巷堡、武威的塔儿湾遗址、内蒙古的伊克昭盟等地发现了大量的西夏时期瓷器或瓷器碎片，是还原西夏瓷面貌的重要资料来源，也是当前解读西夏的宝贵实物资料，相关研究以此为基础展开。

钟侃《宁夏灵武县出土的西夏瓷器》（《文物》1986 年第 1 期）对 1975 年宁夏灵武崇兴乡太子大队出土的一百余件西夏瓷器进行了初步的分类和介绍。马文宽的《宁夏灵武窑》（紫禁城出版社 1988 年版）是对灵武窑址所出西夏瓷器最早的研究著作，在瓷器的类型、特点、装饰技法、烧制工艺、存在条件及历史背景等方面有初步的探析，认为灵武窑可能始烧于西夏中期，磁窑堡窑址的发掘证实了西夏有着高度发达的制瓷工业，书中还收录了部分从宁夏灵武窑出土的西夏和元代瓷器图像，图文并茂，资料丰富。随后出版的《宁夏灵武窑发掘报告》（中国大百科全书出版社 1995 年版）一书中对宁夏灵武磁窑堡遗址的挖掘情况进行了整理研究，根据地层叠压关

---

① 许之衡：《饮流斋说瓷》，山东画报出版社 2010 年版，第 1 页。

系和出土遗物分析将磁窑堡分为五期，并在附录出示了大量遗址和出土器物的图像。孙昌盛、杜玉冰、余军、杨蕤《宁夏灵武市回民巷西夏窑址的发掘》（《考古》2002年第8期）对宁夏灵武市回民巷窑址的发掘情况进行报告，对遗址的分期断代、器表装饰和工艺水平、工艺渊源等做出初步判断。程云霞《宁夏及周边地区文物考古出土的西夏瓷器》（《宁夏师范学院学报（社会科学版）》2013年第5期）选择性地介绍了包括灵武在内宁夏石嘴山、固原、银川、西吉等地出土的西夏精美瓷器，对西夏瓷器的造型、工艺及纹饰等进行说明，总结了党项民族纯真质朴的审美风尚。王萍《西夏瓷器解析——灵武磁窑堡窑》（《中国文物保护技术协会第九次学术年会论文集》2016年）介绍了磁窑堡窑址的窑炉窑具、烧装方法、制作工艺、装饰技法以及部分灵武窑出土的具有民族特色的西夏瓷器。

钟长发《武威出土的一批西夏瓷器》（《文物》1981年第9期）介绍了甘肃武威文化馆文物队于1978年在一处窖穴所获西夏瓷器的基本情况。王琦《甘肃武威塔儿湾遗址出土西夏瓷器初探》（《文物天地》2019年第3期）对1990年至1992年塔儿湾出土西夏瓷器从器物种类、造型、成型和烧制方法、胎质釉色、装饰技法、纹饰、铭文及工艺特征等方面进行了分析。孙寿岭《西夏瓷都——西夏时期武威的陶瓷制造业》（《发展》2011年第11期）从瓷窑情况以及古城西夏瓷器的烧制、种类、特点、生产机构等角度，展现了西夏时期武威制瓷业的发达程度。阎晶宇《甘肃武威地区出土西夏瓷器研究》（吉林大学硕士学位论文，2012年）和黎李《甘肃馆藏西夏瓷器研究》（西北师范大学硕士学位论文，2013年）两篇硕士学位论文分别以武威地区出土西夏瓷器和甘肃博物馆藏西夏瓷器为研究对象，从整体上论述了瓷器的基本情况、种类特征、艺术风格等，其中，前者还运用层位学的方法将该地区出土瓷器分为早晚两期，证明塔儿湾窑址在元代还继续烧制着西夏风格的瓷器。

王志浩《准格尔发现西夏窖藏》（《文物》1987年第8期）介绍了1982年在内蒙古准格尔旗发现的一处窖藏中出土的西夏瓷器。高毅、王志平《内蒙古伊金霍洛旗发现西夏窖藏文物》（《考古》1987年第12期）对1985年至1986年在内蒙古伊金霍洛旗发现的几批窖藏西夏瓷器进行了罗列介绍。

2. 综合性分析

在分区域研究以外，也有一些成果以西夏瓷器为题进行综合性分析。在论文方面，如李知宴《西夏陶瓷的初步研究》（《河北陶瓷》1990年第2期）是早期对西夏瓷器进行初步认识和研究的学术成果，文中总体论述了西夏陶瓷的类型和品种、突出特点以及西夏陶瓷和其他窑瓷的关系，探讨了西夏陶瓷体现的民族特征。王进玉《西夏的陶瓷砖瓦琉璃》（《宁夏大学学报（自然科学版）》1997年第1期）总结了各地出土西夏瓷器的器型和特点，探讨了西夏制瓷工艺的民族风格。武裕民《与马未都先生商榷：西夏陶瓷工艺绝非"粗枝大叶"》（《东方收藏》2010年第1期）认为西夏陶瓷工艺生产规模大、种类丰富、历史悠久且器物精美、远销西域各国。杜静薇

《试析考古出土西夏瓷器的制作工艺》（《丝绸之路》2014 年第 10 期）全方面地从出土西夏瓷器的种类、造型、成型和装烧方法、胎质及釉色、装饰技法、纹饰题材、铭文展开讨论，指出西夏瓷器不仅吸收和继承了中原地区的制瓷工艺，而且还具有本民族粗犷质朴的特点。

在著作方面，李进兴《尘封的文明——西夏瓷器》（宁夏人民出版社 2003 年版）就西夏瓷器的产生与发展、质地与成色、施釉与釉色、装饰工艺、造型等方面展开讨论，并在其后附有大量的西夏图录。杭天《西夏瓷器》（文物出版社 2010 年版）总结了几十年来西夏瓷器的研究成果，内容涉及了瓷器的创烧、出土与窑址、工艺、分期、辨识等问题，提出了一些新的见解，收录了大量西夏瓷器图录以及之前未展示的藏品资料，是研究西夏瓷器的又一力作。

另外，一些介绍西夏历史、考古、经济、社会的通论性著作中也涉及了西夏瓷器的相关内容，包括《西夏史稿》（商务印书馆 2010 年版）、《西夏文物研究》（紫禁城出版社 1985 年版）、《西夏文物》（文物出版社 1988 年版）、《西夏美术史》（文物出版社 2001 年版）、《西夏遗迹》（文物出版社 2007 年版）、《武威地区西夏遗址调查与研究》（社会科学文献出版社 2016 年版）、《西夏经济史》（中国社会科学出版社 2002 年版）、《西夏社会》（上海人民出版社 2007 年版）等，上述著作都为我们进一步把握和了解西夏瓷器提供了一定的参考价值。

3. 图录收集

图录的公布不仅是对文物资料的一次系统总结，而且对后续研究具有相当重要的意义。张柏主编的《中国出土瓷器全集》（科学出版社 2008 年版）收集了我国 34 个省、自治区、直辖市和特别行政区 20 世纪以来在古代遗址和墓葬考古发掘中的 4000 余件（套）出土瓷器，其中第 16 集对甘肃、宁夏、青海出土的西夏瓷器共 62 件进行了图像收集和介绍，书中不以瓷器的精美程度为标准，而是收录考古发现中重要的典型器物，从而在整体上把握瓷器的时代性和地域性特征，但遗憾的是并未收录非挖掘性的瓷器。从 2014 年起，史金波主编的《西夏文物》甘肃编、内蒙古编、宁夏编相继出版，作为国家社科基金特别委托项目"西夏文献文物研究"的阶段性成果，这些著作系统科学地将现存的通过挖掘和征集来的西夏瓷器进行了详细的图录收集，对每件器物都编排了明确的代码，不仅图版清晰地对器物进行全方位拍摄，而且数据翔实，对瓷器的规格、形制、釉色、装饰、完整程度、收藏单位、定级情况等方面进行了精准记录，是研究西夏瓷器重要的基础性资料，将对这一领域的研究起到推动作用。

（二）制作工艺

在探讨西夏瓷的制瓷工艺上，研究主要集中于利用现代分析仪器对西夏瓷中的化学成分及物理性能进行实验探究，用大量的图表和数据来印证，分析瓷器原料、胎釉成分、窑温、烧制技术等问题。最早在中国社会科学院考古研究所《宁夏灵武磁窑堡瓷窑遗址出土瓷片中微量元素的组成》（《考古》1987 年第 8 期）中对出土瓷片进行微量元素的测试，获得这些元素的分布规律，得出宁夏窑古瓷中八大稀土金属含量同龙泉窑、磁州窑、钧窑等有明显不同，可以作为宁夏窑古瓷的特征的结论。李国桢、马文宽、高凌翔《灵武窑制瓷工艺总结和研究》（《中国陶瓷》1991 年第 1 期）从原料、胎釉化学组成和物理性能、胎釉的显微结构、窑具窑炉和烧制技术这四个角度探讨灵武瓷的制瓷工艺。武裕民《西夏瓷及其烧制技术》（《历史深处的民族科技之光：第六届中国少数民族科技史暨西夏科技史国际会议文集》2002 年）通过分析西夏瓷器的烧制技术、器物造型、生产技术、文化内涵四个方面，提出西夏瓷器在制作工艺上不仅学习了中原烧制瓷器，而且在此基础上又有了新的创新和发展，体现了西夏文化的特点。

随着科技的进步和实验仪器的更新，学者们又有了新的测算数据和结论，特别体现在对西夏瓷器烧制温度及其变化上的测量。宋燕、王效军、李晓莉、马清林《西夏名窑——宁夏灵武窑出土瓷器研究》（《中国陶瓷》2010 年第 11 期）以宁夏灵武窑出土的陶瓷碎片为研究对象，运用了现代测试的手段对瓷胎、瓷釉的化学成分、微观显微结构进行分析，得出西夏瓷釉料配比基本固定，主要为钙系釉，瓷器烧制温度多在 1100—1150℃，部分可能在 1200℃ 的结论。张茂林、王建保《西夏缸沿子和贵房子窑址出土白瓷的分析研究》（《2015 年古陶瓷科学技术国际讨论会论文集》2015 年）通过对缸沿子和贵房子两处窑址出土的白瓷实验分析，得出其在化学成分上呈现"高硅低铝"的元素特征，同北方典型瓷器以及西夏时期灵武窑瓷器有着较大差别，白瓷烧制温度在 1250℃ 左右，胎体已基本烧结。李进兴《西夏瓷器胎釉原料与窑温关系探析》（《西夏学》2016 年第 2 期）认为西夏黑青釉主要采用当地的黄土釉，白釉的釉色主要成分是石膏、瓷土和玻璃；釉色和胎色因窑温的高低而发生窑变，产生了不同的颜色。

（三）装饰技法

西夏瓷器的装饰技法是学者们关注比较多的研究领域，研究成果一方面集中于西夏瓷器极具特色的纹样题材和工艺技法，另一方面是对西夏瓷上的款识和文字的认识。

1. 纹饰与技法

西夏瓷器上的装饰纹样题材丰富多彩且构图精美，具有特定的文化内涵和象征意义，其中有数量众多的植物花纹和动物花纹，还有图案纹、几何纹等其他样式；在工艺技法上以刻釉、剔刻釉为一大特点，以此技法制作的瓷器胎色与釉色之间形成了色彩的强烈对比，带来了视觉上的冲击。学者们在研究西夏瓷器的纹饰技法时，一类是对瓷上单个花纹的研究，多以牡丹纹为主。李进兴《文物上的牡丹纹饰揭秘》（《收藏界》2002 年第 4 期)、《西夏瓷器上牡丹花纹的重新解读》(《东方收藏》2015 年第 5 期)、汤兆基《天斧凿石肆意强悍西夏牡丹纹饰瓷器》(《上海工艺美术》2011 年第 4 期)、唐文娟《西夏瓷上牡丹开》(《大众考古》2017 年第 10 期)都以西夏瓷器上的牡丹纹饰为研究对象,认为出现大量牡丹花的纹饰与中原的牡丹文化和牡丹的美好象征意义、统治者热衷学习汉文化的先进技术、西夏人对美满生活的向往有关。除此之外还有对山花纹饰的研究,如李进兴《西夏壁画与瓷器上的山花纹饰》(《收藏界》2002 年第 9 期)认为西夏壁画和西夏瓷中山花纹饰的广泛应用主要有两个原因,一是山花生长在西夏人崇拜的天都圣山之上,二是西夏人有尚白崇黄的习俗。

另一类是从总体上对西夏瓷器的纹饰、技法进行详细对比和梳理分析,以凸显西夏瓷器独特的装饰之美和工艺之精。何继英《上海博物馆珍藏的两件西夏瓷瓶兼论西夏瓷器研究概况》(《上海博物馆集刊》2000 年第 1 期)将西夏黑釉剔刻花牡丹纹经瓶和黑釉西夏文瓶,同灵武窑出土的西夏瓷器做对比分析,指出西夏黑釉剔刻花牡丹纹经瓶采用了剔刻釉的装饰技法但开光数量、牡丹花细部、纹饰布局都与灵武窑瓷器有所区别。张莉《西夏灵武窑瓷器的装饰纹样研究》(《美术大观》2012 年第 6 期)从装饰手法和装饰纹样的角度解读灵武窑瓷器特点,总结认为灵武窑瓷器纹饰具有鲜明的民族特征,纹样寓意吉祥体现了西夏人民"消灾纳吉"的精神需求。于孟卉《西夏瓷器纹饰刍议》(《东方收藏》2016 年第 9 期)一文中详细列举了西夏瓷器上丰富的装饰纹样以及朴实的装饰手法,认为西夏瓷器纹饰反映了西夏文化对中原文化和其他少数民族文化的兼收并蓄的特点,表现出游牧民族豪迈淳朴的审美观点。刘文静《西夏瓷的纹饰图案研究》(陕西师范大学硕士学位论文,2016 年)通过对西夏瓷器纹饰图案进行系统的整理,认为西夏瓷纹饰独具特色且对现当代艺术有着重大的启发作用。杜玉奇《西夏剔刻划瓷研究》(宁夏大学硕士学位论文,2018 年)专门以剔刻划技法制作的西夏瓷器为研究对象,从基本资料、器型及特征、装饰纹样三个方面把握西夏剔刻划瓷的特点,呈现出西夏剔刻划瓷的全貌,认为西夏剔刻划瓷对中原地区的瓷器生产既有继承又有创造,且自身拥有与辽、宋、金不同的瓷器风格。

2. 款识与文字

西夏瓷器上的款式不仅有汉文,还有西夏文、梵文、回鹘文等多种字体,还有一些图案或特殊符号。近些年来学者们对西夏瓷上的款识有了进一步的认识与研究。李进兴《说说西夏瓷器的落款》(《东方收藏》2010 年第 8 期)分别介绍了十多种西夏瓷器上的落款,并依次对瓷器上的落款内容进行剖析。张雪爱《西夏瓷器款识述论》(《西夏研究》2015 年第 3 期)对西夏瓷器上的款识进行了细致的分类,认为形式多样的西夏款识是了解西夏瓷器文化的重要途径。黎李《略述甘肃馆藏西夏瓷器上的文字》(《中国陶瓷》2015 年第 8 期)以甘肃馆藏西夏瓷器为依托,重点阐述了馆藏西夏瓷器上的文字,指出西夏瓷器中的文字多数为墨书,大多是工匠的姓名或拥有此件器物的主人的名号。其中通过一件西夏墨书褐釉剔花残瓷罐上的文字推测这件器物是因烧制时不合规格或质量不合格而废弃的，因而在瓷器上留有直接批注验收意见的标记。

（四）"官窑"和"官窑瓷器"

近年来学者们对于西夏是否存在"官窑"和"官窑瓷器"认定又有着不一样的看法和认识。张燕、王建保《贺兰山贵房子窑初探》（《中国国家博物馆馆刊》2011年第9期）提出贺兰山贵房子窑是寻觅已久的西夏官方窑场。与之观点不同的如杭天的《西夏官府瓷与西夏"官窑"》（《收藏》2013年第10期）认为西夏不存在严格意义上的官窑，灵武窑是一处官、民混烧的西夏中心窑场。李发军《西夏官窑瓷器》（《收藏界》2019年第3期）同样认为宁夏灵武磁窑堡窑、甘肃武威塔儿湾窑是官、民混烧的西夏中心瓷窑场，但同时也生产官窑瓷器如"官造"茶叶沫釉梅瓶和"官"字黑褐釉瓷片。王建保、马新田、冯冕《试论宁夏灵武窑的窑场属性——兼论官窑概念》（《中国陶瓷》2020年第8期）提出灵武窑磁窑堡属性不是狭义上专供宫廷的官窑窑场，而是属于广义上的官窑，即由西夏各级官府投资、经营的窑场，其产品由官府掌控分配。

（五）艺术特色及其他方面

西夏不仅吸收了中原王朝和其他周边民族的制瓷文化和技艺，还在此基础上烧制出有所改良和创新的具有鲜明民族特色、浑厚大气的西夏瓷器。学者们在探讨西夏瓷的艺术特色上多偏向从瓷器器型、釉色、装饰花纹、技法等角度入手。金韵《西夏瓷器的民族艺术特色》（《检察风云》2011年第16期）一文指出西夏瓷器一方面具有强烈的民族性和独特的地方性，另一方面吸取了周边地区的文化因素。王茜《赏析西夏瓷器的意境之美》（《收藏界》2018年第6期）以西夏瓷器的造型、釉色和装饰为切入点，致力于分析西夏瓷器高超的艺术造诣和独特的意境。巩朋《甘肃西夏瓷器剔刻花纹饰形式美刍议》（《中国包装》2018年第8期）从形式美学的角度对西夏瓷器剔刻花纹饰进行剖析，揭示了西夏瓷器剔刻纹饰善于运用各种视觉构成和对比关系，营造出强烈的空间感和动态美，形成了粗犷明快、质朴厚重、极具民族特色的装饰艺术。赵龙《西夏瓷器民族风格研究》（云南师范大学硕士学位论文，2017年）提出西夏瓷器造型风格质朴、豪迈大气，其民族特色的形成与游牧民族风俗习性、对外贸易交流的吸收借鉴、磁州窑工艺的影响、尚白习俗等有很大关系。李五奎《简论西夏瓷器文化》（《西夏研究》2019年第4期）认为西夏瓷器文化受到了中原地区以及中国北方瓷窑的影响。

除此之外，还有其他关于西夏瓷器个别典型器物和鉴定方面的研究。如山丹《浅论西夏扁壶》（《内蒙古艺术学院学报》2008年第2期）从西夏扁壶造型、纹饰

的演变入手，揭示西夏扁壶具有着独特的民族特色。方石《西夏瓷真赝对比五例》
（《收藏》2010 年第 11 期）对比了五例西夏灵武窑刻花瓷真品同仿造赝品之间的区
别。李进兴《略说后刻工的仿西夏瓷器》（《东方收藏》2015 年第 1 期）对现代仿造
的西夏瓷器进行了鉴定。

二 阶段性研究总结和未来展望

通过梳理近四十年来西夏瓷器相关成果，以 21 世纪为分水岭可将其大致分为两
个阶段，第一个阶段是从 20 世纪 80 年代到 21 世纪初，这一阶段学术界关于西夏瓷
器研究主要有以下特点。

1. 在成果数量上，不管是著作还是论文都相对较少，仅有十几篇。

2. 在研究内容上，大多集中在对各地区相继出土的西夏瓷器的挖掘介绍、数据
测量，并在此基础上进行了初步的研究，最具代表性的是马文宽先生在 1988 年出版
的《宁夏灵武窑》一书，该书总结了宁夏灵武窑出土的西夏和元代瓷器的类型、特
点、装饰技法、烧制工艺等内容，并附有大量的图像收集。不仅如此，还有学者利用
物化仪器对出土瓷器进行初步的实验分析，探寻瓷器中的元素组成、微观结构特征等
问题。

3. 在研究方法上，主要利用了考古学和历史学这两大传统研究方法。通过对各
地西夏瓷窑遗址的勘察和考古，以及对西夏历史基本资料的考据，来初步探究西夏瓷
器的民族特点。

第二个阶段大概是 21 世纪初至今，这一阶段主要有以下特点。

1. 研究成果数量的激增

进入 21 世纪学术界出现了大量关于西夏瓷器的研究成果，从十几篇发展到近百
篇，研究成果的形式包括论文、著作、图录、硕士论文等。

2. 研究领域的细化与拓展

随着西夏学研究的不断深入以及对西夏瓷器的考古发掘和民间征集，学术界在研
究领域上不断延伸，包括总体研究、制作工艺、装饰技法、"官窑"和"官窑瓷器"、
艺术特色及其他这五大方面，既有全方位的论述，也有具体而细微的分析，夯实了西
夏瓷器研究的基础。例如杭天的《西夏瓷器》一书是研究西夏瓷器的又一力作，不
仅对西夏瓷器的研究成果进行全盘总结，而且对包括装烧方法、品种、装饰手法和花
纹等细节方面展开了具体而详尽的分类阐述。

3. 深入再挖掘以及同西夏历史背景的结合

学者们在已有的西夏瓷资料的基础上，深层次结合西夏历史背景以及西夏文字，
有了更深入的探讨和挖掘。例如除了对瓷器纹饰技法进行梳理，突出其民族性外，近
些年还注意到西夏瓷上的落款和文字，探寻其背后的意义。黎李的《略述甘肃馆藏

西夏瓷器上的文字》就通过一件西夏墨书褐釉剔花残瓷罐上的西夏文字推测这件器物是因烧制不符规格或质量不合格而废弃的。

4. 研究方法的多样化

在继承史学研究传统的基础上，不仅利用了考古学、历史学的研究方法，还注重将对比分析法、多学科交叉、现代科技实验等方法运用到日常研究中，以此探讨西夏瓷器的工艺和特征。例如宋燕等《西夏名窑——宁夏灵武窑出土瓷器研究》一文中就利用了很多新型现代科学仪器，通过大量的实验数据和图表印证得出胎釉的化学成分，瓷釉原料的基本配比和烧瓷温度等结论。

综上所述，西夏瓷器在学界专家的不懈努力和探索下已经取得了突出的学术成果，但是纵观西夏瓷器的研究现状，其研究仍存在很大的拓展空间。一方面，对西夏瓷器的研究中应该重视多视觉、多维度探究，加深与西夏政治、经济、文化、思想等方面的内在联系，不仅与传统史料相结合，还要同民族学、文字学、美学、化学、物理学等其他学科加深交流与合作，力争使研究丰满起来。另一方面，西夏瓷器的研究领域主要还是集中在概述性总结和装饰纹饰、技法上，大多学者将西夏瓷器与中原瓷器相比较，以此探讨西夏瓷器的特点，但鲜少具体地将西夏瓷器同其他少数民族瓷器进行对比研究，从而展现其他少数民族瓷器对西夏瓷器的影响。

西夏瓷器是西夏文化的重要载体，是民族智慧与创造的结晶，重塑西夏瓷器的历史，既能丰富中国陶瓷史的内容，又能揭示当时西夏上层与普通百姓的社会生活面貌，推动西夏学的研究，同时也可以在未来将西夏瓷器的元素应用到现代艺术中以凸显西夏瓷器文化的现实意义。

2019 年西夏文物考古研究综述

宁夏大学　马　瑞

2019 年，西夏文物考古研究取得了丰硕的成果，出版专著 2 部，发表学术论文 50 余篇。本文从石窟壁画与造像、墓葬与服饰、石刻、佛塔与城址、瓷器与钱币等方面对取得的新成果进行梳理与总结，从而为以后的进一步研究提供借鉴与参考。

一　石窟壁画与造像

关于石窟壁画与造像的研究以敦煌莫高窟、榆林窟、东千佛洞、五个庙石窟为主，尤其对莫高窟、榆林窟第 3 窟以及各窟中的水月观音图像进行了深入的探讨，成果极为丰富。

有 1 部关于西夏壁画研究的专著，王艳云《西夏经变画艺术研究》（上海古籍出版社 2019 年版）对西夏时期的经变内容和形式进行对比分析，深入剖析了经变产生的社会历史及艺术原因等，将西夏经变较为全面、完整和清晰地呈现出来。任怀晟《敦煌莫高窟 409 窟、237 窟男供养人像考》（《敦煌学辑刊》2019 年第 3 期）根据敦煌莫高窟 409 窟、237 窟男供养人像的妆容和服饰特点，认为这两窟男供养人均为西夏皇帝。王胜泽《莫高窟第 95 窟水月观音图为西夏考》（《西夏学》第 18 辑）通过对莫高窟 95 窟窟形、地仗层、造窟思想和图像特征等方面的论述，认为其为西夏洞窟，其中的水月观音图像为西夏所绘。袁頔《莫高窟第 363 窟壁画组合与丝路元素探析》（《西夏研究》2019 年第 1 期）通过对莫高窟第 363 窟壁画中净土变、执扇弥勒等题材的研究，认为其呈现出独特的宗教内涵，展现了各民族之间的文化交流与融合。赵沈亭《莫高窟西夏洞窟壁画弥勒经变考》（《西夏研究》2019 年第 1 期）根据净土变图像内容阐述了莫高窟西夏洞窟中弥勒经变的表现形式。赵沈亭《莫高窟西夏石窟壁画无量寿经变定名考》［《宁夏大学学报（人文社会科学版）》2019 年第 6 期］依据图像内容对莫高窟西夏石窟净土变的无量寿经变进行定名，并阐述了其图像渊源与西夏经变画风格艺术。杨富学《敦煌石窟"西夏艺术风格"献疑》（《黑河学院学报》2019 年第 10 期）认为学术界所谓的敦煌石窟"西夏艺术风格"缺乏立论依据，尚需要认真研究与界定。沙武田《水月观音图像样式的创新与意图——瓜州西夏石窟唐僧取经图出现原因再考察》（《民族艺林》2019 年第 1 期）分析了瓜州西夏石窟唐僧取经图出现的原因，认为取经图出现在水月观音中是西夏时期观音信仰崇拜的新因素。赵晓星《西夏时期敦煌涅槃变中的抚足者——西夏石窟考古与艺术研究之四》（《敦煌研究》2019 年第 1 期）通过对敦煌西夏涅槃变中"抚足者"的梳理与分析，认为新出现的贵人相老者为印度医师耆婆。公维章《西夏晚期瓜州石窟群中的〈玄奘取经图〉》（《丝绸之路研究集刊》第 3 辑）对西夏晚期瓜州石窟群中的五幅玄奘取经图进行详细考证，认为其受到中原地区玄奘取经图的影响，反映了西夏瓜州玄奘崇拜的特色。郭子睿《一所石窟中的密教灌顶道场——瓜州榆林窟第 29窟洞窟功能再探》（《西夏研究》2019 年第 2 期）通过对榆林窟第 29 窟造像内容的考释和研究，认为其具有举行灌顶仪式的功能，应是一处密教灌顶道场。郭静《榆林窟第 3 窟五十一面千手观音经变的图像选择》（《丝绸之路研究集刊》第 3 辑）通过对榆林窟第 3 窟五十一面千手观音经变的考证和研究，认为此经变画绘制大量日常生产生活器物和场景的原因，既是当时物质文化的缩影，也是西夏儒释结合的政治色彩、人与自然和谐的反映。张书彬《中古法华信仰新图像类型之考释——以榆林窟第 3 窟〈昙翼感普贤菩萨化现女身图〉（拟题）为中心》（《新美术》2019 年第 12期）对榆林窟第 3 窟的八幅壁画内容进行了考证和研究，将其命名为《昙翼感普贤菩萨化现女身图》，认为其绘制于西夏时期。杨富学《裕固族初世史乃解开晚期敦煌石窟密码之要钥》（《敦煌研究》2019 年第 5 期）认为敦煌晚期石窟的分期断代，需要更多地瞩目于民族历史活动，加强对裕固族初世史之研究。王胜泽《敦煌西夏石窟中的花鸟图像研究》（《敦煌学辑刊》2019 年第 2 期）梳理了敦煌西夏石窟花鸟图像，分析了花鸟图像的表现方法和功能作用，认为西夏时期花鸟画已独立成科。

常红红《东千佛洞第二窟真实名文殊曼荼罗及相关问题研究》（《西夏学》第 19辑）探讨了甘肃瓜州东千佛洞第二窟东壁南侧之壁画，将其定名为"真实名文殊曼荼罗"，并进一步讨论了西夏时代的真实名文殊信仰。张美晨《西夏水月观音图像研究——以瓜州东千佛洞二窟〈水月观音〉为例》[《美与时代（中）》2019 年第 3 期]对水月观音图像的产生、内容、艺术特点展开论述，认为其受到汉地及周边一些少数民族艺术的影响，具有多元民族文化的创意。方争利《敦煌西夏石窟壁画中的飞天形象探析》（《西夏学》第 18 辑）对莫高窟、榆林窟和东千佛洞西夏壁画中的飞天形象进行分析，并总结出其形象演变特征和形成原因。刘文荣《五个庙石窟音乐内容综述——兼及西夏铜角类乐器的考察》（《西夏学》第 19 辑）对五个庙石窟中出现铜角的石窟壁画进行分析与考证，对音乐内容进行了统计，认为五个庙石窟中的铜角对11 世纪到 13 世纪中国铜角的认识具有极为重要的历史价值。吴雪梅、于光建《凉州瑞像的"新时代"——凉州瑞像在西夏的流传特点分析》（《宁夏社会科学》2019 年第 6 期）简要探讨了凉州瑞像在西夏时期的流传特点及其原因。闫中华、王艳《从图像艺术看西夏女性的社会地位》（《民族艺林》2019 年第 3 期）对西夏图像艺术中的女性形象进行梳理，探讨了西夏女性的社会地位，认为从总体上说西夏女性社会地位高于中原女性。贾维维《宋夏河西地区"八塔变"图像的来源与流布》（《文艺研究》2019 年第 8 期）对"八塔变"的相关文本和图像资料进行研究，认为"八塔变"是敦煌地区在宋辽西夏时期从印度波罗王朝新引入的绘画题材。陆文军《西夏壁画中的山水研究（上）》（《民族艺林》2019 年第 1 期）和《西夏壁画中的山水研究（下）》（《民族艺林》2019 年第 2 期）对西夏壁画整体进行了分析研究，认为榆林窟中出现的山水画反映出两宋以来新的山水画风对西夏壁画的影响。贾维维《西夏石窟造像体系与巴哩〈成就百法〉关系研究》（《故宫博物院院刊》2019 年第 10 期）讨论了巴哩《成就百法》的结构内容、其在西夏境内的传播路径以及西夏石窟造像体系与该法的关系。何卯平《西夏水月观音净瓶盨盏研究——兼论纳尔逊艺术博物馆藏〈水月观音图〉的创作时间》（《西夏学》第 18 辑）通过对美国纳尔逊艺术博物馆藏《水月观音图》"净瓶盏托"的详细考证，认为其为西夏范式之一的净瓶盨盏。于博《西夏与辽宋时期涅槃图像的比较研究》（《西夏学》第 18 辑）通过对西夏石窟、辽代佛塔及宋代墓葬中的涅槃图像进行比较研究，认为西夏石窟与辽代佛塔中流行涅槃图像应与当时所流行的"末法"观念密切相关。

二　墓葬与服饰

关于墓葬的研究主要集中在西夏王陵及内蒙古地区的西夏墓葬等方面，有 1 部专著，《西夏博物馆基本陈列》（宁夏人民出版社 2019 年版）对西夏博物馆陈列的西夏文物进行了梳理，为今后相关的研究提供了翔实可靠的文物资料。余斌、余雷《"以形论变"——西夏王陵形制演进探讨》（《宁夏社会科学》2019 年第 2 期）从"模数恒定""形整优进""建法几何"等营筑特点阐述了西夏王陵形制演进"不变与渐变"的双重特征。程爱民《从武威的西夏墓来分析西夏葬俗》（《中国民族博览》2019 年第 2 期）详细探讨和研究了西夏的各种葬俗、西夏墓葬的形制、规格以及所反映出的葬俗特点。窦志斌、高兴超、丁莉《内蒙古中南部地区西夏墓葬壁画反映出的文化因素试析》（《前沿》2019 年第 2 期）考察论述了内蒙古中南部地区发现的西夏墓葬壁画内容、艺术特征，认为这些壁画具有强烈的艺术特征和典型的游牧文化面貌。孔德翊、马立群《西夏陵遗产的价值内涵探析》（《西夏学》第 19 辑）对西夏陵遗产的价值内涵做了深入的分析，认为西夏陵体现出多元文化融合的风格，促进中华文明的多元化发展。

还有两篇文章分别探讨了服饰中的"旋襕"和"镂冠"，叶娇、徐凯《"旋襕"考》（《敦煌研究》2019 年第 4 期）通过对敦煌莫高窟、瓜州榆林窟壁画的分析研究，认为旋襕为典型的西夏民族服饰多为武将所服，后传入宋朝，成为宋代时服之一。方争利《寻找民族身份感的认同——西夏绘画中的"镂冠"》（《美术学报》

2019 年第 4 期）对西夏绘画中的"镂冠"进行考证和研究，认为这种冠式源于对辽朝服饰制度的借鉴，以表达党项民族对于北方游牧民族身份的认同感。

三 石刻

关于石刻的研究主要集中在党项地区不同发展时期出土的墓志铭及相关石碑、石牌等方面。杨富学、王庆昱《党项拓跋驮布墓志及相关问题再研究》（《西夏研究》2019 年第 2 期）通过对新出土的《拓跋驮布墓志》的解读和研究，认为党项拓跋氏的族源既有鲜卑的成分，也有羌人的成分。李进兴《海原县西夏秋苇平遗址出土第十二副将款石牌考析》（《宁夏师范学院学报》2019 年第 6 期）对海原县的宋夏古城遗址出土的两块石牌进行考察，认为其可能是西夏驻天都山的监军司、南院监军司或宋朝泾原路第十二将驻扎秋苇平（临羌寨）时留下的遗物。孙宜孔《后晋定难军节度副使刘敬瑭墓志铭考释》（《西夏学》第 18 辑）对《后晋定难军节度副使刘敬瑭墓志铭》进行考释与解读，为研究唐末五代定难军历史及其职官制度提供了重要的文物资料。杜建录、王富春、邓文韬《陕西横山出土〈故野利氏夫人墓志铭〉初探》（《西夏学》第 19 辑）对《野利夫人墓志铭并序》进行录文并考释，探讨了志主之夫的姓氏、党项拓跋氏的婚姻关系、定难军的职官及墓志铭作者王旦等相关问题。赵生泉《西夏的苏风书迹》（《中国书法报》2019 年 10 月 29 日）对西夏碑刻和黑水城等地发现的西夏文献中的苏轼书风遗迹进行研究。陈玮《新见北宋保宁院山寺党项民众建塔碑研究》（《西夏学》第 19 辑）对东华池塔塔身第二层西南面镶嵌的石碑记载的修建该层的凤川镇民众姓名进行考证和研究，认为参与修塔的凤川镇民众均为出于熟户蕃部的宋属党项人。

四 佛塔与城址

这方面的研究主要集中在一百零八塔出土的唐卡及兴庆府等方面，马文婷《宁夏出土西夏塔龛千佛图唐卡构图及内容解析》（《文物鉴定与鉴赏》2019 年第 11 期）对青铜峡一百零八塔出土的两幅西夏塔龛千佛图唐卡的构图及内容进行了细致的分析与研究，探讨了唐卡主体内容的身份及两幅唐卡之间的相互关联。黄新、白胤《西夏时期佛塔发展演变及历时性研究》（《居业》2019 年第 9 期）梳理了西夏佛塔三个不同时间阶段的发展变化和历时性，总结和归纳出西夏佛塔建筑形制与艺术文化特点。史金波《西夏首都兴庆府（中兴府）》（《西夏学》第 19 辑）对西夏首都兴庆府的建城经过、皇宫与中央及地方机构、经济状况、文化建设等方面作了详细论述。

五　瓷器与钱币

关于瓷器的研究主要集中在甘肃武威塔儿湾遗址出土的瓷器、西夏瓷器文化及牡丹纹样等几个方面。任先君《甘肃省博物馆西夏瓷器分析》（《艺术品鉴》2019年第30期）对甘肃省博物馆藏少量西夏瓷器做了简单梳理，认为西夏瓷器受到了山西造瓷艺术的影响，但也有自己的一些制瓷工艺。王琦《甘肃武威塔儿湾遗址出土西夏瓷器初探》（《文物天地》2019年第3期）从器物种类和造型、成型、装烧方法、胎质及釉色、装饰技法、纹饰和铭文等特点对甘肃武威塔儿湾遗址考古出土的西夏瓷器进行归纳分析，有利于今后进一步的比较研究。李五奎《简论西夏瓷器文化》（《西夏研究》2019年第4期）对西夏瓷器的种类、特点及其与中原瓷的关系进行了简要阐述，认为瓷器制作中应充分吸收西夏瓷文化元素。李发军《西夏官窑瓷器》（《收藏界》2019年第3期）阐述了西夏官窑瓷器的发展历程。孙圣国《唐宋文化影响下的西夏陶瓷牡丹纹样发展研究》（《中国陶瓷》2019年第2期）通过对西夏陶瓷纹样的图像分析与比较，认为对西夏陶瓷装饰产生深刻影响的主要是唐代传统纹样和宋代生色花纹样两个方面。

李温《西夏的钱币制度及其立法》（《西夏研究》2019年第2期）论述了西夏的钱币铸造、流通和管理制度，指出西夏钱币皆为年号钱；西夏境内大量使用北宋钱币；白银主要用于奖赏，体现其货币价值。

六　其他

除了上述领域的研究成果之外，还有三篇研究综述和几篇不便于分类的文章。周泽鸿、于光建《四十年来西夏丧葬习俗研究的回顾与展望》（《西夏研究》2019年第3期）对四十年来西夏丧葬习俗研究的成果进行了回顾与展望，为今后的研究工作提供了便利。马晓玲《四十年来西夏文物考古研究的回顾与展望》（《西夏研究》2019年第2期）对四十年来西夏文物考古研究的成果进行了回顾与展望，为之后的研究提供了翔实的资料。宋若谷《榆林窟壁画艺术研究70年成果述要》（《吐鲁番学研究》2019年第2期）对七十年来榆林窟壁画艺术研究的成果进行综述，为今后开展榆林窟的相关研究提供了便利。

席鑫洋《飞来峰第90龛大势至菩萨头冠宝瓶及与西夏渊源关系考》（《西夏学》第19辑）通过对杭州飞来峰第90龛大势至菩萨头冠上的宝瓶造型进行考察，认为飞来峰造像受到了西夏佛教艺术的影响。杨浣、魏亚丽《黑水城版画残图研究两题》（《西夏学》第18辑）探讨分析了《佛为天曹地府说法之处》和《释迦牟尼佛说法图》两幅黑水城版画残图。杨浣、段玉泉《黑水城出土版画〈释迦牟尼佛说三归依经处〉与〈释迦摩尼佛说三贤劫经之处〉的比较研究》（《西夏研究》2019 年第 2 期）对两部经的题款、发愿文以及经首版画进行了比较研究。邓文韬《四川广元千佛崖石窟元代西夏遗裔题记及其史料价值初探》（《西夏学》第 19 辑）对四川广元千佛崖石窟尚存的两方元代西夏遗裔题记进行考察研究，认为题记内容反映了西夏遗裔对元朝监察事业的贡献和他们对佛教的信仰。周胤君《西夏"寒山拾得"鎏金铜像解析》（《天津美术学院学报》2019 年第 3 期）对两尊西夏时期寒山、拾得鎏金铜造像进行解析，认为西夏时期造像能力及工艺技术的发展已相当成熟。章治宁《西夏塔式擦擦造像艺术》（《西夏学》第 18 辑）对西夏塔式擦擦造像进行了类型区分，探讨了造像特点和艺术风格。梁韵彦《制作史视角下的宋夏"一段式"变相扉画阅读顺序再探》（《西夏学》第 18 辑）通过释读宋夏时期的一段式变相扉画，认为"一段式"变相的设计只能沿袭传统佛道绘画的创作模式，无法演变成真正意义上的插画。

综上所述，2019 年西夏文物考古研究在石窟壁画与造像、墓葬与服饰、石刻、佛塔与城址、瓷器与钱币方面均有数量不等的研究成果，但主要集中在石窟壁画与造像、石刻两个方面，其中对榆林窟第 3 窟、各窟中的水月观音图像以及出土的墓志铭做了深入细致的探讨，有了进一步的认识。在学术史方面，对西夏丧葬习俗研究、榆林窟壁画艺术研究以及西夏文物考古研究做了整体性的梳理和总结。关于服饰、钱币的研究成果相对较少。

党项与定难军墓志铭书写研究成果综述

宁夏大学　王思贤

党项与定难军墓志铭是研究党项、西夏的重要石刻文献，随着《中国藏西夏文献》和《横山墓志研究》中墓志铭文献的刊布，以及陕西、河南、甘肃等地新墓志的陆续出土，国内外学界对党项与定难军墓志铭的关注日益增多。目前所见党项与定难军墓志铭共计 19 通，其中唐代 3 通、五代 10 通、宋代 6 通。新中国成立以来，国内学界对于墓志铭整理和研究十分重视，涌现出了许多优秀论文和著作。具体而言，大致可以分为整体研究和个案研究两个方面。

一　整体研究类

较早关注党项与定难军墓志的是周伟洲《陕北出土三方唐五代党项拓拔氏墓志考释——兼论党项拓拔氏之族源问题》，该文对拓跋守寂、李仁宝和破丑夫人墓志进行考释，厘清了唐初党项拓跋部迁徙情况，总结出其从唐初归唐时的青海东南、甘南、四川西北一带到贞观末年受吐蕃北上内迁至陇右、庆州，拓跋守寂时最终到达"圁阴"（无定河一带）的迁徙路线，总结其世系及活动，同时注意到了拓跋守寂墓志志盖的小志文和撰者信息，并探讨了党项拓跋氏的族源问题，认为党项拓跋氏源于羌族，还梳理出了"鲜卑说"的攀附过程，指出以唐林宝《元和姓纂》为分界，北魏拓跋才与党项拓跋相混淆，其中有两个原因，一为姓氏本身易被混淆，二为种族攀附之风。[①] 白赛玲在其《横山墓志研究》第一章中对拓跋守寂、白全周、刘敬塘 3 方墓志进行了录文、考校和简要的疏正工作，必要处出以校记。据其对拓跋守寂墓志的详细考证，党项拓跋氏源于羌，拓跋守寂时已与汉人通婚，又考圁水地处无定河，并对志盖小志文的原因进行说明，最后指出该墓志对拓跋氏世系及其归唐等活动的记录具有补充作用。白全周和刘敬塘之疏正较为简短，就前者而言，为研究白居易提供了重要史料，也对横山地理和官职研究具有重要参考价值，就后者而言，除补正史之阙外，其撰者牛渥官衔记载的变化、书者杨丛溥和刻者娥景稠的身份也值得关注。该篇

---

① 周伟洲：《陕北出土三方唐五代党项拓拔氏墓志考释——兼论党项拓拔氏之族源问题》，《民族研究》2004 年第 6 期。

论文虽仅是学位论文，但具有承前启后的重要作用，对此 3 通墓志的关注、整理和所做的诸多探讨为后继学者的研究奠定了基础，例如对白氏家族的考证，关注刘敬塘墓志撰者、书者和刻者等。①

除此之外，其他的研究成果均将党项与定难军墓志铭纳入西夏石刻文献或丧葬文书中进行整体研究，对与该批墓志相关的不同方面进行挖掘，且材料均来源于《榆林碑石》《中国藏西夏文献》18 册所录墓志。整体而言，体现出由浅入深的特点。赵彦龙在其《论西夏的石刻档案》中指出该批墓志在雕刻、书法、婚姻、语言文字等方面对西夏研究具有重要价值。② 杜建录《夏州拓跋部的几个问题——新出土唐五代宋初夏州拓跋政权墓志铭考释》一文对夏州拓跋政权中的民族构成、拓跋家族的婚姻和党项拓跋的族属问题进行了讨论，这 16 通墓志集中反映了夏州拓跋政权对汉族地主阶级人才的积极吸纳和双向姑表婚的盛行，而通过对墓志的整理，他认为党项拓跋应源于羌，林宝的《元和姓纂》为补辑之作，其真实性值得怀疑。③ 乔娟在《西夏石刻档案资料整理与研究》中重点探讨了该批墓志所体现的家族、忠孝、事功和生死观念，但仅停留在对墓志的文本分析，对其产生的历史原因未能做更深入的研究。需要特别指出的是，她在分析事功观时注意到了女性墓志铭的特性，认为西夏对女性的束缚较少，甚至允许其再嫁或继承家产；在分析生死观时简要追溯了早期党项的多神崇拜和万物有灵观，这是西夏思想史研究中十分必要的一环。以上的所有探讨或受资料所限，仅停留在初步的溯源和比较研究阶段，但仍具有十分必要的参考价值。④ 而穆旋的《宋夏丧葬文书比较研究》则对唐至宋初党项与定难军墓志体式做以基本的研究，对其中所蕴含的宗教信仰、伦理孝道、社会礼仪、文学艺术、经济文化思想进行挖掘。她认为道家思想从风水上影响葬地的选择，儒家思想则从规格上约束志石的形制，而墓志本身兼具文学性和书法性，是研究丧葬文化的重要资料。⑤

杜建录《党项西夏碑石整理研究》是较为全面的基础性研究，该书收录陕西、内蒙古、甘肃、宁夏等地所藏夏州政权、西夏及元明时期的党项与西夏碑刻，分为上、下篇，上篇介绍该批墓志的基本情况及文献价值，并选取有代表性的墓志进行考释，下篇为碑石整理。⑥ 此外，翟丽萍《夏州节度使文武僚属考——以出土碑石文献为中心》集中考述了夏州党项政权节度使幕僚机构中的文武僚属，进而对其任职特点和迁转问题进行探讨，指出任职不论番汉，均具世袭性，任职者番汉杂糅，但拓跋氏担任其中文武要职，拥有夏州僚属的任命权和迁转权，有力掌控着夏州政权，同时

① 白赛玲：《横山墓志研究》，硕士学位论文，西北大学，2011 年。

② 赵彦龙：《论西夏的石刻档案》，《西夏研究》2012 年第 3 期。

③ 杜建录：《夏州拓跋部的几个问题——新出土唐五代宋初夏州拓跋政权墓志铭考释》，《西夏研究》2013 年第 1 期。

④ 乔娟：《西夏石刻档案资料整理与研究》，硕士学位论文，宁夏大学，2013 年。

⑤ 穆旋：《宋夏丧葬文书比较研究》，硕士学位论文，宁夏大学，2015 年。

⑥ 杜建录：《党项西夏碑石整理研究》，上海古籍出版社 2015 年版。

与破丑氏、渶氏用以姑表婚为主的形式进行联姻，巩固统治。[①] 张星星的《明前宁夏碑刻文献研究》亦指出与魏晋时期宁夏地区墓志铭相比，骈体复归、体量更大、叙事详尽是党项与定难军时期墓志铭的重要特点。同时，墓志的作者意识更加鲜明，也清楚标注出了作者身份和官职。在语言方面，四言句式较前代增多，内容上侧重对志主的褒赞，较少叙述其具体事例，且对亲属交代较为全面，支系、旁系兼有，体现了党项聚族而居的生活方式。她还留意到了西夏墓志铭中对志主生辰的记载，这在其他墓志中较为罕见，并从志主、撰者身份和墓志文风三个方面总结其文体及书写特征，认为志主身份多样，主要包括地方官、将军武士、文官贤士、忠贞妇女和布衣平民等，而撰者则无一宁夏本籍士人，墓志文风也因鲜受儒家思想熏陶而较为朴实简单。最后，还指出了这些墓志铭能够从史料上补充历史事件、人物和职官制度的记载，在文字和佛教文化研究方面也具有重要价值。[②]

国外研究成果出现较晚，主要在日本。村井恭子和夏欢在其所著的《唐末五代鄂尔多斯及河东党项、吐谷浑等相关石刻资料》对《中国藏西夏文献》中16通拓跋氏和定难军墓志和《横山墓志研究》中12通墓志进行了基本情况说明、世系考证，并进行了更为深刻的族源追溯、考证和更为广泛的社会经济考察[③]。

二 个案研究类

在个案研究中，和党项与定难军墓志铭直接相关的墓志铭研究几乎都是先录全文，再参照正史记载对墓主家族世系、仕宦经历等方面进行考证，下面将以志主所处时代先后分别进行介绍。段志凌、吕永前的《唐〈拓拔驮布墓志〉——党项拓拔氏源于鲜卑新证》认为该墓志是研究党项拓跋氏族源的重要实物资料，为"鲜卑说"提供了例证，并考证出拓跋驮布和拓跋守寂两支系同为鲜卑拓跋之后，都曾融入吐谷浑，最后内附唐朝，但内徙时间和地点、族源、官职和卒葬地有所差异，殊途同归，指出由此可证唐中央对归顺藩将所秉持的信任、优宠态度。[④] 杨富学、王庆昱在此基础上发表《党项拓跋驮布墓志及相关问题再研究》一文对党项拓跋氏的族源问题进行更为深入的探讨，注意到了党项拓跋氏迁入河湟地区后与羌族发生的民族融合现象，认为学界关于族源的分歧原因在于鲜卑拓跋氏统治党项羌后，其鲜卑的认同消失，逐渐羌化。同时，二人还据此总结出唐初党项拓跋氏由原居地到陇右，再到关内

① 翟丽萍：《夏州节度使文武僚属考——以出土碑石文献为中心》，《西夏学》2015年第11辑。

② 张星星：《明前宁夏碑刻文献研究》，硕士学位论文，宁夏大学，2017年。

③ 村井恭子、夏欢：《唐末五代鄂尔多斯及河东党项、吐谷浑等相关石刻资料》，《唐史论丛》第29辑，2019年。

④ 段志凌、吕永前：《唐〈拓拔驮布墓志〉——党项拓拔氏源于鲜卑新证》，《古代史与文物研究》2018年第1期。

道北的迁徙路线，并从归唐拓跋氏所受封号探究唐王朝对其重视程度，这对研究唐代民族政策与民族关系有所裨益。① 王富春的《唐党项族首领拓跋守寂墓志考释》，除世系、志主经历和葬地之外，还据此墓志考证出"圁阴"地处今无定河之北，另对志盖底部的志文进行说明，认为该志文主要是为增补志主旧有官职和追赠新官职而刻，与周文持论一致。② 杜建录《党项夏州政权建立前后的重要记录——延州安塞军防御使白敬立墓志铭考释》、牛达生《拓拔思恭卒年考——唐代〈白敬立墓志铭〉考释之一》和《夏州政权建立者拓拔思恭的新资料——唐代〈白敬立墓志铭〉考释之二》均对《唐延州安赛君防御使白敬立墓志铭》进行考证，前者强调墓志对《宋史·夏国传》中党项夏州政权历史记载的补充，指出在夏州政权建立前拓跋部就已打破血缘和地缘关系吸收大量汉族人才③，这补充了杜建录《夏州拓跋部的几个问题——新出土唐五代宋初夏州拓跋政权墓志铭考释》中夏州拓跋政权的民族构成和汉化问题。后两者分别就拓跋思恭卒年及其在夏州政权中的统治进行探讨，经其考证，拓跋思恭卒于唐僖宗光启二年（886）而非《西夏书事》所记乾宁二年（895）④，该墓志还补充了《新唐书》中《党项传》、《僖宗纪》、《黄巢传》和《资治通鉴》等所记载的拓跋思恭相关事迹，例如，任宥州刺史前曾为教练使，平息"征防卒结变"，早有"朔方王"称号等，使学界认识到夏州政权的组成是以党项族为主，同时吸纳汉族士人。⑤ 杜建录等《后唐定难军节度押衙白全周墓志考释》对墓志所记墓主与白居易的世系传承进行考证，从郡望、子嗣任职履历和迁往南阳时间三方面推断志文所述"唐礼部侍郎居易之后"很可能为撰文者错误或伪托攀附，认为此现象的产生主要有两个原因，一为魏晋门阀政治影响下的冒袭望族之风；二为志主与白居易本同出秦武安君白起之后，易被混淆。又因其与唐末五代定难军政权的白敬立墓志涉及同一父讳（"文亮"）和郡望（南阳），对二者进行辨析，从定居陕北时间、仕宦、婚姻、子嗣四方面推测二人应无血缘关系。同时，分析了定难军政权的财政来源主要有两种途径，一为中央拨款，二为回图贸易。最后，对押衙职级与职掌情况进行详细梳理，指出在定难军政权中节度押衙职级高于兵马使，且这是唐末五代宋初各地节度使政权中的普遍现象，进而分析此期"押衙"一职的官吏来源、职能，及其阶官化、兼知他职的倾向，认为押衙主要由节帅心腹担任，是其重要僚佐，主掌

① 杨富学、王庆昱：《党项拓跋驮布墓志及相关问题再研究》，《西夏研究》2019 年第 2 期。

② 王富春：《唐党项族首领拓跋守寂墓志考释》，《考古与文物》2004 年第 3 期。

③ 杜建录：《党项夏州政权建立前后的重要记录——延州安塞军防御使白敬立墓志铭考释》，《宁夏师范学院学报》2007 年第 2 期。

④ 牛达生：《拓拔思恭卒年考——唐代〈白敬立墓志铭〉考释之一》，《"中国多文字时代的历史文献研究"会议论文集》，2008 年。

⑤ 牛达生：《夏州政权建立者拓拔思恭的新资料——唐代〈白敬立墓志铭〉考释之二》，《兰州学刊》2009 年第 1 期。

藩镇财政，在政权发展中逐渐阶官化，以此补充了定难军政权方面的研究。^① 陈玮《后晋定难军摄节度判官兼掌书记毛汶墓志铭考释》通过对毛氏家族、仕宦的历史考证，指出定难军政权重视具有家学传承的世家人才，对中原人才也有一定吸引力，该墓志对研究定难军幕府僚佐系统的运作实态具有一定价值。^② 他的《后晋夏银绥宥等州观察支使何德璘墓志铭考释》指出该墓志能够订正李彝殷任定难军节度使的时间，而何氏家族作为粟特后裔通过与王氏家族的胡汉通婚不断融入中原汉族，这种定难军内部中层士人的联姻对研究粟特人的汉化及门第意识均具有参考价值^③。孙宜孔《后晋定难军节度副使刘敬瑭墓志铭考释》对刘氏家族世系、定难军与后唐政权对峙情况进行考证，由此看出刘氏家族自唐末因仕宦从长安迁往定难军之地居住，家族成员世代为官。长兴四年（933）志主曾参与定难军因继承问题与后唐中央政权对抗之事，且以胜利告终，并指出刘氏家族世官化体现出定难军重视具有家族传承的藩镇幕府僚佐，而长兴四年（933）对峙事件则说明了定难军政权逐渐游离于中央政权统治之外而实力日益强大，为正史记载作以补充。最后，他还在白文《横山墓志研究》的基础上推测娥氏常任定难军都料官，但并未给出论证过程。^④ 陈玮《后晋定难军节度副使刘敬瑭墓志研究》在孔文的基础上重点考证了刘氏家族与刘晏之关系，认为墓志所记"其先即唐代宗皇帝之宝臣晏相六世之云孙也"系伪冒攀附，而这种现象普遍存在于五代武职军将中，并强调了定难军政权与中央朝廷仍存在政治隶属关系，但通过志主以武将出身后任节度副使可知，定难军作为地方强藩具有一定独立性，且定难军节度使李氏家族对辖内诸州世袭性领有并拥有本镇官员的自主选任权，最后，指出该墓志对研究定难军政权早期发展及其职官制度具有重要参考价值。^⑤ 其《后晋绥州刺史李仁宝墓志铭考释》指出该墓志对李氏家族族属、迁徙、地位、权力分配、入仕途径等方面研究具有重要参考价值，对定难军系统及其职官制度研究有所补充，此外还有一定文学价值。^⑥ 陈玮《后周绥州刺史李彝谨墓志铭考释》认为该墓志对研究夏州党项与灵州党项的关系、门第阀阅之风和高度汉化的心理认同具有参考价值。^⑦ 戴应新《有关党项夏州政权的真实记录——记〈故大宋国定难军管内都指挥使康公墓志铭〉》一文据墓志所载简要梳理了党项夏州政权两次被围经历和志主仕宦经历，并考证志主葬地张继堡故址在尔德金村附近。^⑧ 陈玮《北宋定难军节度留后李继

①　杜建录等：《后唐定难军节度押衙白全周墓志考释》，《宁夏社会科学》2015 年第 2 期。

②　陈玮：《后晋定难军摄节度判官兼掌书记毛汶墓志铭考释》，《西夏学》2011 年第 2 辑。

③　陈玮：《后晋夏银绥宥等州观察支使何德璘墓志铭考释》，《中国国家博物馆馆刊》2013 年第 3 期。

④　孙宜孔：《后晋定难军节度副使刘敬瑭墓志铭考释》，《西夏学》2019 年第 1 辑。

⑤　陈玮：《后晋定难军节度副使刘敬瑭墓志研究》，《北方文物》2020 年第 1 期。

⑥　陈玮：《后晋绥州刺史李仁宝墓志铭考释》，《西夏学》2015 年第 11 辑。

⑦　陈玮：《后周绥州刺史李彝谨墓志铭考释》，《西夏学》2010 年第 1 辑。

⑧　戴应新：《有关党项夏州政权的真实记录——记〈故大宋国定难军管内都指挥使康公墓志铭〉》，《宁夏社会科学》1999 年第 2 期。

筹墓志研究》对墓志中婉辞"佳城""逝川"进行考证，前者代表墓地，后者用以比喻岁月流逝，并梳理墓志撰者、书者仕宦经历，补充书者题署缺字"押衙兼观察"，同时再次对党项拓跋氏的族属问题进行考证，认为党项拓跋氏是羌族。① 杜建录等《陕西横山出土〈故野利氏夫人墓志铭〉初探》指出该墓志对学界研究党项拓跋氏的姓氏、婚姻关系和定难军职官问题具有一定参考价值，认为赐姓"李"后，一部分拓跋部仍姓拓跋的原因有两种可能：一为拓跋部中两种姓氏均在用；二为受赐姓的仅为镇压黄巢起义的拓跋思恭一族，其他不参与镇压或较为疏远的部族依然姓拓跋。而通过志主之女嫁入拓跋氏和破丑氏这一现象证明了野利氏、破丑氏和拓跋氏的婚姻关系两两之间均是双向的，这一判断补充了杜建录此前在《夏州拓跋部的几个问题——新出土唐五代宋初夏州拓跋政权墓志铭考释》中的结论。作者又考证了"防河使"一职为"河防军大使"的略称，且"河"为无定河。最后从五代藩镇使帅和幕僚的世袭现象、家世门第、宋科举时间与野利氏下葬冲突三方面推测该墓志撰者王旦并非真宗朝相王旦，而是同时代与其同名的定难军幕职僚属。② 高建国等《陕北横山新发现党项族〈故野利氏夫人墓志铭考释〉》认为该墓志反映了横山地区野利氏内迁的情况，也为其与破丑氏、拓跋氏的密切姻亲关系和姑表婚盛行现象提供例证，同时指出应当对志文书写体例和野利氏去世原因等方面加以关注。③ 杜建录等《宋代党项拓跋部大首领李光睿墓志铭考释》对墓志所提的夏州人口、番部越名等问题进行探讨，认为此时夏州人口的不断增长反映了其政权日益壮大，并指出夏州管内蕃部越名都指挥使是节度政权属官。同时，对志主同时期夏州拓跋政权的内政与外交情况进行梳理，指出其在内以仁道治理，在外则对北汉和契丹都采取和平相处的外交政策。最后也考证了党项拓跋氏的族属问题，认为拓跋氏源于后魏。④

概言之，国内外学界对党项与定难军墓志铭研究取得了丰硕的成果，对认识党项、西夏社会历史有重要意义。但现有的成果几乎都是基于文献整理、考证的研究，对其中的"书写"关注很少。

第一，党项与定难军墓志铭的相关整理、考释研究丰富，历史书写研究却是薄弱环节。现有研究成果主要集中在志主家族世系、仕宦经历、葬地等方面，可谓十分详备，重视志文对史实的补充价值，尤其是党项拓跋氏的族属问题，虽尚未形成统一认识，但许多学者广泛蒐集史料对其进行了十分深入、充分的研究，对于"是什么"已有较为准确的认识和把握。但从书写角度入手，结合时代背景和个体差异对其更为深入的思想研究（"何以成为"）还不够充分。实际上，墓志作为一种史料文本，是个体有意或无意选择下的行为结果，其最终形成受制于撰者的才能、阅历、社会地位

① 陈玮：《北宋定难军节度留后李继筠墓志研究》，《西夏研究》2014 年第 4 期。
② 杜建录等：《陕西横山出土〈故野利氏夫人墓志铭〉初探》，《西夏学》2019 年第 2 辑。
③ 高建国等：《陕北横山新发现党项族〈故野利氏夫人墓志铭考释〉》，《墓志碑帖研究》2020 年第 2 期。
④ 杜建录等：《宋代党项拓跋部大首领李光睿墓志铭考释》，《西夏学》2006 年第 1 辑。

等因素，同时能反映社会政治环境、文化风气等诸多问题，是重要的书写研究资料，应当加以利用。

第二，党项与定难军墓志铭的文体研究较为分散，文学书写研究尚待补充。学界现有文体研究成果主要可分为内容和形式两方面，前者对墓志包含的"十三事"论证比较详细、充分，对其特征总结也较为准确、全面；后者主要集中在语言、篇幅等方面，但对志文和铭辞没有较为系统的分析，整体较为零散。另外，在与中原墓志进行比较时，因时间跨度过大，显得有些混乱。而除文体之外的文学书写研究则受历史研究方向影响或材料限制，多集中在对撰者个人情况（身份、地位等）和作者意识的探讨，但墓志作为一种文学体裁，对其进行书写研究应不止于此，还应包括作者所具备的美学、文学思想研究，同时也应该注意到同时代的读者群体与文学书写的相互作用。

总之，相较于传统文献的整理、考证，这批文献的历史书写和文学书写及相关研究还处于初步的探索阶段。"书写"的视角有助于我们重新审视已掌握的史料，有助于我们跨越史料本身去到史料背面，即以撰者为切入点对史实进行更加深入、准确、广泛的把握。随着更多新墓志的出土，释读水平的提高，交叉学科研究视角的转换，党项与定难军墓志铭研究将更加全面、深入。

第三篇

会 议 评 述

中国民族古文字研究会成立 40 周年学术研讨会暨第十一次会员代表大会综述

宁夏大学　庞　倩

2020 年 11 月 13 日至 15 日，由中国民族古文字研究会、宁夏大学西夏学研究院主办，《宁夏社会科学》编辑部协办的"中国民族古文字研究会成立 40 周年学术研讨会暨第十一次会员代表大会"在宁夏回族自治区银川市顺利召开。来自全国三十多所高校和科研院所的百余位专家学者参加了此次学术盛会。此次代表大会同时举办了中国民族古文字研究会成立四十周年庆祝会，共同回顾了学会成立四十周年以来的发展历程。

开幕式由中国社会科学院民族学与人类学研究所研究员、中国民族古文字研究会副会长兼秘书长孙伯君主持，中国社会科学院民族学与人类学研究所赵天晓书记、宁夏大学西夏学研究院院长杜建录教授、国家民委全国少数民族古籍整理研究室孙继为副主任、中国民族古文字研究会副会长张铁山教授和《宁夏社会科学》特邀编辑张玉海研究员分别致辞。赵天晓书记在讲话中指出，中国民族古文字研究会成立 40 年来，各文种专家在揭示民族古文字文献中所蕴含的丰富的民族文化遗产、培养爱国主义精神、弘扬中华民族优秀文化传统、树立民族自尊心和自信心，以及增加各民族的相互了解和团结等方面都付出了巨大的努力。中国民族古文字文献是中华民族巨大的精神遗产，是各民族交往交流交融的具体体现和见证，更是铸牢中华民族共同体意识的宝贵财富。古文字研究事业的发展需要几代人不断"薪火相传"，努力拼搏。

开幕式上，中国社会科学院民族学与人类学研究所副所长王锋研究员主持了"中国民族古文字研究会成立四十周年庆祝会"。庆祝会上以视频的形式回顾了中国民族古文字研究会成立四十年来的发展历程，远在外地无法到会的道布、黄润华等老先生为研究会书写了贺信，史金波、白滨、刘凤翥、孙宏开、吴肃民、关嘉禄等老一辈专家会员为研究会录制了视频，表达了对研究会成立四十周年的衷心祝贺。随后，赵天晓书记、王锋研究员、张铁山教授、黄建明教授、杜建录教授、景永时教授、吴元丰研究员、吴英喆研究员等为新入会会员颁发了会员证书。最后由孙伯君研究员介绍近年来与古文字会相关的几项重大成果，包括"中华字库"项目民族古文字字库取得的成果，以及"中国民族古文字文献网"的建设情况等。

此次论坛采用大会主旨专家讲座与分论坛学术交流相结合的形式，涉及西夏、满、彝、回鹘、突厥、契丹、佉卢、蒙古、察合台、藏、傣等多个文种。与会专家学者围绕民族文献的释读、民族文献的版本与整理、民族古籍的保护与传承、民族文字的考源以及近年来民族文字的数据化等几个方面展开了热烈讨论。

大会主旨发言分别由段玉泉、吴元丰、景永时和吴英喆四位专家主持。第一场报告，中央民族大学张铁山教授介绍了《回鹘文契约研究中存在的问题和解决方法》，他指出回鹘文契约是研究回鹘社会的第一手资料，自 19 世纪末 20 世纪初以来，吐鲁番、敦煌等地出土大量的回鹘文契约，世界各国对这些契约进行了持续不断的研究，取得了丰富的成果，但由于这些契约大多用回鹘文草体字书写，且收藏分散，对其进行释读和整理存在一定的困难，对其利用形成限制，了解回鹘文契约研究中存在的问题，对于今后开展这方面的研究大有裨益。第二场报告，内蒙古大学吴英喆教授《契丹文基数词"一"音值考》在对前贤研究进行整理总结的基础上，通过对新老资料的综合分析，运用历史比较语言学及语言统计等方法，对契丹文"一"的音值进行了考释，得出契丹小字阳性"一"之语音是更接近蒙古语族语言"一"的 nə 音，而不是之前推测的更接近满通古斯语族语言"一"的 əmu 音。第三场报告，西南民族大学王启涛教授《丝绸之路的语言文字交流新探》提及在不同的历史时段，古代丝绸之路西域段曾经使用过 20 多种语言文字，并指出研究古代丝路的语言文字交流史对于今天铸牢中华民族共同体意识具有极为重要的意义。第四场报告，北方民族大学景永时教授《民族古文字信息化的回顾与前瞻》回顾了民族古文字信息化问题，尤其是西夏文字的信息化处理情况，他提出，推进民族古文字研究，输入法和数据库的建设必不可少。第五场报告，兰州大学白玉冬教授《蒙古国回鹘四方墓出土鲁尼文刻铭释读——兼谈鲁尼文字形之演变》以回鹘四方形墓葬出土的鲁尼文刻铭为例，给出了有别于前人的新的解读。同时，通过对鲜为人知的鲁尼文字体变化的探讨，致力于确定上述鲁尼文刻铭的年代，旨在以小见大，抛砖引玉，督促学界同人推陈出新。第六场报告，中国第一历史档案馆吴元丰研究馆员《满文档案及其百年编译出版历程——以中国大陆为中心》全面系统梳理了中国大陆满文档案及其百年编译出版历程。第七场报告，宁夏大学西夏学研究院段玉泉研究员《论西夏文形声字的形成》重点探析了西夏文形声字的形成及类化规律。第八场报告故宫博物院李若愚副研究馆员《故宫博物院藏藏文古籍概览》整理了故宫博物院收藏的藏文古籍，他提到故宫博物院收藏的藏文古籍继承于清室旧藏，主要来自清内廷、热河行宫与沈阳故宫，文物南迁后有部分藏文古籍流落南京与台湾。这批藏文古籍自故宫博物院建院以来一直没有被系统地编目整理，该文简要介绍这批藏文古籍的来源聚散情况，现阶段的收藏整理现状，并公布宗 23442 至宗 23727（书 27122—27395），共计 160 个文物号的藏文古籍简目，以求学界对故宫博物院收藏的藏文古籍有一个初步的认识。

根据参会学者研究领域的不同，分会场学术交流分成以下几组进行，相关情况分述如下。

一 西夏文献研究

西夏文献研究主要包括文献、语言文字、历史文化研究三个板块。

（一）文献研究方面

成果集中于文献的刊布与解读，张九玲《〈圣胜慧到彼岸八千颂经·增上慢品〉夏汉藏对勘研究》，通过对 Инв. №103 卷二十中的增上慢品进行西夏录文、藏文的转写，对照参考藏文本对西夏本进行了汉译，并将此经的夏汉藏三种文本进行了对勘。李雷《"西夏佛经三种"考释》，对新见的《佛说圣曜母陀罗尼经》、《佛说金轮佛顶炽盛光大威德如来陀罗尼经》及《佛说炽盛光大威德消灾吉祥陀罗尼经》进行了考释，得出前两部佛经与现存相关汉文本在陀罗尼部分和内容上均有不同，表明西夏时期炽盛光佛信仰的流传和延续。安娅《西夏文〈大真言随持经〉研究》，认为它是西夏文藏传佛经"五部经"的最后一部，通过解读其西夏文本，对文中出现的名相进行西夏文、汉文、藏文和梵文的对勘研究。冯妍菲《俄藏3545号西夏文佛经〈佛说佛母出生三法藏般若波罗蜜多经卷第二十五〉译释及语言学研究》，通过将其进行译释并与汉文本该经对勘，梳理出现的西夏语词汇、语法现象。吴宇《西夏文〈大宝积经〉卷七十九校注》，依据鸠摩罗什汉文本，首次对俄藏 Инв. №. 512 西夏文《大宝积经》卷七十九进行录文、释读和注释，并对其中出现的通假、讹、脱、衍的情况进行校订。庞倩《俄藏未刊布5590号西夏写本〈天盛律令〉释补》一文对俄罗斯科学院东方文献研究所收藏的5590号四件西夏文残叶进行校录和释读，得出该文献译自《天盛律令》，并指出了整理者的著录和拼配错误，考证出其分属于《天盛律令》第二卷"盗杀牛骆驼马门"（仅存四条）和《天盛律令》第七卷"为投诚者安置门"（仅存七条）的部分内容，进而与印本《天盛律令》相关内容的相互对勘，补充了印本西夏文内容所缺失的部分。宋兆辉《西夏文〈亥年新法〉卷六残页考释》，分析考证《俄藏黑水城文献》第九册公布的一片文献照片定名为《亥年新法》第六甲种本编号 Инв. №. 8071 的残页，通过文献形制的对比，发现其与同册《天盛律令》卷六的写本内容非常一致。经过仔细对其内容释读，正好可以补充《天盛律令》卷首所缺内容。因此可以定名为《天盛律令》卷六《发兵集校门》。廖莎莎《俄藏 Инв. №. 6240 6739 号西夏文书定名新考》，指出《俄藏黑水城文献》 Инв. №. 6240 6739 号文书总计有 16 页，将其归入西夏晚期法典《亥年新法》正确卷数中，对其整理定名，进一步补充了西夏文献，并对其相应的西夏历史进行考释研究。方璐《从西夏文〈三惊奇〉看西夏的联章歌辞》，分析研究《三惊奇》，推断它并未见于其他文献，后世也并未有相同名称的流传，推断出极大可能是由作者自己创作的新歌辞名，并阐释其中所展现的中观思想以及文本的重句、定格、和声、押韵情况，显示了文本对民间歌谣体式的吸收，彰显了作者鲜卑宝源作为虔诚佛教徒将佛教思想世俗化的用心，也一定程度上揭示了西夏文学的发展水平。赵成仁《英藏西夏文〈大般若波罗蜜多经〉卷八残片考》，分类考述释出的 Or. 12380 – 3764. 1、Or. 12380 – 3764. 2、Or. 12380 – 3764. 3、Or. 12380 – 3764. 4 均属于《大般若波罗蜜多经》中第八卷的内容，上下文相继，可互相缀合。

（二）语言文字研究方面

麻晓芳《西夏文佛经文献异文类型考》，该文汇集西夏佛经文献中的异文现象，并从文本、文字及语言三个层面考察佛经文献的表现形式。邓章应、李颖《西夏文佛经写本校改体例研究——以俄藏写本〈大宝积经〉为例》，以校改较多的俄藏西夏文《大宝积经》为材料，对其中出现的纠正讹文、增补脱文、删除衍文、乙正倒文的校改体例进行研究。张永富《西夏语第一、二人称双数后缀和人称范畴再探讨》，通过语料的梳理，指出耳 kji1 作为第一人称双数后缀和魏 tsji1 作为第二人称双数后缀的语言事实，最后将耳 kji1 和魏 tsji1 纳入人称范畴与动词音韵转换的系统内进行考察，明确了耳 kji1 和魏 tsji1 作为双数人称后缀，不会引起动词的音韵转换。柳玉宏《西夏语重叠式研究》，分析了西夏语中存在着重叠这种汉藏语系各语言普遍存在的语言手段，可分为音节的重叠、语素的重叠、词的重叠这三个层级。赵生泉《西夏文篆书分类释名》，指出西夏文篆书是一种用于特定场合的，就特定文字内容进行装饰美化而形成的"新"书体，探索出西夏文篆书可分为小篆和九叠篆两种。宋歌《从〈番汉合时掌中珠〉看西夏语构词特点》，一一梳理《掌中珠》中的西夏语词汇，对每个词的内部结构进行观察和论述，总结出词的内部结构规律，进而探讨西夏语的构词特点，并对特殊情况进行分析整理。刘贺和邓章应《黑水城汉文文献同形字辨析十二则》，通过与《汉语大字典》《中华字海》等字书进行对比考证，重点对黑水城汉文文献中的十二个同形字进行了辨析与研究。孙颖新《西夏文献中的通假类型》，重点介绍了西夏文献的通假现象分为西夏语内部引发的通假、汉语内部引发的通假，以及与西夏语和汉语同时相关的通假三种类型。许鹏《西夏文世俗文献中的通假字考辨》，通过调查得知西夏文世俗文献中也存在通假字，力证辨析西夏文通假字，对于重新审视、考证世俗文献释读过程中存疑的词义具有重要意义。

（三）历史文化研究方面

戴羽《"蒋"与西夏保辜制度探析》，重新释读《天盛律令》中的保辜条文，发现法典除已知两条保辜条文外，还包括《烧伤杀门》与《出典工门》中各一保辜条文，同时确定"蒋"是与保辜制度密切关联的法律词汇。佟建荣《汉文史料中所见党项人名考》，指出近年来随着出土西夏文文献的整理研究，一些西夏文人名先后被解读，重点考证部分汉文党项人名用字，以期对相关人名的理解有所裨益，力在为史料的正确点校提供一些依据。许伟伟《西夏书籍与文化流通》，梳理了西夏书籍著书机构秘书监、番汉二学院、翰林大学院、佛寺以及私人著述者、著述者来源，书籍分类与特点，西夏书籍的输入途径与输出情况，分析得出宋书籍印刷业对于西夏书籍从形式到内容有很大影响，而且一些书籍中体现了汉语语境。翟丽萍《西夏正统司小考》，简单论述了西夏正统司和统军司的设置，同时辨析正统司下设职官及其相关文献中任职者情况和正统司的职责等问题。王龙《从出土文献看西夏与鞑靼的关系》一文综合考察了存世西夏文献中明确提及鞑靼的资料并加以翻译，展现了西夏与鞑靼的密切关系以及双方往来的方方面面。张映晖《西夏社会的借贷自由与债务负担》，依次论述《天盛律令》"催索债利门"集中规定了民间借贷的主体资格、借贷契约的形式以及债务负担的程序与措施等内容，并与宋进行比较，指出西夏法律对于商事主体的资格限制较为宽松，也更为尊重主体的意识自由。

二 满文、蒙古文文献研究

（一）满文方面

赵阿平《从满文文献看清代民族文化融合》一文介绍满文文献与历史文化研究情况，主要论及作为"卤簿"之意的"faidan"，首先分析faidan（卤簿）及其相关词汇的基本语义，进而分析其文化内涵，同时简要概述清代卤簿制度，并探究这个朝代的卤簿制度的特色，从而说明在满汉文化接触中，满族对汉族文化持有的既积极接纳学习又保留自身特色的态度。白田里《浅论回鹘式蒙古文文献〈只必帖木儿大王令旨〉的文字特征》，简单介绍了该文献内容，并系统地分析其文字特征，最后比较研究了该文献和同为回鹘式蒙古文碑石的《释迦院碑记》《蓟国公张应瑞先茔碑》文字特征的不同之处。殷芳《满语口语音变试析》一文在总结满语口语音变情况的同时，重点阐述了满语口语音变对满语学习的重要性，并试析满语口语音变的产生与发展。长山《清代满文对蒙古文书写的影响》，重点考察了清代以满文书写蒙古语的现象，呈现出满文书写汉语借词、满文转写蒙古文、混合书写满文和蒙古文三种类型。邓晶《〈钦定四库全书·琴谱合璧〉再探》，以《钦定四库全书·琴谱合璧》为基本史料，归纳其中的语法现象，揭示翻译技巧，探讨思维方式，意在通过对该文献的研究，丰富目前满汉互译工作上的技术手段。邵磊《民族接触与文字变异——〈五方元音〉韩·满·汉文字对译研究》，通过考证得出最具民族接触与文字变异代表性的当属《五方元音》，梳理总结出该书韩文转记对发音的转写较多重视，对字形的转字则捎带兼顾。贾越《基于满语数词体系的满族数字认知模型建构》，通过分析满语基本数词形态结构追溯数词词源，对满语数词概念系统进行词源语义重建，得出满语基本数词体系即满族数字认知来源模型建构，即人类身体模型。王敌非《俄藏清代 A109mss 写本小考》，对俄罗斯科学院东方文献研究所所藏《三坛谢降祝文》著录编号 A109mss 进行了考释，并注释了 A109mss 写本的满文转写、汉文对译、汉文译文及部分满文词语。顾松洁《试探〈钦定清汉对音字式〉的性质》，通过比较此书形成前后的舆图地名试探其编纂性质，考察清代语言文字政策的执行效力。韩晓梅《从军机处满文寄信档看乾隆帝规范清文的使用》，介绍中国第一历史档案馆保存的清代满文档案有 200 余万件，从清代满文档案入手开展满族语言文字研究，有助于进一步丰富我国民族古文字研究的成果。朱文丽《试论满文字牙的符号功能》分析用满文字母拼写一些外来词时，会出现词中相连的两个音节中间有一个多余的短牙的情况，得出这种具有符号功能的短牙在词中的作用就类似俄语的硬音符号的结论。邱王怡雯《满汉混合形式的文学作品研究》一文从满汉混合形式文学作品形成的历史背景、作品形式、研究价值等三个方面研究，力证其在满族文学史上具有重要且特殊的地位，具备丰富的文学、语言学及民俗学价值。

（二）蒙古文方面

包乌云《论元刻汉蒙文合璧〈孝经〉的回鹘式蒙古文书写特征》，考述元代的汉籍蒙古文译本中传世的只有元刻汉蒙文合璧的《孝经》残本，得出该蒙古文为回鹘式蒙古文，试图对《孝经》进行深入研究，系统分析文字书写特征。包文胜、王培培《薄骨律、额里合牙与银川地名考释：基于北方民族语言的解读》，探讨了宁夏境内的一些与北方民族语言尤其是与蒙古文相关的地名问题，指出"薄骨律"为蒙古—突厥语，意为骟白马，"额里合牙"为党项语，意为驳马，得出这些地名跟"贺兰山"之名来历一样，与驳马部的牧地及迁徙直接相关。

三 突厥、契丹、回鹘等文献研究

（一）突厥文和回鹘文方面

吐送江·依明《蒙古国泰哈尔楚鲁 Taikhar Chuluu 岩石鲁尼文题记研究》，指出泰哈尔楚鲁岩石上有突厥鲁尼文、粟特文、回鹘文、蒙古文、八思巴文、藏文、满文、汉文、西里尔蒙古文等组成的将近 200 个题记，并重点对突厥鲁尼文题记内容进行译释。崔焱《类型学视域下的鄂尔浑—叶尼塞碑铭条件标记研究》，考述鄂尔浑—叶尼塞碑铭中的条件标记主要通过动词形式的动词词干缀接 – sar/ – sär 进行标记。海霞《〈突厥语大词典〉中有关军事职官称谓小考》一文考证统计了《突厥语大词典》中所释义的所有尊号及职官称谓，经厘定整理，对其中所释义的三个有关军事的职官称谓进行了词源考证及流变探析，以求勾勒喀喇喇汗王朝的军事方面的一些情况。赫如意《鄂尔浑—叶尼塞碑铭文献中的古突厥语和蒙古语共有词及其特点》以

《暾欲谷碑》《阙特勤碑》《毗伽可汗碑》《阙利啜碑》《磨延啜碑》等碑铭文献为基础史料，找出 48 个古突厥语和蒙古语共有词汇，总结其在语音、语义和结构等方面的特点。刘戈《回鹘文契约译本杂谈》指出 1928 年苏联 B. B. 拉德洛夫的《回鹘文献集》出版至今已经过去了 90 多年，分享研究回鹘文契约译本的一些体会，并对这一研究领域的几个回鹘文契约译本作了补充。王红梅《从译经到勘经：回鹘译经事业的发展》简单介绍了回鹘于 9 世纪中期接受佛教，约在 10 世纪拉开了佛教译经活动的序幕，至元代其译经事业达到了鼎盛时期，重点论述回鹘译经事业在元初的重大作用。朱国祥《回鹘文献中的波斯语借词对音研究》，该文基于回鹘文献筛选出 58 个波斯语借词，通过以帕拉维语为代表的中古波斯语与回鹘语译音的对比，归纳出波斯语与回鹘语对音规律，最后总结波斯语借词客观存在于回鹘文献当中。赵洁洁《敦煌石窟中回鹘文题记研究现状及方向》经过深入分析约 300 条回鹘文题记格式、巡礼者的出生地和断代等问题，对回鹘文题记的研究现状和方向进行了展望。毛选《维吾尔古代官职名称研究》一文主要分析和阐释古代维吾尔族的官职名称以及含义。玛定娜《唐代对回鹘帝国的记录》（Chinese Tang Records on the Uighur Empire）梳理了《新唐书》《旧唐书》等史籍中记载的有关回鹘王国相关情况等。陈欣《敦煌西夏佛经残片上的回鹘文》指出西夏与回鹘之间的关系一直是中亚研究在历史、文化、佛教以及宗教、语言学等学术领域的研究对象，并对西夏佛经壁画残片上的回鹘文进行探讨，借此致敬基恰诺夫教授（Prof. Kychanov）的 80 岁生日。郑玲《从汉语文化负载词的音译看语言接触与文化认同——基于回鹘文〈玄奘传〉的语料分析》，分析译自汉文的回鹘文《玄奘传》是典型的语言接触的产物，选取该文献的汉语文化负载词为研究语料，得出音译之法的文化内因及翻译优势，深入探究语言接触与文化认同的多重互动关系，进而论证持续性的族际接触是文化负载词借用的诱因。

（二）其他文字方面

吾斯曼·居买《一件察合台文契约文书研究》从历史文献学的角度对这件契约文书进行释读、转写、翻译，并从语言学的角度对此契约文书在语音、词汇特点方面进行论述。任仲夷《〈御制五体清文鉴〉中察合台文词条中 b 的特点》一文选取了其中的察合台文词条作为研究对象，探讨了晚期察合台文文献《御制五体清文鉴》中辅音 b 的演变规律。李博《新疆出土佉卢文书所见僧人世俗生活考》通过考证新疆出土的佉卢文书中所反映的僧人世俗生活特征，来说明佛教的世俗化发展与王权政治间形成良性互动，使二者相互促进，不断推动社会向前发展。阿卜拉江·玉苏普《一篇〈高昌馆来文〉研究》以目前为止未刊布的一篇《高昌馆来文》为基本史料，对其进行充分研究，在其原文的基础上进行拉丁字母转写和注释，并指出来文中存在介词用法不恰当，格附加成分遗漏及误用，否定词的误用等种种语法问题并分析其原因。马婧贤和张铁山《〈高昌馆来文〉西域贡马研究》，该文旨在诠释作为汉文回鹘文对照公文集的明代文献《高昌馆来文》中一批涉及西域贡马的文书，统计该公文集中的贡马数量，并考证部分贡马的名称。崔永强《北朝高昌地区行水问题研究——兼论高昌郡督邮分部》，从新发现的一件北凉时行水文书推知，高昌似乎还有南部行政分区，结合以前的督邮分部资料认为，高昌郡在现实中更可能以自然地理情况进行督邮分部，大致以高宁县为中心，将其郡分为中、东、西、南四部。

四 藏、彝、壮等相关文献研究

（一）藏文方面

杨洁《藏文古籍〈贤者喜宴·噶玛岗仓史〉的特点及其价值》，指出学界长期关注的是它的史学价值，对于其重视程度远不如另一卷《贤者喜宴·吐蕃史》，通过论述《贤者喜宴·噶玛岗仓史》的内容、特点及其价值，促使学界今后更加注重该卷内容的研究及其史料的全面考证。吕众林《八大藏戏中的占卜文化研究》在对八大藏戏中的占卜类型、卦师种类、占卜要素等进行梳理总结的基础上，探讨八大藏戏中占卜文化的影响因素及其作用，揭示占卜文化在藏族社会生产和生活中的地位及其对藏族社会与宗教的影响。

（二）彝文方面

蔡富莲《彝文护身符〈帛叠特依〉蕴含的传统时空观》，考述并分析出彝族把宇宙分为天界（祖界）、人界（地界）、阴界（地底）三界，视人体为小宇宙、天体为大宇宙，人体同于天体，天人感应，将人体置于宇宙中心，作为确定基本方位的坐标。王海滨《彝文古籍数字化中的"瓶颈"及其对策研究》，该文基于目前彝文古籍数字化研究中存在顶层设计缺位、选题代表性不强、古籍版本鉴定能力弱、字库建设滞后、平台建设不规范、研究经费短缺、人才队伍欠缺等瓶颈问题，从全国彝文古籍数字化研究中的顶层设计、文本筛选、版本鉴定、字库建设、平台建设、研究队伍建设等方面提出几点思考，以期做好日后彝文古籍数字化建设工作。杰觉伊泓、孟丽涛《在"通用"语境下探讨彝文古籍文献的翻译整理》，从应用《彝文字集》"通用"的角度出发，结合彝文自身的特点，探讨如何翻译整理卷帙浩繁的彝文古籍文献。吉差小明《网络技术视域下古彝文识别方法研究》，阐述了彝文古籍记录的彝族先民文明发展历程，探析在当前形势下需要采用先进的网络技术对彝文古籍中的信息加以保护。李晓璇《〈西游记〉与彝文典籍〈唐王游地府〉、〈西行取经记〉对比研究》，通过梳理彝族地区较为完善的两个版本故事内容，将之与吴承恩本《西游记》对比可知，该故事源头当早于吴本《西游记》。

（三）傣、壮文方面

戴红亮《傣语转写巴利语 a 变 u 语音变异规则分析》一文以《维先达腊》和《长阿含经》中巴利语借词为例，分析傣语转写巴利语的一种特殊的语音变异，并根据这一变异规律还原巴利语借词原形和释读傣文古籍中某些疑难词汇问题。何思源《方块壮字的越南语解读》通过将部分方块壮字用壮语或汉语音译法进行解读，参照越南语及喃字音义，考察语言文化的接触与影响。

五　综合性文献研究

史金波、黄润华《开拓创新　成就辉煌——中国民族古文字研究七十年回顾与展望》，该文对新中国成立 70 年来中国民族古文字研究做了系统梳理和总结。阿拉法特·艾山纳瓦依《〈格律的准绳〉相关问题及其版本概述》，该文在对《格律的准绳》新校本研究工作的基础上，探讨其存在争议的作品成书年代、诗句来源问题等，最后介绍与分析作品现存抄本与目前已问世的几种校勘本、普通转写本中出现的典型问题。安英姬《〈真言集〉悉昙章的"浊"音与其两套梵韩对音》，通过梳理大量资料发现韩国有一系列流传比较广泛的真言集，书名就是《真言集》，并对这系列悉昙章的"浊音"以及不同版本出现的两套梵韩对音现象进行语音分析和考察。杨晓敏《一个河东军事移民后裔的乡情与边关生活——以〈宋故供备库副使赵武墓志铭〉为中心》一文通过对元祐四年（1089）的《宋故供备库副使赵武墓志铭》的详细考释，简要概括志主赵武的一生，从他的经历折射出宋初官方主导下声势浩大的河东强制移民运动下晋民及其后人的心态、处境与出路，也为我们重新认识这段历史提供了新的细节。李进兴、李正山《新时期文字雏形探讨》，从海原县西安镇菜园村新石器遗址发掘出土和民间收藏带有文字符号的陶、石、骨器 200 多件，符号文字达 100 多个，反映出狩猎、耕作、畜牧、自然崇拜、祈祷、舞蹈、占卜等各个层面，经考证这些符号为早期文字的雏形并将这类符号命名为"陶石文"。李小瑞《近二十年北朝碑刻整理研究回顾与展望》，对近 20 年北朝碑刻文献整理与研究现状进行了梳理，在此基础上提出以北朝这一断代碑刻文献为切入点，凸显北朝碑刻的民族特色，深入探索碑刻文献学的理论与方法，是今后北朝碑刻文献整理与研究努力的方向。朱恩毓《"采"字职能演变研究》，利用出土文献考察了"采"字在各个时期记录职能及变化情况，重点以出土材料及传世文献中的十三经、二十四史及相关注疏材料为主，力求真实地反映"采"字在各个时期的记录职能及变化情况。

六　结语

此次研讨会探讨了西夏、契丹、回鹘、满、蒙、藏、彝、突厥、壮等二十余种民族古文字文献，回顾历史，传承"绝学"，阐释方法，探讨民族古文字的解读以及文献中蕴含的民族语言、宗教、历史、文化等内容。此次盛会不仅促进了民族古文字文献的整理与研究，提升了民族古籍在民族地区文化建设中的作用，共同展望了民族历史文献研究的美好未来，也让少数民族古籍文献研究成为铸牢中华民族共同体意识的重要资源。

第九届中国少数民族古籍文献
国际学术研讨会综述

宁夏大学　　王　龙

2019 年 10 月 27 日至 29 日，由中国民族古文字研究会、中央民族大学中国少数民族语言研究院、云南民族大学主办，云南民族大学民族文化学院承办，国家社科基金重大项目"南方少数民族小文种文献保护与整理研究课题组"协办的"第九届中国少数民族古籍文献国际学术研讨会"在云南省昆明市云南民族大学举行。来自法国、蒙古国、匈牙利、美国、俄罗斯、日本和国内的中国社会科学院、中央民族大学、新疆大学、兰州大学、西北民族大学、西南民族大学、天津大学、宁夏大学、广西大学、陕西大学、黑龙江大学、西南大学、贵州民族大学、云南民族大学的共 70 多位学者出席了会议。会上，与会学者就突厥、回鹘、察合台、契丹、女真、西夏、蒙古、八思巴、满文、锡伯、彝、壮、纳西东巴、白、水文等文字文献进行了充分的讨论，包括新材料和新碑刻的发现与整理，少数民族文字的文字学研究、词语的考释和语法的研究，还有相关民族历史文化的研究，贯穿了文献学、语言学和文字学的研究方法。

会议开幕式由云南民族大学赵纯副校长主持，云南民族大学校长张桥贵介绍了云南民族大学的基本情况，并对与会学者表示了热烈的欢迎。中国社会科学院民族学与人类学研究所所长王延中、中央民族大学中国少数民族语言研究院院长阿不都热西提·亚库甫、法国巴黎高等研究实践学院 Pierre Marsone 分别为大会开幕式致辞。王延中所长指出了中国少数民族文字和文献是中华文化不可忽视的一部分，在当前的形势下加强对少数民族文献的研究和宣传，将会进一步促进民族文化的发展和我国各民族间的了解，有利于形成团结互助、共同发展的大好局面。阿不都热西提·亚库甫院长回顾了历届中国少数民族古籍文献国际学术研讨会，并作为主办方对参会人员表示了感谢。Pierre Marsone 教授肯定了历届中国少数民族古籍文献国际学术研讨会为民族文化研究和学术交流所做的突出贡献，并希望该届研讨会在史料的分析和解读方面有新的可能性。

在研讨会中，中国社会科学院民族学与人类学研究所所长王延中、中央民族大学中国少数民族语言研究院院长阿不都热西提·亚库甫、中央民族大学中国少数民族语言文学学院院长钟进文、中国民族古文字研究会副会长兼秘书长孙伯君、中国民族古文字研究会副会长张铁山、中国社会科学院民族学与人类学研究所研究员聂鸿音、中国社会科学院民族学与人类学研究所研究员王锋等被聘为云南民族大学客座教授。

会上，五位专家应邀作了主旨发言。中国社会科学院民族学与人类学研究所聂鸿音研究员《党项人"考辨"》结合传世典籍、考古资料及西夏文献，对"党项人"进行了考辨，指出西夏人设计了一套文字同时记录两种语言，西夏境内的党项人内部分成两个部分：自称"番"的人群又称"黑头"，说"番语"；自称"勒尼"的人群又称"赤面"，说勒尼语。两种语言差别很大，勒尼语使用范围很窄。阿穆尔国立大学教授安德烈－帕夫洛维奇－扎比娅卡"Чжурчжэньский текст 1127 года на наскальных изображениях реки Архара"（阿尔哈拉河流域 1127 年的女真文岩画）以 2003 年、2014 年至 2018 年对阿尔哈拉河流域岩画实地考察研究为基础，经过考证认为此文字是 1127 年书写在岩石上的女真文字，是迄今发现最早的在阿尔哈拉河沿岸的文字书写体，其内容揭示了金帝国时代的女真迁徙历史，以及他们在东亚以及东北亚相邻区域的文化传播过程。中国民族古文字研究会副会长兼秘书长孙伯君《元代〈河西藏〉编刊资料补正》重新释读了《过去庄严劫千佛名经》发愿文，梳理西夏后裔整理遗存西夏文佛经，以及最后纂集刊入《河西藏》这一过程，无疑有助于了解西夏后裔在元朝的生活实态，为还原西夏灭亡后其后裔在南宋末年和元朝早期的宗教活动，管窥西夏后裔远离故国，在中原结社与生存的社会背景，乃至研究古代宗教维系的共同体社会提供有益的材料。中央民族大学中国少数民族语言研究院院长阿不都热西提·亚库甫教授《回鹘文华严文献研究的最新进展》全面回顾了回鹘文华严文献研究的情况，并通过图文展示介绍了华严文献研究的最新进展。中国民族古文字研究会副会长张铁山教授《敦煌研究院旧藏三叶回鹘文〈增壹阿含经〉残叶及相关问题研究》对三叶回鹘文《增壹阿含经》残片进行了释读，并对其版本、译者、翻译年代、翻译方式及夹写汉字现象进行了研究。

分会场学术交流主要分为三场举行，下面我们按照文字的发生学分类，对阿拉美字母系文字、汉字系文字、阿拉伯字母系文字、自源文字以及其他文字分别进行阐述。

一 阿拉美字母系文字文献研究

阿拉美字母系文字主要包括佉卢文、婆罗米字母文字（焉耆—龟兹文、于阗文；藏文、八思巴文；西双版纳老傣文、西双版纳新傣文、德宏傣文、傣绷文、金平傣文）、突厥文和粟特系文字（粟特文、回鹘文、蒙古文、托忒式蒙古文、满文、锡伯文）。简述如下。

（一）突厥回鹘文字文献

刘戈《回鹘文斌通契文书中的佛教色彩》指出用回鹘文书写的斌通文书，内容涉及的是普通居民的世俗生活，字里行间却表现出浓郁的佛教色彩。阿依达尔·米尔卡马力《安藏所译回鹘文〈华严经〉的翻译特点》对安藏翻译的、分藏在兰州、柏林、台北、京都等地的回鹘文《华严经》的语言特点进行了探讨。王红梅《宋元时期回鹘弥勒信仰考论》依据出土文献来判断，回鹘的弥勒信仰并非直接来自汉传佛教，而是深受西域本土以及印度弥勒信仰的影响，并且《弥勒会见记》所蕴含的"成佛在人间"弥勒观对回鹘佛教徒影响较为显著。米热古丽·黑力力《两篇东洋文库本〈高昌馆来文〉研究》主要对李盖提所做巴黎本和胡振华、黄润华所做国土本中未收录的两篇文献进行校勘研究。张巧云《维吾尔佛教文学研究中几个基本问题的探讨》简要介绍和梳理了维吾尔文学与佛教以及"维吾尔佛教文学"与其他相关术语的关系，进而探讨这一术语的界定、研究范围、历史分期、特点和研究方法。李刚、吾买尔·卡得尔《吐鲁番伯西哈石窟残存回鹘文题记小考》将吐鲁番的伯西哈石窟现存有回鹘文题记的两个石窟进行研究，认为 4 号窟为榜题，内容用来说明壁画的内容，3 号窟内容多为漫题，属于香客或到此礼佛人的题记。两窟回鹘文题记的研究对于后续吐鲁番其他石窟回鹘文题记套式或语言特征的研究都有重要的借鉴价值。赵洁洁《回鹘文借贷文书中的 bar yoq 与汉文同类文书中的"东西"考》通过考证认为，回鹘文文书中的 bar yoq、ištin taštïn、örü qodï 这三个词组出现在固定的句式和结构中，与汉文同类文书相对应。这一现象体现了不同民族文化之间的借鉴与融合，反映出汉文契约文书的格式、套语对西北少数民族地区的经济文化乃至语言产生过直接影响。海霞《丝路医药文化交流研究——以新疆出土医药文献为例》一文以新疆出土回鹘医药文献的分布和类别为切入点，进而梳理其中所涉医药文化交流的脉络，以个案形式探讨，进一步推进丝路医药典籍的发掘，深入中国传统医学同世界其他传统医学文化的交融研究。白玉冬《和田出土鲁尼文木牍文再研究》对新疆和田（古于阗）策勒县达玛沟佛教遗址进行了实地考察，并依据高清度图版对当地出土的 6 片古代突厥鲁尼文木牍进行了调查研究，这对于阗王国抵抗喀喇汗朝扩张历史的研究有所裨益。李树辉《"叶护葛逻禄"译名辨误》指出 jaɓɡu 即汉文史籍中的"叶护"；jabaqu 为操印欧语的炽俟（ʧigil）集团中的部落名，亦即狭义的葛逻禄，为葛逻禄集团的核心部落，汉文史籍中音译作"药勿葛""婆匐""婆匐"。jabaqu qarluq 实指狭义的葛逻禄，应译作"药勿葛葛逻禄"、"婆匐葛逻禄"或"婆匐葛逻禄"。将二者混同，译作"叶护民族"、"叶护族"或"叶护葛逻禄"，并不仅是翻译之误，而是直接关涉对葛逻禄历史和中亚古代史的认知问题。崔焱《鄂尔浑—叶尼塞碑铭动词构词附加成分研究》对《鄂尔浑—叶尼塞碑铭》动词的各种附加成分的意义予以定性的平面描写，由此考察这些附加成分的构词意义，在语态部分与回鹘文献语言及现代突厥语言比较，考察突厥语动词构词附加成分的流变。郑华栋《古代突厥—回鹘文文献中表示空间意义的后置词 üzä》指出突厥"三大碑"中表示空间意义的后置词 üzä 所支配的静词呈现出主格和位格两种形式并存的特点，但在此后的古代突厥—回鹘文文献中却仅表现为静词主格形式。

（二）满文文献

Alice Crowther（曹君）《十九世纪的满文善书》着重讨论了满文翻译的 19 世纪善书《太上感应篇》、《文昌帝君阴骘文》和《关圣帝君觉世真经》的翻译过程和目的。高娃《莲花净土实胜寺满汉蒙碑文对比研究》基于现存蒙古文碑文残片、对校底本满文及前人整理成果复原蒙古文碑文，同时指出前人拉丁转写的讹误及脱文。顾松洁《钦定格体全录书》版本刍议对《钦定格体全录书》在全文翻译的基础上揭示其详细内容，并对其版本情况做一探讨。庄声《十八世纪日本海漂流民与清朝对外政策——以新发现的满文档案为中心》主要以中国第一历史档案馆藏的满文档案为中心，结合其他满文文献，详细描述清朝边境官员如何对待漂流到吉林乌拉海岸的外藩漂流民，同时考察清朝的对外政策。永志坚《一部尘封多年满文户籍册的考证研究》对流散于锡伯族民间的满文户籍册的编纂年代和所属旗佐及背景，做了比较深入的考证分析，得出该户籍册应为伊犁驻防锡伯营正白旗户口册，编纂于清同治十二年（1873），是沙俄占领伊犁后为征收人头税而逼迫锡伯人编纂呈报的，也是沙俄殖民统治伊犁各族人民的一个铁证。贾越《满语书面语格范畴分类及格标记属性考察》考察出满语书面语屈折格系统有 6 种格，分为句法格和语义格两种类型，句法格和语义格具有核心功能和分布特征等显著差异，并考察满语格标记的音系、分布和历史演变，确定满语格标记的属性为词缀。王敌非《欧洲藏〈同文杂字〉考》指出欧洲各国收藏《同文杂字》版本众多，语言独特，可为满语文、蒙古语文和汉语文的比较研究和满文小学类文献在欧洲的流传提供重要的参考资料。邓晶《〈钦定四库全书·琴谱合璧〉初探》通过对书中满文的解读和对中国传统音乐元素的分析揭示了满文词 mudan 和 kumun 除了我们已知的语义外还有"调式"的含义，并列举了书中异彩纷呈的满文音乐译词，分析了《琴谱合璧》对器乐演奏所做出的贡献。

（三）八思巴文字文献

包乌云、其力根《论一款特殊的八思巴字蒙古语碑文》对内蒙古锡林郭勒盟正蓝旗新发现的一款八思巴字蒙古语碑文进行了临摹和释读，并对该碑文的内容进行较详细的考证研究。陈鑫海《八思巴字汉语研究的新进展（国内部分）》全面系统梳理了 2015 年以来八思巴字汉语研究的最新进展，并展望了八思巴字汉语研究当前出现的新特点和新趋势。

（四）蒙古文字文献

长山《蒙古文 iüi 的来源》指出由于受满文的影响，清代蒙古文舍弃以字母 ü（或 ö）拼写的习惯，以 iüi 形式拼写清代汉语"居鱼"韵，所以，现代蒙古文拼写汉语借词的音节字 iüi、niüi、liüi、jiüi、čiüi、siüi 是在清代满文的影响下形成的。Enkhtsetseg Dugarsuren "About letters in Mongolian traditional script during the Ming dynasty"简要介绍了明代蒙古文字文献的研究的基本情况。

（五）锡伯文字文献

沙伊珂（Ildikó Gyöngyvér Sárközi）《中国锡伯历史和族谱的新材料：自学成才的锡伯历史学家关文明的族谱收藏》（New Sources of Chinese Sibe History and Family Trees：The Family Tree Collection of Guan Wenming, a Self – taught Sibe Historian）指出1938 年出生于中国西北部新疆维吾尔自治区的一位锡伯族历史学家，他一生大部分时间在寻找和研究新疆的锡伯家谱，他的收藏给我们提供了研究锡伯语和中国语言的丰富资料，是研究锡伯族历史和家谱的宝贵资源。文华、王昭然《锡伯族舞蹈文献调查》针对锡伯族舞蹈文献研究成果进行了统计、整理、分类，并按区域对东北、西北地区舞蹈文献研究现状、研究内容、研究方法等进行了深入的分析与解读。时妍《黑龙江锡伯族古籍文献概述》全面介绍了黑龙江的锡伯族古籍文献。

二　汉字系文字文献研究

本部分主要包括西夏文、契丹文、女真文和南方仿汉字式文字文献的研究。

（一）西夏文字文献

彭向前《试论"夏译汉籍"中的史料价值》指出"夏译汉籍"不仅可以获得中原政权和周边民族在文化上互动的史实，还具有证史补阙的特殊史料价值。段玉泉《西夏佛教序跋题记的史料分析》认为西夏佛教序跋题记保存有不少非佛教史料，对西夏佛教史的构建和职官、族姓、地名、国名、年号等方面研究也有一定价值，当然，使用过程中对材料本身存在的讹误还需要辨正。潘洁副研究员《从出土文书看夏元时期黑水城的渠道及水权》认为元代黑水城的渠道已发展为基层组织渠社，统计户籍、人口和赋税，水利分俵问题凸显。佟建荣《黑水城出土元代版刻述略》对黑水城出土的元代版刻继续了全面系统的梳理考证。张笑峰的《元代亦集乃路官学教育研究——基于黑水城文书中儒学、蒙古字学、医学、阴阳学材料的考察》以黑水城文书为研究基础，结合蒙元文教政策与教育发展历程，对亦集乃路地方官学教育的建制、生员及内容等问题进行考察，认为亦集乃路官学教育规模虽然不大，但是具有儒学、蒙古字学、医学、阴阳学兼容并蓄，生员中蒙古、色目人汉化与汉人胡化现象并存，其来源深受赋役优免影响，教育内容上庙学合一，祭祀和教学并重等元代文化教育特色。麻晓芳《西夏语复数后缀研究》综合学术界的研究成果，对西夏语的复数后缀提出了新的认识。王龙《从出土文献看西夏与鞑靼的关系》综合考察了传世文献和存世西夏文献中明确提及鞑靼的资料并加以翻译，展现西夏与鞑靼的密切关系以及双方往来的方方面面。

（二）契丹文字文献

马颂仁（Pierre Marsone）《书面和口语中的〈大王记结亲事〉碑》（Written and Oral Language in the Stele Memorandum on the Matrimonial Unions of the Great King）详细介绍了内蒙古宁城县发现的辽代《大王记结亲事》碑的特色和意义，指出《大王记结亲事》碑是现存奚族最早的碑刻，也是辽代石刻中时代最早者。主要记述了奚王与契丹娉女、求妇、续娉等事件，并对婚姻过程中将羊、牛、马、金腰带、衣服等财物作为聘礼的数量进行了较为详细的阐述，是了解代奚族的婚姻习俗、社会经济状况、奚族与契丹关系的第一手资料，具有极其珍贵的史料价值，另外，该碑文用白话文刻写，其所包含的大量方言为研究奚人的语言提供了宝贵资料。卡佳《〈辽史语解〉里的契丹语和满通古斯诸语同源词研究》对《辽史语解》里的契丹语和满通古斯诸语同源词进行了比较研究。郑昊《〈辽史〉中所见"郎君"、"沙里"与"舍利"之关系》认为《郎君行记》一碑中的"郎君"是作为特指代词指代金将撒离喝，撒离喝选择了以契丹小字音译的方式来表示自己的女真语名字，而按照当时的翻译习惯契丹小字的"沙里"一般被翻译为"郎君"，从多个角度来看，"沙里"一词被译为汉文时是"郎君"，但是"舍利"并不等同于"沙里""郎君"。

（三）壮族文字文献

Peggy·Millike（白丽珠）、林亦《方块壮字文献处理软件 OBwan 的检索与纠错功能举例》简要介绍了方块壮字文献处理软件 OBwan 的检索与纠错功能，指出 OBwan 软件系统非常适合用来研究方块壮字以及用方块壮字创作的文学作品。蒙元耀《壮族〈贼歌〉抄本比较研究》比较存世的五份平果抄本、两份田东抄本和三份马山抄本，指出其形制、抄写年代各自不同，说明《贼歌》在当地相当流行，研究这些抄本能帮助我们理解壮乡的风土民情，也能了解这些方块壮字的构成依据和壮歌的语言特点。李明《论古壮字与古越人纹身习俗的关系》从比较文字学角度，结合文字、文献、民俗考古等内容分析了流传于古代壮族民间的古壮字与古越人文身之间的关系，指出一些古壮字或古壮字的构字元素来自古代越人的文身符号。

三　阿拉伯字母系文字文献研究

阿拉伯字母系文字主要包括察合台文、维吾尔文、哈萨克文和柯尔克孜文，本部分提交的文章仅有察合台文字文献的研究。

菅原纯《省制期南疆民事纠纷处理流程：以调解文书为依据》依据现存的察合台调解文书，对人民调解制度先行时期新疆南部农村社会的民事纠纷问题进行了探讨。阿衣努热·牙生《察合台文献〈麦西来甫诗集〉研究》指出《麦西来甫诗集》作为维吾尔古典文学史上的一部巨作，其构思巧妙、设想新奇、结构精美、描写细腻、语言生动，有很高的思想、艺术和研究价值。任仲夷《〈五体清文鉴〉中察合台文时间词探析》着重探讨了《五体清文鉴》中的察合台文时间词，对于时间的认识也是民族文化的重要组成部分。买合苏提·色来木《浅谈察合台文献目录及编写方法》主要介绍了编写察合台文文献总目提要范围、格式和内容等问题，探讨和分析了察合台文文献总目提要的重要性和编写过程中要遵守的规则和方法。

四　自源文字文献研究

自源文字主要包括彝文、纳西东巴、哥巴文、水书、尔苏沙巴文和傈僳音节文字。本部分提交的文章包括彝文文字文献、纳西东巴文字文献和水书文献的研究。

（一）彝文文字文献

蔡富莲《凉山彝族毕摩文献〈尔迪尔疵〉与彝族的洁净/污秽观》认为"尔"（臭味）具有家族遗传的特性，将其与麻风病、痨病一并归入污秽肮脏之列，对有此特征的人采取一系列社会与文化隔离，使他们成为被边缘化的一类人，反映了彝族对洁净/污秽的认知。摩瑟磁火《彝族诺苏支系史诗勒俄文本相关问题刍议》探讨了勒俄的文本异文及书面文本与口头文本之间的互动关系，并试图阐明流传于世的各种勒俄写本可能并不像我们通常认为的那样来自某个共同的原本或单一的原型，其文本也并未最终"定型"，至今仍在持续的形成和演变过程之中。杨元晟《彝文经籍文化解读释例》以彝文《劝善经》为研究对象，指出只有对彝文经籍进行充分的文化解读，才能挖掘蕴藏在经籍中的文化知识，并阐释其现实意义，以指导当下的各项社会建设。文智《〈大定县志·殊语〉载倮罗语与夷语研究》选取《大定县志》中的《殊语》一篇，以国际音标记录对应的贵州彝语各土语发音，对比当时夷语和倮罗语的汉字记音，对当时的记载进行分析，探究所记语言的记音方言。

（二）纳西东巴文字文献

邓章应《四川木里依吉东巴文收据三则译释》主要以 2018 年 11 月西南大学文献所东巴文研究团队田野调查过程中采集到的三份东巴文收据为基础，在逐字解读的基础上对其文字进行一些研究。李晓亮《法国巴黎东方语言文化学院图书馆藏东巴经初考》将法国巴黎东方语言文化学院图书馆藏东巴经书编目，并初步考察了经书所属地域和经书的搜集者及时代。钟耀萍《纳西东巴文的整理与研究》简要介绍了纳西东巴文的整理与研究。

（三）水书文字文献

潘朝霖《水文圆圈笔画字研究》指出水文不仅保留着图画、象形、抽象文字兼容的特点，还保留着原始造字的原始性、随意性，为我们研究甲骨文、金文中的类似笔画字提供了活态的文字资料。王炳江《水书抄本文献的释读：要素、层次与方法》在综合考察水书抄本文献相关释读要素的基础上，通过三个层次来对其进行释读分析，进而提出了"五位一体"释读法，以期可以为译者提供完整、准确、有效的水书抄本文献释读路径。蒙耀远《水书词汇类型研究》认为水书词汇自身属于专门词汇，是水族文化语言特有的词汇类型，这些专门词汇反映着水族文化内涵，体现水书的文化特质。白林海《出土中国史前文献中古文字符号的水族水书元素探析》以水族水语水书文字释读了几个中国史前画及古文字符号，试图论证水族文化及水书文字符号对中国史前画及古文字符号的可读性，为研究中国史前文献提供一定的借鉴。

五　其他文字文献

闫进芳《小儿锦〈侯赛尼大词典〉释读及相关问题研究》对《侯赛尼大词典》的历史背景、汉语拼音转写、声韵系统以及词典编排体例等问题做了初步的考察和探讨，希望通过对一本文献材料的释读，窥探小儿锦文献所呈现的结构与特征。张玲妹《乙种本〈暹罗馆译语〉汉语基础语音研究》通过分析乙种本《暹罗馆译语》声韵的对音规律，得出其音译汉字的基本音系特征，推断出译语的汉语基础语音是南系官话方言，同时，音译汉字的选择参考了粤语，因此译语音译汉字的塞音尾和鼻音尾表现出与粤语基本一致的特征。王立《〈诸史夷语音义〉和〈诸史夷语解义〉的版本及文献价值》仔细梳理了《诸史夷语音义》和《诸史夷语解义》二书的版本状况，发掘其中有价值的内容，可为修订此书优良的版本奠定基础，进而为诸史校勘提供比较原始的参考。扎比娅卡·安娜·安娜托利耶夫娜 "Исследование фольклора народов Северо – Восточного Китая русскими учёными – эмигрантами первой трети XX в." （《20 世纪上半叶俄罗斯侨民学者对中国东北地区的民俗研究》）通过 20 世纪上半叶俄罗斯侨民学者对东北地区的民族以及居民的宗教传统与习俗进行深入调查研究，确定了不同种族所代表的意识形态，以及思想心理、民族和宗教基本与共同特征，明确了中国东北地区与俄罗斯远东地区不同民族在其思想及心理、宗教外貌、伦理外貌上的共同点与差异。何思源《明清时期广西左江流域的生态变化——基于石刻碑文及相关文献的分析》通过石刻碑文及相关文献分析了明清时期广西左江流域的生态变化情况。

会议的闭幕式由云南民族大学刘劲荣教授主持，张铁山、段玉泉和邓章应分别对三组的交流进行了总结和点评。主办方代表孙伯君研究员对云南民族大学民族文化学院以及会务组对会议的支持表示了衷心的感谢，并向青年学者发出入会倡议，希望更多的青年学者加入中国民族古文字会的行列，做好学科传承。针对当前学术界中年学者比较少，绝学无以为继的现象，呼吁学科带头人要有使命感，努力为学科培养更多的人才，未来的研讨会也会允许教授特别是博导推荐自己优秀的学生参会。承办方代表尹子能研究员作了总结性发言。最后，会议讨论了2020年召开下一届研讨会的相关事宜。

辽五京历史文化学术研讨会综述

大同大学　马志强　韩生存

2019 年 7 月 27 日，由中国民族史学会辽金暨契丹女真史分会和大同市博物馆联合举办的"辽五京历史文化学术研讨会"在历史文化名城大同召开。来自全国科研院所、高校和文博单位的 60 余位专家学者提交了 36 篇学术论文。对辽五京进行专题学术研讨这在学术界还是第一次，与会学者围绕政治、文化、文物考古等方面进行了热烈的讨论，达到了预期的目的。

一　政治方面

中国社会科学院古代史研究所关树东先生在《辽代五京的礼仪功能》中认为，作为名义上或象征性的京城，五京承担若干礼仪性功能。首先，五京具有朝仪功能。其次，京城具有接待使节功能。最后，五京承担祭祀帝后之功能。辽宁工程技术大学公共管理与法学院张志勇在《辽朝五京互动机制研究》中提出，辽朝设有五京，五京在辽朝国家行政管理体制中占有重要地位，在辽代社会治理过程中发挥了十分重要的作用。五京不是孤立的，它作为地方管理的一级行政机构，通过内外、上下互动机制发挥作用，并产生十分显著的效应。一是通过皇帝巡幸实现上下互动；二是通过行政命令与执行实现上下互动；三是通过官员职位升转实现五京互动；四是通过五京城市功能的发挥实现与国家社会的互动。辽朝以五京为地方行政管理核心，形成了互动机制，强化了对地方的管理与控制，充分发挥了五京的城市功能，收到了明显成效。辽代五京对金朝也产生了一定影响。渤海大学历史文化学院吴凤霞先生在《辽中京政治外交地位探究》中认为，辽中京建成后，其政治地位得以迅速提升，辽圣宗、辽兴宗、辽道宗、天祚帝四位皇帝共计 22 次驻跸其地，尤以冬季次数最多，达到 18 次，从他们在中京的活动看，中京显然就是冬捺钵选择地之一，辽帝在那里处理国事，接待宋、新罗、西夏使臣，也参与祭祀，接受群臣上尊号等活动，使从前的奚地与契丹旧境共同承担起辽朝重要的政治与外交职能，将辽朝的核心区域扩大至奚地。辽宁师范大学都兴智教授在《金初宗翰集团与西京大同府》中提出，辽的西京大同府是一座塞外名城，它北连蒙古草原，西邻西夏政权，战略地位十分重要。金初，女真军队攻占西京，新政权仍以西京为陪都。以宗翰为首的军政集团将西京作为根据地，长期统治该地区，对当地百姓实行残酷的政治压迫和经济盘剥，对金初的政治、经济、军事等诸方面曾产生重要的影响作用。熙宗即位，"以相位易兵柄"，导致宗翰集团的覆灭，西京地区的百姓才彻底摆脱了宗翰集团统治的阴影。黑龙江省社会科学院苗霖霖先生在《试析辽金时期东京渤海遗民的世族化》中提出，辽金时期的东京渤海遗民以右姓高氏、李氏和张氏等家族为代表，这些家族通过彼此间联姻形成了一个稳固的群体，他们虽然有着较高的社会地位，但也对科举入仕极为推崇，并在从政过程中互相提携帮助，已经实现了由地缘群体转变为政治群体，最终使这些家族由东京渤海遗民贵族家族演变为辽金统治下的渤海世族家族。

齐齐哈尔大学文学与历史文化学院李秀莲先生《阿保机建"汉城"考》认为，阿保机建汉城是辽朝开国的重要事件，但由于史料记载舛误，学界对汉城相关历史研究长期处于争论中。作者在摆正各种史料关系的前提下，探索史料解读途径，突破成说，提出汉城为辽代泰州城。夏宇旭先生《辽金时期韩州迁徙考》一文通过对韩州的"三迁四治"环境及地理因素考察，认为环境及交通地理对州治有重要影响，正是生态环境的变迁和地理因素的制约导致韩州不得不进行迁徙，从韩州的迁徙原因也可以看出辽金时期的环境变迁，印证了辽代中期以后由于气候转寒和人类活动对环境的干扰等因素，东北地区特别是辽河流域生态环境的恶化，尤其是科尔沁沙地环境恶化、辽河水患频发的历史。北京市文物研究所夏连保研究员在《唐幽州城与辽南京》中提出，辽南京是在唐幽州城的基础上建立起来的，要研究辽南京，就必须先研究唐幽州城。过去考古界对唐幽州城的形制和周长的推测存在问题。夏先生认为唐时幽州城和辽南京城的南部城垣，并不在过去认定的今北京白纸坊东西街一带，而应当在今开阳桥以南的玉林南路一带。玉林路南侧的河道，才应当是当时幽州城的南部护城河，也即辽南京的南护城河。顾弘义在《金代永安析津府考》中认为，《金史·地理志》称辽南京幽都府于"开泰元年更为永安析津府"，此说误。据考证，辽开泰元年改幽都府为析津府，至金代完颜亮天德年中营建燕京城时改燕京为永安，至贞元元年又改称析津府为大兴府。此乃元史臣编纂《金史》时，对此地名沿革变化不甚了解，遂将金完颜亮改名永安之事窜乱至辽开泰元年，从而致误。

二　文化方面

河北师范大学历史文化学院崔红芬《山西应县木塔遗存辽代藏经再探析》介绍，1974 年在山西应县佛官寺出土了丰富的文献和文物资料，随后在河北丰润天官寺塔又发现了一些辽代刻经，这为研究辽代刻经提供了珍贵的材料。学者对辽代藏经最大的分歧在应县所存《华严经》方面。文章以此为基础，结合黑水城文献和传世文献，阐释了宋辽西夏时期存在 15 字版式《华严经》，它在辽清宁二年（1056）前后传入西夏，西夏人依据此版式或纸张情况重新刊刻《华严经》，这与辽夏多次联姻、双方文化交流有密切关系。吉林大学蒋金玲在《论辽朝燕京与〈契丹藏〉的雕印》一文中提出，《契丹藏》的雕印是官方行为，在燕京设有专门机构"印经院"以管理雕印事宜，印经院又下辖各个寺院，执行《契丹藏》雕印者多为燕京名刹大寺的僧侣，上至主持、提点，下至校勘、雕印等各项具体事务。《契丹藏》雕印过程中，官方力量是主流，而民间力量也积极辅助，正是辽朝政府与燕京地区的寺院、民众的鼎力合作，保证了《契丹藏》雕造质量精良。辽朝诸帝均不遗余力地推崇佛教，是因为佛教对于消除汉人与契丹统治民族间的对立与隔阂大有裨益，燕京地区乃汉人的主要聚居地、辽朝的文化中心，其成为辽朝佛教事业发展的主要引领者，乃情理中事。山西大同大学辽金文化研究所杜成辉《应县木塔秘藏〈称赞大乘功德经〉刻经考论——兼及〈辽藏〉的雕印问题》认为，应县木塔秘藏中共发现 12 卷有千字文帙号的刻经，多数研究者认为这 12 卷全部属于《辽藏》（也称《契丹藏》），也有一些研究者认为其中有的属于单刻经，不属于大藏经，其中包括《称赞大乘功德经·一·女》。通过与《辽藏》和《开宝藏》的比较，证明《称赞大乘功德经·一·女》属于单刻经，不属于《辽藏》。结合内蒙古庆州白塔出土的卷轴装《妙法莲华经》等其他出土经卷，可以基本肯定《辽藏》初藏雕刻于辽圣宗统和年间，《称赞大乘功德经·一·女》为依据《辽藏》复刻。

河北师范大学图书馆文志勇《西夏文〈佛顶心观世音菩萨陀罗尼经〉考略》认为，《佛顶心观世音菩萨陀罗尼经》是唐中期以后逐渐形成的疑伪经，主要宣扬观世音的救苦救难的诸多功德和灵验故事。主要从西夏文《佛顶心观世音菩萨陀罗尼经》的遗存、译释、内容来源和传入西夏的渠道与翻译年代等探讨了黑水城等地遗存西夏文残经的情况。以俄藏馆册第 105 号为主，结合其他残经进行录文、补正，并与汉文本用词进行比较，形成一个完成的三卷本。在译释基础上，考证疑伪经内容来源，认为《佛顶心观世音菩萨陀罗尼经》主要依据唐智通译《千眼千臂观世音菩萨陀罗尼神咒经》、唐菩提流志译《千手千眼观世音菩萨姥陀罗尼经》和唐伽梵达摩译《千手千眼观世音菩萨广大圆满无碍大悲心陀罗尼经》。《佛顶心观世音菩萨陀罗尼经》最晚在乾顺时翻译成西夏文，并在西夏境内流通。中国社会科学院民族学与人类学研究所孙伯君在《存世女真文性质再探》中指出，史载金朝曾创制并使用过女真大字和小字，大字为完颜希尹所制，小字为金熙宗所制。通过论证，认为女真文本为表意大字和表音小字的混合系统，在使用过程中，记录词干的女真大字多被表音小字替换，表意大字也经过同音假借，大多变成了纯音节文字，使得存世女真文呈现向音节文字过渡的趋势。

大同市博物馆曹臣明《辽金元西京文化概述》指出，辽代西京大同为佛教重镇。佛教古迹众多。金代西京地区，佛道儒并行，尤其儒学繁荣，人才辈出。在长达 225 年的西京历史时期，以及辽金元三代 420 多年的时间积累中，在广泛交流、融合的环境下，西京地区出现百业兴旺的景象。辽金西京在冶金、制瓷、建筑等行业有较大的发展，一方面在技术上吸收中原工艺，另一方面在用途、形制上部分地保留北方草原式样。大同市博物馆王利霞在《辽代西京地区的教育文化浅议》中提出，辽代是中国北方民族又一次大融合时期，契丹民族入主幽云地区，汲取汉族文化，其政治、经济、文学、教育以及社会习俗无一不渗透着中原文化因素，这是少数民族政权入主后维护统治的必要措施，也是一个民族由野蛮到文明，由蒙昧到理智的必然过程。文章从辽代西京地区的教育文化方面出发，探析辽统治者立国后西京地区的教育机构、科举取士、文学艺术等，通过这一窗口，窥探辽代政府对中原传统教育文化的重视与吸收，以及其教育政策对中国传统文化所作出的贡献。山西大同大学云冈文化研究中心张玲、马志强在《晋北大同辽金墓葬文化特征分析》中提出，大同辽金墓葬分为砖室墓、土坑墓、土洞墓三大类。火葬墓在辽金大同的盛行，与佛教发展的社会化与普世化密切相关；墓葬陀罗尼反映着密教在辽金大同民间社会的流行，大同辽金墓葬中墓室壁画人物服饰发式以及随葬陶瓷器的风格特色体现着契丹、女真风俗对辽金汉地的熏染。黑龙江大学霍明琨《略述日本学者鸟居龙藏对辽五京的研究》一文认为，作为日本人类学与考古学的先驱，鸟居龙藏的后期研究重点集中在辽金时期的历史考古研究，梳理了其中关于辽五京研究的部分。鸟居龙藏辽五京研究的代表作是略有缺憾的未完成品《考古学上所见辽文化图谱》四册，其特点是侧重于考古学及人类学视角，自称"浪人学者""市井学者"，调查活动受益于日本对中国领土的侵占。

三　文物考古方面

内蒙古师范大学历史文化学院史风春《内蒙古多伦辽代贵妃墓墓主家世再考》一文认为，2015 年内蒙古多伦县小王力沟发现辽代贵妃家族墓葬，该发现入选本年度全国十大考古新发现，尽管有学者进行了研究，但一些问题仍有再探讨之必要。贵妃之父萧宁即曷宁、萧排押，贵妃之祖信宁即割烈、讫列，但不是萧阅览、萧挞凛，贵妃之曾祖迷骨德即迷古宁讳演乌卢、迷古里、眉古得、萧海真、萧海贞，也即安团，贵妃高祖为阿古只，即萧仅高祖撒剌。贵妃与秦晋国妃为同父异母姊妹。贵妃与圣宗之长女为燕哥，下嫁萧匹里即萧绍宗，平原公主并非圣宗长女。贵妃属于阿古只家族，并非萧思温、承天太后家族。武玉环《石刻资料所见辽五京道所属乡、里、村、寨组织》一文认为，辽代的地方行政区划，是以五京为中心，分全国为五道，包括上京道、中京道、东京道、南京道、西京道。五道"总京五，府六，州、军、城百五十有六，县二百有九，部族五十有二，属国六十"。州县制下，承袭唐、五代之制，设置乡里村寨组织，以便于管理乡村社会及乡民。辽代乡村社会中设置乡、里或乡、村二级组织。在乡村社会中，设村长、乡长等管理乡村社会。乡村社会中实行村坊邻保制和差役法。辽代乡村社会中的乡绅对乡村社会的建设起到一定的作用。

辽宁省博物馆齐伟《辽博馆藏辽代石刻碑志资料的整理与研究》一文提出，辽宁省博物馆藏辽代石刻碑志较为丰富，绝大多数已经发表，还有一部分尚未公开。这些碑志资料蕴含着辽代社会的诸多文化因素和现象，如宗教文化、职官制度，殡葬文化等，为研究辽代的政治和经济发展史、职官制度、佛教文化和道教文化等提供了宝贵的文字资料。同时有很多的馆藏辽代石刻碑志资料尚有进行深入研究的必要。

大同大学云冈文化研究中心许孝堂、马志强，大同市博物馆韩生存《辽太康四年祈雨造像碑》一文提出，位于大同市新荣区太康四年祈雨造像碑，其形制和造像表现出明显的辽代风格和特点，他们猜测造像的主人应该是张氏宗族的贤者智者，某次或者多次带领族人祈雨成功，为族人所纪念。当然也不排除是龙王龙母、东王公西王母、雷公电母等驾驭天气的神灵。祈雨造像碑既给我们揭示了不少辽代的秘密，也为我们留下许多疑惑，需要我们不断地进行探讨。

中国社会科学院民族学与人类学研究所周峰《金代大同县令张彦墓志考释》一文提出，近年来大同市出土的金代大同县令张彦墓志记载了张彦先后于天会十四年（1136）中经童科，皇统六年（1146）中词赋进士科的史实，填补了金代经童科首次录取人员记载的空白。张彦一生仕途蹉跎，但参与了张中彦所主导的为南京宫室营建所进行的庞大采木及运输工程。

清华大学博士研究生成叙永《辽代华严寺薄伽教藏殿菩萨冠与辽章圣皇太后的高冠研究》一文认为，华严寺薄伽教藏殿菩萨冠展现的华丽感在其他辽代作品中难得一见，这种华丽的特征应与辽皇室密切关联。众所周知，清宁八年（1062），华严寺扩建时寺内安置了诸帝的尊像，由此确认其为皇家寺院。而华严寺薄伽教藏殿建于重熙七年（1038），该殿建立之初是否为皇家寺院，尚且存疑。目前缺乏与此相关记录与文物，这一问题的解决取决于该殿内塑像造型的分析与判断。其中，菩萨高冠是华严寺薄伽教藏殿内塑像最具时代特征的核心部分，该文分析菩萨像高冠的制作技法、主要纹样与装饰的特征及其传播，考察其内容是否与辽皇室有关，并且分析了庆州白塔天宫出土凤衔珠银鎏金六角塔所刻的章圣皇太后形象，菩萨高冠与辽皇室冠饰具有继承性。华严寺薄伽教藏殿菩萨高冠不仅对菩萨冠，亦对辽皇室的冠帽产生了影响，还对当时周边各个国家的冠帽产生了一定的影响。实际上，辽皇室有向周边国家赐予先帝后遗物的习俗，《辽史》记载了向宋、西夏以及高丽赐予遗品共8次。遗物中含有服饰，能够确认辽皇室的服饰传到周边各个国家的事实。然而与此相应的遗物未有留存，实际影响关系难以估量。

大同市博物馆王利民《大同地区出土的塔形罐初探》一文认为，塔形罐又称塔式罐或带座罐，是唐代至辽初北方地区流行的一种明器，从现有的资料来看，塔形罐主要出土于陕西、河南、甘肃、河北、山西以及内蒙古等地区的唐墓与辽墓。大同共计出土了20余件塔形器，类型多样。辽墓中则在新添堡许从赟夫妇壁画墓、机车厂、和平社辽墓等出土了数件塔形器，其中以许从赟夫妇墓的彩绘魂塔、彩绘将军罐以及魂瓶最具代表性，这三件塔形器与该地区唐墓出土的塔形器无论是形制特征还是装饰纹饰都极为相似。

大同市博物馆白月《辽代的鏊盘与饮食——从许从赟墓出土鏊盘说起》提出，许从赟墓位于大同市西南郊新添堡村南，根据墓志记载，墓主人许从赟官至大同军节度使、检校司徒、上将军兼御史大夫，食邑三百户，于应历八年（958）病逝，乾亨四年（982）迁葬于云中县权宝里。该墓出土一套铁质生活用具，包括铁釜、铁鏊盘、铁茶碾等。其中的1件铁鏊盘，在辽代出土遗物中仅见此例。辽代墓葬中，出土了为数不少的鏊盘，质地以陶质为主，也有极少铁质鏊盘的发现。其外形存在平顶和弧形顶两种形式，平顶的鏊盘可能与现代鏊子用途一致，用于制作煎饼类食物。而弧形顶鏊盘的用途，参照墓葬壁画，应当是用来烙制擀好的面饼。

大同市博物馆林皓《辽代出土水晶研究》提出，根据对辽代出土水晶的墓葬的发掘简报分析，凡是出土水晶的墓葬皆是契丹贵族墓葬或者汉族高级官员墓葬，至今还未发现辽代下级官吏和平民墓葬出土水晶的现象。这一现象客观证明了辽代严格的用玉制度。从墓葬时间段分析，辽代早期水晶出土数量比较少，中期水晶出土数量多，到了晚期又明显减少。辽代出土水晶的用途可分为礼仪类、装饰类、实用类、供器类四大方面。大同大学历史与旅游文化学院孙瑜、李亚晶《山西大同焦山寺辽代行宫宫墙遗址调查研究》认为，在山西大同焦山石窟寺内东面山梁上留存一段墙体遗址，当地有"辽代行宫宫墙遗址"一说。经实地勘查及文献研究，认同其说，并发现该段宫墙遗址存在裂隙、生物病害、坍塌及人为破坏等多种病害，其诱因与气候影响、水的作用及人为因素等密切相关。建议采用裂隙灌浆、锚杆加固等技术方法予以修复，同时加强政策宣传，以提高相关人员的文物保护意识。该段墙体性质的认定对于辽代捺钵制度及其政治特点的研究有一定价值。内蒙古民族大学贾淑荣《试论金世宗时期临潢府（路）经济发展的动因》一文认为，女真族建立的金王朝、在建制方面多沿袭辽制。其东北疆域的临潢府（路），大部分位于今天内蒙古东部地区的赤峰市及其附近一带。这里历史悠久，面积广阔，经济发展速度较快，是内蒙古东部地区经济发展的"金三角"之一。早在金代，这里就是一个重要的农牧业经济区。特别是在金世宗时期，调整了金前期对这里经济的破坏政策，开始对临潢府（路）实行休养生息的裕民政策，使这里的经济得以恢复和发展，并逐渐赶上和超过辽统治时期的上京。而金世宗开明的外交政策，又给这里创造了相对稳定的和平环境；加之该地区适宜的地理环境及重要的军事地理位置，这里在大定年间，出现了"其地肥沃""异于他处"的繁荣景象。

中国民族史学会辽金暨契丹女真史分会会长、吉林大学教授韩世明做了总结发言，他认为这次学术研讨会基本上属于一次中等级别的会议，但取得的成绩不可小觑，达到了预期的效果，会议所提交的学术论文也反映了近年来的我国辽代研究的水平，希望大家共同努力把辽金史研究，尤其是辽五京的研究提高至一个新水平。

首届"长白山历史文化高峰论坛"举办

吉林大学、吉林省文物考古研究所　高　晗　赵俊杰

2018 年 9 月 3—5 日，由吉林省文化和旅游厅（吉林省文物局）和长白山管委会主办，中国考古学会宋辽金元明清考古专业委员会、吉林大学考古学院、吉林省文物考古研究所、吉林广播电视台生活频道、长白山管委会旅游和文化体育局、长白山广播电视台承办的首届长白山历史文化高峰论坛在长白山池北区隆重召开，来自全国各地的几十位中国考古界专家学者会聚长白山脚下，助力长白山历史文化的研究与升华。此次论坛围绕"长白山历史文化"开展，各专家学者将以此为主题发表报告和研讨。

3 日上午，全体与会专家来到金代长白山神庙遗址工作站参观"国祭圣山——金代长白山神庙遗址考古工作成果展"，随后到遗址发掘现场考察。长白山党工委委员、管委会尹涛副主任，吉林省文化和旅游厅副厅长、文物局金旭东局长，中国社会科学院学部委员、中国考古学会王巍理事长在开幕式上先后致辞。国家文物局原副局长刘曙光研究员，中国文化遗产研究院院长柴晓明研究员，吉林省文化和旅游厅副厅长、文物局金旭东局长，长白山党工委委员、管委会尹涛副主任为金代长白山神庙遗址工作站揭牌。

3 日下午，12 位发言学者从不同角度带来了精彩的报告，对长白山神庙遗址的考古发掘、研究以及遗址的展示利用都有重要的参考和借鉴意义。

国家文物局原副局长刘曙光研究员作了题为"国家考古公园建设与发展"的主旨发言。首先回顾了国家考古遗址公园的由来与发展历程，将 20 世纪 50 年代以来的大遗址保护历程分为三个发展阶段，简单介绍了首批国家考古遗址公园的相关情况。提出"大遗址是具有浓郁中国特色的文物保护概念，不是学术名词，而是政策和实践概念"。接下来以大明宫遗址公园建设中的问题和成果为例，对国家考古遗址公园的发展现状和问题做了分析，总结出国家考古公园发展的总体趋势为第一批公园基本进入运营期，第二批公园逐渐步入正轨，第三批公园进入试运营阶段；目前还存在用地问题突出、经费渠道有限、基础工作薄弱、缺乏业态支撑、缺乏制度设计、运营艰难等问题。针对这些问题，刘曙光研究员提出国家考古遗址公园应在文旅融合的大环境下坚持政府主导，体现国家属性；坚持科学保护，提升管理能力；坚持"一址一策"，实现精准施策；坚持促进民生和生态、环境改善等措施，对国家考古公园的建设与发展有重要指导意义。

吉林大学考古学院赵俊杰副教授汇报了金代长白山神庙遗址自 2014 年至今的发掘成果和未来工作计划，并总结了遗址的重要意义。根据几年来的勘探、发掘工作，金代长白山神庙遗址出土数量众多的遗物，以瓦当、滴水、兽头、迦陵频迦等为代表，尤其因发现的玉册上有"癸丑""金""於"等字样，证实了宝马城遗址是金代皇家修建的祭祀长白山的神庙。目前已基本明确了神庙遗址的建筑布局和周边相关遗存情况，大体具备了开展复原研究的条件。赵俊杰副教授介绍，2020 年计划揭开往年所有发掘区，解决建筑要素间的连接节点问题，同时开展遗址周边区域性系统调查，探寻可能存在的与遗址营建、祭祀、修缮活动相关的遗存。长白山神庙遗址是中原地区以外首次通过考古发掘揭露的国家山祭遗存，是近年来东北地区辽金时期乃至全国历史时期考古工作中，少见的高等级官式建筑遗存；不仅是金代历史与考古研究的重要发现，同时也是边疆考古和北方民族考古的一次重大突破，对研究金王朝对东北边疆的经略以及南北方文化的交流与互动，具有深远的历史与现实意义。

中国社会科学院考古研究所王子奇博士以"长白山祠庙遗址平面布局的初步复原与尺度分析"为题发表演讲。他结合长白山神庙遗址的最新考古发现，对其平面格局进行了初步复原，并对遗址平面格局所反映的规制和空间尺度进行了分析，在此基础上将其与宋金时期的其他岳镇海渎祠庙进行了对比研究。指出其部分规制如主殿院为以工字殿为核心的廊院、使用控制模数规划设计整体布局等空间尺度设计方法可能源自宋代的山岳祠庙，但长白山神庙遗址也体现出金代祠庙布局的新特点和新发展，在探讨金代官式建筑和中国古代礼制建筑的发展上具有重要的意义和价值。

中国文化遗产研究院李向东研究员以"长白山神庙遗址的保护与展示"为题，简要介绍了长白山神庙遗址概况与意义，着重讲述遗址保护和展示工程现状及未来规划。首先他就金代祭祀文化的发展历程和主要内容说明了长白山神庙的作用和地位，强调它是在皇权与政治背景下对中国早期山川祭祀的延续。再以长白山神庙独特的选址和规模布局，说明了重建长白山神庙的必要性，并提出具有可行性的复原构想。他介绍了目前长白山神庙遗址进行的系统的保护性回填工作，同时也对遗址公园的未来规划提出了要求和展示方案。最后针对遗址的利用展示提出几点思考，即重建长白山神庙的必要性与可行性；遗址性质相对单一，如何在展示利用时，加以丰富；在遗址展示利用中，出土砖瓦无法归位的，如何合理的利用；如何用设计的手段解决神庙复建地地势较低的问题，这些是解决金代长白山神庙遗址保护利用问题的宝贵意见。

黑龙江省文物考古研究所所长赵永军研究员以"金上京遗址的考古实践和认识"为题，介绍金上京遗址考古的工作计划与目标。通过近年来的考古发掘与勘探，目前基本探明了金上京皇城的形制、结构与布局。他在汇报中重点介绍了皇城西部和东部的建筑址及出土的相关文物，通过持续的考古发掘与勘探工作，借助数字化考古与测绘等方法，确定了金上京的构建时序与使用沿革，上京城及其周边遗存的基本特征与属性，这为了解金上京的形制、布局与使用情况提供了宝贵的资料。他指出，金上京遗址的勘探与发掘，是为了配合金上京大遗址的保护工作而开展的一次有计划的课题考古，首次从考古层位学上确认了城址的营建使用情况并认识了金代都城门址的基本特征；首次较为完整地揭露了一处金代都城的门址，并且通过对皇城区域开展的勘探及发掘，进一步证实了宫殿区建筑址的布局、性质及功能，具有重要学术意义。

河北省文物研究所黄信研究员的演讲题目是"皇帝的行宫——河北崇礼太子城遗址考古发掘收获"，他介绍了崇礼太子城的位置与规模，近三年来的考古工作情况，重点阐述了有关太子城中轴线内的主要建筑基址，以及出土建筑构件尺度、出土瓷器性质的研究，通过文献及遗址地理位置的研究，推测太子城为金章宗夏捺钵的泰和宫。最后总结了太子城金代城址的学术意义：太子城遗址是第一座经考古发掘的金代行宫遗址，是仅次于金代都城的重要城址，是近年来发掘面积最大的金代高等级城址。了解城址主体建筑呈轴线分布、前朝后寝、后宫居于轴线西侧的布局方式对宋金元都城考古及城市考古的规模、布局、功能分区等研究有重要意义；这一发掘成果填补了金代皇家建筑考古发掘的空白，对金代捺钵选址、营造制度、宫廷用器制度等研究有重大推进。

中国人民大学魏坚教授发言的题目是"文化遗产的价值——从元上都谈起"，对元上都的物质与非物质文化遗产的价值做了详细的讲解和阐释。他认为阐释遗产价值是遗产展示的首要目的，而且非物质文化遗产的价值在某种意义上讲可能更胜于物质文化遗产的价值。元上都遗址的遗产价值不仅仅体现在保存完整的城墙和建筑基址，还体现在其对世界历史和对中国乃至全人类文化的影响上。魏坚教授强调对文化遗产非物质文化内涵的揭示和阐释，是考古学研究透物见人的体现。

吉林大学韩世明教授做了题为"金代社会发展与礼制建设"的报告，从文献的角度梳理了金代礼制的来源和特点。他首先介绍了金代早期推行本族制，后汉制与本族制并行的社会背景，从中分析金代社会民族融合程度以及民族政权的进步。又从文化发展的角度分析了金代以来的三教融合的趋势。接下来从文献的角度详细介绍了金代礼制多元化的来源。最后总结了金代礼制的特点：金代礼制的形成与发展是与所处的时代息息相关的，它的建设展现出的多民族礼制融合的特点，与我国古代多民族融合的特点是一致的；金代礼制是多元的，金朝礼制来源，远追《周礼》，中承唐礼，近袭辽、宋，又保留一些本族的特点；金代礼制建设，也有与中原政权争正统、较高下的特点。

中国社会科学院古代史研究所孙昊副研究员在题为"宋金岳镇祭祀与边地社会"的报告中首先讨论了岳镇祭祀制度的确立和发展及"岳镇"在古代中国疆域格局中的特殊意义，中国古代政治文化中，一直都将名山大川视作帝制君主驾驭四方的人文地理象征和构成古代王朝的疆域坐标。岳镇体系一方面涵盖了象征疆域核心节点的"五岳"；另一方面也包括了象征九州地方的"镇山"。其次介绍了在金宋对峙时期，中国古代北方民族建立的王朝对"岳镇"祭祀制度格局的影响。金中期册封金源故地的本质是以中原礼制正式认定金源故地为中原正统王朝的内地，而金源故地镇山之制作则是金上京政治景观体系的一部分，长白山就是被金王朝塑造成金源故地的镇山。最后又从长白山在女真社会中政治文化意味的变化和长白山民间信仰两个方面讨论了长白镇山与地域文化间的关系。最后他总结到：宋金岳镇祭祀既体现了一元性王朝政治文化，又含有鲜明的二元政治特征。

湖南省文物考古研究所所长郭伟民研究员以"以考古促进文化遗产保护"为题发表演讲，先从考古与文化遗产本身讲起，再进一步论述二者关系，得到八点关于考古是如何促进文化遗产保护的结论。郭伟民所长认为考古学需要通过物质文化遗产来研究其价值和帮助重建历史，文化遗产学得借助考古深化对遗产价值的认识。同时从其介绍中可以看到考古调查与发掘对一大批遗址起到的保护作用，考古本身严谨的程序就是文化遗产保护的重要支撑。多学科在考古中的运用和发掘技术理念的更新，进一步拓宽了遗产保护的视野。最后他指出，大遗址保护和国家考古遗址公园的建设开创了文化遗产保护利用新局面，可以这些文化遗产为底蕴进行公众考古、实现公众教育。如习近平总书记所说，我们考古工作者要努力，"要让陈列在广阔大地上的遗产活起来"。

中国社会科学院古代史研究所李花子研究员作了题为"长白山边境文化研究——以图们江发源地考察为中心"的报告，详细介绍了长白山地区的边境文化资源，即康熙五十一年（1712）穆克登定界的遗存和现今中朝边界的界标，展示了研究者亲自对中朝两国多处遗迹的调查结果，遗迹的保存及研究情况，并呼吁对长白山地区的边境文化资源进行合理的保护和利用，让我们对长白山地区图们江流域的边境文化有了丰富而系统的认识。

浙江省文物考古研究所王宁远研究员发言的题目是"良渚遗址考古与申遗"。发言中首先介绍良渚遗址的考古概况，并讲述了80多年来，良渚遗址形成的从遗址点考古到遗址群考古，到都邑考古，再到古国考古的四个认识阶段。接下来介绍了在考古发掘过程中所形成的良渚大遗址考古的独特工作理念、手段及其发展，尤其是科技考古的应用和多学科合作为遗址考古的发展提供了范例。最后根据80多年的考古发掘和研究，提出"良渚古城作为良渚文化的权力与信仰中心，以规模宏大的城址、功能复杂的水利系统、等级差异悬殊的墓地和，和以具有信仰与制度象征的系列玉器为主的出土物，揭示了公元前3300—前2300年中国长江下游环太湖流域曾经存在过一个以稻作农业为经济支撑的区域性早期国家"的结论。

会议最后，吉林省文化和旅游厅副厅长、文物局金旭东局长致闭幕词，对长白山历史文化高峰论坛举办的重要意义和接下来金代长白山神庙遗址的工作计划进行介绍。金厅长首先对与会的各位专家学者表示欢迎和感谢，他表示通过长白山历史文化高峰论坛这一平台，各位学者从不同角度和方向作主题发言，从考古学研究、历史文化研究、文化遗产保护等方面对长白山文化的发展和走向；长白山神庙遗址的发掘、研究和保护起到了指导和借鉴作用。而针对此次论坛的主题——长白山历史文化，金厅长分别从狭义和广义的角度进行解释，强调长白山历史文化研究，不仅对吉林省文化研究有益，还是东北历史文化研究的重要组成部分，希望以此论坛为平台，促进文化交流与合作，推动整个东北亚地区的历史文化研究。金旭东厅长还公布了今后金代长白山神庙遗址的工作计划，短期内对遗址进行全面揭露，着手国家考古遗址公园的建设，长期的目标则是申请世界文化遗产，并且在"文旅融合"的大背景下将其打造成为5A级景区。金旭东厅长提到，目前我国的古遗址古墓葬存在辨识度不够高、不够亲民的问题，这在很大程度上是遗址展陈体系方面的问题导致的，所以他提出可以将评选5A级景区的标准作为建设国家考古遗址公园的要素，金代长白山神庙遗址不仅要做好发掘和研究工作，更要在"文旅融合"的大背景下，在遗址的展示方面探索出新路。最后，金旭东厅长表示，长白山历史文化高峰论坛要长期举办，使其成为多学科合作的开放性平台，在今后举办过程中，不仅要有考古学、历史学，还要有历史地理等学科的参与，各学科共同学习和合作，并且呼吁大家多多关注长白山历史文化高峰论坛，积极参与，共同推进长白山区域文化的研究。

第四篇

学术动态

【中国民族史学会辽金契丹女真史分会会长韩世明教授赴西北大学讲学】

2019年5月18—23日,中国民族史学会辽金契丹女真史分会会长韩世明教授前往西北大学讲学并进行学术交流。在西北大学期间,韩教授与历史学院王明荪教授(特聘)、王善军教授以及辽宋西夏金史研究方向的博士、硕士研究生进行了广泛的学术交流,并为历史学院师生作了题为"女真起源研究"的学术报告。关于女真的来源问题,以往大多看法认为挹娄源于肃慎,以后又续称勿吉、靺鞨、女真,是一个族群连续发展的承续关系。近代又有人提出"挹娄为肃慎之一部"的说法,认为肃慎、挹娄、勿吉等分属不同的部落,各有各的来源。韩教授认为,近些年随着三江平原地区考古工作逐步展开,有关女真先世来源问题新的资料也在不断涌现。从考古资料来看,挹娄与勿吉有先后继承关系,靺鞨与女真有先后继承关系。挹娄—勿吉与靺鞨—女真是并行发展的两个不同族群,他们之间没有继承关系。

西北大学历史学院的辽西夏金史研究,近年有较为明显的发展。目前辽西夏金史方向有多位教师和在站博士后研究人员,并有在读博士研究生、硕士研究生10余人。

(佚名)

【宁夏大学西夏学研究院召开《天盛律令》出版座谈暨中俄人文合作项目研讨会】

2019年4月30日,由宁夏大学西夏学研究院、中俄西夏学联合研究所主办的"《天盛律令》出版座谈暨中俄人文合作项目研讨会"在宁夏大学西夏学研究院召开。俄罗斯科学院东方文献研究所所长、中俄西夏学联合研究项目俄方负责人波波娃教授,自治区外事办公室欧洲非洲处、区内外专家学者,中央和地方新闻媒体,出版编辑单位以及中方项目组部分成员等30多人参加研讨会。副校长郎伟出席会议。

由宁夏大学西夏学研究院、俄罗斯科学院东方文献研究所共同承担的"中俄西夏学联合研究项目"新成果——全彩写真影印线装《天盛改旧新定律令》近日由甘肃文化出版社出版,这是国内外第一次全彩写真影印出版该书,并纠正了原来的黑白影印件中部分页码错乱的问题,补充了遗漏的部分页码,是研究西夏文字、政治、经济等的第一手资料,也是研究中国古代法制史、制度史、经济史及丝路贸易的重要资料。西夏文《天盛改旧新定律令》(简称《天盛律令》)20世纪初出土于我国内蒙古额济纳旗黑水城遗址,原件现保存于俄罗斯科学院东方文献研究所。1998年出版的《俄藏黑水城文献》(8、9册)刊布了《天盛律令》黑白影印件。原书蝴蝶装,20卷、150门、1461条。另有《名略》上下二卷,是总目。西夏天盛二年(1150)夏仁宗时由北王兼中书令嵬名地暴等23人在校核西夏新旧律令基础上纂定而成,卷首有《进律表》。律令正文内容丰富,是我国古代最系统、最完备的综合性法典之一,也是我国历史上第一部用少数民族文字印行的法典,对于研究西夏历史、文化和社会意义重大，被学界誉为"西夏历史社会的百科全书"，具有十分重要的史料价值和学术研究价值。

在中俄西夏学联合研究项目十周年之际，两国学者将继续务实合作、深化交流，陆续推出《俄藏黑水城汉文文献释录》《俄藏黑水城出土文物》《〈天盛律令〉武器装备门整理研究》《〈天盛律令〉司序行文门整理研究》等系列成果。

（马　瑞摘）

【宁夏大学西夏学研究院文创研发基地揭牌】

2019 年 6 月 12 日，西夏陵申遗建设项目新建西夏博物馆开馆之际，"宁夏大学西夏学研究院文创研发基地"和"宁夏大学民族学与文化旅游产业研究院产学研融合实践基地"揭牌。

西夏陵国家考古遗址公园作为西夏建筑遗存中占地面积最大、地表遗迹最丰富、出土国宝级文物最多而入选世界文化遗产后备名录的考古遗址，是具有国际影响力的文化旅游品牌。宁夏大学西夏学研究院是国内外著名的西夏学重镇，是教育部人文社会科学重点研究基地、部区合建宁夏大学民族学学科群的核心平台和国家一流学科建设的牵头单位。

近年来，西夏学研究院积极对接自治区文化旅游产业，成立丝路宁夏文创中心，着力打造"丝路宁夏"和"丝路西夏"两个文化创意品牌，目前已完成西夏瑞兽系列、西夏文化餐具系列、西夏仿古瓷系列、西夏壁画 4 个系列 60 余种创意设计，部分产品投放市场后，受到了广大游客的青睐。

基地揭牌前，宁夏大学民族学与文化旅游产业研究院和银川西夏陵文化旅游投资公司签订了合作协议，双方发挥各自特长，优势互补，在西夏陵文化遗产研究与保护、文化内涵挖掘、丝路西夏文创产品研发与推广、研学项目开发、文化旅游融合发展等方面展开合作。

宁夏大学民族学与文化旅游产业研究院文创研发基地和产学研基地落户西夏陵国家考古遗址公园，将开启西夏陵景区发展的新时代，同时，作为落实教育部和自治区党委、政府关于宁夏大学民族学学科群对接文化旅游产业的具体实践，通过示范引领，能够带动更多的学科投身自治区文化旅游产业，为自治区经济社会发展做出应有的贡献。今后，双方将进一步加强校企深度合作，借助高校在学术研究和文化创意方面的优势，通过实实在在的产学研融合发展，提升西夏陵景区的核心竞争力和转型发展。

开馆当日，宁夏大学民族学与文化旅游产业研究院还推出"西夏瑞兽"西夏博物馆开馆纪念版文创产品，并在景区文化创意主题街区的指定店铺进行限量版发售。"西夏瑞兽"系列元素取自西夏博物馆馆藏文物：鸱吻、龙首套兽，取"祥瑞"之意，寓意诸事顺遂、鱼跃龙门。

（马浩强摘）

【鄂尔多斯党项西夏文化与区域文化旅游融合发展研讨会在乌审旗召开】

2019年9月15—17日，由宁夏大学西夏学研究院、鄂尔多斯学研究会、乌审旗委、旗政府主办的"鄂尔多斯党项西夏文化与区域文化旅游融合发展研讨会"在乌审旗召开。来自宁夏大学西夏学研究院、北方民族大学民族学学院、鄂尔多斯学研究会、鄂尔多斯博物馆、鄂尔多斯青铜器博物馆、榆林市横山区的专家学者和乌审旗旗委、旗政府的领导、本地专家60多人参加了研讨会。宁夏回族自治区政协原副主席、宁夏大学原书记校长陈育宁教授，内蒙古自治区人大原副主任、鄂尔多斯学研究会荣誉会长雷·额尔德尼，伊克昭盟原副盟长、鄂尔多斯学研究会荣誉会长奇朝鲁，专家委员会主任奇海林，乌审旗旗委书记额登毕力格，旗长赵飞录出席了此次会议。会议开幕式由乌审旗宣传部部长冯志明主持，乌审旗旗长赵飞录和专家委员会主任奇海林分别致辞。

杜建录教授主持了学术会议。与会专家围绕"李继迁与地斤泽——以地斤泽地望为中心""西夏时期的鄂尔多斯""丝路西夏文化旅游产业研发"三大主题展开了深入交流和探讨。

陈育宁教授在会议总结时指出，鄂尔多斯高原是多民族交往、多元文化交融的重要区域，是黄河文化、长城文化、草原文化的交汇之地，是农耕文明、游牧文明碰撞、交融的交界地带，党项西夏文化是鄂尔多斯地区的重要文化资源。此次会议进一步丰富了对鄂尔多斯和陕北的地域文化的认识。对鄂尔多斯高原的党项西夏历史文化的研究是西夏学、鄂尔多斯学需要开拓、深入研究的重要课题。对丰富的历史文化资源，需要抓住时机进行深入研究，为经济社会各项事业，特别是旅游事业的发展提供巨大支撑。习近平总书记说历史是最好的教科书。这些都是文化自信的源泉和基础。希望各主办方将此次会议共识作为成果、予以落实。

会上，与会专家达成如下共识：鄂尔多斯在党项西夏历史上占有重要的历史地位，境内党项西夏文物遗迹众多，是研究西夏社会经济不可多得的实物资料，鄂尔多斯党项西夏历史文化，不仅是西夏学的重要内容，也是鄂尔多斯学的重要组成部分。

此次学术研讨会的成功召开，进一步挖掘了鄂尔多斯丰富的党项西夏历史文化资源及其文化旅游融合发展的重要价值，必将为新时期鄂尔多斯文化旅游产业发展开辟新的领域。

（马　瑞摘）

【宁夏大学成功召开首届"民族学贺兰山论坛"】

2019年10月14—15日，由宁夏大学、厦门大学、陕西师范大学主办，宁夏大学民族学与文化旅游产业研究院、厦门大学社会与人类学院、陕西师范大学中国西部边疆研究院承办的"首届民族学贺兰山论坛"在宁夏大学召开。出席此届论坛的专家有150多位，分别来自中国社会科学院、中山大学、兰州大学、四川大学、吉林大学、云南大学、北京师范大学、厦门大学、陕西师范大学、西南大学、中国政法大学、内蒙古大学、西藏大学、黑龙江大学、宁夏大学、北方民族大学、新疆维吾尔自治区社会科学院、内蒙古自治区社会科学院等 60 多家高校和科研院所。

中国民族学学会会长、中国社会科学院民族学与人类学研究所所长王延中在开幕式致辞表示，中国社会科学院民族学与人类学研究所与宁夏大学民族学学科有着长期的、密切的交流与合作。自 20 世纪 80 年代特别是 21 世纪以来，两家单位在项目合作、人才培养、专家互聘、服务国家战略与地方建设等方面取得了丰硕的成果。今后民族学与人类学研究所和宁夏大学在民族学学科建设中有着广阔的合作空间。

宁夏大学校长何建国在开幕式致辞时说："宁夏自古以来就是多民族聚居地区，由于历史传承和族群分布，在民族学研究领域中，宁夏大学的西夏学研究和回族研究独具特色。今天，我们齐聚贺兰山下，召开'首届民族学贺兰山论坛'，这是民族学学界的一件盛事，也是宁夏大学民族学学科建设的一件盛事。"

宁夏大学西夏学研究院（民族学与文化旅游产业研究院）院长杜建录说："为了办出特色、办出品牌，我们设计了论坛的徽标，由'圆'和'山'的造型构成，3 座山峰象征着贺兰山，也代表了对口合作的 3 所高校，同时寓意攀登民族学高峰。山的造型形似民族学的首字母'M'，点名论坛的主题。圆形象征中华民族多元一体，各民族同心共圆中国梦。"

民族学贺兰山论坛是部区合建的宁夏大学民族学学科群重要学术交流平台，也是宁夏大学和厦门大学、陕西师范大学对口合作的学术品牌。2018 年，教育部启动"部省合建"中西部高水平大学工作，在尚无教育部直属高校的省份，按照"一省一校""一校一案"的原则，支持中西部 14 所高校建设，宁夏大学民族学科群进入部省（区）合建优势特色学科群建设行列。

在教育部的指导下，厦门大学、陕西师范大学与宁夏大学签署了对口合作建设协议，建立了民族学学科对口合建关系，形成了"二对一"的帮扶建设新机制。通过三校合作建设，补齐宁夏大学民族学学科的短板，最终达到"一流学科"和"一流高校"的目标。

在教育部和宁夏回族自治区党委、政府的大力支持下，宁夏大学、厦门大学、陕西师范大学在高水平人才共享、联合开展人才培养、重大项目攻关、文化旅游产业研发等方面开展实质性的对口合作，宁夏大学民族学学科综合实力和对其他学科的辐射带动效应明显提升，通过协同创新机制研发的"丝路西夏"和"丝路宁夏"文创，在服务宁夏及周边地区文化旅游融合发展和全域旅游示范区创建中，取得了显著的成效。

论坛采取大会主题报告和分论坛讨论的形式。开幕式上，杨建新教授、王延中教授、史金波教授、陈育宁教授、周伟洲教授、周大鸣教授、黎小龙教授、石硕教授分别作了题为"学习《习近平总书记在全国民族团结进步表彰大会上重要讲话》一点心得""中华民族共同体建设若干理论问题的思考""略论中国历史上民族政策演变趋势""民族史与民族史学理论""古代西北少数民族多元文化的发展与变异""理解'中国'——民族走廊研究的历史与现实意义""从西南民族家谱族源记忆的'假'与'真'看历史学和人类学的差异与趋同""从民族角度认识中国历史——谈中华民族聚合的动力机制"的大会主题报告。分论坛上，与会专家就马克思主义民族学理论与方法、中华民族多元一体格局视野下的民族交往交流交融、中华民族共同体意识的形成与发展、中华民族文化与历史文献、"一带一路"与东西方文化交流、七十年来中国民族学研究成就以及新时期如何发挥中国民族学优势，增强中华文化认同和铸牢中华民族共同体意识等方面展开深入交流和探讨。

（彭赞超）

【《解读西夏》课程入选学习强国平台】

《解读西夏》课程入选中宣部学习强国平台慕课专栏。该课程由"长江学者"特聘教授、"全国五一劳动奖章"获得者、"全国民族团结进步模范个人"杜建录教授领衔讲授，团队成员均为具有博士学位的中青年学术骨干。目前全国在线课程 5000 多门，其中 74 所高校与科研单位的 236 门课程入选学习强国平台。

《解读西夏》总共 11 讲，分别以党项崛起与西夏建国、西夏自然环境与社会生产、西夏文化、西夏王族和后族、西夏的军种与战术、西夏文字的创制和

使用、西夏绘画艺术、我国最早的活字印本、贺兰山下古塚稠、西夏遗民在何方、百年西夏学的形成与发展等为专题，讲授西夏的建立、发展和消亡，阐释以党项为代表的北方游牧文化和以汉族为代表的中原农耕文化长期交往交流交融，形成"你中有我，我中有你"，最终完全融合到中原文明中的历史进程，揭示出中华文明的凝聚力和向心力。

（马　瑞摘）

【"出土西夏字书整理研究及语料库建设"项目入选 2019 年度国家社会科学基金重大招标项目】

2019 年 11 月 22 日，2019 年度国家社会科学基金重大招标项目立项名单正式公布，宁夏大学西夏学研究院段玉泉研究员申报的"出土西夏字书整理研究及语料库建设"项目获批立项资助。

以西夏文文献为主的黑水城文献是 20 世纪我国四大地下出土文献之一，这批珍贵的民族古文字文献中，除大量佛经外，还包括字书、法律文献、夏译汉籍以及社会文书等，尤其是西夏人自己编纂的《文海宝韵》《同音》《同义》等专释文字形音义的字书，以及《番汉合时掌中珠》《杂字》《纂要》等蒙学字书均保存下来，这在同时代民族文字文献中是独一无二的。它几乎囊括了传统小学字书的各种形式，是古汉语字书的继承和发展，在我国辞书发展史上具有十分重要的地位。

出土西夏字书是西夏语言文字研究的基础性材料，该项目的获批对这批字

书的全面整理研究，对西夏语言文字研究有着非常重要的价值和意义，对辞书研究以及我国辞书学史的研究也有重要价值，甚至于对当前辞书的编纂也有一定参考价值和资料补充价值。

（马　瑞摘）

第五篇

书评・书序・
新书序跋

《辽金史论集》第十七辑前言

韩世明

契丹（辽）是我国历史上有着重要影响的王朝之一，在我国古代北方活跃了近三百年之久。元人按例纂修前代史书，将辽、金与宋王朝恭列正史，足见对其地位的认可和重视。

很久以来，人们就对契丹社会发展状况十分关注。特别是近些年来，由于新的、与契丹历史相关的考古成果不断涌现，不仅考古学科本身取得丰富成果，而且在利用考古资料研究契丹史问题等方面，也取得了有目共睹的成绩。这些成果主要体现在两方面：一是近些年来考古出土了很多与契丹历史相关的契丹文碑刻资料，在梳理释读契丹文献记载方面取得了进步与成绩；二是对契丹时期遗迹遗物进行的考古调查与挖掘，为更进一步研究解决契丹社会问题提供了更多的第一手资料。

此次年会的举办地内蒙古通辽市地处我国北疆，从魏晋以来对契丹历史记载的文献来看，他们很早就活动在西拉木伦河和老哈河流域及其相关地区。这一地区辽金时期的历史遗迹非常丰富，特别是辽代遗迹极为丰富，有著名的陈国公主墓、吐尔基山辽墓；有大量的古城市遗址，如古韩洲城址、古豫州城址、城四家子古城、布日顺古城、东玛拉沁古城、腰伯吐古城、酒局子古城、下扣河子古城、二来营子城址以及阿都乌素遗址、金界壕边堡遗址等。这些遗迹遗物为进一步研究辽金时期社会历史问题提供了翔实的实物资料。近些年来，以内蒙古民族大学为主体的史学工作者，依靠地缘优势，倾心于通辽地区辽金时期历史的研究，特别是对辽上京道的历史地理做了更深入的梳理和研究，重新考证了辽上京道的两条重要的河流西拉木伦河、老哈河的流向和名称的演变及合流点的问题，提出了"老哈河与西拉木伦河是两点合流而非一点合流"的观点。同时，2016 年 10 月在通辽市开鲁县发现了金宝屯辽墓，在墓中发现了有关龙化州相对位置的墨书题记，为认定辽龙化州的所在地提供了新的佐证。

因此，无论是从文献记载还是考古发现来看，通辽地区都是从事辽金史研究的学者重点关注的地区之一。近些年来的考古发现，以及由此提出的辽史、契丹史研究的新观点，为学者研究辽代上京道历史地理提供了新的思路和视角。而文集的出版也将进一步推动史学界对与此相关问题的研究和探讨。辽金史学会依旧会根据辽金史学界研究的新动向、提出的新观点，合理安排辽金史年会地点，推动辽金史研究向前发展。

《金代吏员研究》评介

张宝珅

吏制与吏员是中国古代政治制度、行政组织的重要组成部分，对中国政治、经济、社会和文化发展影响深远，因此一直是官制史、制度史乃至古代史研究不可或缺的一环。自"官吏分途"，吏员以处理政府具体事务成为联结官僚与平民的纽带。作为北方民族建立的政权，金朝横亘北中国，其承继前朝典制，任用吏员、施行吏制。对于金代吏员与吏制，学界一直缺乏全面检讨，王雷先生著《金代吏员研究》（社会科学文献出版社 2018 年版）细致深刻审视有金一代吏员集团与吏制，可谓惠及学林。笔者拜读大著，受益良多，故对该书略作评介以陈一孔之得，敬请方家指正。

一

在谋篇布局方面，《金代吏员研究》（以下简称《研究》）安排可谓由表及里、层层推进。《研究》共九章，较为完整地展现出金代吏制、吏员面貌，内容极为充实。

第一章绪论，简要概括吏制在中国历史中的地位，并强调金代吏制、吏员研究具有的学术与现实价值，学术方面"有助于我们加深对金代历史的认识"，现实意义在于"能为深化当今干部人事制度改革提供丰富的经验和借鉴"（第 7 页）。《研究》对研究现状的梳理环环相扣，一方面将金代吏员研究置于贯通综合性研究中审视与反思，另一方面亦不忽视相关研究的微观成果。同时，对辽、宋等其他朝代吏制、吏员研究的重要成果也有检视。第二章是金代吏制的形成与发展，对吏制在中国的起源以及金代吏制的沿革进行较为细致的梳理，大体展现出吏制在有金一代的发展脉络。第三章是金代吏员的类别和数目，作者按所在部门划分吏员种类，将金代吏员分为中央政府部门吏员、宫廷吏员与地方吏员，并据《金史》等史籍考辨厘正诸类吏员数目，对清晰认识金代吏员整体面貌大有裨益。第四章是金代吏员的选任，作者在这一部分裒辑史料，以中央政府吏员、宫廷吏员与地方吏员为序归纳各部门吏员来源与选任方式。第五章是吏员的职责与管理，该章将金代吏员的职责归结为处理文案、翻译以及外交、经济活动和差遣性质事务，对金朝吏员的考核、奖惩、俸给、仪卫、服饰制度亦有总结，并以时间为轴系统考察金朝政府对吏员管理措施的演变。第六章是金代吏员的出职，对中央政府部门、宫廷以及地方吏员的整体迁转情况做全面梳理，以点面结合方式展现出令史、护卫、奉御、奉职以及诸祗侯的出职、迁转情况。第七章是吏员与金代社会，在金代社会发展大格局下，分析吏员集团的形成及其内部分层，探讨了吏员集团对金代政治、经济、文化以及社会管理、社会风气的影响。第八章是官制视野下的金代吏制，在前人研究基础上，作者回顾金代官制发展脉络，再现官制与吏制的互动。第九章是金代吏员及其制度评价，作者分别从百姓、吏员自身、官员等视角多维度评析金代吏制，又以后人眼光将其与宋、元吏制作比较分析，所作评价总体较为客观。一言以蔽之，《研究》谋篇布局张弛有度，对金代吏员、吏制的研究已相当全面深入。

二

在结构合理、内容翔实基础上，《研究》在史论史观方面亦不乏真知灼见。

金朝先后占有金源故地、契丹腹里、燕云地区与黄河流域，为适应不同地区社会文化发展要求，金制几经更迭，最终确立多族政治制度，并以女真制度与汉制为重。① 《研究》充分认识到金代吏制并非无源之水，对其制度渊源及其在金朝逐渐确立、定型并发展的过程进行阶段划分。在制度渊源方面，《研究》提出"金代吏制在一定程度上承袭唐代吏制，在此基础上又有所创新，具备少数民族政权的特色"（第32 页）之观点，此说在微观考察金代吏制同时，兼顾金代整体政治制度变革，得出基本符合历史事实的推论。在阶段划分方面，《研究》亦将吏制发展置于金朝制度嬗变大背景下讨论，认为其发展分为萌芽期、形成期、完善期与衰落期（第32—36 页）。

作为女真族建立的政权，金代制度具有较强的民族性。《研究》注意并强调金代吏制中的女真元素。首先，在中央政府部门吏员、地方吏员建制方面，均是汉人、女真人占多数，并兼有其他民族若干。在宫廷吏员方面，则"大量任用宗室子弟和女真贵族子弟来充任"（第50 页），这与辽、元、清等其他北疆民族政权的用人政策如出一辙。其次，作者认为在出职迁转方面，女真人也具有优势，如"女真进士（令史）的出职经历了一个待遇逐渐上升的过程"（第163 页）。再次，吏员集团内部也体现民族性，通过对中枢机构尚书省、枢密院下吏员作量化统计，作者提出"女真统治者在吏员的使用上，对其他民族仍存芥蒂之心，力图保持女真族在要害部门的绝对优势"（第205 页）。

《研究》亦未忽视北族政权在制度方面的承继关系，如在前人研究的基础上，通

---

① 程妮娜：《金代政治制度研究》，吉林大学出版社1999 年版，第306 页。

过对奉职、奉御、祗候、郎君等概念的阐释，提出"金代宫廷吏员制度与同为北方少数民族建立政权的辽、元有诸多相似之处，体现了制度上的一脉相承"（第53页）。另如在出职制度方面，作者提出"（金代）吏员有可以出职的制度保障，且可以升迁至宰执，为元代吏员出职之先"（第197页）。上述观点是基于微观考察与长时段研究相结合的史学论断。

三

一部史学论著，必有贯穿其始终的史学理论践行。前贤提出"'活'的制度史"命题，邓小南先生有言："在选任原则方面，任人与任法的关系；规定条文方面，法与例的关系；选任机构内部，官与吏的关系；参选资格方面，课绩与年劳的关系……凡此种种，不一而足。正是处理这些关系时不同的公开规则与潜在规则，反映出人与制度间的互动，塑就了制度实施过程中的不同特质。"①《研究》对上述史学思想进行着一以贯之的实践。这在作者探讨金代吏员选任与管理制度时体现得最为明显。《研究》并未将《金史·选举志》《金史·百官志》奉为圭臬，而是着重考察制度规定下人的行为活动与制度本身的互动。在吏员选任制度方面，虽然正史明文记载了尚书省令史的选任原则，但作者钩沉史料，剖析解构诸多史例，总结出"大多数省令史的选任者都有进士及第的背景和在地方为官的政治经历，具有较强的文字能力和基本的政治素养"（第76页）的论断，这无疑是对《金史·选举志》《金史·百官志》中令史选任"死"规定的"活"补充。

在吏员管理方面，金朝政府对吏员也有制度层面的规定，但作者注意到这种制度处于动态模式，在海陵朝及以前、世宗朝、章宗朝、宣宗朝及以后这四个历史阶段具有不同规范。因此将制度设计者与"死"的制度相结合加以研究，并得出诸多值得深思的结论，如在俸禄方面，作者便提出"金廷对吏员俸禄的增加或减少，反映了金代对官吏俸禄的动态管理"（第149页）。

四

《研究》不失为一部内容翔实、观点突出、理论性强的论著，但作为学术著作，其难免会有疏漏。笔者在阅读、学习之余，同样认为其有值得商榷或补充之处。如对符宝郎性质的理解，作者曾认为其"属吏员无疑"（第51页），然在后文对吏员选任、出职的讨论中，却并未将符宝郎涵盖在内。据笔者观之，史料中符宝郎的选任与

① 邓小南：《走向"活"的制度史——以宋代官僚政治制度史研究为例的点滴思考》，《浙江学刊》2003年第3期，第102页。

迁转表明其为官非吏。《研究》未详究符宝郎性质，以致前后缺乏照应，可谓一憾。在个别史料解读方面，亦有可商榷之处。如在"行省吏员的选任"中，作者所举孟浩"充行台吏、礼部郎中"（第 96 页）与耶律安礼"由行台吏、礼部主事累迁工部侍郎"（第 97 页）中的"行台吏"应非作者所理解的"行省吏员"之含义，而应是与其后"礼部"合称为"行台吏、礼部"，即行尚书省下六部中的吏部与礼部。盖因行台事务不如中央尚书省繁杂，故其治下六部官员多身兼诸部职务，如完颜彀英"历行台吏部、工部侍郎，从宗弼巡边，迁刑部尚书，转元帅左都监"①。金末甚至有张正伦者为"行台驿召"至军前，"行尚书省六部事"②。换言之，孟浩所任非行省吏员，而是行省下吏部与礼部郎中；同理，耶律安礼亦非吏员，而应是行省下吏部与礼部主事。另外，《研究》虽已对金代吏制与吏员集团作较为翔实梳理，然正如武玉环先生所言，此书"研究成果主要集中在制度层面"，对于吏员中较为重要的"尚书省令史、近侍、护卫等重要吏职及人物"（《研究》序第 2 页）尚需进一步探讨，笔者认为这一方面研究有助于更深刻认识金代吏员集团全貌和透视金代吏制的独特性。显然，作者也认识到此著并非金代吏员研究的终点，而"只是画一个逗号"（第 29 页）。

总体而言，《研究》对金代吏制与吏员的研究无疑将相关研究推进了极大的一步，对金代政治制度研究的意义不言自明。宏观来看，《研究》也是完善古代吏制演化进程研究的重要论著，有助于人们更清晰地认识我国中古至近古政治制度变革。

---

① 《金史》卷 72《完颜彀英传》，中华书局 1975 年版，第 1662 页。
② 元好问：《资善大夫吏部尚书张公神道碑铭》，载元好问著，狄宝心校注：《元好问文编年校注》，中华书局 2012 年版，第 900 页。

西夏遗民研究的全新力作
——《西夏遗民文献整理与研究》评介

宁夏大学　保宏彪

　　《西夏遗民文献整理与研究》一书以人物及其家族世系为线索，全面细致地整理了元明清史籍、文集、方志、金石文献等各种文献中所见西夏遗民史料，是一部不可多得的西夏遗民文献汇编。在深入分析相关西夏遗民资料的基础上，围绕西夏女性遗民、宁夏旧志所辑西夏遗民史料、昔李钤部家族研究、元代西夏遗民著述篇目、元代唐兀怯薛等问题展开深入探讨，堪称西夏遗民研究的全新力作。

　　西夏遗民研究作为西夏研究领域的一个重要课题，对揭开西夏灭亡后党项民族去向这一重大历史之谜具有十分重要的学术意义。目前，西夏学界一般将1227年蒙古攻灭西夏后原居住、生活在其境内的党项、汉、吐蕃、回鹘、沙陀等各族民众统称为"西夏遗民"[1]。蒙元时期，大部分留在故土的普通西夏遗民未能在史籍中留下记载，小部分西夏遗民由于各种原因主动或被迫离开家园，以"唐兀氏"（唐兀惕、唐古特、唐古忒）之名迁往西藏、青海、四川、云南、甘肃、陕西、山西、河南、河北、安徽、山东、江苏、浙江等地，在政治、经济、军事、文化、宗教等方面多有建树，为巩固元朝统治、促进边疆开发、推动民族融合做出了积极贡献。

　　清末民初，西夏遗民问题开始引起中国学者注意。屠寄（1856—1921）的《蒙兀儿史记》和柯绍忞（1850—1933）的《新元史》皆在《氏族表·色目氏考》专列"唐兀氏"[2]。王桐龄的《中国民族史》上编"内延史部"通过对中国各民族之间的杂居、通婚、收养、改姓、语言、风俗等方面的分析与研究，揭示出中华民族对内融合的相关史实，其中涉及元代西夏遗民60余人。[3] 著名史学家陈垣在《元西域人华化考》中从儒学、佛道两教、文学、美术、礼俗等方面论证了132位西域人华化的具体事例，其中出仕元朝的唐兀人有9位，对其在政治、经济、文化等方面的活动与贡献进行了比较详尽的论述。[4] 汤开建根据《元史》《新元史》《蒙兀儿史记》《元史

---

　　① 张琰玲编著：《西夏遗民文献整理与研究》，凤凰出版社2019年版，第1页。
　　② 同上书，第2页。
　　③ 同上。
　　④ 同上。

类编》和各种元明文集，先后发表《元代西夏人物表》和《增订〈元代西夏人物表〉》，以表格形式详细记录了近 500 名西夏遗民信息。① 近年来不断涌现的有关西夏遗民文物、文献的新发现，为西夏遗民研究的进一步深入提供了宝贵的第一手资料。

2019 年 11 月，由宁夏社会科学院图书资料中心研究馆员编著的《西夏遗民文献整理与研究》一书由凤凰出版社出版发行。该书作为《西夏研究论丛》第四辑，延续了丛书严谨扎实的一贯学风，以西夏主体民族党项在政权覆亡后的遗民散居史事为核心，将蒙古帝国建立②至弘治十五年③近三百年的西夏遗民史料汇于一编，通过西夏遗民文献整理和西夏遗民文献研究两大主题，将人物及其家族世系作为线索，辅以考古资料和当代史学研究成果，全面细致地整理和研究了元明清史籍、文集、方志、金石文献等各种文献中所见西夏遗民史料。这既是一部不可多得的西夏遗民文献汇编，又是系统整理和深入研究西夏遗民文献的全新力作。

一　文献整理　披沙拣金

西夏遗民文献散见于元明清史籍、文集、方志、家谱之中，是研究西夏遗民历史的第一手资料，折射出西夏遗民在不同历史时期与其他民族的交往融合轨迹，为西夏遗民研究提供了翔实可靠的史料来源。这些弥足珍贵的西夏遗民文献分布广泛，体裁众多，亟须认真搜集、整理并加以系统研究。

《西夏遗民文献整理与研究》一书的文献收录范围，除依据传统的元明清史籍、文集、方志、家谱外，还广泛涉猎金石碑刻、考古资料、田野调查报告和当代史学研究著述。本着实事求是的原则，各种文献中所见的西夏遗民信息，无论字数多少都予以收录。因为涉及散居的遗民个体、世系的遗民家族、男性遗民、女性遗民等众多内容，为尽可能做到人物的无遗漏和资料的完整性，作者在文献编排方面使用了新方法。具体来说，《元史》《新元史》有传的人物列为一组，以《元史》为主，若《元史》无传，则辅以《新元史》。同一家族人物的文献集为一组，散见史料补充在个人条目之下。对于散见于其他文献的西夏遗民史料，有确切纪年者为一组，按时间先后编排；无时间记载者为一组，按内容多少编排；《〈述善集〉校注》所涉及的西夏遗民文献为一组；待考人物文献为一组。这一编排形式提纲挈领，较为客观、全面地反映了西夏遗民资料的分布概况，为广大西夏学研究者检索相关信息提供了极大便利。

---

① 张琰玲编著：《西夏遗民文献整理与研究》，凤凰出版社 2019 年版，第 418 页。

② 1206 年，铁木真统一蒙古各部建立蒙古汗国，被尊为"成吉思汗"。此后，成吉思汗先后六次讨伐西夏，一部分西夏人在此过程中归降蒙古，成为最早的"西夏遗民"。他们的归降虽在西夏灭亡之前，但其生平贯穿蒙元时代，构成了西夏遗民的源头和主流。

③ 1962 年出土于河北省保定市韩庄的西夏文经幢，立于弘治十五年（1502），是目前所知具有明确西夏文使用时间下限的重要文物。

在"西夏遗民文献整理篇",作者以 961 名西夏遗民为基础,系统研究了散居的遗民个体和世系的遗民家族,其人物小传画龙点睛,家族世系图文并茂,初步展现了蒙元时期西夏遗民个体和家族的发展变化。对于西夏遗民个体来说,以 694 名男性遗民为主、以 267 名女性遗民为辅,先通过人物小传勾勒传主的生平事迹,再结合相关史料开展系统研究,力求客观反映该人物在特定时代背景的人生轨迹。对于西夏遗民家族,立足于代表人物,小传以功绩卓著的长辈为主,根据史料记载梳理人物关系,按照辈分逐人搜集史料,通过列表形式展现了察罕、昔里钤部、也蒲甘卜、高智耀、李恒、暗伯、朵儿赤、刘完泽、杨朵尔只、王翰、老索、阿沙、李公(李闾伯)、唐兀崇喜这 14 个家族的世系,相关人物及其家族世系关系一目了然。

值得称道的是,《西夏遗民文献整理与研究》一书以前人研究成果为基础,不但对男性西夏遗民信息进行了系统梳理和全面补充,而且广泛收集了 298 位女性西夏遗民的相关信息,结合相关史料进行了分析论述。探讨西夏女性遗民不但可从一个侧面反映元代女性西夏遗民的社会地位、社会关系等内容,而且有助于深化对元代民族融合问题的认识。

二 文献研究 各出机杼

在"西夏遗民研究篇",作者立足于内容丰富的西夏遗民文献,分别探讨了西夏遗民研究的热点问题,不但涉及补校《增订〈元代西夏人物表〉》、列表元代西夏女性遗民史料、考订宁夏旧志辑录的西夏遗民史料等内容,而且论述了昔李钤部家族及其研究现状,先后考辨了元代西夏遗民著述篇目、元代西夏遗裔三旦八事迹、元代唐兀怯薛生平、元代海道都漕运万户府达鲁花赤买述丁等相关问题,具有较高的学术价值。

(一)《增订〈元代西夏人物表〉》补校

针对元代西夏遗民史料较为分散的问题,汤开建先生根据《元史》《新元史》《蒙兀儿史记》《元史类编》和各种元明文集,1986 年在《甘肃民族研究》发表《元代西夏人物表》,考证了 370 名元代西夏人物。此后,他又对这一研究成果做了一定增补,在《暨南史学》2003 年第 2 辑发表《增订〈元代西夏人物表〉》,将西夏遗民人物增至 400 余名。近年来,不少散落在碑传、方志、佛教文献中的材料相继被发现,使得目前所能见到的西夏遗民人物数量增加不少。2013 年底,汤开建先生对《增订〈元代西夏人物表〉》进行补充完善,以表格形式收录了近 500 名西夏遗民信息。

在此基础上,作者从传统史籍、方志、碑刻材料中发现了不少《增订〈元代西夏人物表〉》(以下简称《人物表》)所未收录的西夏遗民,新增人物 110 多名。在搜集资料的过程中，作者所坚持的判断西夏遗民的主要标准有三个：第一，史籍中明确记载其为唐兀人（又作唐兀惕）、河西人、西夏人者；第二，使用"唐兀"（又作"唐吾""唐括"）、"嵬名"（部分史籍作"邬密"）、"都罗"、"夜蒲"、"嵬宰"等西夏党项姓氏者；第三，针对一些族属不明，从姓氏上无法分辨的人物，其祖籍为西夏故地（如宁夏、灵州、亦集乃、陇右）者同样存在西夏遗民的可能，留于表中俟考。为使《人物表》的内容更加精准，作者又为表中原有内容作了若干条校勘，列于表末。①

（二）元代西夏女性遗民人物史料整理与研究

以前的西夏遗民研究只限于男性，未曾涉及西夏女性遗民。作者在搜集整理新旧《元史》、元人文集、家谱、墓志铭中所见 298 名西夏女性遗民相关史料的基础上，按照氏族集中的原则，从姓氏、社会关系、封赠与事迹、资料来源四个方面展开介绍，总结出来源广泛、文化多元、社会上层、男外女内、乐善好施、贞节观念六大特点，生动展现了元代西夏遗民家族中的男女关系与价值取向。

第一，来源广泛。在 298 名西夏女性遗民中，嫁入西夏家族者 154 人，分别来自蒙古、色目、汉、女真等族。从梁、田、白、王、萧、宋、颜、张、崔、杨、赵、李、尹、蒋、郭、刘、邢、葛、侯、朱、周、蔡、孙、盖、袁、马、高、彭、孔、眭、民、夏、公、傅、邹、惠、段、岳、秦等姓氏判断，应该大部分来自汉族。② 在少数民族西夏遗民中，主要来自唐兀氏、弘吉剌氏、明理氏、威弥氏、铁理氏、耶卜氏、耶律氏、蔑里吉氏、康里氏、米卜氏、乌纳氏、唐兀真氏、唐吾氏、哈剌鲁氏、乃蛮氏、旭申氏、怯列氏、康里真氏、巴雅伦氏、奈曼氏、咩屈氏、唧尚氏、西壁氏、平尚氏、咩铭氏、瑞俄氏、嵬名氏、护都伦氏、女真氏、蒙古氏这 30 个家族③。由此可见，西夏女性遗民的通婚范围并不局限于族群内部，而是广泛与周边各族通婚，婚姻因素在西夏遗民民族融合过程中的作用不可低估④。

第二，文化多元。在嫁入西夏家族的 154 名女性中，有姓氏者 145 人，有名字者 9 人，分别是伯牙伦、铁理、满堂、伦彻彻、顺祖、奴伦、阿枏、九姐、库库楞。⑤ 具体来看，满堂、顺祖与汉族人名相似，九姐为排行，伯牙伦、铁理、伦彻彻、奴伦、阿枏、库库楞带有明显的少数民族文化元素。⑥ 更为重要的是，西夏生女的起名体现了西夏人命名文化的双重性，既有"玉珍、赛珍、宝安、庆安"这样包含浓厚

---

① 张琰玲编著：《西夏遗民文献整理与研究》，凤凰出版社 2019 年版，第 418 页。

② 同上书，第 449 页。

③ 同上。

④ 同上。

⑤ 同上书，第 450 页。

⑥ 同上。

汉文化气息的名字，又有"戬伊特楚、按巴、吉连布、宝寿奴、迈讷、染齐"等充满西夏文化意味的名字。①

第三，社会上层。在目前所能见到的西夏女性遗民资料中，绝大多数是上层社会有官有爵者的女眷，其中的佼佼者"唐兀氏"正是元文宗之母。在 298 名西夏女性遗民中，有 51 人获得封赠。这些封赠一部分来自丈夫、儿子、孙子的功勋，如"孙卜兰台受敦武校尉，讨封祖母宜人"②；另一部分来自本人的高风亮节，如"必宰牙女瑞童，嫁与女真人粘合世臣。丈夫卒后，夫人屏斥华泽，励节治家，坐亦有常处，田园经葺有加焉。初封恭人，再封威宁郡君"③。这种特殊的社会关系，从一个侧面反映了西夏遗民在元代政治、经济、军事等方面占据较高地位的事实。

第四，社会分工依然延续"男主外，女主内"的传统模式。西夏女性遗民同中国古代传统女性一样，将承担家庭内部事务作为自己的主要职责。她们肩负了生儿育女、孝顺公婆、相夫教子、勤俭持家等重任，延续了中国古代妇女的传统美德。"梁氏，立智理威妻，治家谨法度，有母道，教二子为学，使从贤士大夫游，俾有所成立。"④"李夫人，杨教化妻。李夫人事君姑赵夫人至孝，有疾，侍汤药不解带。公在北方军，夫人治家尝如公家居然。族人咸赖之。"⑤ 在"男外女内"的外衣之下，透露出西夏遗民社会严重的男尊女卑思想。对于西夏男性遗民来说，无论长幼、有无建树，都可在家谱中留下自己的名字。然而，家谱中所留下的西夏女性遗民的名字却是少之又少。在凤毛麟角的个案中，也严格按照男在前、女在后的顺序排列。

第五，乐善好施，助人为乐。对于古代妇女来说，社会地位和家庭地位皆较为低下，西夏女性遗民也概莫能外。即使在这样的社会环境下，西夏女性遗民也不乏大胸怀、大爱心之辈，做出诸多慈善之举。"唐兀间马长子达海妻孙氏，年七十有二而康宁，封恭人。恭人孙氏亦极贤，自四年冬至五年春大俭，恭人命崇喜全家人每旦多备粥饭，以食乞食之老弱，有少壮男子饥饿濒死者，命长留养济以活者十余人，客户贫不能自存辄贷粮以济者十余家。"⑥

第六，儒家贞节观念早已深刻影响西夏女性遗民，为夫死节之事屡见不鲜。"侯氏，唐兀氏丑间妻，丑间被杀，贼愤其不降，复以布囊囊其尸，置其家。丑间妻侯氏出，大哭，且列酒肉满前，渴者令饮酒，饥者令食肉，以绐贼之不防己。至夜，自经死。事闻，赠丑间河南行省参知政事，赠侯氏宁夏郡夫人，立表其门曰'双节'。"⑦

① 张琰玲编著：《西夏遗民文献整理与研究》，凤凰出版社 2019 年版，第 450 页。
② 同上书，第 446 页。
③ 同上书，第 437 页。
④ 同上。
⑤ 同上书，第 440 页。
⑥ 同上书，第 446 页。
⑦ 同上书，第 441 页。

"朵儿只死时，权臣欲夺其妻刘氏与人，刘氏剪发毁容以自势，乃免。"①"（余）阙拔剑自刎，堕濠西洁水塘死。其妻蒋氏闻之，帅女安安、妾耶律氏、耶卜氏同赴井死。"②

（三）宁夏旧志辑录西夏遗民史料汇考

在现存的 30 部宁夏旧志中，《宣德宁夏志》《弘治宁夏新志》《嘉靖宁夏新志》《乾隆宁夏府志》四部志书直接或间接记载了多位西夏遗民信息，可补正史之缺。具体来说，《宣德宁夏志》辑录西夏遗民 9 人，《弘治宁夏志》和《嘉靖宁夏新志》所辑录的西夏遗民皆为 16 人，《乾隆宁夏府志》除辑录西夏遗民 24 人外，还有 4 条间接记载西夏遗民的信息③。合并计算，宁夏旧志共辑录西夏遗民 26 人，其父辈皆为西夏时期在宁官宦。成为元代子民后，这些西夏遗民顺应时代发展潮流，在宁夏或外省为元代社会经济发展献计献策，建功立业。尤为重要的是，沙览答里、论卜、也速迭儿、冯答兰帖木、藏卜、永济尚师、黑禅和尚七人在《元史》无传，宁夏旧志所辑录的有关他们的信息弥足珍贵，有助于进一步理清元代宁夏佛教发展脉络。

（四）昔李钤部家族研究

昔李钤部家族本姓"李"，出仕西夏后为同皇族李姓区分而改称"小李"，后逐渐演变为"昔李"或"昔里"④。1226 年，蒙古大军攻略河西，昔李钤部家族成员举立沙因归降献出肃州有功，获得成吉思汗重用。有元一代，昔李钤部家族一直世系大名路达鲁花赤与肃州达鲁花赤，长期活跃在元朝政治、军事舞台。昔李钤部家族有迹可寻的人物共有 63 人，其中男性人物七世，41 人，女性人物六世，22 人⑤。昔李钤部家族文献是研究元代西夏遗民去向与融合等问题的珍贵资料之一，作者依据元明清史籍、文集、方志、碑铭等资料，在系统梳理昔李钤部家族文献和研究动态的基础上整理出《昔李钤部家族人物表》，具有较高的学术价值。

在"研究动态"部分，作者分别对《大元肃州路也可达鲁花赤世袭之碑》《李爱鲁墓志》《宣差大名路达鲁花赤小李钤部公墓志》进行了探讨，结合相关材料论述了昔李钤部家族的世袭、族属与家族文化，从婚姻、丧葬祭祀、宗教信仰、汉化与蒙古化等方面研究了昔李钤部家族的文化倾向，认为唐兀昔李钤氏家族留居西夏故地的一支在保持自身原有文化的同时，也受到汉和蒙古文化的影响，进入汉地的两支则兼具汉化和蒙古化的倾向。在西夏或汉地的生活与居住环境，是昔李钤部家族汉化和保持

---

① 张琰玲编著：《西夏遗民文献整理与研究》，凤凰出版社 2019 年版，第 440 页。
② 同上书，第 439 页。
③ 同上书，第 452 页。
④ 同上书，第 462 页。
⑤ 同上。

唐兀原有文化的客观条件与依据①，仕宦经历也对昔李钤部家族的文化选择产生了一定影响。② 在"民族归属"部分，作者对姓氏"李""小李""昔里"的演变历程进行了回顾。在论述昔李钤部家族族属的过程中，作者分别探讨了沙陀人、唐兀氏、西夏人、河西人四种说法，认为这是不同时代背景下对西夏故地民众的泛称。③ 昔李钤部家族从唐末至元末，一直活跃在中国西北地区，由沙陀人到唐兀人的演变历程既反映了昔李钤部家族文化价值取向的变迁，又折射出其在不同时代与其他各族融合发展的历史轨迹，昔李钤部家族发展史是中华民族发展融合史的有机组成部分之一。

（五）元代西夏遗民著述篇目考

因为党项自唐初内迁以来就深受中原文化影响，西夏建立后又在文化上与北宋、辽、金密切交流，所以元代唐兀人普遍具有较高的汉化水平。历史学家陈垣先生曾对唐兀人的诗学给予高度评价，"唐兀去中国最近，其地又颇崇儒术，习睹汉文，故入元以来，以诗名者较他族为众"④。"元代西夏遗民著述篇目考"以元代唐兀人为线索，不但考证了余阙、王翰、杨崇喜、张翔等25位西夏遗民的诗文著述篇目，而且考察了其版本和存佚情况，学术价值颇高。

（六）元代西夏遗裔三旦八事迹考

"元代西夏遗裔三旦八事迹考"从名字、身份、文化倾向与早年宦迹四个方面入手，考证了福建省泉州市清源山左峰所刻《重修弥陀岩石室题记》中反映的元代西夏遗裔三旦八的相关事迹，内容颇为丰富。在元末江南地区的动荡政局中，这位文武双全的僧人不但统辖宿卫亲军镇压天完红巾军，而且有力抵御了张士诚在江南的扩张。遗憾的是，三旦八所主导的福建行省"省宪构兵"引发了亦思巴奚兵乱，各支军阀在兴化、泉州一带混战十年，广大民众苦不堪言。虽然《元史》并未为三旦八立传，但其事迹散见于诸史书、文集、方志、碑碣之中，尤以《重修弥陀岩石室题记》最为具体，史料价值不言而喻。在考述过程中，作者始终以客观角度评价三旦八，认为其虽曾在元末江浙行省乱局中力挽狂澜，成为元朝统治江南的基石，无愧于时人"独当一面东南天"的高度赞誉，却在晚年执着于政争，不惜与同朝官员兵戎相见，直接酿成亦思巴奚兵乱，破坏不可估量。作为福建乱局的最初制造者之一，三旦八应对元朝在当地统治秩序的崩坏负有一定责任⑤。

---

① 张琰玲编著：《西夏遗民文献整理与研究》，凤凰出版社2019年版，第467页。

② 同上。

③ 同上书，第470页。

④ 陈垣：《元西域人华化考》，上海古籍出版社2008年版，第53页。

⑤ 张琰玲编著：《西夏遗民文献整理与研究》，凤凰出版社2019年版，第488页。

（七）元代唐兀怯薛考论

怯薛作为元代最高级别的军事组织，是专门轮流值宿、守卫蒙古大汗的扈卫亲军。从怯薛最初的职能来看，主要负责保卫大汗宫帐并分管汗廷各种事务，后来逐渐演变为宫廷军事官僚集团，跃居元代官僚阶层核心。1227 年蒙古灭亡西夏后，不少优秀的唐兀人才以蒙元帝国臣民身份投充蒙古大汗或元代皇帝宿卫行列。遗憾的是，目前西夏学界对于具有怯薛身份的西夏遗民缺乏完整讨论。"元代唐兀怯薛考论"在此领域做出了一些有益探索，论述了元代西夏遗民在怯薛这一上层特权集团中的地位与贡献。作者将元明清史籍中所有曾入仕怯薛的西夏遗民制成一表，开列其姓名、侍奉的大汗或皇帝、家世、担任怯薛时的具体执事、出仕授官的原因、品级、史源，力求客观、全面地展现元代西夏遗民进入怯薛行列的全过程。本着避免遗漏的原则，除史籍明确说明的怯薛执事外，作者亦将"近侍""给事"等词作为出任宿卫之标志。由于元代之怯薛并非皇帝或大汗所独有，诸王、驸马皆有自己的怯薛，为使论证更有典型性，作者仅针对大汗或皇帝之怯薛进行探讨，西夏遗民阿波古侍察合台、刘完泽侍安西王、厘日侍晋王、秃满台侍鲁王等例不予收录。对于在皇帝尚未登基的情况下投效潜邸的唐兀怯薛，则在人名后加"＊"以示区别。虽然汤开建的《增订〈元代西夏人物表〉》和侯子罡的《元代怯薛入侍研究》总结了一些曾任怯薛之职的唐兀人，但遗漏和错误在所难免。作者经过认真梳理和精准的数理统计，在所收集的 50 余名怯薛资料中，12 个家族有两名或两名以上的家族成员曾任此职，共计 36 人，约占 72％。考虑到许多唐兀怯薛子嗣的仕宦事迹史载不详，这一比例恐怕还要更高。这一现象充分说明，入选怯薛的唐兀人大部分为色目功勋旧臣之后，符合"以宿卫之士比多冗杂，遵旧制，存蒙古、色目之有阀阅者，余皆革去"[1] 的规定。在时代分布上，在前四汗时期，成吉思汗和蒙哥汗拥有较多的唐兀怯薛，窝阔台汗和贵由汗身边的唐兀怯薛寥寥无几。入侍世祖和裕宗（真金太子）于东宫的唐兀怯薛在数量上冠绝一时，在泰定帝、天顺帝、明宗、文宗、宁宗、惠宗（顺帝）6 位元朝帝王统治的 45 年内，现有史籍未能找到入侍怯薛的西夏遗民，这应与元朝中期以来对怯薛族籍的严格限制有关。关于唐兀怯薛的历史贡献，作者总结了以下四点：第一，随同大汗出征，帮助蒙元王朝开疆拓土，完成中华一统事业，粉碎分裂国家的叛乱；第二，充任大汗特使，从事监察、安抚、监军、督运等事务；第三，勇于直谏，规劝皇帝；第四，培育储君，辅佐东宫。关于元代怯薛的地位，作者认为，"蒙元时期的唐兀人在投充怯薛后多默默无闻地安于自己的执事。他们既没有以内驭外的意图，更没有干预朝政的实力，反倒是常为外臣所制。同时，随着元朝中后期皇帝的怯薛宿卫开始逐渐排斥汉人和南人，本应不在受排斥之列的唐兀怯薛也随之在史籍中逐渐销声匿迹。

---

① （明）宋濂等撰：《元史》，中华书局 1976 年版，第 512 页。

然而不可否认的是，唐兀怯薛仍然在一定时间段利用着自己有限的影响力，为国家做出了不可磨灭的贡献"①。

（八）元代海道都漕运万户府达鲁花赤买述丁考

在《元代海道都漕运万户府达鲁花赤买述丁考》一文中，作者通过相关文集中所保存的珍贵史料，分别考述了买述丁的籍贯、家族世系和相关事迹，勾勒出其在元成宗至元顺帝 60 余年间的仕宦经历。通过论述买述丁的从政历程，肯定了其为官期间革新吏治、清除积弊、裁减冗员、轻徭减役、赈济灾荒、救助百姓、整顿海运、重建漕府、抗击海寇等正义之举。

（九）典籍文献中的元代同名人物木八剌沙

《典籍文献中的元代同名人物木八剌沙》一文对记载同名"木八剌沙"的相关文献进行了对比研究，一位木八剌沙担任两浙盐使司同知，一位任职茶迭儿局，考证了二人的简历和事迹，梳理出元代同名木八剌沙的其他人物相关信息，具有较高的史料价值。难能可贵的是，作者还梳理出 14 位以"木八剌沙"为名的元代人物，认为他们皆为少数民族，重名的原因是其分别来自不同地域的不同民族，建议研究者仔细分析以"木八剌沙"为名的人物信息，以免张冠李戴。②

三　学术创新　瑕瑜互见

纵观百年西夏遗民研究，学界基本厘清了西夏灭亡后西夏遗民的迁徙原因、路线、规模及其民族演变、融合历程，揭示出党项消亡的内在动因和中华民族多元一体格局的形成规律。在此基础上，《西夏遗民文献整理与研究》一书以文献为经，以历史为纬，通过翔实的文献资料、合理的谋篇布局、严密的逻辑性、顺畅的语言表述，深入探讨了西夏遗民在民族融合浪潮中的消亡历程，客观评价了西夏遗民在中华民族多元一体格局形成过程中的积极作用。

《西夏遗民文献整理与研究》一书所开展的西夏遗民研究具有一定突破性，既包含西夏遗民研究概述，也涉及西夏遗民专题研究，学术视野宽广，具有一定开拓意义。作者在充分利用存世文献深入挖掘西夏遗民个体和家族的基础上，以系统研究个人事迹、家族活动、婚宦交友等历史信息为手段，通过严谨有序的编排梳理，实现了史料的有序化与文献的条理化，在西夏遗民文献搜集、整理，西夏遗民热点问题研究方面形成了鲜明特色，不但有力丰富了西夏遗民研究的内容和形式，而且为该领域的

---

① 张琰玲编著：《西夏遗民文献整理与研究》，凤凰出版社 2019 年版，第 502 页。
② 同上书，第 513 页。

进一步深入研究奠定了坚实的文献基础。

对于出版物来说，文字、标点错误在所难免，《西夏遗民文献整理与研究》一书也不例外。对于一本 63 万字的个人著作来说，作者不但要认真核对来源广泛的大量基本文献，还要结合这些基础材料构思创制相关表格，更要在此基础上开展学术研究，力有不逮也情有可原。希望作者在后续研究中能够精益求精，在订正相关错讹的同时，提出更多有益于西夏遗民研究的全新见解，以溉学林。

汗马耕耘　惠嘉学林

——《西夏研究》创刊十周年回顾与展望

宁夏社会科学院　　魏淑霞

2020 年是《西夏研究》创刊十周年。十年的风雨历程，《西夏研究》如幼苗般逐渐成长为一棵小树，探索与成长并存：培养了专业的编辑队伍；发挥了推动学术交流、培育新人的平台作用，反映了学术研究的动态；积极协调核心期刊评价体系与《西夏研究》期刊之间的矛盾。在弘扬民族传统历史文化、推动西夏学研究的发展、培养西夏学研究人才等方面都发挥了重要的作用。其中幸得新闻出版管理部门、宁夏社会科学院和期刊界、学术界同人的厚爱与支持，也是《西夏研究》编辑部全体同人不懈努力的结果。未来，《西夏研究》要与时俱进，可持续发展，努力成为具有创新性、国际化、前瞻性的学术期刊，为弘扬民族传统历史文化、为中国学术"走出去"作出贡献，为中国哲学社会科学"三大体系"的构建作出贡献。要有开放的视野，面向未来，致力于搭建一个高水准的学术交流平台。

庚子伊始，正当万家欢度新春之际，不料新冠病毒肆虐，给原本欢乐祥和的节日气氛笼上一层阴霾。即便如此，2020 年，我们还是迎来了《西夏研究》创刊十周年，十年的风雨历程，《西夏研究》如幼苗般逐渐成长为一棵小树，这既有赖于新闻出版管理部门、宁夏社会科学院和期刊界、学术界同人的厚爱与支持，也是《西夏研究》编辑部全体同人不懈努力的结果。这是探索的十年，也是发展的十年，十年为一个节点，值得回顾、总结和纪念，以便更好地砥砺前行，也希冀未来更好的发展。

一　《西夏研究》创刊回顾

《西夏研究》的创办得益于党和国家对宁夏经济社会的关注与支持，2009 年，国家新闻出版总署为贯彻执行《国务院关于进一步促进宁夏经济社会发展的若干意见》，出台了《关于进一步支持宁夏新闻出版事业发展的实施意见》，以推动宁夏新闻出版事业的发展。而此时，西夏学研究正急需一本专业学术期刊以推动学术研究。在宁夏新闻出版局和宁夏社会科学院领导和专家的努力下，经过一年的准备（撰写论证报告、报送各类材料、审核、审批），2010 年，《西夏研究》经国家新闻出版总署批准，由宁夏社会科学院主管主办，成为面向国内外公开发行的西夏学界唯一一份专业性学术期刊（季刊）。良好的历史机遇，孕育了这份承载着时代使命的学术刊物，《西夏研究》就是在这样的背景下面世的，这是西夏学界的一大幸事。《西夏研究》的创刊对于推进西夏学研究的发展无疑有着重要的作用。

2010年3月，《西夏研究》举办了首发式，相关管理部门领导及学界、期刊界的专家学者纷纷赐稿、撰写贺词，给予了大力支持并寄于殷殷希望。《西夏研究》承载着使命，自办刊之日起就坚持正确的政治导向，立足学术，服务社会，秉承着交流学术、传承文化、培育新人的宗旨，希望通过《西夏研究》搭建起西夏学研究交流互动的平台，聚合国内外西夏学界的研究力量，推动西夏学学科建设和西夏学研究的深入发展。刊登内容涉及西夏的语言文字与文献、历史文化、文物与考古、石窟与艺术、西夏与周边民族关系、遗民与遗迹调查、唐宋辽金元史、西北史地、学术动态等。作为办刊人，我们深知肩上担负的责任，由于西夏学的学科特点，要办好《西夏研究》不易。时间证明了《西夏研究》不负众望，在十年的历程中，《西夏研究》不断探索、成长，在弘扬民族传统历史文化、推动西夏学研究的发展、培养西夏学研究人才等方面都发挥了重要的作用。

二 《西夏研究》办刊十年，探索与成长并存

一流的刊物需要一流的稿件、一流的编辑队伍和一流的管理制度。《西夏研究》创刊十年来，编辑部全体成员焚膏继晷、孜孜不懈、砥砺前行，不断完善编辑部的各项管理制度，培养高素质的编辑队伍，觅求刊登高质量学术论文。坚持百花齐放、百家争鸣，注重期刊内容质量建设，推动学术创新，以求更好地服务科研、服务社会，彰显和传播中国传统文化。其间虽有艰难，但也取得了进步与成长。

（一）培养了专业的编辑队伍

编辑是学术期刊正常运行的支撑力量，编辑队伍的素养影响着学术期刊的质量。经过十年的工作实践锻炼和培养，《西夏研究》已拥有自己专业的编辑队伍。编辑队伍由最初的4人，发展成现在的8人，学历层次得到不断提升，目前编辑部有研究员2人，编审1人，副研究员2人，助理研究员3人，其中博士4人、硕士2人，都是从事西夏学、西北史地研究的专业人士，真正做到了专家办专刊。在不断提高编辑队伍学历层次的同时，《西夏研究》还努力加强编辑业务培训和制度化管理。第一，不断提高编辑的政治素养。坚持正确的政治导向是办好学术期刊的根本，《西夏研究》始终坚持正确的政治导向和学风导向，通过政治理论学习使政治意识贯穿编校工作的始终，严格把好每一期稿件的政治关。注重稿件的原创性，进行严格的查重检测。第二，不断提高编校质量。我们通过参加国家新闻出版管理部门举办的专业培训班和

《西夏研究》每期编校总结交流会，不断地规范期刊编校，提高编校水平、提升编辑素养。要求编辑在工作中关注常识性知识性的问题，尊重作者的表达逻辑，进行引文核校时务求准确，从而提高编校水平。现在有专门从事西夏文稿件排版的工作人员，解决了用方正系统排版西夏文稿件的问题，并且运用贾常业老师最新的西夏字库，排版出的西夏字更加规范、美观，大大提高了期刊的编校出版效率。第三，培养学者型编辑，努力实现编研经结合。编辑担负着"传承文化、打通古今"的职责，面对西夏学界研究的新热点、新变化，迅速捕捉到学术内核，组建专题稿件是十分重要的。在日常工作中，督促编辑通过参加学术会议、举办学术沙龙、自学等方式提高自身的专业理论水平与文化素养，鼓励编辑与作者加强联系互动，及时掌握西夏学研究的最新动态。编辑工作琐碎繁杂、反复，需要工作者有足够的耐心，反复核对、校改，查阅及与作者反复沟通，费时费神，有些工作甚至是枯燥的。强调编辑做好工作中的守与变，该坚持的原则一定要坚持，需要变通时，就要善于变通。以热情、奉献、执着与专注的工作精神，为他人默默奉献，使作者的文章经过编辑的加工更加出彩。在工作中，将编与学、编辑与创作研究有机地结合起来，相互促进，相得益彰，既提升了刊物的质量，又促进了编辑个体科研的进步。第四，《西夏研究》编辑部逐渐形成了规范的编辑部管理制度，从约稿、组稿、来稿登记、查重、审稿、编校、审读、印刷到发行，都有编务、责任编辑、执行编辑、资深审读专家、主编等专人负责具体业务，分工明确，严格地执行"三审三校"制，由于《西夏研究》稿件的复杂性和特殊性，有的稿件编辑甚至达到四校、五校，以保质保量并及时地将作者的稿件推出，切实地担负起推广西夏学研究优秀成果的使命。

（二）《西夏研究》发挥了推动学术交流、培育新人的平台作用，反映了学术研究的动态

《西夏研究》创刊十年来，秉承学术交流、弘扬文化、培育新人的宗旨，发挥了平台作用，为营造一流的科研生态环境作出了努力。及时地推介研究成果，促进了学术交流，反映了西夏学研究的队伍状况、研究动态，并力所能及地对学界新人进行学术引导。十年来，《西夏研究》刊登稿件近800篇，涉及语言文字、出土文献整理、历史文化、制度、法律、宗教、西夏与周边民族关系、唐宋辽金元史、西北史地、石窟与艺术、岩画、学术动态，等等。使《西夏研究》切实地成为国内外西夏学界专家学者进行学术交流对话、展现最新研究成果、反映最新研究动向的平台。要办一流的学术期刊，就要加强与学界学者之间的交流互动，积极争取专家的优质稿件，也大量吸收青年学者的研究成果。尤其是青年学者，他们是学术研究的新生力量，也是未来希望之所在。在期刊培育学界新人方面，《文史哲》堪称典范，《西夏研究》也把培育新人作为一项长期的工作推进，十年共计推出博士、硕士研究生论文占比约50%，很多博士、硕士研究生在《西夏研究》首发文章，开启了他们的学术研究之

路。一篇合格的学术论文应该有正确的导向，选题新颖，逻辑周全，文从字顺。对于青年学者的论文，《西夏研究》不会求全责备，而是善于发现他们文章中的闪光点，悉心指导修改稿件，给予青年作者最大的鼓励、支持与引导，关注青年作者队伍的成长，点燃他们内心的学术热情，为西夏学学科建设和人才的培养尽一份力。《西夏研究》几乎每期都会有新作者加入，经过十年的不懈努力，逐渐形成较为稳定的老、中、青作者梯队。

《西夏研究》期刊的栏目设置、用稿可反映出西夏学研究发展的脉络、方向，文章质量的不断提升代表了《西夏研究》选稿、用稿质量的提升，也反映了西夏学学科建设的发展和研究水平的整体提升，是学界共同努力的结果。刊物与学术研究本就相辅相成、互相依存。《西夏研究》创刊初期栏目设置包括西夏史、西夏与周边关系史、文献考释、西夏文字、西北史地、考古与文物、西夏佛经、岩画、民俗文化等，随着西夏学研究的深入发展、存留西夏史料的特点及西夏学界学者们研究方向的调整，《西夏研究》栏目设置也在不断地变化，原设的部分栏目渐渐淡出，固定保留栏目为语言文字与文献、历史文化、唐宋辽金元史、西北史地、学术动态。我们还结合不同学术团体的特色研究内容及时调整《西夏研究》栏目设置，力争做到不同的栏目有一定数量相对固定的作者群，如中国社会科学院与宁夏大学部分学者以文献考释和语言文字研究为特色，敦煌研究院、陕西师范大学、宁夏大学美术学院部分学者以石窟与艺术研究为主，他们分别成为语言文字与文献、石窟与艺术栏目较固定的作者。在保留固定栏目的同时，我们还根据学界研究动态适当新增栏目，如石窟与艺术、海外西夏学译介、学术与争鸣、西夏学札记等，以反映西夏学研究的动态。未来，我们会将学术随笔、田野调查等纳入刊登范畴，还将持续推进专题研究栏目设置，强化与宋、辽、金、元史研究领域内的联系互动，对国家重大课题、委托课题、国家社科基金等项目进行推介，对学术团体进行推介。2020年，《西夏研究》内文进行了改版，变成双栏排版，相较于以前，每期刊物增加用稿量2—3篇。这也从一个侧面展示了西夏学的学科建设与发展状态。

（三）积极协调核心期刊评价体系与《西夏研究》期刊之间的矛盾

核心期刊评价体系的制定本是为了形成竞争机制，促进期刊的优化发展，但由于各类不同性质和特色期刊的存在，期刊评价体系往往在现实中显现出其局限性，而特色期刊也因此陷入尴尬境地。如何做好协调工作，使核心期刊评价体系与特色期刊建设互相促进，避免核心期刊评价"一刀切"的现象，尊重期刊个体差异性，制定多元评价标准、分类评价体系，以促进学术期刊良性发展，是《西夏研究》编辑部一直在关注和思考的问题。其间也作了一些探索，在保持和反映西夏学研究特色的同时，积极向核心期刊评价标准靠近。众所周知，西夏是我国中古时期西北地区的少数民族割据政权，立国时间近200年，创造了独特的西夏历史文化，是中华民族多元一体格局的有机组部分。西夏学兴起于国外，成长于国内，如今的西夏学在国内，逐渐与敦煌学、吐鲁番学一样成为世界显学，但受到语言文字及存留史料特点的影响，诸如《西夏研究》这类的专业性学术期刊面临的形势较为严峻，很难达到核心期刊评定的各项标准。第一，《西夏研究》作者的地域分布范围相对集中（以宁夏为主，其他地区如北京、陕西、甘肃有分布），研究群体有限（人数不过百人）；第二，受到研究方向及研究内容的制约（近些年来，西夏学研究主要集中在西夏语言文字与文献译释方面，与其他学科的关联性较少），《西夏研究》稿件的引用率、转载率、影响因子低，研究的视野较窄；第三，西夏学研究虽已经过百年历程，但西夏学研究的大发展是在近几十年，研究者数量的增加和大量青年学者的加入也是在近十几年，整个西夏学界作者群体的身份占比不均，《西夏研究》发文还是学生文章占比较高。面临这样的困境，《西夏研究》如何取舍？如果按现代期刊评价体系的标准，《西夏研究》将永远陷入困境，以西夏学研究的现状、特点和发展趋势，不可能达到核心期刊的标准。因此，《西夏研究》一方面努力争取核心期刊评价体系对特色期刊的关注，在允许范围内积极向核心期刊评价体系靠近，如在编校水平、刊文质量等方面不断努力提升。另一方面，作为办刊人，我们还是选择真实地反映西夏学研究状况，稿件的取舍以研究内容为标准，区域作者和硕博研究生的占比依旧会较高，这是西夏学研究的特点之一，也说明了西夏学研究是一门生命力旺盛的学科，不断有新生力量补充进来。

三　希冀于未来的发展

习近平总书记多次谈到加强学术期刊的建设，发挥报刊网络理论宣传等思想理论工作平台的作用。全国政协委员、中国新闻文化促进会会长李东东在 2020 年的全国"两会"上提交了"加强出版人才队伍建设，促进学术期刊健康发展"的提案。反映了国家对于学术期刊发展的高度重视。学术期刊是学术交流、思想碰撞的平台和中国文化"走出去"的窗口，历来是学术研究的有机组成部分，在未来，也必将在构建中国特色哲学社会科学"三大体系"中扮演重要的角色，《西夏研究》亦不例外。

《西夏研究》创刊十年以来，发挥了平台作用，对西夏学研究也起到了积极的促进作用，但也有不足和进一步发展的空间。由于受到学科特点、研究群体、研究对象的制约，《西夏研究》的受众较少、范围小，被引用率、被转载率还有待提升，与其他学界的联系还有待加强，编校质量也有提升的空间。在科研成果日益增加的背景下，《西夏研究》要与时俱进，可持续发展，努力成为具有创新性、国际化、前瞻性的学术期刊，为弘扬民族传统历史文化、为中国学术"走出去"作出贡献，为中国哲学社会科学"三大体系"的构建作出贡献。要有开放的视野，面向未来，致力于搭建一个高水准的学术交流平台。在这样的背景下，《西夏研究》的编辑队伍的培养和成长也就格外重要，优秀的编辑队伍有利于推动学术创新和发展。在未来，《西夏研究》将继续夯实编辑基本功，提升编校水平，降低编校差错率，细心、耐心做好编校工作。继续注重编辑队伍的培养，专业素养的提升，鼓励编辑积极约稿、组稿、举办学术活动。编辑是"善识千里马的伯乐"，要善于发现各个研究方向具有潜力的作者，对一些"小荷才露尖尖角"的作者要鼓励支持，设计好的选题，选相应的专家去创作。通过学习、培训等方式提升编辑部工作人员的学术水平，编辑只有不断提升自我的学术水准，才能与专家学者进行学术对话，讨论选题、甄选稿件、组建专题栏目，及时掌握西夏学界学术动态，形成专家办专刊，以提高《西夏研究》的质量和学术品位。继续督促编辑掌握新技术，提高工作效率，扩大《西夏研究》的影响力。新时代，新媒体已经成为公众获取新闻信息的主要渠道，传统媒体遭遇现实生存的挑战，传播已成为当前社会中最为关键的因素。信息化时代，时间、速度、质量并行，保质、快速、高效地完成与学者交流、约稿、选稿、编校、印刷、发行、推介，这一切都离不开新媒体、融媒体的传播技术。未来的发展中，《西夏研究》面临纸质阅读的挑战，要积极与全媒体、融媒体对接，在保留纸质期刊发行的同时，积极推进《西夏研究》数字化和数据库的建设，运用新媒体、融媒体加强对《西夏研究》的宣传与推介，扩大受众范围，跟上时代的步伐。要发挥学术期刊的主观能动性，通过积极的互动、协作，推出具有原创性、有特色、有价值的学术研究成果，起到学术研究风向标的作用。

总之，未来《西夏研究》在办刊与刊物营销方面还需进一步推进工作，以期获得更大的、可持续的发展。使《西夏研究》成为具有国际视野、能引起学者们的思想碰撞，进行学术交流、争鸣的高端平台。还希望一如既往地得到新闻出版管理部门、期刊界、学术界同人的支持！

黑水城出土西夏律藏研究

王 龙

目前所知，黑水城出土西夏律藏主要有西夏汉文佛教文献《四分律七佛略说戒偈》、《四分律行事集要显用记卷第四》、《无上圆宗性海解脱三制律》、《摩诃僧祇律卷第十五题签》和西夏译义净所传的"根本说一切有部律"。

隋唐是中土佛教的繁荣时期，也是中土佛教戒律的黄金时代。当此之时，义净独树一帜地弘扬新的小乘戒律，即《根本说一切有部律》。就传统上的小乘戒律来说，在唐前期，四分律学已发展为四分律宗，形成相部宗、南山宗和东塔宗三派，流行于全国大多数地区。发展到了西夏，西夏流行四分律思想。

该文第一部分主要对黑水城出土俄藏西夏汉文佛教文献《四分律七佛略说戒偈》、《四分律行事集要显用记卷第四》、《无上圆宗性海解脱三制律》和《摩诃僧祇律卷第十五题签》进行录文和校注。第二部分主要以黑水城出土西夏律藏为研究对象，在俄藏和英藏黑水城文献中拣选与义净所传"根本说一切有部律"有关的四部西夏文译本，即《根本说一切有部毗奈耶杂事》、《根本说一切有部百一羯磨》、《根本说一切有部目得迦》和《根本萨婆多部律摄》。刊布其录文，并用"四行对译法"对西夏文进行了对勘与释读。目的是通过解读这四部具有明确汉文来源的文献，总结出一批专有西夏律藏词语的夏、汉对应关系，同时摸清西夏人对这些文献的理解方式和翻译手法，建立西夏文"根本说一切有部律"类经典所涉术语的数据库，为西夏文献的全面解读，和了解"四分律"和"根本说一切有部律"律藏思想于12—14世纪在中国北方的传播和发展提供重要的参考。

该文的录文依据的是俄藏黑水城文献第二十四册和英藏黑水城文献第二册已经刊布的西夏文照片。研究分释读、注释及汉文本三部分。释读部分首行为西夏文录文，拟音部分置于第二行，释读文字置于第三行，力求字字对应，并加新式标点，最后一行为汉文本。其中，西夏文《根本说一切有部毗奈耶杂事》，主要考释了其现存的第十三卷的内容。西夏文《根本说一切有部百一羯磨》，主要对其第四卷进行录文，并根据汉文本和上、下文，对残损部分的西夏文进行了拟补。而通过对西夏文《根本说一切有部目得迦》的整理，把存世的两个抄件缀合为完整的卷十，这一点也是前人在著录中没有做到的。最后对英藏西夏文《根本萨婆多部律摄》卷十二残片进行了考释。

相关词语的考释部分，对于义净所传"根本说一切有部律"典西夏文本中"矖箿"常与"法"、"常法"、"法式"和"行法"等词对译的用法，该文参考中国古代法律的基本表现形式律、令、格、式，建议把西夏法律文献"矖箿"（原译作"法则"）直接译作"法式"。

（中国社会科学院博士后出站报告，2018 年）

第六篇

学人·学林

中国社会科学院学部委员史金波

——破解西夏文化的密码（治学）

刘 阳

西夏文化，是中华民族历史文化图谱中的一环。但随着西夏王朝于 13 世纪灭亡，承载它的文献，或埋藏在地下，或散落在民间，鲜有人问津。如何发掘这笔宝贵的文化遗产？西夏文既是一把钥匙，也是一道难关，其研究之难，超乎人们的想象，而中国社会科学院学部委员史金波，就是找钥匙、破难关的学者之一。

大学毕业时，史金波选择在研究生阶段改学西夏文，至今已与这种神秘的文字结缘 50 余年。从认字开始，到渐渐熟悉西夏文和西夏文献，再到利用所学归纳西夏文构造体系、描绘西夏社会的面貌，史金波对西夏文化的寻觅一直没有停止。

一 从头开始，一个字一个字地去学、去记

1962 年，在中央民族学院学了 4 年凉山彝语的史金波考虑响应学校号召报考西夏文研究生，可改学西夏文，就意味着一切要从头开始。想着"国家的需要就是自己的理想"，史金波最终报了名，成了王静如先生的学生。

西夏文记录的是西夏主体民族党项羌人的文字，属于表意性质的方块字。它不像汉字那样，从写实的图画文字到象形文字一步一步发展而来，而是借鉴了有几千年发展历史的汉字创制的。

西夏文字和汉字无一字相同，语法也不一样。史金波开始学习西夏文时，6000 多个西夏字中，国内外专家们能知晓字义的不超过一半，很多语法关键问题没有找到答案。在导师指导下，史金波对西夏文的学习，从抄写西夏黑水城遗址发现的《番汉合时掌中珠》入手。

学习伊始，史金波只能像小孩子开蒙学字那样，一个字一个字地去学、去记。"小学生学汉字时已经会说汉语，而我学的西夏语早已'死亡'，学习难度大得多。"史金波说。当时他每天都浸泡在西夏文中，第一学期就熟记了 1000 多个西夏字，同时还利用有限的资料揣度西夏文语法，开始翻译一些简单的西夏文。

1964 年，史金波跟随被称为"敦煌保护神"的常书鸿和王静如在莫高窟考察，

他负责抄录、翻译洞窟中的西夏文题记。考察组利用西夏文、汉文题记进行分析，从壁画的艺术风格和特点进行比较，得出和过去完全不同的结论——敦煌莫高窟、安西榆林窟绝非仅有七八个西夏洞窟，两窟群应共有 80 多个西夏洞窟。这一结论把大批西夏洞窟及其壁画、塑像呈现给世人，大大改变了人们对敦煌洞窟布局的认识，为敦煌学研究作出了重大贡献，也使西夏学丰富了重要内容。这是史金波翻译西夏文字的第一次实践，"我看到了这项工作对西夏研究的重要作用，坚定了学习西夏文的信心"。

二 从文字入手，研究领域不断拓展

史金波说，他的经历是从西夏文字、语言入手，研究范围不断扩充的过程，也是不断学习、不断思考的过程，"任何学问要想深入，都绝非一两门功课所能涵盖。西夏学是五脏俱全的学科，不仅涉及文字、语言、历史等内容，还关系到考古学、文献学、美术史、印刷史，有时还会涉及自然科学"。

西夏文字的构造原则，是国内外学者多年来着力探讨的课题。较长一段时间里，很多研究者试图从"偏旁"入手分析西夏字，然而这种方法有很大的局限性，不能概括西夏字的全体，甚至有些牵强附会。通过翻译和研究苏联西夏文专家出版的《文海》，史金波对数千个西夏字进行了分析和归纳，拟建立西夏文字构造体系，得出了 60 多种文字的构成方法。这一构造体系，在国内外西夏文研究领域中产生了巨大影响，后来很多涉及西夏文的著作和一些重要的西夏主题展览，都采纳了这种构字体系。

从西夏文入手，史金波打开了西夏研究的大门。他利用西夏语言的材料研究西夏社会现象，充分发挥他熟悉西夏文献、掌故的特长，分析西夏社会的历史和文化。他的《西夏文化》一书，首次系统研究和介绍了西夏文化的多个方面，论证了西夏文化的民族特色、发展源流以及对中华民族文化发展的重要贡献。

近年来，史金波又先后著述了《西夏社会》和《西夏经济文书研究》，对西夏的经济社会等情况进行了全面的研究和介绍。

三 从学者到师者，为人才培养提供新思路

前些年，虽然西夏文研究逐渐受到重视，但专业人才队伍的培养仍然比较滞后。史金波说："过去导师只招一个研究生，'成活率'低。如果导师可以多招几个研究生，人才培养会更有效率。"为了吸引、指导更多年轻人从事西夏文研究，他也常常讲学授课。

著名学者冯其庸先生任中国人民大学国学院院长时，邀请史金波到中国人大开设

西夏文课，他一共开了两次课，教授学生 50 多人。2011 年以来，中国社会科学院西夏文化研究中心与宁夏大学西夏学研究院举办了 3 次西夏文研修班，史金波担任主讲。西夏文研修班的举办，不仅促进了国内多地之间的西夏文学习与交流，也为今后西夏学人才培养提供了广阔的思路。

50 多年埋头研究西夏学，史金波感受最深的有两点：一是要踏踏实实做事情，把精力用在学习和研究上。选择了学术研究的道路，就要时刻保持对它的热情。二是要勤于思考。科研的基础是学习，在学习的基础上认真思考方可不断创新。创新后会有更新的研究课题，要学习更新的知识，做更艰难的钻研，才会不断取得进步。

一直以来，史金波感到需要研讨的问题总是不断更新，需要探索的领域总是不断出现，可谓"学路漫漫，无有尽期"。在他看来，求真务实，是学者的责任；淡泊名利，是学者的本分。"人到这个社会就是要做点有益的事情。说大点，就是要为人民服务。希望年轻学者努力工作，在为社会作贡献的过程中实现自身的价值。"史金波说。

（原载人民网，马淑婷摘）

第七篇

学位论文提要

博士学位论文

中华文化圈视野下的契丹王朝

徐世康

　　"中华文化圈"，或称"汉字文化圈""儒家文化圈"，通常出现在研究当前世界如日本、越南、韩国等受中华文化影响深远国家的论著中，但从历史上看，这一概念同样适用于研究现在看来已经融入中华民族之中的契丹、女真、蒙古、满洲等少数民族建立的政权。该文正是基于这一考量，以契丹王朝为研究对象，分别从语言文字、儒家思想、儒家"天下秩序"观念以及丧葬制度四个方面出发，探讨中华文化在契丹王朝这一由北方少数民族建立的政权中所发挥的影响。

　　该文第一章是关于中华语言、文字在契丹王朝的影响。第一节首先介绍了契丹族与奚族的族源，通过文献学、考古学以及人类学的证据，对契丹族源出鲜卑的结论予以了肯定。接着就契丹语与突厥语、鲜卑语、汉语、女真语、室韦语等语言之间的联系展开论述，并就契丹大字、契丹小字的创制及其对女真族文字的影响作了分析。第二节探讨了契丹王朝时期宫廷（宫帐）、祭祀、军事、外交、丧葬与其余场合中语言、文字的使用情况，基本确定汉语、汉字是契丹王朝时期使用的主要语言、文字，但契丹本族的语言与文字在诸如军事、祭祀等场合中也有很高的地位。第三节介绍了契丹王朝时期的"双语者"，即同时通晓汉语与契丹语两种语言的人员情况，从实际看，从唐末五代直至北宋王朝时期，中原王朝中能够通晓契丹语言、文字者主要为担任翻译的通事，臣僚群体中通晓外语者极少。但在契丹人中，能够通晓汉语者则大量存在，契丹帝王几乎都通晓汉语，而契丹族臣僚中掌握汉语者也不在少数。

　　该文第二章是关于中华儒家思想对契丹王朝的影响。第一节首先概要性地通过分析儒家典籍在契丹的传播情况，来介绍契丹王朝成立前后儒家思想对契丹族的影响，可以确认在契丹政权成立前，儒家思想虽然已传播至契丹人中，但影响很小，且主要局限在上层人物与一些"归化"的契丹人中。而在契丹政权成立后，契丹人得以大量接触儒家思想，以"十三经"为代表的儒家典籍也得以广泛流行于契丹王朝境内，但其受到的重视程度则各不相同。第二节具体介绍儒家政治、经济思想对契丹王朝的影响，政治思想方面的任贤、行仁、敬天等观念都被契丹统治者接受并宣扬，而经济方面的重农思想也得到了统治者的大力支持，契丹统治者甚至在一些不太利于农业发展的地区推广农业，以彰显其"重农"的态度。第三节介绍儒家社会、宗教思想对契丹王朝的影响，与政治、经济思想类似，儒家社会思想中关于孝道、忠诚等有利于维护社会秩序、保持政局稳定的内容也都得到了契丹朝廷的有力支持，而宗教思想方面，因契丹王朝崇尚佛教，故除其中涉及禁止左道邪术传播的内容外，对于儒家宗教思想并未有过多关注。

该文第三章是关于中华儒家"天下秩序"观念对于契丹王朝的影响。第一节介绍契丹王朝"中国观"与"正统观"的演变，与通常的认识不同的是，该文认为契丹人的这两种观念在历史上经历了反复的过程，而二者之间的发展也并不同步。第二节介绍宋与契丹对峙时期双方的外交博弈，双方之间的整体关系经历了由"战"到"和"的变化，而在外交领域这一"软实力"的较量中，并没有任何一方完全处于劣势。第三节介绍了契丹王朝的朝贡体系，从魏晋南北朝时期至契丹王朝成立，契丹人实现了由朝贡者向被朝贡者的转变。在契丹人的朝贡国中，高丽与西夏二国占有重要的地位，与中原王朝往往通过"虚爵制"来实现理想化的"天下秩序"不同的是，作为北族王朝的契丹王朝更多基于实用性，通过不同的而非一些固化的"模式"来控制其属国与属部。

该文第四章是关于中华中古丧葬制度对于契丹王朝的影响。第一节介绍契丹人丧葬方式的转变。早期的契丹人死后并没有土葬的习俗，此后约至唐代，逐步在下葬时使用石室或利用棺木下葬，而在辽帝国建立后，契丹人开始大量吸收汉人的丧葬制度。第二节介绍中古丧葬礼仪对于契丹帝、后及贵族的影响。就契丹帝、后而言，其葬礼在圣宗以后渐渐形成了一定的规制，唐代帝王去世后所经历的诸多环节在契丹人的帝、后葬礼中也基本可见，只是经过了一定的简化。而就契丹贵族来说，同时期汉人丧葬中的卜葬观念以及停殡待葬时间较长等情况在其墓志中也有体现。第三节介绍中古墓志铭"义例"对契丹王朝的影响，唐代以后逐步形成的墓志铭"十三事"在各个时期的辽代墓志铭中都有反映。同时，辽代墓志铭中也继续发扬光大了自唐代兴起的、对于志主的各种细致描写。

该文第五章对全文进行了总结。就辽境形成使用汉语、汉字风气的原因、契丹人有选择性地接受儒家思想的原因、契丹王朝构建自身"天下秩序"的过程与方式、契丹族丧葬方式的转变以及辽代墓志铭所受中原王朝传统影响等方面做了总结。之后，该文还总体上就"中华文化圈"在实用性、选择性、唤醒民族意识三方面对契丹王朝的影响做了评价。

（博士学位论文，华东师范大学，2018 年）

西夏装饰纹样研究

李玉峰

西夏装饰纹样丰富多彩，归纳起来主要有植物纹样、动物纹样、几何纹样及其他装饰纹样。

植物纹样中，牡丹纹多以侧视的形态使用剔刻和"画花"的技法装饰于瓷器表面，且造型随瓷器器型的不同而变换，枝干苍劲有力，具有多民族地区特征。莲花纹因西夏笃信佛教而广为流行，是本土莲花纹与外来佛教莲花纹结合后的产物，其在西夏盛行除佛教因素外，还与西夏人生殖崇拜和追求永生的观念相符。卷草纹在装饰过程中，创新出豆芽蝌蚪状样式，不仅多与佛教法器和坐佛组合出现，还突破了前朝及同时期辽、金卷草纹成条状的装饰形态，以较大面积装饰于石窟顶和壁面。而宝相花纹作为一种臆想的组合型装饰纹样，在莫高窟和榆林窟西夏石窟中则呈现了正面、侧面两种风格迥异的形态。

动物纹样中，龙纹因受政治、文化和民族特性的影响而存在凤首龙身、游龙绕凤、龙发似钢针呈放射状、龙发如马鬃、双头连体5种特殊造型。其中双头彩绘连体龙纹，是墓葬中与"天关"成对出现，起度化灵魂的"地轴"作用。凤纹形制与前代多有不同，凤鸟嘴不衔花枝而多置于花枝开光中，绶带缠于足上而不衔于嘴中，宝珠由口含变成脖戴。凤纹通过装饰不同位置表达不同内涵，在窟顶藻井表示后族权威，在藻井四披表示佛国瑞禽，在器物之上表示喜庆美满。沥粉堆金是西夏石窟藻井中凤纹惯用的涂色技法。兽面纹作为佛教典型的装饰纹样，多为相对温和的类狮面首，瓦当滴水上的兽面纹是具有守护意义的装饰，而佛塔、壁画中的则为佛教中的"天福之面"。

几何纹样中，联珠纹虽由波斯萨珊王朝传来，但其域外特征和宗教含义均不明显，在装饰过程中仅发挥美化和分隔画面的作用，部分通过设色来表现变化，此外还出现了椭圆+菱形（梭形）组合成的新样式。菱形纹多整齐划一，除了装饰外，还起界定主题画面边界和表现纺织品经纬结构的作用。

其他装饰纹样中，金刚杵纹是由佛教密宗金刚杵法器转化而来，在转化过程出现扭曲或与其他纹样组合等情况。它主要以三股杵为主，简单粗糙和精细考究并存。在装饰时，虽跨出密宗在其他宗派佛经版画边框上也时有出现，但整体上还未突破宗教走向世俗。火焰纹作为体现超能属性的佛教装饰纹样，多以熊熊烈火的团状为背光，头光中的造型有所简化，所占比例大大减小。云纹多以组合的形式出现，其中葡萄纹状和叶片状在其他时期鲜有见到。

西夏装饰纹样通过对称、不同比例搭配、前后位置变化、俯仰角度不同等方式构图使装饰纹样表现出节奏和韵律感，遵循了形式美法则。在色彩上其以红绿蓝、红绿土黄、黑绿土黄、黑白灰、金色为主穿插使用，注重色彩在运用上的整体效果、对比和调和关系、关联与节奏感等构成原理。

综上，西夏装饰纹样无论是类别、特征，还是构图、色彩，多是在广泛吸收借鉴的基础上再创造。

（博士学位论文，宁夏大学，2019 年）

西夏家庭问题研究

郝振宇

家庭是以婚姻关系和血缘关系为基础构成的基本的社会生产和生活单位。作为联结社会与个人的重要纽带，家庭不是与世孤立与绝对封闭的，社会之经济、文化、政治等诸方面都会对家庭产生影响，而家庭则会折射出与之相关的社会发展、兴衰与变迁等内容。该文主要从家庭形态、家庭成员关系、家庭生计和家庭教育四个方面对西夏家庭进行论述。

第一章着重对西夏家庭的婚姻与家庭形态等问题进行考察。指出婚姻形态、结婚年龄、择偶范围和婚姻程式等方面都体现了中原礼俗中的婚姻因子与西夏原婚姻文化发生碰撞并促使西夏婚姻文化出现质的改变，婚姻作为家庭初始阶段表现得更具规范性和秩序性。第二章主要考察西夏家庭的主要人际关系，涵盖夫妻、亲子、兄弟姐妹等具体内容，可以清晰地感知儒家伦理因子在西夏人处理家庭关系中的作用。儒家伦理规范成为西夏人道德思想准则和实践行为标尺的重要组成部分，反映了西夏在固有观念的基础上对儒家礼治思想和规范的吸收与内化，由此形成了一种迥异于原先的价值观，使之更适于西夏社会发展进步背景下家庭秩序和社会秩序的建立与维系。第三章主要考察西夏家庭生计，尤其是家庭土地数量和家庭收入与支出问题。经济是家庭建立、发展和赓续的必要基础，西夏家庭收入以实物收入为主，家庭支出主要包括生产性支出与生活支出，家庭的物质生产与支出反映了民众的实际生活水平。受制于自然环境以及长期战乱等因素，西夏普通家庭的生活处于低水平甚至贫困状态。第四章着重对西夏家庭教育问题进行考察。指出在西夏家庭教育中儒家伦理道德和与之相辅相成的儒学文化知识的教授和传播，在尊孔崇儒的社会环境中，西夏人尤其是社会上层群体的社会性格逐渐发生变化，体现出儒化的特征。

整体而言，通过家庭这个日常生活场所中的细节，可以把握西夏在10—13世纪多元文化碰撞和融合的大趋势中对自身和异质文化的扬弃，以及在此基础上对家庭秩序乃至社会秩序的建构。

（博士学位论文，西北大学，2019 年）

西夏文字数字信息化若干问题研究

孟一飞

西夏（1038—1227 年）是以我国古代党项族为主体建立的封建王朝，国号大夏。地域包括今宁夏、甘肃大部、陕西北部、内蒙古西部和青海东北部。首府兴庆（今宁夏银川市）。西夏文是记录西夏党项族语言的文字，曾在西夏王朝统治的地域被广泛使用。西夏王朝亡于蒙古后，党项民族融合于其他民族之中，西夏文字随之逐渐消亡，文献典籍渐被湮没，在近千年的时间里被人遗忘。直到 20 世纪初在内蒙古自治区额济纳旗黑水城遗址，大量西夏文物和古籍文献被发现，西夏学研究兴起。针对被遗忘近千年的西夏文字的研究是西夏历史文化研究的重要组成部分。将现代计算机信息技术应用于西夏文字的处理以及西夏文古籍文献的研究、整理和保存，在当前数字化的时代势在必行，将大幅度提高西夏学的研究效率，有力推动西夏学学术研究的发展。具有重要的研究价值和十分广阔的应用前景。

该文围绕图像处理、模式识别、深度学习等人工智能技术手段，针对西夏文字数字信息化的若干关键问题进行研究，主要内容包括以下几部分。

第一部分，改进的霍夫变换在文字笔画检测识别中的应用研究。

基于霍夫变换基础几何图形检测的功能，该文提出端点引导的霍夫变换方法，利用线段端点信息在霍夫变换检测直线过程中降低运算负荷，提高容错率，并通过引入假设线段长度因子有效增强传统霍夫变换对短直线的检测能力。该文提出的改进的霍夫变换算法可以有效应用于西夏文字笔划的检测。

第二部分，西夏文字样本数据集的建立。

目前尚未有公开发表的西夏文字样本数据集为西夏文字识别提供训练样本和测试样本。西夏文字识别研究缺乏规范的样本数据集和统一的测试标准。针对这一问题，该研究从西夏文古籍文献中提取字符样本，经过字符图像归一化和文字类别标签标定等一系列工作，初步完成了西夏文字样本单字数据集和文本数据集的建立，并提供了数据集的使用和测试范例。该工作填补了当前西夏文字识别研究领域的一项空白。

第三部分西夏文字样本集样本不均衡分布问题分析及样本扩充方法研究。

在西夏文字样本数据集的建立过程中，由于受到数据源固有因素的约束，数据集在样本类别间呈现不均衡分布。不均衡数据是指样本训练集中的类别分布存在某一类的样本数量明显少于其他类的比例或数量。样本的不均衡分布导致少数类样本实例的分类准则难以提取，数据的不均衡比例越高，提取少数类样本的特征信息越困难。针对这一问题，本文对采用 GAN（Generative Adversarial Network，对抗生成网络）应用于西夏文字样本的生成进行了研究。此外，该文还提出基于 MLSD（Moving least squares deformation，移动最小变形）的样本合成扩展方法，对样本数量少的类别进行样本扩充。经试验证明，扩充后的均衡分布样本数据集作为训练集，对提高识别率有明显促进作用。

第四部分，基于深度学习的西夏文字识别研究。

以西夏文字样本数据集为实验对象，该文采用神经网络和深度学习算法对西夏文字识别进行研究，基于不同的深度学习平台进行了识别模型设计、模型训练以及识别测试。在验证各类算法模型的西夏文识别效果的同时，也证明了该文所提出的西夏文字样本集合在提高识别率方面的有效性。

综上所述，该文以西夏文字数字信息化为主要方向，围绕以西夏文字识别为核心的若干问题进行了讨论和研究，在西夏文字样本数据集的建立、不均衡样本扩充、西夏文字识别等方面开展了较为深入的研究工作。

（博士学位论文，北京交通大学，2019 年）

美术史背景下敦煌西夏石窟绘画研究

王胜泽

中国美术的发展有赖于历史上各个民族的贡献。敦煌石窟艺术呈现了异彩纷呈的多民族特色，由党项族建立的西夏政权统治敦煌近两个世纪，他们创造了丰富多彩的西夏石窟绘画艺术。敦煌西夏石窟绘画主要包括莫高窟、榆林窟、东千佛洞、肃北五个庙等西夏开凿和重绘的石窟绘画，它们题材广泛，内容丰富，在"唐宋变革"和10—13世纪佛教图像的重构背景下，面貌发生了很大变化。本文从美术史角度出发，对敦煌西夏石窟中的花鸟画、人物画、山水画、建筑画和装饰图案等几个方面展开论述。这一时期的石窟绘画在题材上出现了蜀葵、唐僧取经图、布袋和尚、雪景图、坛城图以及火焰纹等新样式，同时药师佛、炽盛光佛、水月观音、千手观音等的绘画样式也有了很大的发展；在绘画表现上则形式多样，应用了整壁花鸟描绘、水墨山水、线描、减笔画、留白、半边构图、满窟顶装饰等手法。文章通过对西夏石窟中花鸟、人物、山水画的分析探讨，勾勒出了一个比较完整的西夏绘画体系，这种绘画体系的形成是西夏人善于学习、自我创新的结果。尤其到了西夏晚期，其绘画风格、绘画内容明显受中原文人画的影响。他们摄取了吐蕃、沙州、西凉的佛法，学习北宋、辽、金画家的人物造型、笔墨构图，汲取了回鹘人的色彩装饰，兼收并蓄，融会贯通，透视出西夏人的文化观念、审美情趣和社会风尚。藏传绘画的传入是西夏石窟绘画的又一次飞跃，同一石窟中汉藏杂糅、显密共存，体现出了西夏绘画的"圆融"性。同时绘画中还出现诸多社会生产生活场景，使佛教艺术更显世俗化，这一特点与中原流行的风俗画有很大的关系。此外，该文通过对莫高窟第 95 窟的洞窟形制、地仗层、绘画内容及风格，尤其是对水月观音图像的论证，考证出莫高窟第 95 窟为西夏窟，而并非此前学界认为的元代窟。

由上所述，该文对敦煌西夏石窟绘画内容进行了全方位的整理，对其风格、艺术手法进行了探究，对其个别图像进行了考证，以使我们能更好、更全面地利用敦煌西夏石窟材料，为日后的研究贡献绵薄之力。

（博士学位论文，兰州大学，2019 年）

北宋西北边防统兵职官与军事决策研究

——以对夏战争为考察对象

王战扬

北宋西北边防统兵职官及军事决策在"平时"状态下呈现了一定的权力演变特征，在"战时"运行中暴露了诸多弊病。北宋初年，在王朝统一进程中，节度使逐渐向虚职转化，都部署边防统兵机制日益凸显。太平兴国四年以后，边防开始大规模设置都部署。雍熙北伐后确立都部署、钤辖、都监、监押、巡检的边防统兵体制，同时形成了"事为之防，曲为之制"的理念，其边防军事决策权也呈现由节度使向都部署削弱和转移的过程。宋廷以澶渊之盟为契机，开始削弱都部署统兵权力，仁宗朝文臣经略安抚使在宋夏边境已经成为超越武将都部署的统兵主帅。神宗推行将兵法以前，缘边经略使统兵外出时，副总管可负责节制兵马制定决策。推行将兵法以后，副总管兼将，明确了统兵事权，却削弱了其决策之权。元祐时期，都、副总管共同商议军政，制定决策，扩大了武将副总管参与军事决策的权力。崇宁四年为加大边防控御力度，置四辅郡，武将都、副总管统兵与军事决策权有逐步加强的趋势。金兵攻陷太原以后，文臣经略安抚使边防统兵体制崩溃，自北宋中期消亡的武将都总管体制得以重新确立。宋初钤辖、巡检有独立的统兵和军事决策权。都监在真宗时期的军事监察职能走向衰微，监押的地位虽低，但仍可参与边防层级的决策会议。

在"战时"运行中，中央与边防不同层面的军事决策，在战争演进中的决策、执行及互动皆存在一定的问题。在夏州之战中，中央存在延误战机、军事决策失误，其后又急于出兵的问题。在灵州之战爆发以后，中央未能及时做出军事决策，边防都部署改变中央军事决策的做法，虽符合缘边的地理形势，但边防五路大军却出现配合不力、策应不灵的弊病。宋真宗朝关于灵州守弃的争论导致军事决策迟缓，灵州失陷。在延州之战中，宋朝中央轻视军情，并没有发挥制定最高军事决策的作用，中央与缘边经略安抚使之间缺乏足够的互动。在好水川之战前，中央制定了主动进攻的军事决策，但元昊先发制人发动战争。韩琦临敌决策，命环庆路副都部署任福统率泾原路镇戎军的兵马，并驾驭泾原路诸将，指挥不灵，因贪功轻进致败。在定川寨之战前，宋朝中央忙于处理契丹渝盟问题，元昊趁机发动定川寨之战。副都部署葛怀敏否决了经略安抚使王沿在战前制定的诱敌深入的军事决策。而元昊则反客为主，坐镇定川寨，包围葛怀敏。自宋神宗朝以后，北宋中央的军事决策地位得到重塑与提高。绍述时期相权膨胀，章惇曾以私书控制西北对夏战局。徽宗时期中央军事决策与神宗朝颇为相似，呈现走向独断的特点。其在整体上虽保持着经略安抚使边防统兵体制，但是在战时状态下，中央首先任命副相主持边防战局，其后又任用宦官，转而又专任将帅，仅在哲宗时期的对夏战争中维持了传统的经略安抚使边防军事决策机制。在边防决策与执行上，从啰兀城之战到统安城之战，仅神宗后期的兰州之战及哲宗朝的洪德堡之战、平夏城之战等几场守御性质的战争获胜，其余几场主动进攻之战皆以失败告终。在进攻战中，决策者及统兵官皆存在决策失误和轻敌妄进之举，且在深入西夏腹地以后未能解决粮草不足的问题，这与战前决策的失误有重要的关系。

（博士学位论文，西北大学，2019 年）

俄藏黑水城汉文佛教文学文献研究

赵　阳

藏于俄罗斯科学院东方研究所的黑水城文献，是研究西夏政治、经济、文化等各方面重要的资料来源，它们不仅记录着西夏近二百年之兴衰，也从侧面反映着西夏民众生活的方方面面。对于西夏文学研究来说，国内外各版本《中国文学史》对西夏文学的处理方式或粗陈概貌，或避而不谈，并未得到足够的关注，其中重要的原因就是材料阙如，不仅传世典籍中少见有关西夏文学的材料，就在已刊布的大量西夏出土文献中，也少有传统文学文献出现。佛教在西夏的政治、经济、社会生活等方面有着重要影响，俄藏黑水城文献中，佛教文献的数量也占据绝对优势，既然传统文学的材料有限，那么我们可以另辟蹊径，先从佛教文学研究的角度出发，以俄藏黑水城汉文文献为基础，对西夏佛教文学进行整理研究，以期部分还原西夏文学之概貌。

该文共分为五部分。

绪论部分对本文的选题背景、研究对象、国内外研究现状、研究价值与重点以及研究思路与方法做了阐述。

第一章对西夏佛教的发展历史做了概述，指出西夏佛教的发展轨迹与其国力的盛衰呈正相关关系；同时对西夏文学情况进行了梳理，指出学界对西夏文学的认识逐步加深，也总结出西夏文学具有追求对仗、儒释融合等特点；最后对西夏佛教文学文献进行了分类介绍，明确了西夏佛教文学作品种类多样，内容丰富，它不仅可以补充西夏传统文学、民间文学材料少见的不足，也在佛教文学异域交流价值等方面有所贡献。

第二章着重分析了在净土信仰影响下，西夏民众创造或使用的佛教仪式文学作品，指出这类作品不仅是净土信仰招徕信徒的重要方式，也是西夏净土信仰世俗化的具体体现。

第三章通过对宋夏时期禅宗发生的重要转变，即以禅净合流、儒释道合流为背景，介绍了流传在西夏的禅宗语录、偈颂等文学作品，提出了西夏禅宗不仅与辽代华严禅关系密切，且部分作品与辽文学一脉相承的观点，反映了夏辽之间频繁的文化交流状况，同时指出宋境禅宗对西夏禅宗的影响多在民间，并以黑水城禅宗类文献《亡牛偈》为例，重点分析了其文学风格与宗教意义。

最后以余论的形式讨论了佛教灵验传记在疑伪经流传过程中的作用，并以俄藏黑水城文献中的疑伪经《高王观世音经》为例证，结合历代佛教灵验记中相同的故事蓝本，讨论了经文前的佛教灵验记的流传与转变过程，指出其由简入繁、情节愈发细致的特点，同时认为西夏疑伪经的流行，主要借助文学与图像进行宣传，尤其是其中的灵异故事，是佛教世俗化过程中非常典型的文学创作，具有很强的趣味性与感召性。

（博士学位论文，兰州大学，2019 年）

硕士学位论文

北宋和西夏的朝贡贸易研究

段金强

　　北宋和西夏党项政权共存于960—1127年。在这一时期民族政权林立，有辽、宋、夏、吐蕃等，各政权间的关系错综复杂并且战争冲突不断。西夏党项作为少数民族建立的政权，位于我国的西北地区。党项羌在五代十国时期迅速崛起，在北宋时期建立西夏国，终北宋之朝，始终是北宋王朝西北最大的边患。

　　西夏建国后，其与北宋的关系时好时坏，战争冲突不断，战争的时间远长于和平的时间。但是由于西夏以畜牧经济为主，农业、手工业技术非常薄弱，尤其是粮食、丝织品生产远远不能满足其需求，备受西夏人喜爱的茶叶，更是完全来自北宋。单一的畜牧经济存在一定的脆弱性，一旦遭受雪灾、水灾、旱灾、火灾、地震等自然灾害，对于几乎单纯依赖畜牧经济的西夏而言，无异于覆顶之灾。因此，西夏在经济上对北宋有着很大的依赖性，为了弥补其经济单一的短板，西夏在夏宋战争间隙对北宋朝贡贸易不断，以获取国内必需的粮食、茶叶、丝绸、手工业品等物资。同时，北宋为了维护宋夏边境的和平稳定，采取了牺牲一定的经济利益，"羁縻"西夏的策略。此外，北宋在和辽、西夏及其他地区的对抗中，需要大批战马和耕牛以及其他物资。其中很大一部分是通过朝贡贸易而得到的，在经济上和西夏有一定的互补性。这正是西夏和北宋朝贡贸易的物质基础。

　　朝贡贸易是宋夏双方朝廷之间通过互派使节，以朝贡、回赐等官方形式进行的贸易及使节附带的商业贸易，有两种基本方式：一是政府间的贡赐贸易，二是使节附带的商业贸易。西夏对北宋的朝贡贸易路线是从兴庆府出发，走延夏路到北宋都城开封，从北宋建立到北宋灭亡的一百多年的时间里基本没有大的改变。据不完全统计，在西夏和北宋共存的167年间，双方有关朝贡使节的往来达160多次。西夏对北宋朝贡贸易中西夏输出的物品以畜牧类、毛纺织品类、药材类为主，其他玉、石等货物处于次要地位。西夏输入的物品以衣物、丝织品、茶叶、书籍、钱币贵金属等为主，多手工业产品和精神文化产品。西夏和北宋的朝贡贸易经历了100多年的时间，有以下三个特点，一是夏宋朝贡贸易频繁，贸易品种较多；二是北宋和西夏的朝贡贸易都具有很强的目的性；三是夏宋双方的朝贡贸易一直在维持和发展。西夏和北宋的朝贡贸易在一定程度上很好地促进了中原和西北的经济、物质、文化的交流，间接地促进了党项民族的进步和西北地区的开发。对于北宋而言，北宋时期商品经济的发展也离不开西夏与北宋王朝之间的朝贡贸易。

（硕士学位论文，兰州大学，2019 年）

黑水城西夏医药文献汉字对音研究

郭抒远

随着《俄藏黑水城文献》的陆续出版，黑水城文献的原貌得以为世人所见，目前已经公布的黑水城出土的西夏医药文献有 9 个编号。宁夏大学梁松涛教授将其整理、释读、研究，出版了《黑水城出土西夏文医药文献整理与研究》（2015）一书，我们利用梁松涛教授释读出的西夏医药文献进行夏汉对音研究。

该文以梁松涛整理出的《黑水城出土西夏文医学术语词汇表》为基础展开研究。第一章我们整理了《黑水城出土西夏文医学术语词汇表》中西夏文药材名录、医方名录，得出汉字 386 字，西夏对音字 285 字，并分析了对音汉字在中古音韵中的分布及在西夏音韵中的分布，以便检查对音资料的普遍性、代表性。虽然有 9 个韵系中无对音汉字分布，但是各韵摄均有对音汉字分布。对音汉字在西夏韵中的分布情况也基本符合西夏字译写汉字的情况。第二章利用对音材料中的 154 个西夏字分析对音汉字所反映的方音的声母。第三章利用 137 个西夏字分析对音汉字所反映的方音的韵母。第四章研究总结对音汉字反映出方音的声母、韵母的特点，结论如下：声母特点，全浊塞音、全浊塞擦音、全浊擦音清化为送气清音；不送气清塞音、清塞擦音、清擦音独立；鼻音分为两组；知庄章合流；轻唇音非敷奉合流；零声母范围扩大；来母与日母分别独立。相较于中古声母，对音汉字所反映的声母数量减少。韵母特点，入声韵尾消失，阳声韵尾消失，止蟹有合流趋势，主要元音相同，无论有无韵尾均有混同现象，流摄和效摄因韵尾相同也有混同现象。韵母总体呈现减少的趋势。并与龚煌城、李范文等利用《番汉合时掌中珠》研究出的宋代西北方音特点进行比较研究，再与孙伯君利用西夏新译佛经陀罗尼中夏、汉、梵对音材料研究出的 12 世纪汉语西北方音比较，判定对音汉字所反映的方音是宋代西北方音。

分析西夏医药文献对音汉字的语音特点，可为构拟宋代汉语西北方音，构拟西夏语音系统提供新的证明材料。该文分析研究得出的宋代汉语西北方音的某些结论还可从侧面反映出汉语语音变化规律，为研究汉语语音发展变化提供新的支撑材料。

（硕士学位论文，北方民族大学，2019 年）

宋夏关系与北宋经济政策研究

徐超群

北宋与周边少数民族政权长期处于对峙状态。自982年李继迁叛宋后，宋夏关系便起伏不定。宋夏关系先后经历了宋初夏州政权时期，李继迁与李德明时期，大规模爆发战争的元昊谅祚时期以及宋攻夏守的秉常乾顺时期等四个阶段。宋夏关系起伏不定，对北宋制定相应的经济政策产生重要影响。当宋夏关系处于紧张时期，则北宋在西北沿边军费开支大幅增加，进而导致国内财政收入不足以支持军费开支。因此，宋廷在制定经济政策时更多地考虑政府增收问题，并不断向商人或民户索取更多利益。另外，西夏岁赐成为北宋制夏政策之一。虽然北宋对西夏岁赐数额及其所占每年财政支出的比重都较小，但在遏制、制裁西夏方面还是起到了一定的作用。由于西夏经济以游牧为主，其经济基础具有不稳定性，即使西夏首先挑起了战争，为了缓和国内经济局势，西夏常常选择求和，获得战后急需的岁赐及其背后的贸易利益。

盐法方面，为了与西夏青白盐争夺陕西路课盐之利，北宋将陕西路划为解盐的行用区域，并设置禁榷制度。同时制定严苛的法律以遏制西夏青白盐的走私贸易。另外，宋廷还将榷盐制度与沿边入中制度结合起来，在保障陕西沿边军需物资供给的同时，又要保障解盐盐利，从而发展完善出钞盐制度。

茶法方面，为了保障西北军需，宋代东南茶法很快与沿边入中制度结合起来，茶叶成为折中商品。但是这两种制度的结合，产生了保障军需与保障茶利之间的矛盾，并且此矛盾因宋夏关系起伏不定而变得不可调和，东南茶法因而屡次改变。另外，四川茶法也因神宗积极制夏政策的实施而发生变革，由通商之法变为禁榷之法。

货币政策方面，庆历时宋夏战争不断，西北沿边急需钱物以助军。宋廷便在陕西路行用新钱法，铸造新币种。同时，宋廷设置更多的钱监，通过大量铸造铜铁钱币的方式以满足军需。这使得陕西路由原来的铜钱区演变为特殊的铜、铁钱行用区，河东路则变为铁钱区。另外，宋廷又在东南诸路征收赋税时折变现钱，以及新铸更多货币运往陕西路，致使东南钱荒现象愈发严重。

贸易政策方面，北宋初年，宋廷通过贡使贸易与包括夏州政权在内的西北诸政权保持友好的交往。但自西夏崛起以后，北宋改变以往西北贸易政策，并制定了联蕃制夏的贸易政策。北宋通过茶马贸易加强与唃厮啰政权之间的政治经济联系，并维持与西域诸国之间的贸易往来。宋夏关系也影响了 11 世纪东段陆上丝绸之路主路线的转移。西夏兴起，长期与宋关系紧张，青唐道成为代替河西走廊传统贸易通道的绝佳选择。

（硕士学位论文，青海师范大学，2019 年）

西夏"二十四孝"研究

郭明明

　　作为儒家核心观念之一，孝道在中国传统文化中占据着重要地位，孝子则是实践"孝道"的主体。"二十四孝"故事形成和发展的过程中，出现了各类孝子故事，传播载体除书籍外，尚有大量的图像、雕塑等"形象史料"，逐渐形成了一个孝子故事系统。各系统的"二十四孝"故事，情节不尽相同，人物数量也不再局限于24位。

　　11世纪初，党项人崛起于我国西北地区，建立了多民族的西夏政权。西夏番汉文化并重，对中原传统儒家思想多有继承和发展，其中孝道观念在西夏文化中占据着重要的地位。西夏文献中记载的大量孝子故事，多与中原地区流传的"二十四孝"故事相符合。通过对西夏文献中的孝子故事史源进行细致补考之后，可以得知其大致可分为两种不同的类型，一类是以《新集慈孝传》《德行集》等为代表的"翻译型"孝子故事，另一类是以《圣立义海》为代表的"再造型"孝子故事。在"再造型"孝子故事当中，《圣立义海》的编纂者对这些故事进行了吸收和改造，从而建立起了一套与中原相比既同又异的孝子故事系统，这套系统既有自身的人物组合，在一定程度上又体现出了西夏人自己的特色，可以将其视为西夏"二十四孝"。

　　12—13世纪，是"二十四孝"故事形成发展史上的一个重要阶段，西夏在吸取唐五代民间孝子故事和宋金时期流传于中国北方"二十四孝"故事系统的基础上，经过整合与改造形成了一套独具特色的"二十四孝"故事版本。西夏"二十四孝"故事在内容及渊源上所呈现的这种多元性，在一定程度上可视作当时西夏与中原民间文化交流融合的结晶。在西夏"二十四孝"故事中，孝行必然会产生感应，所感对象主要有天、物、人三种。这些孝感模式的背后，反映出了西夏"孝道"观念中孝悌合一、崇天敬帝等特点。同时，也正是借助这一特殊书写，这部作为体现官方意志的"二十四孝"版本表达出了统治者"移孝作忠"的政治意涵，即通过"帝之赐"强化民众对君主统治的认同，以儒家之"忠孝节义"观念建立一个"君君，臣臣，父父，子子"的社会等级秩序，从而起到巩固政权的政治目的。

　　西夏系统"二十四孝"的出现在"二十四孝"故事传播、演变的历史进程中，有着重要的地位和历史意义。11—13世纪，墓葬中的"二十四孝"图层出不穷，但迄今为止我们仍未发现这一时期"二十四孝"故事的纸质文本，而西夏"二十四孝"

故事的出现，恰好可以弥补"二十四孝"发展史上的这一缺环。这不仅有助于我们了解 12 世纪前后"二十四孝"故事流传和发展的真实情况，亦为认识儒家"孝道"观念和中原地区的风俗文化对西夏的影响，提供了一个真实生动的例证。

（硕士学位论文，宁夏大学，2019 年）

西夏瓷上的植物纹样研究

王若玉

西夏是与宋、辽、金鼎立存在的少数民族政权，迄今为止，西夏时期的文物出土量渐渐增多，文物上纹饰的种类也越来越丰富。西夏的陶瓷艺术接纳吸收中原文化、外来文化和宗教文化，从而形成许多独特的造型、釉色和装饰。

植物纹样是人们从大自然中真真切切看到实体后进行了艺术加工和创造的产物，是从生活中而来的艺术，体现了当时人们的审美水平和艺术创造能力，因为陶瓷产品的实用功能决定了它是渗透进人们生活的方方面面的，那么可以通过研究西夏植物纹样分析西夏独特艺术风格。植物纹样在西夏瓷中的运用十分普遍，极具民族特色和文化内涵。通过对西夏瓷牡丹花、宝相花、莲花、菊花和海棠花纹样的研究，可以从一个角度说明西夏瓷上的装饰纹样所具有的民族性和审美价值，经过总结有两个方面：首先，在我国陶瓷发展的漫漫长河中，植物纹饰始终是陶瓷装饰的主要表现手段，植物纹样是中国传统历史装饰纹样中的重要篇章，贯穿于整个中国装饰艺术史之中。西夏瓷经过与同时期宋朝的植物纹样的对比研究可以发现，西夏瓷植物纹样并不是对中原瓷器的简单模仿，而是有选择地吸收，有着浓郁的民族气息。其次，牡丹、莲花等一系列植物是人们所常见的，由于植物纹被赋予了吉祥、富贵、平安等文化内涵，符合了人们的心理精神需求，所以通过研究，可以看出西夏人对生活的美好依托和愿望。

最后笔者对相关问题进行讨论：一是西夏瓷上植物纹样的象征意义与审美价值。通过对西夏瓷牡丹花、宝相花等纹样的象征意义的探讨，可以得知不论是西夏哪一种植物纹样，其生命力来自生物形态背后的精神寓意，进而与西夏人精神上的某种期盼相联系，从而来传达人们的精神世界。二是磁州窑工艺对西夏瓷影响的可能性。西夏的灵武窑曾被学者纳入磁州窑，将西夏瓷的工艺技法与磁州窑的工艺技法进行对比之后发现，两者的工艺十分相似，或许是丝绸之路商业贸易往来的原因，磁州窑工艺可能对西夏瓷有着一定的影响。三是佛教文化对西夏瓷植物纹的影响。在西夏瓷的装饰纹样中，莲花纹和宝相花纹都是由佛教而兴起的纹样，在盛行佛教的西夏，莲花纹和宝相花纹在陶瓷器物上十分常见，由此可知佛教文化对西夏瓷植物纹有重要影响。四是中原汉文化对西夏瓷文化的渗透及其民族独特性。西夏瓷上的植物纹样可以很明显地看出宋代装饰纹样的影子，西夏瓷上的植物纹样题材有牡丹、莲花、菊花、海棠等，与中原地区陶瓷装饰纹样题材一致，表明中原汉文化对西夏瓷有着深远的影响。

（硕士学位论文，宁夏大学，2019 年）

西夏军法研究

——兼与唐宋对比

何　静

西夏军队骁勇善战，在中国历史上赫赫有名，这与其较为完善的军队制度息息相关，故在第一章探讨了西夏军队编制、军籍管理、军队职责等问题，并针对军队编制、兵制、军队类型三个层面与唐宋进行对比分析。经过研究发现西夏与唐宋在军队制度方面既有联系又有区别。在军队编制方面，西夏军队编制与宋朝相比虽均是层层递级，但宋朝军队编制相较于西夏明显更为复杂；在兵制方面，西夏兵制为征兵制，与唐朝前期"兵农合一"的府兵制相类似，与宋朝募兵制差异较大；在军队类型方面，西夏与宋朝均存在边镇驻守军、驻守京师的中央军、国主护卫军，且西夏军队部分番号与宋朝相似。

西夏在长期对外作战过程中形成了严明的战时军事赏罚制度，故在第二章以《贞观玉镜将》和《天盛律令》两部律法为基础，梳理了西夏战时军事赏赐制度和战时军事罚罪制度，并与唐宋战时军事赏罚制度进行了对比研究。研究发现西夏与唐宋在战时军事赏罚制度方面存在较多相似之处，如在探讨战时军事赏赐条件时发现西夏与宋均将斩杀敌人、俘获敌人、俘获敌方武器或物资、奇功等作为赏赐条件，并予以相应的赏赐。但是双方在诸多方面差异明显，如在探讨战时军事赏赐手段时发现西夏与宋虽都将赐物作为赏赐手段，但各个物品赏赐力度有所不同，以绢为例，西夏赏赐过百份为常见之事，宋却将赏绢十匹作为一等赏赐。在探讨战时军法惩处手段时发现西夏与宋都将杖刑、死刑等作为惩处手段，但在惩处力度上差异明显，以杖刑为例，西夏战时军法杖刑惩处数量一般为 15 杖，最高也只有 20 杖，但宋的战时军法涉及的杖刑数量都为 100 左右，可见西夏的战时军法惩处力度远小于宋朝。

西夏不仅拥有精良的武器，也已经形成较为系统的武器管理制度，故在第三章就西夏武器管理制度进行了探究，主要介绍了西夏武器种类、武器配备法、武器季校法，并结合唐宋相关史料进行了对比分析。研究发现西夏与唐宋在武器制度上渊源颇深，如西夏和唐宋均以冷兵器为主，不同之处在于宋朝此时已经将火器作为军事配备的重要组成部分；西夏的武器配备法反映出明显的等级性，可能受宋朝的"军中阶级法"影响。西夏和宋的武器季校法存在极大的差异，在季校时间、对象、负责人、流程等方面都迥然不同，但仍有部分相似之处，如都存在一年一校的情况，对武器季校中部分违法行为的判定也十分相似。

通过对比研究我们可以看出西夏军法既保留了本民族的特点，又对中原文化进行了借鉴与学习，再一次印证民族融合的历史趋势，展现了中华民族多元一体的特点。

（硕士学位论文，南京师范大学，2019 年）

西夏民族政策对河西走廊民族关系影响研究

杨平平

河西走廊是古代中国各民族政治、经济、文化交流的重要基地，以厚重的历史内涵、重要的地理位置和独特的人文环境著称。河西走廊民族众多，历史上是文化宗教传播、经济交流、民族融合的大舞台。西夏是西北少数民族党项人建立的多民族政权，李元昊于 1036 年占领瓜、沙二州，占据整个河西走廊，标志着以河套平原和河西走廊为主要统治区域的版图的形成。1038 年建国，历经十帝，于 1227 年被蒙古帝国所灭。西夏境内生活着汉、党项、吐蕃、回鹘、契丹、女真等多个民族，是民族问题、民族关系最为复杂的区域之一。西夏统治者推行蕃汉官职并存、蕃汉文化并行，施行平等、开放、包容的民族政策，对主体民族党项以外的各民族没有采取明显的歧视、压迫政策，也没有像契丹、蒙古那样，将各个民族划分成不同等级，无高低贵贱之分，允许族际通婚，缓和了民族矛盾，消除了民族隔阂，促进了民族融合，成为民族史上少有的少数民族统治民族地区的成功案例。尽管西夏民族政策也有一些消极性，为维护统治的需要，没有彻底摆脱封建桎梏，但就当时而言，无疑是先进的、值得肯定的。

西夏统治河西走廊 190 余年，成功处理了民族关系，在这期间，河西走廊很少发生大规模的民族冲突和族群战争，其民族政策对河西走廊民族关系产生了重要影响，加强了各民族在经济、文化、宗教、社会生活等诸方面的密切交流，增强了河西走廊各民族对西夏文化的认同感，民族问题得到妥善处理，民族关系和平稳定，为河西走廊经济的恢复和发展提供了相对宽松、和平的环境。西夏时期河西走廊多民族、多元文化在共存中互相交流、交融、交往，促进了河西走廊区域性统一，丰富了河西走廊多元民族格局和西北民族走廊的历史内涵，也影响了河西走廊以后的民族关系，各民族互相学习、互相融合、互相影响，形成了"你中有我、我中有你"的血肉关系，使得河西走廊多元民族格局基本形成，加快了西北地区的统一，为中华民族多元一体格局的形成做出了贡献，也对如今处理民族关系、民族问题大有裨益。

（硕士学位论文，西南民族大学，2019 年）

西夏类书《圣立义海》故事研究

张彤云

西夏类书《圣立义海》故事众多，据不完全统计，至少有 87 则。文本内容显示这些故事基本来源于汉文文献，并且与汉文类书有着极大的渊源。之前的研究已经考证出 58 则故事确切的汉文出处。

该文新考出七则故事的史料来源，"兄亡寻尸"故事的汉文史料来源是唐代徐坚《初学记》卷十七"陈叶洒血，徐苗含瘫"条陈业故事、"弟愍姐助"故事的汉文史料来源是《三国志》卷五十七《骆统传》骆统姊故事、"男身形象美"故事的汉文史料来源是南朝刘义庆《世说新语》卷十四"容止篇"潘岳故事、"剜目不嫁"故事的汉文史料来源是敦煌变文 P. 5039 卷《孟姜女变文》孟姜女故事、"智母择婿"故事的汉文史料来源是范摅《云溪友议》卷中"苗夫人"条苗夫人故事、"愚妇爱财"故事的汉文史料来源是《晋书》卷四十三《王戎传》王衍故事，"不求美女"故事的汉文史料来源是《左传》"昭公二十八年"叔向故事。

在前人考源的基础上，对尚存怀疑的三则故事的来源进行了新考，"孝子爱母"故事并非由蔡顺、曾参二人故事杂糅而成，而是见于《太平御览》卷三七〇引《孝子传》曾参故事；"母畏天雷"的故事来源有《后汉书》蔡顺故事和《搜神记》西晋王裒之事两种观点，通过对比发现《后汉书》卷六十九的蔡顺故事为此故事之源更为合理；"分财分家"故事的来源不是干宝《搜神记》郭巨故事，当为《汉书》卷五十八《卜式传》卜式故事。该文又对《圣立义海》现存的所有故事的出处进行系统的考察，与汉、唐类书对比之后发现其中有 58 则，也就是超过 60% 的故事可见于中原类书，且大部分与中原类书的记载无甚出入。从数量和文本内容的相似度上，分析了这些故事来源于中原类书的可能性。随后，该文对其引汉文类书数量及其与汉文类书间的细微差距做了研究，最终得出其中故事的最主要来源可能是宋代四大类书之一《太平御览》的结论。

（硕士学位论文，四川师范大学，2019 年）

西夏山川地理考三题

付强强

该选题结合史籍、地方志、笔记文集、金石文献、地图等，对西夏省嵬山、惟精山、浦洛河的基本问题，诸如名称沿革、地理范围、军事城寨和相关历史事件做了梳理。分为三个章节。

第一章省嵬城与省嵬山。省嵬初作"信嵬"，最早见于元代文献；明代的"省嵬城水头"前身可能就是元代的信嵬屯。明清史志多言省嵬山及城西南距宁夏镇城140里可能有误，实际上省嵬山地近镇远关，距宁夏镇城240里左右，其地略当今宁夏石嘴山市与内蒙古自治区交界地方的贺兰山—卓子山山地，也就是《水经注》中记载的石崖山或画石山。省嵬山山体巨大，战略地位重要，与贺兰山并称明代宁夏两大地理坐标。省嵬城距宁夏镇城至少公里，属西夏定州自当无疑，但它和唐代定远军所在没有什么直接的承袭关系，目前也没有任何证据表明其为《天盛律令》所载之"北地中监军司"。省嵬城主要毁弃于乾隆三年即1738年的破坏性地震。清初今宁夏平罗县境黄河改道使得省嵬由河东废城一变而为河西废墟。

第二章惟精山与韦精川。惟精山即今韦精山，西夏立国之前，李元昊在河南惟精山一带驻兵谋御北宋。北宋后期，朝臣进奏欲造船沿河直下攻取西夏，最终因惟精山地理因素作罢。惟精山在史料中有写作韦精山、威经山，所指皆同，其地在今甘肃靖远县东北与宁夏中卫西南交界处的围墩山—香山山地。韦精川因惟精山之名，在惟精山与哈思山间，即今甘肃省白银市靖远县东北的锁黄川。北宋哲宗时期，在战胜西夏后，随即提出在韦精川建烽台立斥堠，保卫边防。这样，就可控惟精山南麓，把攻守战线推至黄河。

第三章浦洛河与灵州川。浦洛河一名溥乐河，唐时称安乐川，宋时也称灵州川水，后又名山水河，即今苦水河，有两源，一称苦水沟，另一称甜水河，在今罗山合流后北流入黄河。西夏与北宋多次在浦洛河爆发战争，西夏乘地利战胜北宋，北宋朝臣多次上书建立溥乐城御夏，但最终未果。灵州川是宋夏时期灵州至清远军的川道，其间有众多城寨相继。灵州川过旱海，川道平直，在浦洛河东。另有安乐川，也称安州川，为浦洛河一源所在川道。

（硕士学位论文，宁夏大学，2019 年）

西夏石窟壁画中的"马"图像研究

王 悦

西夏石窟壁画是西夏文化艺术的重要组成部分,壁画中的马图像作为西夏石窟壁画中的元素之一微不足道,但其对于研究西夏社会历史起到必不可少的作用。该文针对西夏石窟壁画中不同表现题材的马图像进行搜集整理,对马图像的艺术特色、题材类型等进行探讨。其主要表现为:作装饰图案的天马、《唐僧取经图》中的白龙马、战争杀伐中的马、天王坐骑以及供养马。做装饰图案的天马主要分肩部生火焰,头生肉角和肩部生翼两类。主要绘于四坡且图像相较于整个石窟比例极小。将天马作为装饰图案与花草纹样绘制于一处更是西夏石窟壁画中的特色;坐骑主要分供养人坐骑和夜叉坐骑两类;围绕西游记故事《唐僧取经图》中的白龙马图像资料共有5幅,还有一幅仅有文献资料记载,无图片资料可考。西夏石窟壁画中的马不单是一种动物图像,更是西夏社会历史文化的产物,其蕴藏的审美形态与文化背景有别于历代其他石窟壁画中的马图像。

西夏石窟壁画中马图像的绘画风格受汉传佛教、藏传佛教、中原文化、党项西夏文化、丝路文化等多种艺术文化的影响而呈现不同的艺术特征。壁画中马的姿势主要分三种:飞奔、行进和站立。飞奔和行进的马图像均取侧面构图;站立的马图像取正背视构图和侧面构图。在构图表现上,西夏的艺术家们一方面继承了前代画马的绘画技法,已熟练掌握了平视、斜视、鸟瞰式的散点透视。丰富了马的形态表达及形式表现,使得画面的二维空间表达更为生动;另一方面结合西夏社会生活实际及时人的审美经验,对马的刻画更为丰富,以真实再现的白龙马和抽象化的装饰天马为主。在造型表现上,画家并未采用高度写实的手法,而是删繁就简,在高度概括轮廓的基础上刻画马的本质特征。在线条表现上,西夏的艺术家们在继承历代线描技法的同时注重吸收宋时期的线描画法,不断尝试融合不同文化背景的绘画技法,最终形成了细劲有力、遒劲飘逸的线描风格。在绘画风格上,西夏时期的石窟壁画受汉、印、藏等不同地区显密教派宗教文化的影响,并有对唐宋时期绘画风格的延续与创新。

(硕士学位论文,宁夏大学,2019 年)

西夏时期佛塔研究

黄 新

　　西夏是中世纪以党项族为主在我国西北地区建立的多民族国家，它的存在对历史发展产生过重要影响。由于西夏文字的特殊性以及西夏相关历史资料的缺乏，对于以佛教立国的西夏，佛塔成为其重要的历史文化载体，是在一定时代、地区、民族文化背景下的产物。对西夏时期佛塔的研究是对相关理论成果和内容的补充及延伸，对埋藏深层的西夏建筑文化的记录研究，试图揭示尘封的西夏建筑文化，总结西夏时期佛塔的发展演变历程，同时分析在汉传佛教与藏传佛教多元融合条件下西夏佛塔特征及地域分布特点。针对现存西夏佛塔存在的不同程度破坏情况，该文也试图提供基础信息研究的帮助。

　　论文以西夏时期佛塔发展演变脉络为切入点，首先对国内外相关文献资料进行收集整理，并结合实地考察调研对现存考古鉴定为西夏时期的 18 处 135 余座佛塔进行考察研究，对佛塔现状以及分布和重要实例进行统计。通过已有文献资料的收集整理，运用建筑学专业知识对西夏佛塔的形制、平面形式、结构特征、装饰艺术以及空间形态等进行系统分析，并构建完整研究体系。之后从建筑历史、文化等多角度对与西夏有时代重叠的唐、宋、辽、金、吐蕃、回鹘等政权境内佛塔进行对比分析，总结西夏佛塔特征、发展脉络及其成因。

　　通过纵向与横向研究，该文认为西夏佛塔继承并发扬了中国古代佛塔建筑的传统，在吸收了多民族、多地域、多国家的佛塔建筑风格之后，形成了自己独特的佛塔建筑风格。将中原的宋，少数民族地区的辽、金以及西域的吐蕃回鹘与党项族自身的建筑审美艺术相结合，创造出类型丰富、风格迥异、充满地域和民族特征的佛塔类型，具有鲜明的时代特征。为中国古代佛塔建筑的发展起到承前启后的推动作用，是不可或缺的建筑历史遗产。

（硕士学位论文，内蒙古科技大学，2019 年）

西夏逃亡法研究

——兼与唐宋逃亡法对比

李　婷

关于唐宋逃亡问题，前人已经做了一定的研究，但对于西夏逃亡法的研究以及唐宋与西夏逃亡问题的对比，目前学术界关注较少。该文拟以《天盛改旧新定律令》为中心，结合梁松涛先生译释的《亥年新法·隐逃人门》，对西夏的逃亡现象进行分析，并与唐宋逃亡问题做一个比较，从而更加深入地理解中古时期西北少数民族法典与中原地区法律之间的渊源关系。

该文第一章依据西夏早期法典《天盛改旧新定律令》和晚期法典《亥年新法·隐逃人门》，从罪犯逃亡、农户逃亡、官私人和妇女逃亡、职官弃职而亡以及叛国而亡等几个方面对西夏社会各色人等逃亡后所获的刑处进行了分析，并与唐宋时期法律文献中对于逃人的规定进行了对比，发现西夏与唐宋时期的中原地区相比，在对逃人问题处理的方式上是一致的，只不过又依据国情，制定了合适的政策。

西夏法律规定，逃人出逃后，不仅逃亡者要受到惩罚，窝藏逃人也要依律治罪。第二章的第一部分从隐匿逃犯、隐匿官私人、隐匿妇女三个方面对窝藏逃人罪进行了分析，窝藏逃人罪所受的刑罚主要和被窝藏者的身份以及窝藏者与逃亡者之间的关系有关，如果窝藏者与逃亡者是亲戚，那么会相应地减轻刑罚，这很有可能是受儒家"亲亲相隐"思想的影响。第二部分分析了对逃人的举告，西夏为了鼓励对逃人罪的告举，与唐宋一样设置了举告赏，举告赏主要由逃人出，逃人无力出时由官出，并且统治者为了防止滥举，规定虚举者要受到处罚。

为了预防罪犯和百姓出逃，西夏加强对罪犯和百姓的管理。该文第三章第一部分对西夏和唐宋时期政府对逃人的管理以及监管者失职应承担的法律责任进行了分析。发现西夏和唐宋为了预防人口逃亡，都建立了较完善的信息登记制度；对监管者失职的处罚基本上也是依据监管者是否故纵。逃人出逃后，政府会派追捕者前去追捕，所以该章第二部分对逃人的追捕进行了探讨，分析了追捕者在追捕过程中的失职行为以及捕逃人有功所得到的奖励。

通过对西夏和唐宋逃亡法的比较，可以看出西夏沿袭了唐宋时期中原地区的逃亡法，并结合本民族的情况，形成了一套关于逃人的法律体系，再一次向世人证明了少数民族在中华民族多元一体法文化的形成和发展过程中发挥了重要作用。

（硕士学位论文，南京师范大学，2019 年）

西夏文《金光明最胜王经》卷六校译研究

马万梅

佛教文献校译是西夏佛教翻译史上的一个重要环节。目前的西夏文献解读表明，西夏文献在传承翻译过程中有过大规模的校译过程，表现在同一种文献上可能会存在着初译本与校译本的现象。现存文献中同时具存初译本与校译本的材料不少，但以《金光明最胜王经》保存校本数量最多，也最为典型，同时仅卷六保留了两种不同陀罗尼文本。因此该文选取了西夏文《金光明最胜王经》卷六的文本内容作为研究对象。西夏时期对《金光明经》进行了翻译和两次重校，现存初译本、校译本与重校本。该文通过对多文本西夏文《金光明经》卷六的解读与对勘，从文献学和语言学的角度考证其版本流传顺序、总结校勘原则、归纳语言特征。

该文首先梳理了《俄藏》、《英藏》和《中国藏》中西夏文《金光明经》卷六的多个文本，并将《英藏》中多个未识别的残片考证为《金光明经》卷六的文本。在此基础上校注诸本之间的区别。其次，将俄藏本与国图藏本中两种不同陀罗尼译文进行比较研究，通过对两文本中陀罗尼词汇逐字对音，分析两者之间的区别后，考证出俄藏本译自汉文，国图藏本译自梵文，并对两种陀罗尼译本进行了夏汉对音、梵夏对音分析。再次，该文考证了三个版本的流传顺序，通过对现存西夏文《金光明经》卷六不同藏本的相同内容进行语料比对梳理，分析各文本之间的差别后确定俄藏本为夏惠宗时期的初译本，英藏本为夏仁宗时期的校译本，国图藏本为夏神宗时期的重校本。

最后，该文对西夏文《金光明经》卷六校经条例及原则进行初步探讨，梳理了神宗时期重校本相对仁宗时期初译本发生的变化，主要包括校讹误、同义替换、非译音字校改、译音字校改、缩略、增字，等等。进一步分析了两次校经的不同校改重点，发现夏仁宗校经重在校讹误、更改用字、改译陀罗尼等，其特点主要表现在注重对字义词义准确性修正，同时，校经后的语言表达符合西夏语的语法规则。夏神宗校经重在贴合汉译本，但又没有完全脱离西夏语的语言特点，遣词造句中依然保持了西夏语本身的表达风格。

（硕士学位论文，宁夏大学，2019 年）

西夏文佛教伪经考

蔡　莉

　　一般认为由中国僧人假借佛说而编造的佛经为伪经；来历可疑而真伪一时难辨，尚需考证者，则称为疑经，经录中常将二者合称为疑伪经。中国佛教典籍中的疑伪经是佛教中国化、世俗化过程发展到一定历史阶段的产物。内容大多反映了一定时期和地区佛教的传播与本土民间信仰、宗教以及传统文化结合的情况。因此，对疑伪经的研究有着十分重要的意义。黑水城文献中，佛教经典占了绝大多数，其中包含数量可观的疑伪经，大部分为汉文抄本印本，也有少量西夏文抄本印本。这些珍贵的资料，是中国佛教疑伪经的重要组成部分，更是研究西夏佛教文化的重要材料。尤其是西夏文疑伪经，经由西夏文的翻译，更反映着西夏社会对佛教文化的接受与理解，是观察西夏社会的重要视角。

　　该文从存世的黑水城文献中整理出西夏文佛教伪经共八部：《佛说十王经》《佛顶心观世音菩萨大陀罗尼经》《佛说父母恩重经》《佛说延寿经》《佛说来生经》《高王观世音经》《佛说解百生怨结陀罗尼经》《佛说天地八阳神咒经》。以此八部伪经的西夏文本为研究对象，分别进行译释、校对、版本和渊源考察。

　　文章内容主要分为三个部分，首先，对《佛说十王经》、《佛顶心观世音菩萨大陀罗尼经》、《佛说父母恩重经》和《佛说来生经》四部西夏文伪经进行译释和校对，对其中未经译释或已有译释但尚需补充的文本进行补译。对已由他人译释的文本重新校对，补充和纠正存在的一些问题。其次，重点对版本种类和数量较多的西夏文伪经《佛顶心观世音菩萨大陀罗尼经》《佛说父母恩重经》《佛说十王经》进行了版本的叙录、统计和比较分析。最后，将《佛说十王经》《佛说父母恩重经》《佛说来生经》三部西夏文伪经与相关的汉本进行比对，探寻西夏文本的底本，在此基础上分析伪经传播过程中的流变，进而探寻经文内容中所包含的各种宗教信仰和文化思想以及与西夏文伪经密切相关的西夏社会风俗。

（硕士学位论文，宁夏大学，2019 年）

英藏黑水城文献中夏译汉籍六考

梁丽莎

该文对尚未被准确考释的英藏夏译汉籍进行完整录文、解读并考证，以验证或修正前人的拟题、定名结果。该文新发现原拟题为"佛经"的英藏 Or. 12380－1922 号残片，实际是不同于俄藏本《孙子传》的夏译《孙子传》楷书写本，所记为"马陵之战"的故事；原拟题为"佛经"的英藏 Or. 12380－1935 号文献，实际摘编自《庄子》"让王"篇，从而为西夏文献补充了一个新的种类。该文考订原拟题为"佛经"的英藏 Or. 12380－542 号残片，实际出自《贞观政要·政体第二》；原拟题为"残片"的英藏 Or. 12380－516 号残片，实际出自《六韬·虎韬》中"绝道"末至"略地"首，并恰好可补俄藏所缺，而非前人指出的"金鼓"和"略地"篇；原拟题为"佛经"的英藏 Or. 12380－872 号残片，实际出自夹注本《黄石公三略·下略》的最后部分；英藏 Or. 12380－2636 号写本与俄藏夏译《新集文词九经抄》刻本相应部分文字重合，但形制不同，应属于不同版本的同题文献；而原定名为"太宗择要文"的英藏 Or. 12380－3494 号残片，其条目出自《论语·颜渊第十二》，与俄藏夏译《新集文词九经抄》在语言风格、思想主题、版式形制上均存在一致性，可能是俄藏本《新集文词九经抄》尾佚的某一页。

该文利用收藏品之间互补、互现乃至于填补空白的重要联系，对英藏夏译汉籍的文献价值作全面、客观的评介。英藏独有的夏译玄宗《孝经注》是理想的草书解读材料；夏译《庄子》是西夏文献新种类；夏译《将苑》是现今可见《将苑》的最早版本；夏译《新集文词九经抄》写本内容与俄藏刻本互现，主要是以汉文敦煌蒙书《新集文词九经抄》为基础编译而成的；夏译《论语全解》可与俄藏本补缀，修正汉文本错误；夏译《贞观政要》、夏译《孙子兵法》（虚实篇至军争篇）、夏译《六韬》与俄藏本互补，所据底本皆为于今失传的珍贵古本；原定名"太宗择要文"的英藏西夏文文献可与俄藏《新集文词九经抄》刻本补缀；夏译《孙子兵法》（行军篇）、夏译《黄石公三略》与相应俄藏本内容重合、形制相同，提升了夏译汉籍的存世数量；夏译《孝经传》楷书写本可作为识读俄藏《孝经传》草书写本的参照；英藏《孙子传》楷书写本的形制不同于俄藏本《孙子传》，但内容有重合，可以相互对照研究。

（硕士学位论文，四川师范大学，2019 年）

基于西夏唐卡艺术的文创产品设计研究

汪亚飞

西夏唐卡是西夏文化艺术形式之一，是一种古老的视觉语言，有着独具风格的艺术特征。它继承和发展了中原地区的佛教艺术文化形式，而且大量融合了藏传佛教的艺术文化内容，并努力凸显本民族文化特色，呈现多元化的艺术风格。其形式、表现手法以及造型特征传递了西夏民族的审美思想等文化内涵。时间的沉淀积累了西夏唐卡艺术文化的内涵，时间的流逝也带走了西夏唐卡艺术曾经的光辉，在现代文化的冲击之下，西夏唐卡艺术文化逐渐为人所陌生，其文化的断层也是现代发展趋势之下不可避免的。

该文对西夏唐卡艺术的历史和发展以及艺术特征进行整理归纳，并对西夏唐卡艺术在文化创意产品中的应用方式进行了分析，建议以西夏唐卡的审美特征为切入点，创新设计思维，进行设计形态和文化功能的转变，并对其题材内容、人物造型特征、构图形式、色彩语义以及线条的使用进行学习借鉴和应用。并将西夏唐卡艺术与现代时尚美学结合应用于文化创意产品之中，尝试不同类型、不同风格的表现手法。跟随现代文化创意产品发展的趋势，致力于总结出文化性和功能性相统一的文化创意产品的设计思维和设计方式。形成一套科学的、有针对性的、具有深刻的文化理念、具有现代创新思维的具体实施方案。使传统艺术文化有理念、有步骤地在文化创意产品设计中得到合理的创新开发，为现代文化创意产品的设计提供设计理论依据和方法支撑。

（硕士学位论文，宁夏大学，2019 年）

西夏黑水城唐卡图像检索系统研究与实现

刘 千

近年来，西夏学研究资料不断丰富，研究领域逐渐宽泛。西夏黑水城出土的唐卡作为西夏文化遗产的重要组成部分，具有重要的研究价值。同时，数字化技术和计算机视觉的发展为唐卡图像保护与检索提供了技术支持。将先进技术应用于西夏黑水城唐卡图像检索系统开发，将有利于我国珍贵的藏传佛教历史文化遗产的数字化永续保护以及传统优秀文化的传承和发扬。

该文以黑水城唐卡图像为主要研究对象，将唐卡图像库中的图像按主尊人物分为佛像、菩萨、供养人、祖师四类，主要完成了图像检索算法研究和图像检索系统设计实现，为民族学、西夏学学者们提供了较为精准全面的检索功能。

根据唐卡图像的特点，本研究分别应用基于 VGG – 16 模型和基于 RCF 边缘检测模型的特征提取方法提取唐卡图像特征，并对比两种方法得出的检索结果。具体步骤为，首先，将图像输入在标准数据集上训练好的 VGG – 16 图像分类模型中，以模型全连接层的输出，作为图像的特征向量；其次，将图像输入 RCF 边缘检测模型，输出图像边缘，并提取边缘图像的 HOG 特征，作为图像的特征向量；接着应用 PCA 降维技术分别降低两种特征向量维度；再次，应用欧几里得距离度量检索图像和图像库中图像降维后的特征向量间的相似性，并排序，返回相似度较高的图像。通过实验结果对比分析，得出基于卷积神经网络的特征提取方法与基于 RCF 边缘检测的特征提取方法相比具有更高的查准率、查全率、平均检索准确率和检索效率，在一定程度上解决了"语义鸿沟"的问题。

最后，结合多种算法并进行改良和优化，完成了黑水城唐卡数字化检索研究平台的构建，该系统主要包括以下四大功能模块：用户应用模块、图像检索模块、管理员模块、图像数据管理模块。用户应用模块主要包括用户上传图像、用户输入关键字查找图像、经典图像展示；图像检索模块主要包括图像特征提取、特征降维、相似性度量和检索结果显示等；管理员模块主要包括管理员的注册、登录、下线；图像数据管理模块主要包括添加、删除、查询和查看图像库中的图像和对用户上传的图像筛选存储、删除。该文的主要工作和贡献如下。

（1）应用训练好的 VGG –16 模型提取唐卡图像的深层特征，实现更加丰富的图像表征，更加适合唐卡图像纹理信息复杂的特点，检索的准确率更高。

（2）应用 RCF 边缘检测模型得出的边缘图像更加清晰完整，更符合人类的视觉认知，从而 HOG 算法能提取出更有效的图像轮廓信息。

（3）系统以 Windows 为开发平台，以 SSH 为开发框架、以 Java 和 Python 为开发语言，以开源的 Mysql 语言构建关系型数据库。开发了黑水城唐卡图像检索系统。

（硕士学位论文，宁夏大学，2019 年）

基于改进模糊支持向量机的西夏文字识别研究

刘兴长

在日常生活中经常会遇到需要将纸质上的文字转换为可以被电子设备存储的数字信息的情况。基于这一需求诞生了文字识别技术。文字识别隶属于模式识别学科，是在 OCR（光学字符识别）的基础上，对获取图片进行预处理、特征提取，然后选择合适的分类器识别不同文字的技术。显然，文字识别拥有非常广泛的应用领域，特别是在邮政考试，票据等很多需要识别复杂手写体，且对精度需求极高的场合。

该文所研究的西夏文字识别技术是近年来文字识别技术中待发展的全新领域。西夏文明作为中华文明中不可或缺的一部分，一直有待人们挖掘探索。作为西夏文明的载体，古西夏文字的识别工作显得格外重要。不同于现代汉字，古西夏文字结构复杂，组成字符的各部分偏旁极其相似，且平均笔画高达 25 画，难以数字化。此外，目前出土的西夏文载体以手抄本和活字刻版字为主，同一个字在不同文献上的位置和布局均不相同，这都给文字识别工作带来了很大困难。为解决这一难题，针对传统的文字识别技术中存在的预处理数据冗余、特征复杂、泛化能力不足等问题，该文在采用 HOG 特征提取的基础上，提出了基于改进模糊支持向量机的西夏文字识别技术。

模糊支持向量机是 Lin Chun – fu 等人为了解决支持向量机推广到多分类时存在的混分和漏分问题而提出的新分类器。该文提出的基于多超平面距离度量的隶属度函数对模糊支持向量机进行了改进，通过用过正负类中心的超平面代替类中心的作用，用样本点到各类中心平面及类中心的距离做比较来设计新的函数。根据样本分布，赋予不同样本点不同的权重，从而优化了分类器。针对非平衡数据分类，在支持向量机的数学模型中引入了新的约束公式，减小了隶属度函数赋值误差，增强了新算法的泛化能力，进一步优化了分类器。该文将改进后的模糊支持向量机应用于西夏文字识别并进行实验，然后与已有的几种常见算法进行对比实验，分析了各个算法的优劣性。实验结果表明新方法具有收敛速度快、识别率高的优点，具有一定的应用价值。

该文的研究意义主要有四点。首先，有利于西夏文字的再生保护。该文提出的技术实现了西夏文字的数字化，将古籍资料以图像的形式存放在计算机里。其次，提高了文字整理效率。数字化后的图像数据库极大地方便了科研工作者。再次，提供了可借鉴的文字识别模型。同西夏文字情形类似的还有契丹文、女真文等，该文的文字识别模型可供其他古文字保护工作借鉴。最后，实现了古籍文献的信息化检索。对于如西夏文字这样相似度极高的字符集，建立图像数据库、实现自由检索信息具有重要的意义。

（硕士学位论文，兰州交通大学，2019 年）

基于优化分割与提取的西夏古籍文字识别研究

李小璐

随着信息技术的飞速发展，人工智能的理论及技术日益成熟，应用领域也在不断扩大。该文将人工智能技术应用于古籍文献的保护，使其在古籍文献保护中发挥出应有的作用。计算机字符识别（OCR）是人工智能识别西夏文字的常用方法，其基于人工智能算法来识别文字符号的数字影像，将其转换为数字文本，达到可识别的目的。

该文以西夏文字古籍金光明最胜王经卷一为例，研究应用先进人工智能领域的热点算法实现对研究对象的自动识别。西夏文字是仿照汉字创制而成，其字形相比汉字更为相近且笔画繁多，以会意字居多，象形字很少。在识别过程中，存在的难点有：1. 西夏文字的字符集较大、结构复杂、字符之间相似度极高；2. 手写的西夏文字粘连严重，图像分割更加困难。在研究过程中，识别系统借鉴了汉字的识别方法，不断提高基于人工智能技术的西夏文字识别率。

该文所做具体工作有：

第一部分介绍了西夏文字的研究背景、古籍信息化保护的意义以及国内外研究现状；

第二部分对古籍图像作预处理及古籍图像分割，其中包括：古籍图像二值化、数学形态学处理，以及边缘检测和连通域分析算法相结合的古籍图像分割；

第三部分对分割后的西夏字符采用三线性插值算法作方向梯度直方图的特征提取；

第四部分对基于三类分类器（SVM、RF、K－NN）的西夏文字直方图特征的识别作比较，得出该文实验识别率最高的算法。

（硕士学位论文，宁夏大学，2019 年）

第八篇

文摘·论点摘要

辽史部分

2019 年辽史论文论点摘要

【内蒙古多伦辽代贵妃墓墓主家世再考】

2015 年内蒙古多伦县小王力沟发现辽代贵妃家族墓葬，该发现入选本年度全国十大考古新发现，尽管有学者对其进行了研究，但一些问题仍有再探讨之必要。

贵妃之父萧宁即曷宁、萧排押，贵妃之祖信宁即割烈、讹列，但不是萧阆览、萧挞凛，贵妃之曾祖迷骨德即迷古宁讳演乌卢、迷古里、眉古得、萧海真、萧海贞，也即安团，贵妃高祖为阿古只，即萧仅高祖撒刺。贵妃与秦晋国妃为同父异母姊妹。贵妃与圣宗之长女为燕哥，下嫁萧匹里即萧绍宗，平原公主并非圣宗长女。贵妃属于阿古只家族，并非萧思温、承天太后家族。

（史凤春）

【辽中京政治外交地位探究】

辽中京建成后，其政治地位得以迅速提升，辽圣宗、辽兴宗、辽道宗、天祚帝四位皇帝共计 22 次驻跸其地，尤以冬季次数最多，达到 18 次，从他们在中京的活动看，中京显然就是冬捺钵选择地之一，辽帝在那里处理国事，接待宋、新罗、西夏使臣，也参与祭祀，接受群臣上尊号等活动，使从前的奚地与契丹旧境共同承担起辽朝重要的政治与外交职能，将辽朝的核心区域扩大至奚地。

（吴凤霞）

【论辽朝燕京与《契丹藏》的雕印】

《契丹藏》的雕印是官方行为，在燕京设有专门机构"印经院"以管理雕印事宜，印经院又下辖各个寺院，执行《契丹藏》雕印者多为燕京名刹大寺的僧侣，上至主持、提点，下至校勘、雕印等各项具体事务。《契丹藏》雕印过程中，官方力量是主流，而民间力量也积极辅助，正是辽朝政府与燕京地区的寺院、民众的鼎力合作，保证了《契丹藏》雕造质量精良。辽朝诸帝均不遗余力地推崇佛教，是因为佛教对于消除汉人与统治民族契丹人间的对立与隔阂大有裨益，燕京地区乃汉人的主要聚居地、辽朝的文化中心，其成为辽朝佛教事业发展的主要引领者，乃情理中事。

（蒋金玲）

【山西应县木塔遗存辽代藏经再探析】

1974 年山西应县佛宫寺出土了丰富的文物资料，随后在河北丰润天宫寺塔又发现了一些辽代刻经，这为研究辽代刻经提供了珍贵的材料。该文首先介绍辽代藏经的遗存与分歧，最大的分歧在《华严经》方面；文章以此为基础，结合黑水城文献和传世文献，介绍了宋辽西夏时期存在 15 字版式《华严经》，它在辽清宁二年（1056）前后传入西夏，西夏人依据此版式和纸张情况重新刊刻《华严经》情况，这与辽夏多次联姻、双方文化交流密切有重要关系。

（崔红芬）

【试析辽金时期东京渤海遗民的世族化】

辽金时期的东京渤海遗民以右姓高氏、李氏和张氏等家族为代表，这些家族通过彼此联姻形成了一个稳固的群体，他们虽然有着较高的社会地位，但也对科举入仕极为推崇，并在从政过程中互相提携帮助，已经实现了由地缘群体转变为政治群体，最终由东京渤海遗民贵族家族演变为辽金统治下的渤海世族家族。

（苗霖霖）

西夏部分

2019 年西夏史论文论点摘要

【一文双语：西夏文字的性质】

聂鸿音，《宁夏社会科学》2019 年第 5 期

西夏文记录的并不仅仅是笼统的西夏语，实际上是"番"和"勒尼"两种完全不同的语言。前者是河湟一带党项人传统的通行语，后者是外来的统治部族带入的，使用范围较窄。政府同时设计一套文字来记录两种语言，这在汉字系文字的历史上罕见。番语和勒尼语在西夏文学作品里被分别看待，但是官方的字典未予明确区分。在与河西党项人相处的过程中，西夏统治者倾向于融入本地番人并使用番语，这使得他们本部族的勒尼语很快走向了衰亡，13 世纪以后的文献里再没有勒尼语的消息了。

【克夷门考】

杨　浣　段玉泉，《北方民族大学学报（哲学社会科学版）》2019 年第 5 期

克夷门为成吉思汗征夏战役中的战略要地，然而其地望问题长期以来悬而未决。主要原因有二：一是史料有误，二是训音有误。若以读音及史迹求之，"克夷"应是唐代或唐之前读若汉文"乞银"的北族词语译为蒙古语之后，又译回汉语的不同译写或重译之讹，意思是"青白

相杂"。因此，《元史·太祖本纪》所载西夏"克夷（门）"所在，即《西夏地形图》中的"克危山"，也就是唐《元和郡县图志》中的"乞伏山"。其地略当明初宁夏镇远关以北的"石嘴山"，即今宁夏石嘴山市惠农区黄河大桥西岸的贺兰山尾端。这些地名与省嵬山一样，都是不同时期、不同部族对贺兰山北端抵河之处的不同称呼，为一山而有数名的情况。

【西夏民间谷物典当借贷的利率、期限与违约赔付研究】

郝振宇，《中国社会经济史研究》2019 年第 3 期

谷物典当和借贷是西夏人暂缓家庭生活困难的重要举措。典当利率依谷物种类不同而有所差异，但都以总和计息。借贷利率依放贷者身份不同而有两种方式：寺院僧人为放贷者，利率主要以月息计算；平民为放贷者，利率以总和计息计算。谷物典当借贷以一年为期，一般是春借秋还，平民的谷物借贷需求与谷物的供给情况成负相关关系。谷物典当借贷的违约行为是债务人不能按时还本利而使债权人蒙受损失。典当的赔付方式是债权人出售抵押物以弥补损失。

借贷的赔付方式依放贷者身份不同可分为两种情况：寺院僧人为放贷者，借贷者的赔偿数额一般根据借贷的谷物数量而定；平民为放贷者，借贷者以"一石还二石"即高达100%的赔率赔付。

【"左厢"、"右厢"与经略司——再探西夏"边中"的高级政区】

高仁，《中国历史地理论丛》2019年第2期

左右厢与经略司先后为西夏"边中"地区的高级政区。左右厢系继承北方游牧民族"两翼制度"而创，大体以首都兴庆府为中轴线，分东西两部统领除京畿以外区域的所有兵马，"左厢"统东部，"右厢"统西部。其中，左厢约统军队十五万，为对宋、辽作战的主力部队。两厢的建制于崇宗亲政之后被废，而以东、西经略司替换之，由单纯的统兵体制演变为军政合一性质的地方行政体制。不过两厢所奠定的居中控制、两翼拱卫的政治地理格局被经略司继承而沿用至西夏灭亡。从左右厢到经略司的演变，是西夏上层接受并极力推行的专制主义制度与西夏旧有的部落体制相冲突并融合的结果。经略司最终设立，不仅从制度上根绝了大族"酋豪"掌控军队的可能性，还较为彻底地将诸多的部落纳入专制主义的国家体制之内，为随后仁宗朝的"鼎盛"奠定了基础。

【五个庙石窟音乐内容综述——兼及西夏铜角类乐器的考察】

刘文荣，《西夏学》2019年第2期

五个庙石窟是敦煌石窟的姊妹窟，现存有壁画的主要洞窟三个。五个庙石窟中出现的最重要乐器是铜角。现存三个有壁画的洞窟中两个皆出现铜角。五个庙石窟中的铜角对11世纪到13世纪中国铜角具有极为重要的历史价值。该文首次对五个庙石窟的音乐内容进行统计与公布，并在综论五个庙石窟音乐内容的同时，以五个庙石窟中的铜角为线索，结合"角"在敦煌石窟中的表现，通过对大量文献与图像的考证，为认识西夏铜角乐器提供了一定的参考，并对近古早期西北铜角的用乐情况作了新的探索。

【从"莲花化生"到"连生贵子"——论西夏"婴戏莲印花绢"童子纹样的文化内涵】

魏亚丽，《装饰》2019年第8期

西夏婴戏莲印花绢是西夏乃至宋元时期婴戏纹样的典型代表，承载着丰富的文化内涵。它既是佛教思想"莲花化生"的体现，也是儒家思想"连生贵子"的象征，表现了人们祈求子嗣繁衍、渴望子孙昌盛的社会文化心理，寄托着他们对美好生活的期盼。西夏婴戏莲印花绢亦具象着西夏对中原文化的承袭及其与中原文化交往、交流、交融的史实，凸显了中华文化多元一体的特征。同时，流行于西夏各类载体上的婴戏图更多地注入了党项民族服饰元素和文化内涵，展现了西夏社会生活的风貌。

（马淑婷摘）

金史部分

2019 年金史论文论点摘要

（都兴智）

【存世女真文性质再探】

史载金朝曾创制并使用过女真大字和小字，大字为完颜希尹所制，小字为金熙宗所制。该文旨在论证女真文本为表意大字和表音小字的混合系统，在使用过程中，记录词干的女真大字多被表音小字替换，表意大字也经过同音假借，大多变成了纯音节文字，使得存世女真文呈现向音节文字过渡的趋势。

（孙伯君）

【金初宗翰集团与西京大同府】

辽的西京大同府是一座塞外名城，她北连蒙古草原，西邻西夏政权，战略地位十分重要。金初，女真军队攻占西京，新政权仍以西京为陪都。以宗翰为首的军政集团将西京作为根据地，长期统治该地区，对当地百姓实行残酷的政治压迫和经济盘剥，对金初的政治、经济、军事等诸方面曾产生过重要的影响。熙宗即位，"以相位易兵柄"，导致宗翰集团的覆灭，西京地区的百姓才彻底摆脱了宗翰集团统治的阴影。

【金代大同县令张彦墓志考释】

近年大同市出土的金代大同县令张彦墓志记载了张彦先后于天会十四年（1136）中经童科，皇统六年（1146）中词赋进士科，填补了金代经童科首次录取人员记载的空白。张彦一生仕途蹉跎，但参与了张中彦所主导的为南京宫室营建所进行的庞大采木及运输工程。

（周　峰）

【金代永安析津府考】

《金史·地理志》称辽南京幽都府于"开泰元年更为永安析津府"，此说误。据考证，辽开泰元年改幽都府为析津府，至金代完颜亮天德年中营建燕京城时改燕京为永安，至贞元元年又改析津府为大兴府。此乃元史臣编纂《金史》时，对此地名沿革变化不甚了解，遂将金完颜亮改名永安之事窜乱至辽开泰元年，从而致误。

（顾宏义）

第九篇

重点课题
研究报道

国家社会科学基金重大招标项目：
"辽宋西夏金元族谱文献整理与研究"

西北大学　王善军

据全国哲学社会科学工作办公室公布，由西北大学王善军教授担任首席专家的2019年度国家社会科学基金重大招标项目"辽宋西夏金元族谱文献整理与研究"获批立项（项目编号：19ZDA200）。项目分为六个子课题，子课题一"辽西夏金族谱文献蒐集与整理"由吉林大学韩世明教授承担；子课题二"宋代族谱文献蒐集与整理"由西北大学陈峰教授承担；子课题三"元代族谱文献蒐集与整理"由南开大学常建华教授承担；子课题四"辽宋西夏金元族谱文献的文献学研究"由西北大学胡坤教授承担；子课题五"辽西夏金元族谱文献的社会史研究"由复旦大学陈晓伟研究员承担；子课题六"宋代族谱文献的社会史研究"由四川大学粟品孝教授承担。

族谱文献涉及内容广博，在中国历史文献中具有十分重要的地位。作为人类历史发展过程中长期积淀的资料宝库，族谱文献蕴含着大量的人口学、社会学、民族学、民俗学、经济学、文艺学、姓氏学、宗族制度、人物传记以及地方史的资料，自20世纪以来，受到学者们的高度重视。梁启超曾对族谱的史料价值给予高度评价，他在《中国近三百年学术史》一书曾说："族姓之谱，……实重要史料之一。例如欲考族制组织法，欲考各时代各地方婚姻平均年龄、平均寿数，欲考父母两系遗传，欲考男女产生比例，欲考出生率与死亡率比较，……等等无数问题，恐除族谱家谱外，更无他途可以得资料。我国乡乡家家皆有谱，实可谓史界瑰宝。将来有国立大图书馆，能尽集天下之家谱，俾学者分科研究，实不朽之盛业也。"

辽宋西夏金元时期是私家族谱定型和发展的关键阶段，对后世产生了深远影响。该时期各政权统治区域内的传统文献记载与现今散落于各地的族谱文献在流传形式、文献载体与记事内容等方面都有相似性，总体呈现多样性的时代特征。该时期的各种族谱文献，包括传世的族谱单行本，以及通过传统史籍、出土文献和图书馆、博物馆藏品、民间留存等各种形式保存下来的谱序、谱跋、世系、家传、族规、家训、祠堂记、先茔碑等相关文献。蒐集和整理这些分散的文献，形成专题式的系列资料汇编，将会为今后的学术研究工作奠定坚实的基础。同时，用文献学方法对其体例、作者、时代、版本、内容等进行考辨，去粗取精，去伪存真，将为文献的流传和利用提供有利的条件。在此基础上，从社会史角度入手，考察分析辽宋西夏金元族谱文献的区域分布，以及族谱文献中所反映的社会组织结构、宗族日常生活、社会教化功能、社会变迁和族谱文献时代特征等问题，对全面认识该时期的社会发展具有重要的学术意义。

国家社会科学基金重大招标项目：
"渤海、女真、满洲族源谱系关系研究"

齐齐哈尔大学　李秀莲

渤海、女真、满洲是东北民族史的重要参与者，其源流谱系一直为学界热议。自金毓黻抛出四大族系说，将三者列入肃慎族系起，后继研究者不断填补完善这一论断，将之打磨成了"终结性"的观点。然而随着研究的细化深入，此观念愈发难堪细究，反思之声遂起。近期，由全国哲学社会科学工作办公室公布、齐齐哈尔大学李秀莲教授担任首席专家的 2019 年度国家社会科学基金重大招标项目"渤海、女真、满洲族源谱系关系研究"获批立项（项目编号：19ZDA180）。该项目力图打破陈陈相因的困局，回溯并厘清渤海、女真、满洲三者递嬗连属，交集叠压的内在关系。

该项目分为五个子课题，子课题一"满—通古斯语族民间叙事的同源性及其流变研究"从文学、民俗角度反映通古斯人文化的同源与族源关系；子课题二"佛满洲、伊彻满洲姓氏谱牒与家祭文化研究"从谱牒、家族祭文化角度研究新旧满洲同源性及其家族文化历史沿革；子课题三"建州女真部落联盟形成研究"从特定时空角度，研究"满洲"民族共同体形成前，民族从多元走向一体的历史过程；子课题四"忽汗州、胡里改路与建州卫的历史沿革研究"，从行政地理沿革的角度，研究来自中原王朝的羁縻统治，虽然不在谱系关系内，但它影响族群部落的分合，二者在平行发展中产生影响；子课题五"清前期'钦定'满洲族源的文化认同问题研究"是从主课题反向研究清初帝王与贵族对满洲族源的政治影响。

族源谱系研究是民族史研究的内核，知其源方能预其流。肃慎族系说的开拓性值得肯定，但重新审视与反思在弘扬学术批评精神的当下显得尤为必要。学术批评的终极目的不在于否定经典，而是通过学术争鸣拓展学术空间，共建学术繁荣。渤海、女真、满洲的族源谱系涉及橐离国与夫余国的源流、高句丽联盟族属构成、契丹古八部的流向、勿吉与其旁诸国关系、女真与曷懒甸、蒲与路历史与考古文化、建州女真的分分合合、满洲始祖神话解读等诸多核心问题。与之同时，对三者族源谱系的研究又可打开区域历史研究的新局面，对于重新认识东北族群的凝聚与离散有着重要启示意义。在此基础上，通过对三者关系的讨论还可以丰富、充实中华民族多元一体格局的理论内涵并赋予其历史实证，明晰中华民族"多元"的"源"。总而言之，渤海、女真、满洲的源流谱系关系的研究极具学术价值。

第十篇

文献·文物·考古新发现

2019年辽上京宫城遗址的考古发掘

董新林　汪　盈

一　年度工作概况

辽上京遗址位于内蒙古自治区巴林左旗林东镇东南。为了进一步了解辽上京皇城遗址的布局和沿革，推进辽代都城的考古学研究，进一步推动当地的大遗址保护和申遗工作，中国社会科学院考古研究所内蒙古第二工作队和内蒙古文物考古研究所联合组成辽上京考古队，于2019年5—10月，在重点勘探和局部试掘的基础上，对辽上京宫城中北部建筑基址（编号为一号基址和二号基址）进行了考古发掘，取得了重要收获。

图1　2019年度发掘位置

二　年度主要收获

（一）一号基址

一号基址位于宫城中部偏北，东向中轴线以北的自然高地上。该处是辽上京皇城内的制高点之一，位置非常重要。以往有学者认为此处是辽上京南向重要宫殿的位置。

根据考古发掘的遗迹遗物现象，该基址在辽、金两代均有大规模营建活动。

辽代始建的一号基址是一座大规模的东向宫殿建筑。基址由夯土台基和残存殿身组成。夯土台基平面近方形，东侧中部凸出一个长方形月台。殿身残存遗迹包括墙体、柱网结构及其基础和地面等。墙体为夯土墙，局部墙体尚存，厚度约 1 米，外壁涂有红彩，内壁抹白灰皮。其平面布局为殿身，面阔 9 间、进深 8 间，四周设有一周围廊。夯土台基的基槽打破黄生土而建。殿身柱网基础打破夯土台基作磉墩，其上置平石柱础以承木柱。该建筑规模庞大，主体在辽代一直沿用，仅东侧月台南北两侧加宽。室内地面有过垫土抬高等改建的遗迹现象。

图 2　辽代一号建筑基址局部揭露后全景（左为东）

辽代营建的殿身毁废后，仅存夯土台基。金代利用了辽代原有夯土台基的北半部作为基础，重建了一座南向的金代木构建筑。建筑由台基和殿身局部组成。台基平面为长方形，由废弃杂土堆砌而成，南、东、西三面边壁用青砖包砌，磨砖对缝。台基南侧中部修建有包砖五瓣蝉翅慢道。殿身保存较差，仅存局部柱础、柱洞，推测为面阔 3 间、进深 3 间的平面布局。

根据考古勘探情况，在金代一号基址以南，还有两座规模略小的南向建筑，与一号基址共轴线。由此，此处应是金代城址中一处重要的南向建筑群。

（二）二号基址

二号基址位于宫城西北部排房建筑群的中心位置。经 2018 年考古试掘，可知排房建筑均为金代始建的南向建筑。因此，二号基址的年代以及建筑性质对我们认识辽上京城址布局非常重要。

经考古发掘，二号建筑基址有辽、金两代四次较大规模的营建，由晚至早依次编号为 JZ2A、JZ2B、JZ2C、JZ2D。

辽代始建时，二号基址是一座东向建筑。JZ2D 为此地生土始建的辽代建筑。现仅存台基底部局部夯土。

图 3 辽代二号建筑（JZ2C）揭露后全景（下为东）

JZ2C 是二号建筑基址最重要的一次营建。JZ2C 为一座东向的主殿建筑，南、北两侧有挟屋，连通四周廊庑，围合形成一组大规模的宫殿建筑院落。JZ2C 仅存夯土台基和殿身柱网基础部分。台基四面边壁包砌长方形砖，其外作砖铺散水。台基以上遗迹全部被破坏，幸运的是，通过柱网基础可以确知，殿身平面为面阔 7 间、进深 4 间的"金厢斗底槽"的布局。

正殿南、北两侧设有挟屋，与两侧廊庑连接。北侧破坏严重，南侧保存略好。挟屋夯土台基边壁包砖，其外作砖铺散水。磉墩共6个，呈南北3列，东西2排。廊庑有3列东西向磉墩（或础坑）分布，进深2间。廊庑外墙（南侧）系用土坯垒砌墙体，内壁涂红色墙皮，外有包砖。挟屋和廊庑间设有通道，其内侧拐角尚存一砖砌慢道。做法为五瓣蝉翅慢道切半，直边与廊庑相接。

辽代宫殿院落完全废弃后，金代在此地重新营建了南向的排房建筑群，二号基址位于排房建筑群的中心位置。JZ2B为南向建筑，利用原有夯土台基，对其东、西、北三面进行削减，西北角进行补筑而建。根据层位关系，JZ2B与排房建筑群同期，均为金代建筑。JZ2A是在JZ2B的基础上补修改建的，坐北朝南，四周有不规则的排水沟。台基南侧设有出入通道。

三 学术意义

2019年辽上京宫城遗址的考古发掘，具有重要的学术意义。

第一，推进辽上京城址布局的研究。新发现的宫城西北部一号和二号建筑基址，均为大型东向建筑，是辽上京宫城中重要的东向宫殿。二号基址所在的长方形院落布局，四周廊庑围合，正殿位于院落后方，坐西朝东，两侧有挟屋与廊庑相接。这是继宫城东向中轴线上一号殿院落之后，经考古发掘确认的第二组宫殿院落，增进了对宫城宫院布局的认识。

第二，丰富了辽上京城址时代沿革的内容。2019年度发掘的2座大型建筑基址都是辽金两代建筑重叠。辽代大型建筑基址朝东而建；金代营建之前，辽代宫殿已被夷为平地，金代建筑仅利用辽代建筑基础，重建时全部改为南向，并且体量明显变小。反映了辽上京城从辽代都城到金代地方城的继承与改变。

第三，增加了辽上京宫殿建筑的新类型。一号建筑基址位于辽上京皇城东向中轴线的北部，地势高，位置重要。此建筑东向，体量较大，柱网布局和室内结构独特，表明其建筑性质特殊，且十分重要。

山西隰县五里后 2 号元墓

山西省考古研究所　田建文

山西隰县属临汾市，地处山西西部吕梁山中段。

五里后位于隰县县城北，因村南距县城鼓楼五华里，所以叫作"五里后"。其东有一大块垣面，村民称为"南垣圪坝"，2018 年隰县公安局将隰县看守所及警犬基地新建工程建设用地选定在"南垣圪坝"，经前期考古勘探发现有一些古代墓葬。山西省考古研究所联合临汾市、隰县文物部门组成五里后考古队，2019 年 3 月 13 日至 5 月 25 日完成发掘工作，其中 2 号元墓是这次发掘最主要的成果。

这座墓位于发掘区的北部中间，西南邻 3 号墓，东北邻 1 号墓。三座都是元代墓葬，但看不出是家族墓葬区。

一　墓葬介绍

2 号墓方向 292°，就是所谓的东西向，从东到西依次是墓道、墓门、墓室三部分，其中砖砌墓门和墓室，从别的建筑物上拆下规格不一的旧砖，黄泥石灰掺和勾缝。

墓道口长 1.60 米、底长 1.50 米，宽 0.55—0.60 米、深 2.85 米，靠东侧南北壁各有高、宽均 15 米、进深 10 厘米的近椭圆形脚窝 3 个，上下间距约 0.55 米。

墓门为拱形，宽 0.63 米、高 1.20 米、总进深 1.15 米，但进深 0.40 米才开始砖券，近砖券处因砌砖需要场地作宽 23—24 厘米、进深 20 厘米的弧状外扩；砖券部分进深 0.75 米，用长 37 厘米、宽 18 厘米、厚 8 厘米的小条砖（砖 1、砖 2）纵砌 11 层后砌拱形；封门是完整及碎小条砖横砌 2—3 层后，一竖一斜砌两层大条砖，大条砖有长 43 厘米、宽 22 厘米、厚 10 厘米（砖 3）和长 52 厘米、宽 28 厘米、厚 0.65 厘米（砖 4）两种，其上砌两层小条砖。

墓室位于墓道西侧，属于大开挖，东西 2.48 米、南北最宽 2.55 米、深 2.86 米的近圆形坑，然后砌正方形墓室。墓室室外含墙砖长、宽均为 2.32 米，室内为 2.08 米，包括铺地砖、墓顶方砖在内高 2.62 米。

室内墙体高砌筑 22 层高 1.53 米，采用顺砖铺砌，局部出现丁头砖，并且还有两层或三层存在齐缝现象；墓顶采用八角叠涩出檐至顶心，小条砖除与墓门一致的外，还有另一种长 36 厘米、宽 16 厘米、厚 6 厘米（砖 6）。含顶部两块长 33 厘米、宽 33 厘米、厚 6 厘米（砖 5）方砖共用 17 层高 1.02 米，其中下 6 层叠涩出檐明显较小，并且为由下部的墓室四边形逐渐转变为八边形，在四角设置逐渐变长的抹角砖，在第七层使之八边等长，形成完整的等边八角叠涩屋顶。

墓室内有 1.13 米的横夹道，棺床与墓室等长，宽 0.95 米、高 0.25 米，为 4 层大、小条砖横砌，内填灰土、砖块等；棺床上放男女夫妇合葬棺一具，挡板包立板放置在底板上，长 1.95 米、宽 0.55—0.73 米、残高 0.15 米，男性为火葬骨架烧成骨块葬式不明，女性从双肢看当为头向北的仰身直肢葬，但遭到扰乱，头已在夹道西北角。

墓道和墓室中都有随葬品。墓道里陶鼎 1（4）件、陶瓶 2（1 + 9、7）件、陶钵 5（2、3、5、6、8）件、大陶钵 1（10）件，共 9 件。

墓室中男性墓主人骨块出土铜金刚杵外，棺外东侧有陶瓶 1 件、瓷碗 1 件、陶钵 3 件、大陶钵 1 件，棺床下东侧的陶瓶 1 件、陶钵 1 件、陶盘 2 件估计是古代扰乱所移动了位置，夹道东北角的瓷碗，唯有小陶盘做灯盏用，可能位置没变，共 9 件。

二 时代

山西宋金元时期流行的砖室墓截止到明代，说明 2 号墓最晚也是明代以前的墓葬；该墓墓室出土陶器 12、16 号陶瓶，与山西左权石匣墓地金代 26 号墓随葬的编号为 6、7 陶玉壶春瓶属同一类陶器，且颈部都有长短之分，说明这两座墓年代相仿；2 号墓中墓道的那些器物，多涂为白色，是蒙元贵族"国俗尚白"的表现，陶宗仪在《辍耕录》（卷一）中"白道子"记有："太宗时诸多来朝者多以冒禁应死，耶律文正王楚材进奏曰：'愿无污白道子从之。'盖国俗尚白以白为吉故也。"

所以，五里后 2 号墓时代为元代，笔者个人倾向于是元代晚期，因为砌砖是采用黄泥石灰掺和勾缝的，而类似的做法宋金时期不见，元代早期也没有，只能是元代晚期了。

三 火葬

晋南地区和全国各地元墓中火葬现象并不少见，襄汾丁村 1 号墓，"该墓无骨架，但在东南、西南、西北三角以及北壁正中各放一堆火烧过的骨殖，是以推知该墓系一座火葬墓；四堆骨殖当系代表四个人体，从放置位置上分析，这四个人是两代人或者三代人"（陶富海：《山西襄汾县的四座金元时期墓葬》，《考古》1988 年第 12 期，第 1118 页）

江少虞《宋朝事实类苑》卷二三："河东人众而地狭，民家有丧事，虽至亲，悉燔热，取骨烬寄僧舍中。以至积久、习以为俗。"（上海古籍出版社 1981 年版）

四 金刚杵与墓主人身份

（一）金刚杵

2 号墓男主人身上出土的金刚杵为九股，是密教格鲁派（黄教）法器，该派是中国藏传佛教宗派。李树琦等《佛教器物简述》："修大威德明王法，用九股杵……等。""九股杵上下之头九分者。九股表尽三界就乘一起众生。《微妙曼拏罗经》曰：'若复作九股，上下猛炎相，此是忿怒九股杵。'"

金远 2006 年吉林大学硕士学位论文《中国古代金刚杵的发现及其源流考》"结语"中指出："金刚杵的源流发展史几近就是密宗的发展史。目前已知中国最早的金刚杵实物出现在唐代，出土实物最多的是云南大理……宋代也有受周边藩国的影响，有密教信仰的存在，且是密教的高潮期，但是在表现形式上却甚少体现，墓葬中也没有发现有金刚杵实物出土，敦煌壁画中有宋人绘制的金刚杵。辽代密宗兴盛，辽墓中出土的金刚杵法器却甚少，均是装饰用的水晶挂坠金刚杵。元代信仰密教，墓葬及其它遗迹中没有见到金刚杵。由经典记载可见，金刚杵最早传入中原的种类的唐代的独股和五股，宋代太宗时期有九股杵在中原使用的记载。后代元、明、清金刚杵一直在中原密宗佛教中使用并沿袭。"

2 号墓金刚杵是第一次发现元代的密教法器。

（二）墓主人身份

2 号墓金刚杵还有助于我们认识墓主人的身份。2 号墓中随葬金刚杵，直接反映了元代的思想信仰、精神信仰和宗教信仰，这是元代的一个特点，因元代朝廷以藏传佛教为国教，藏传佛教又以密教为主。金刚杵是密教上师最主要的法器，一般叫阿阇梨，或者是上师，就是金刚上师，做法事时手里一定要有金刚杵。

作为一件法器，一般民众把它放到墓里随葬的可能性比较小，墓主人当是与藏传佛教关系极为密切的一个人，甚至可以判断，他就是一位金刚上师；其身份或为俗人，或为僧人。

五 文化高地

早在 1987 年隰县庞村发现晚商殷墟一期偏早阶段的铜器墓，1994 年以来考古工作者先后数次调查和复查古城遗址，2005 年冬才在瓦窑坡墓地清理了 17 座东周墓葬，其中 11 座铜器墓。

以上遗址分布相当有规律，庞村商墓与瓦窑坡墓地、小西天分布在朱家峪河与城川河交汇处，古城遗址、五里后墓地分布在城川河与古城河交汇处，四处遗址或墓地（葬）都在县城以北、以东，可见这里是古代隰县的一个文化高地。

内蒙古辽代考古综述

内蒙古自治区考古文物研究所　　盖之庸　李　权

内蒙古地区为辽（契丹）统治的腹心地区。辽设五京，内蒙古分布有二；皇陵五，内蒙古更据其三。还散布有大量的古城遗迹——投下州、奉陵邑、边防城等遗迹俱全，中、小型聚落遗址更是不可胜计。另外辽代墓葬数量众多，经过清理和发掘的数以百计，出土相关遗物近万件（组）。在内蒙古以往获得的 10 项全国十大考古新发现中，关于辽代考古的发现占据 5 项，由此可见其权重。

对于辽代考古发现，从 20 世纪初开始，国外的探险家、传教士、学者以科考为名，对内蒙古赤峰地区的辽代大遗址进行了多次调查与盗掘，并将有相关资料公布，这些资料对今人的辽代考古研究有所裨益，但这些调查与盗掘缺乏科学性与系统性，关于此方面的情况，多有论著提及，不再赘述。现将自 1949 年以来内蒙古辽代考古的重要发现分述如下。

一　古城址、遗址的发掘

内蒙古分布有辽代城址多座，其中可确定的两京为上京（临潢府）城址在今巴林左旗林东镇南古城，中京（大定府）城址在今宁城县大明城；一般州城中，龙化州城址在今奈曼旗西孟家段古城（另外，还有学者认为是开鲁县福巨古城），永州城址在今翁牛特旗白音他拉苏木古城，仪坤州城址在今锡林郭勒市巴彦锡勒牧场古城，恩州城址在今喀喇沁旗西桥乡境内，高州城在今赤峰市松山区哈拉木头古城，武安州城址在今敖汉旗丰收乡白塔子古城，松山州城址在今赤峰市西郊城子村古城，丰州城址在今呼和浩特市白塔古城，云内州城址在今呼和浩特市西白塔古城，宁边州城址在今清水河县下城湾古城，东胜州城在今托克托县托克托城的小皇城，百州城城址在今突泉县双城子古城，韩州城在今科左后旗五家子村古城；头下州城中，丰州（后改澄州）城址在今翁牛特旗乌兰板村，松山州城址在今巴林右旗布敦化苏木古城，豫州城址在今扎鲁特格日朝鲁村古城，宁州城址在今扎鲁特旗巴雅尔胡硕右城，灵安州城址在今库伦旗黑城子古城，于越王城址在今巴林左旗查干哈达古城，滦河行宫城在今多伦县黄土坑古城，怀州城址在今巴林右旗岗岗庙古城，庆州城址在今巴林右旗索博力嘎古城；边防址中通化城在今陈巴尔虎旗浩特陶海古城，静州城址在今乌兰浩特市公主岭一号古城。这些古城都进行过大量的考古调查或局部试掘工作，现择重要遗迹的考古工作，分析如下。

（一）辽中京考古发掘

内蒙古辽代古城址的系统研究肇端于辽中京的发掘，1959年至1960年，全面勘查和重点发掘了辽中京遗址。在辽中京遗址内普遍钻探面积为450万平方米，约占全城面积1/3，重点钻探面积约50万平方米，发掘了辽中京12个地点，面积达6000平方米。通过调查与发掘，取得了重大收获：①基本弄清了辽中京的城市布局情况，包括城门、街道、里坊等。②内保留有大片空地，作为皇帝与其他贵族搭设毡帐的区域，仍保持着游牧民族毡帐内生活的习俗，证实了契丹人都城的营建制度与中原地区封建王朝的都城有许多不同之处。

（二）辽上京考古发掘

辽上京遗址的发掘大约分三个阶段，第一阶段是1962年全面勘查了上京城址，1980年4月又对该遗址进行了复查。通过勘查基本弄清了辽上京皇城的遗迹分布情况，并对皇城进行了小规模试掘。第二阶段1994年在明宫遗址东部进行发掘，出土铜钱、建筑构件等遗物。2001年至2002年对皇城南墙进行了试掘，基本弄清了城墙墙体的构筑方式。第三阶段从2011年开始，连续对辽上京遗址进行了大规模考古发掘，通过近8年的发掘不仅纠正了以前对辽上京的一些认识，而且取得了许多新的成果与收获，主要有以下几点。①首次通过考古勘探和发掘确认了辽上京宫城的位置和面积，更正了以往对宫城范围的推断，为研究辽上京布局提供了准确的依据。②通过对宫城北、西、南墙的局部发掘和解剖，初步掌握了辽上京寄存城城墙的营建做法、形制结构及其年代。③通过地宫城西门遗址的揭露，首次了解到辽上京宫城西门的位置、形制结构及其沿革。④确定了金代对辽上京仍有沿用，但在城市格局上已经发生了较大变化。⑤通过发掘证明了辽上京皇城在辽代的朝向为东向，与中原王朝的南向格局迥然有别。

（三）辽黑山祭祀遗址考古发掘

1983年对该遗址进行了发掘，遗址位于赤峰巴林右旗罕山，发掘面积650平方米，共清理辽代房址四座，通过发掘可知该遗址为一处辽代大型祭祀活动遗址，其中F1为黑山祭祀碑之碑亭遗址，其余三座为辽晚期所建，应与辽祭祀黑山有关，确定了今巴林右旗罕山即为之黑山。

（四）王力沟辽代遗址考古发掘

该遗址位于锡林郭勒盟多伦县，东南距辽圣宗贵妃墓 1.5 公里。通过调查可知该遗址近 20 万平方米，地表可辨辽代大型夯土台共 12 处，并有多处房址、水井等遗迹。2017 年对该遗址进行了试掘，清理辽代宫殿基址一座，该基址长 24 米、宽 10 米，进深 6.5 米、面阔 5.5 米。由黏土夯筑形成高台基，以青砖垒砌基础，其上夯筑墙体，内抹白灰，外设回廊，并见柱两排。遗物以建筑构件为主，部分瓦当加饰绿色琉璃，以宝相纹为主，从出土遗物及建筑构件分析，该基址应属于辽代早期。结合相关史料分析，该城址很可能即为辽代滦河行宫，辽代的许多历史事件都与该城址有关。

（五）辽祖陵龟趺山基址考古发掘

龟趺山基址位于赤峰市巴林左旗查干哈达苏木，置于辽祖陵陵园和奉陵邑祖州城之间的山地中。2007 年，2014—2015 年对该基址进行了两次发掘，通过发掘可以确定基址即《辽史》所载辽代早期营建的"辽太祖纪功碑楼"，其由台基、踏道和碑楼等几部分组成，其中碑楼建筑面阔三间、进深三间、辅以"副阶周匝"的平面布局，内柱采用"移柱造"做法，以满足"碑楼"对建筑空间的功能要求，纪功碑楼是中国古代陵寝制度中的创举，或许开创了明清帝陵设立神功碑楼之先河，它的发掘具有十分重要的学术价值，其富有特色的建筑形制结构为研究中国古代帝陵建筑以及辽代建筑提供了重要的实物资料。

二 墓葬

内蒙古地区辽代墓葬数量众多，经过清理和发掘的数以百计，出土文物丰富，其中包括契丹人和汉人墓葬两大系列，此外还有一些族属不明的墓葬。契丹人墓葬可分为皇帝陵、大贵族墓、一般贵族墓和平民墓等类，它们在墓地选择、墓向、墓室结构、壁画、坟垄、墓园、墓仪、葬具和葬式、葬服、随葬物品和墓志、殉人和俑等方面都具有浓郁的民族特点。

（一）皇陵

内蒙古地区分布辽代皇陵三处，分别为庆陵（巴林右旗索布利嘎苏木）、怀陵（巴林右旗岗岗庙苏木）、祖陵（巴林左旗）。

1. 祖陵

2007 年开始对辽代祖陵陵园遗址进行抢救性发掘。2007 年清理辽祖陵内一号陪葬墓和陵园外东侧的龟趺山建筑基地；2008 年对甲组建筑基址做抢救性发掘；2009

年试掘太祖陵山前封土堆和二、三、四号建筑基址等遗迹，并清理东北沟等；2010年发掘黑龙门址和四号建筑基址。通过发掘，对辽祖陵陵寝制度得出了新认识。

①陵园选址讲究堪舆术，祖陵坐落于一个口袋形山谷中，四面环山，仅在邻近祖州的东南方向有一黑龙门，黑龙门为一门三道的门楼式建筑。

②祖陵陵园可以分为内、外陵区，即北部为太祖阿保机帝陵的内陵区，南部为陪葬墓的外陵区。东西向的"南岭"石墙与岭上建筑基址相联，再衔接东部的"甲组建筑基址"，形成一道东西屏障，构成了东北两个陵区的分割线。

③太祖陵玄宫凿山为藏，大体位于内陵区的中央，玄宫附近置有石像生，并有祭祀享殿。

2. 怀陵

1991 年 4 月至 9 月，对怀陵两座被盗墓进行了清理，发掘墓号的编序按照当年调查顺序排列，分别为床金沟 M4、M5。其中 M4 由南、西双墓道、前室、左右耳室、后室组成，全长 35.72 米，该墓多次被盗，出土遗物以瓷器居多。通过遗物分析，墓主人很可能为皇帝嫔妃。通过这两座墓葬的发掘，丰富了怀陵研究的内涵，为辽代帝陵的玄宫制度提供了实物资料。

3. 庆陵

庆陵为中、东、西三陵。1992 年，庆陵东陵再次被盗，之后对其墓道南端进行了清理，发现了墓道两边的壁画并做了临摹绘图等工作。1997 年又在东陵陵区清理被盗墓葬两座，根据墓志可知，墓主人为辽兴宗耶律宗真的两位皇子（为耶律弘本，契丹名和鲁斡、耶律弘世，契丹名阿琏）和妃子的合葬墓。这两次发掘极大地补充了辽代中晚期帝陵埋葬制度的资料。另外，三座帝陵由于被盗掘，墓中出土哀册被盗出，从而无法对应三陵与圣、兴、道宗的关系。通过弘本和弘世墓葬的发掘，可以确定东陵为兴宗的陵寝，中陵为圣宗陵寝，西陵为道宗陵寝。

（二）大贵族墓

内蒙古发掘辽代大型墓葬多座，主要发现如下。

1. 驸马赠卫国王墓

1953 年对辽代驸马赠卫国王墓进行了抢救性清理，共清理墓葬三座，其中 M1 为辽驸马赠卫国王墓，该墓由墓道、前室、中室、后室、左右耳室组成。该墓虽经盗扰，但仍出土了大量的随葬遗物，其中马具可分为八组，数量多，做工精，也最具契丹民族特色，据墓志（残损较严重）等推测，其墓主人应为辽太祖耶律阿保机之女及其驸马，属辽代早期墓葬。

2. 陈国公主与驸马合葬墓

位于通辽市奈曼旗青龙山镇，1986 年对其进行了发掘，该墓未被盗扰，随葬品分金、银、瓷、铜、铁、木、玉、水晶、玻璃、琥珀等几大类，遗物极为丰富，墓葬为辽景宗孙女和驸马的合葬墓，公主之父为辽秦晋国王耶律隆庆。这些遗物的出土对辽代中期的历史等研究大有裨益，特别是许多遗物直接来自中亚地区，为辽代草原丝路的研究提供了实物资料。

3. 耶律羽之墓地

1992—1994 年连续对耶律羽之家族墓进行了发掘，共清理墓葬九座，其中耶律羽之墓葬于辽会同四年，是已发现的辽代最早的纪年墓之一，另外还发现了其子甘露、孙元宁、曾孙道宁的墓葬，墓地时间跨度长，墓葬与围墙、祭坛和裂缝山顶上的祭坛为有机整体，为我们研究契丹大贵族墓葬制度提供了资料。另外，耶律羽之墓志还为研究契丹人与鲜卑的关系提供了线索。此外，还清理殉葬驼车一具，出土车身、铜铎等遗物，是辽代殉葬驼车的首次发现，该墓被评为 1992 年全国考古十大发现之一。

4. 宝山辽代壁画墓

位于赤峰市阿鲁科尔沁旗，于 1956 年和 1994 年进行了两次发掘。1956 年清理墓葬一座，墓内装饰有山水内容的壁画。1994 年又对墓地中两座墓葬进行了抢救性清理，由于屡次被盗，随葬品出土较少，但壁画遗存丰富，墓葬结构宏大。通过发掘可知 1994 年所发掘的 M1，年代为天赞二年，是已知的时代最早的契丹贵族墓。1994 年 M1、M2 墓葬装饰壁画精美，许多地方采用了金铂装饰，作画风格具有晚唐特征，或直接由唐的摹本而来，反映了契丹建国初期与中原王朝的交往和文化交流。M1、M2 在砖砌墓室内又用巨大石板搭砌石房子，用石柱与砖砌墓室相连，以为主室，墓室结构特殊。该家族墓地外有方形茔墙，在东、南两向设门道，可能分别为祭祀与送葬所走的门道，文化内涵丰富。该墓的发掘被评为 1994 年全国十大考古发现之一。

5. 吐尔基山辽墓

位于通辽市科尔沁左翼后旗。2003 年 3 月对其进行了发掘，该墓由墓道、墓门、甬道、墓室及左右耳室组成，属辽代早期墓葬，保存完好，出土了大量珍贵文物，有漆、木、金、银、铜、瓷、铁、玻璃器几大类，其中随葬漆器数量多，工艺精，是辽代漆器最集中的一次发现。另外，墓主人葬具为彩绘木棺和棺床，在内蒙古地区尚属首次完整发现。该墓还出土了大量与艺术相关的文物，如鎏金铜铎、铜长号、银角号等，在出土的鎏金铜牌饰中还有许多带有乐舞的图案，有击鼓，吹笛、笙、排箫，弹琵琶等，在辽代墓葬中亦很少见。出土的玻璃高足杯，产地应为中亚，是草原丝绸之路的实证，被评为 2003 年全国十大考古发现之一。

6. 辽圣宗贵妃墓

位于锡林郭勒盟多伦县。2015 年至 2016 年对其进行了抢救性发掘，共清理墓葬 6 座。其中 M2 即为辽圣宗贵妃墓，该墓由墓道、墓门、甬道、主室组成，虽经盗扰，仍出土了金、银、铜、铁、瓷、木、玉、玻璃等文物，据墓志可知墓主人为圣宗贵妃，其父为隶国舅少父房的萧排押。萧排押，《辽史》有传，其为辽宋战争中的名将。贵妃墓出土了金花银冠、金花银靴、银框青玉捍腰等契丹贵族最高等级的冠带。另外瓷器在口、圈足部多加金银包口，是辽代扣器最集中的一次出土，并见六件越窑秘色瓷器，是辽代宫廷所用瓷器。M1 墓葬规模更加宏大，仿木结构墓门，上砌黄绿琉璃瓦，用琉璃瓦装饰墓门在辽墓中发现较少，另外在主室的砖砌地面上，有彩绘图案，是辽墓中的首次发现，M1 虽没有墓志出土，但从墓葬结构和出土遗物看，应属于契丹王侯级大贵族。

7. 埋王沟辽墓

位于赤峰市宁城县，与河北平泉县八王沟的辽秦晋国大长公主墓属同一家族墓地。1992 年对该墓地进行了发掘，出土汉文墓志 4 合，为秦晋国大长公主孙萧永等人的墓志。秦晋国大长公主驸马萧继远家族是辽代后族中最为显赫的一支，埋王沟辽墓规模宏大，出土遗物等级高，特别是多方墓志的出土，为研究辽代皇族与后族的婚姻关系提供了资料，也对辽代历史的研究具有重要作用。

8. 金宝屯辽代墓葬

位于通辽市开鲁县东风镇，2016 年对该墓地主室进行了发掘，共清理墓葬两座。M1 由墓道、甬道、墓门、左右耳室组成，全长 24 米，M2 由墓道、墓门、主室组成，据出土遗物及墓葬形制分析，应属辽中期墓葬。其中 M1 规模宏大，尤其是墓葬用砖为绿色琉璃砖，这是继耶律羽之墓之后的第二次发现。尤为重要的是在甬道左、右壁发现有汉、契丹文黑书题记，其中有关于辽龙化州的一些记载，龙化州，辽太祖耶律阿保机在此称帝，但龙化州的具体地望已不详，该题记为我们明确龙化州城的具体位置提供了线索。

在内蒙古地区还清理发掘了有明确纪年的契丹贵族墓，分别是阿鲁科尔沁旗乌苏伊肯北大王墓，出土契丹大字和汉文合璧墓志 1 合，葬于重熙十年（1041）；翁牛特山嘴子耶律氏墓，出土汉文篆盖和契丹小字志石的墓志 1 合，葬于天庆五年（1115）。此外还有阿鲁科尔沁旗耶律祺、兀没墓等。无明确纪年但可以推定分期且属于早期的有敖汉旗沙子沟 1 号墓，中期的有库伦旗奈林稿 1 号墓，库伦旗前勿力布格 3、4 号墓，巴林右旗查干坝 11 号墓，巴林左旗白音敖包墓；晚期的有库伦旗前勿力布格 1、6、7、8 号墓及敖汉旗北三家 1 号墓、巴林左旗白彦尔登、翁牛特旗山嘴子 3 号墓等。一般贵族墓均无明确纪年，可判定属早期的有科左中旗巴扎拉嘎 1 号墓，阿鲁科尔沁旗水泉沟墓，敖汉旗大横沟 1 号墓，通辽余粮堡墓等；中期的有通辽二林场墓，敖汉旗解放营子墓，喀喇沁旗上烧锅 1、2、4 号墓，察右前旗豪欠营 1、2、4、6、9 号墓，克什克腾旗二八地 1、2 号墓，库伦旗奈林稿 2 号墓，翁牛特旗广德公墓等；晚期的有敖汉旗白塔子墓，宁城县小刘仗子 1、2、3、4、5 号墓，宁城县热水村墓，突泉县郭家屯墓，喀喇沁旗上烧锅 5 号墓，察右前旗豪欠营 3、7、8 号墓、敖汉旗北三家 3 号墓，库伦旗前勿力布格 2、5 号墓，赤峰大窝铺墓等。这些墓葬及出土遗物构建了辽代墓葬的分期体系，具有重要的历史、考古学价值。

（三）汉人墓葬

经过清理发掘的辽代汉人墓葬，可分为贵族官员墓、平民百姓墓及僧侣墓等类。有的汉人经过与契丹上层的联姻、赐姓，已逐渐融入契丹文化中，近年来的重要发现如下。

1. 韩匡嗣家族墓地

位于赤峰市巴林左旗白音勿拉苏木。经调查，该墓地从 1994 年到 1995 年被盗墓葬近 40 座。2000 年，对该墓地进行了抢救性发掘，共清理墓葬 3 座，其中 M3 即为韩匡嗣墓。韩匡嗣，《辽史》有传，封秦王，是汉族在辽代最为显赫的家族，其子韩德让，被赐姓耶律，名联御讳，录横帐，成为契丹皇族的一部分，家族封王者多人，与后族萧姓世婚。该墓地布局完整，墓葬规模宏大，出土墓志多方，谱系完整，为研究辽史提供了实物资料，弥补了《辽史》中的许多阙失。此外出土遗物及墓葬形制等内容为研究此汉族韩氏逐步融入契丹族中提供了依据。契丹文化与汉文化互相融合，构成了辽文化的基础。

2. 盘羊沟墓葬

位于巴林左旗哈拉哈达镇大西沟西北，2012 年对其进行了发掘，该墓由墓道、甬道、主室、左右耳室组成，全长 23 米。墓主人为后唐庄宗皇帝德妃，辽太宗时期，辽与后唐发生战争，契丹大胜，战后德妃随辽太宗耶律德光来到契丹，死后葬于此地。该墓葬虽经盗掘，仍出土了大量随葬品，其中出土的银器数量众多，做工精美，该墓葬的发掘对我们研究契丹早期与中原五代王朝的关系提供了重要资料。

另外，还清理了宁城县石桥子村李知顺墓，葬于太平八年（1028）；宁城县一肯中邓中举墓，葬于寿昌四年（1098）；周仗子尚暐墓，葬于寿昌五年（1099）。宁城县步登皋村发现夏蕴石棺，棺盖上刻有铭文，记于重熙二十年（1051）迁葬。在宁城县辽中京城址附近还清理发掘了一批汉人中、下层百姓墓，这些墓葬有陶质的明器，有锅、鏊、铛、刀、剪、水井、灶、水斗等多种，与契丹人的随葬遗物呈现出明显的文化差异。

辽代境内居住有较多民族，除契丹与汉人外，有一些墓葬应属于其他少数民族。在新巴尔虎左旗甘珠尔清理 3 座墓葬，为石砌长方形竖穴墓，随葬陶器饰以压印篦点纹，但陶器形状与契丹人的陶器区别较大，随葬的铜手镯、石耳坠、桦皮筒也与契丹人所使用的有很大区别。另外，凉城也发掘了一座土坑竖穴墓，出土的马兜盔、臂鞲等遗物反映了契丹文化特点，但其他许多随葬品不具备典型的辽代特征，这些墓葬年代当属辽代，但族别暂不能确定。

三 其他

在内蒙古地区还分布有许多辽代佛塔佛寺等，因修缮或其他原因，对其中的一些佛塔进行了清理，取得了重要发现，其中巴林右旗庆州白塔和辽代上京皇城西山坡佛寺遗址的考古发掘最为重要。

（一）庆州白塔发掘

位于赤峰市巴林右旗布日嘎苏木，在配合该塔的维修过程中，在塔刹内发现了大批辽代重要佛教文物，这些遗物纪年明确，属辽代中期，为辽代皇家的供奉，遗物按佛教的遗规入藏。通过清理明确了该塔的修建年代，且出土遗物为我们研究辽代佛教文化提供了翔实的资料，此外对辽的科技水平的认知也大有补充。

（二）辽上京皇城西山坡佛寺遗址

位于赤峰市巴林左旗辽上京皇城遗址内，2012 年对西山坡遗址北院 YT1、YT2 和 YT3 进行了考古发掘。YT1 是一座建在高大台基上且有木构回廊的六角形砖构建筑，基址包括台基和台基上建筑两部分。根据遗迹形制和遗物可知，YT1 应是一座体量大，内外槽砖木混合结构的六角形佛塔基址，为辽代始建，后至少经过两次大规模修筑，金以后逐渐废弃。YT1 出土大量泥塑佛教造像和铜钱，石像、石经幢、石雕残块，还有大量的建筑构件。YT2 和 YT3 也都是六角形佛塔基址，分别位于 YT1 南侧和北侧，破坏较严重，地宫遗物被盗掘一空。通过发掘可知西山坡是一处辽代始建的佛教寺院遗址，位置重要，规模宏大，是当时辽上京城标志性的建筑之一，佛寺北组为朝东的长方形院落，四周有院墙，西侧为三座六角形佛塔建筑基址（YT1、YT2、YT3），塔前有小型建筑基址和广场。三座佛塔采用一大两小、一字排开的布局形式，是目前所知国内唯一的实例。YT1 规模较大，出土了大量泥塑佛教造像，柱础雕刻莲花纹、龙凤纹等，建筑构件以砖为主且数量巨大，反映了这座佛塔的规模和等级。此外，通过发掘确认了西山坡建筑遗址的形制布局。总之，这次考古新发现为我们研究辽代考古、历史、佛教和建筑等提供了十分重要的实物资料，被评为 2012 年全国十大考古新发现之一。

另外，还对丰州万部华严经塔，宁城大名塔塔基和辽上京南塔进行了局部清理与试掘，也取得了重要收获。

通辽市开鲁县东风镇七家子墓地发掘

内蒙古文物考古研究所、开鲁县博物馆、

内蒙古民族大学　连吉林　格日乐图

七家子墓地位于内蒙古自治区通辽市开鲁县东风镇七家子村西南约 3 公里，地处新开河与西辽河冲积平原地区。2019 年 7 月，内蒙古文物考古研究所与开鲁县博物馆、内蒙古民族大学联合对七家子 4 座遭盗掘的辽代墓葬进行了抢救性清理发掘，墓葬编号为 M1—M4。

M1 由墓道、墓门、甬道、前室、后室组成，为石砌石室墓，只在墓道的近门处砖砌而成。墓向东略偏南。墓室底部距现地表深约 10 米。墓道呈斜坡状，上口宽约 3.8 米、下口宽约 3 米，全长约 24 米。M1 主室平面呈长方形，用 7 块巨型石板建成，顶盖石板长 5 米、宽 4.3 米、厚 0.4—0.5 米；侧面石板厚 0.35—0.75 米。发现主室石门残块多件，上有彩绘、浅浮雕及贴金。主室高为 2.75 米，墓室内地面未见铺砖。前室平面也呈长方形，长 4.1 米、宽 3.7 米、残高约 2.56 米，用大石板平砌而成，顶部券顶已塌陷。前室两侧墙壁上绘有人物、毡帐、车马形象等壁画。

墓门封门石由整块巨石凿成，高 2.05 米、宽 1.2 米、厚约 0.15 米。甬道平面形状呈长方形，甬道原为拱形，现已坍塌。墓葬出土随葬品较少，见有鎏金马具构件、陶瓷片、玻璃器残片、小件金银器等。七家子墓地 M1 出土的成人头骨和脊椎骨、肢骨，儿童牙齿、骨盆等，均见于 M1 前室内，主室内未见人骨。在 M1 封土上方发现两座寺庙类建筑，出土有鎏金铜饰件、浅浮雕莲花纹青砖等。

M2 为单室砖室墓。墓室平面呈长方形，长 3.4 米、宽 3.1 米、残高 2.2 米。由于 M2 曾多次被盗，发现有墓主人少量尸骨。墓葬内出土遗物较少，主要有铁器、瓷片。M2 未见墓门和墓道；M3 为双室砖室墓，墓室顶部有石块封盖，墓底部铺有大石板并抹白灰。墓室平面近方形，长 3.2 米、宽 3.4 米、残高 1.3 米。出土有羊骨、铁刀、漆器、陶器残片及莲花纹、动物壁画等；M4 为长方形土坑竖穴木椁墓，长 3.6 米、宽 3.4 米、残高 1.05 米。墓葬遭盗掘严重，保存很差，未见人骨。出土有铁器、漆器残片、鎏金铜带饰、串珠等。

M2、M3、M4 墓室顶部均有大石块封盖，未发现墓门和墓道，墓葬形制与辽代有所不同，墓葬内出土的随葬品有鎏金铜饰件、铜器、陶瓷片、铁器、漆器、动物骨骼等，推测为辽建国前契丹族墓葬。

在赤峰市巴林左旗辽代祖州城内的西北部，有一座建在高台上的石房子，即著名的"辽代石室"。石房子由巨大的花岗岩拼成，一共七块。石房子没有资料记载，建成年代不详，用途说法不一。第一种说法是祖庙，是契丹人祭祖的地方；第二种说法是祭祀场所；第三种说法是永康王兀欲囚禁述律平和李胡的石牢；还有一种说法是太祖东征渤海病逝回到祖州时的停尸房，因为契丹有停尸的习俗。《辽史》等史料记载，赤峰市巴林左旗辽祖陵是为辽太祖耶律阿保机而建的，始建于 927 年。阿保机于 926 年 7 月病逝，从阿保机病逝到祖陵建成下葬应有一段时间，这期间阿保机应有临时埋葬之地。辽祖州地上石房子与七家子墓地 M1 主室形制完全相同，均是用 7 块巨型石板建成，有的石板接近 30 吨重。祖州石房子北侧不远处有辽太祖阿保机纪功碑。辽代早期，墓葬规制非常严格，七家子墓地 M1 出土的部分随葬品在祖陵陪葬墓中也有发现。七家子墓地 M1 地下石室的发现表明祖州石房子应是短暂停尸及举行入葬仪式的地方，是为阿保机专门设计的。七家子墓地则是阿保机临时埋葬之处，M1 与辽祖州地上石房子应是同一（批）人设计的。

七家子墓地所处之山为独立的较高沙丘，距西拉木伦河与老哈河西段合流处不远，距阿保机的私城龙化州（今通辽科尔沁区福巨古城）仅 20 余公里。七家子墓地地处草原丝绸之路经济带上，M1 等墓葬形制、出土的玻璃器等随葬品对探讨辽代的中西经济文化交流、草原丝绸之路的历史有重要意义。墓葬内留下了多幅壁画，壁画题材有出行图、门吏图、云鹤图、莲花图案等，为研究辽代契丹族社会生活、丧葬习俗等提供了珍贵的资料。

2018 年辽夏金考古发现回顾

　　地下出土文物对研究辽夏金时期历史具有重要作用，2018 年至 2019 年 10 月，辽夏金考古发现取得丰硕成果，为辽夏金史研究提供了重要实物基础。

1. 2013—2018 年，金上京遗址

　　黑龙江省文物考古研究所等对金上京城门址、外城城墙、南城南垣西门址、皇城西部建筑址、皇城东部宫殿址等多处遗址进行了长期性发掘，2018 年对皇城南侧道路遗址进行考古发掘，发现皇城南门通往南城南垣西门址的中轴大街，路的宽度约为46 米，路两侧有排水沟设施。在考古发掘的同时，金上京遗址进行了大规模的考古勘探工作，共计完成勘探面积约 40 万平方米。皇城内区域已全部勘探完成，明确了皇城四至，探明皇城内宫殿建筑的形制，为其性质和功能的判断提供了可靠依据。勘探出多条廊道和排水涵洞，获取了一些遗址内水系和道路等遗迹的线索。通过勘探发现金上京皇城内遗迹保存状况较好，逐步了解遗址的布局与规模，对地层堆积及建筑结构等情况有了较为清晰的认识。

2. 2014—2018 年，辽代帝陵

　　辽宁省文物考古研究所在前期考古发现的基础上，对辽宁北镇医巫闾山东麓的北镇二道沟和三道沟等地区发掘揭露了一批重要辽代皇家建筑基址和高等级墓葬。重点对新立遗址，琉璃寺遗址和洪家街遗址、小河北两处墓地进行了考古发掘，取得了重要收获。出土遗物以建筑构件为大宗，主要有筒瓦、板瓦、瓦当、檐头板瓦、兽首、鸱尾、通脊砖、铺地花斑石等。其他遗物有契丹小字和汉字两套玉册残块及定窑白瓷、越窑青瓷、影青瓷、玻璃器等。

3. 2016 年 4 月至 2018 年，武威亥母寺遗址

　　甘肃省文物考古研究所对武威亥母寺遗址两年来共发掘 250 余片西夏文文献，兼有汉文、藏文文献。佛教遗物主要为擦擦，另有唐卡、经幡、小型佛造像、佛造像泥范、佛手、佛足及佛画像残片等物。生活用品以麻毛织物为主，有毡帽、毡靴、皮鞋底、麻布口袋、羊皮袄、毛绳等。另有陶盆、陶罐、陶纺轮、瓷碗、瓷钩、瓷壶、木筷、木勺、木碗、角梳、针等物。此外，还发现藏文碑刻及汉文碑刻各一通。钱币以清代为主，兼有西夏、宋、明时期钱币。另有箭镞、卜骨等物发现。

4. 2016 年 10 月至 2018 年，康平张家窑林场长白山辽金遗址

　　沈阳市文物考古研究所对张家窑林场及周边地区进行了较为系统的主动考古调

查、勘探及发掘，取得了重要的考古成果。先后发掘辽代墓群三处，辽金时期遗址两处，2018 年在林场以东约 1000 米的西扎哈气村发现了一处辽金时期金属、玉石、骨器综合性手工业作坊遗址，出土了大量金属加工铸造使用的坩埚（地炉）和各类加工精细的金属器、玉石器、骨角器、料器等工艺品和生活用品。

5. 2017 年 4 月至 2018 年 11 月，金代太符观

敦煌研究院文物保护技术服务中心对汾阳太符观彩塑壁画进行了保护修复，项目实施期间，考古人员在正殿（玉皇殿）、东配殿（圣母殿）、西配殿（五岳殿）新发现多处纪年信息和文物。

6. 2017 年 9 月到 2018 年 11 月，塔山山城遗址

辽宁省文物考古研究所对山城遗址进行了详细的考古调查、勘探与发掘，发掘面积 500 平方米。遗址共分为四期：一期为青铜时期，二期为高句丽中晚期，三期为辽金时期，四期为明清时期，遗址北部山顶原有一座辽塔，毁于解放战争时期，出土有大量辽代勾纹砖和建筑构件等，但并未发现塔基迹象。

7. 2018 年 1 月，天津市宝坻区西河务金元墓葬

天津市文化遗产保护中心对宝坻区西河务二村发现的两座金、元墓葬进行了抢救性考古发掘，出土陶器、瓷器、铜器、铁器及铜钱等，其中一座墓葬有长方形砖砌祭台，是天津地区首次发现的金代墓葬祭台遗迹。

8. 2018 年 3 月，烈山窑遗址

安徽省文物考古研究所对安徽淮北烈山窑遗址进行抢救性发掘。发掘分为三个区域，Ⅰ区为金元窑址区，Ⅱ区为唐代晚期至北宋窑址区，Ⅲ区为汉代窑址区。其中金元窑址区出土瓷器种类较丰富，包括白釉、釉黑褐彩、酱釉、青黄釉、茶叶末釉、绿釉等产品，除碗、盘、盏等生活用瓷外，还发现了俑、动物、围棋子等。部分瓷器上有墨书、刻划或彩绘文字。

9. 2018 年 3 月，金代无首佛造像

河北省邯郸市临漳县出土两尊佛造像，均为白石材质，大小、形状基本相同，身高 1 米左右，目前没有发现佛首，佛身写有"大定二年"的铭文。

10. 2018 年 3 月，金代重修唐帝庙碑

河北磁县观台镇乞伏村发现一块古石碑，经考证为金代重修唐帝庙碑。

11. 2018 年 4 月，金代石椁墓

天津市宝坻区大口屯镇茶棚村发现一座石椁墓，墓葬保存较为完整，为金代金中都地区典型的土坑石椁墓类型。出土随葬品较为丰富，有筒形罐、瓷器盖、瓷碗、瓷盘、瓷碟、鸡腿瓶、卵石、铜镜、铜钱等器物。

12. 2018 年 5 月，龙白金代砖雕壁画墓

山西省考古研究所与晋中市考古研究所对晋中市榆次区什贴镇龙白村进行抢救性挖掘，共发掘了 13 座墓葬，其中有 4 座为金元时期墓葬，其余为明清时期小型土洞

墓。其中一座金元墓葬为砖雕壁画墓室，墓壁有墨书题诗，内容均描写晚春时节景色，较为罕见。随葬器物较少，有黑釉盖钵、土酱釉双耳罐和墨绿釉盖罐。

13. 2018 年 9—12 月，金代砖雕壁画墓

河南安阳发现一处金代高僧壁画墓，该墓葬为金代"正隆四年"（1159），相州洪福寺文殊院院主洪论为数位高僧修建，是豫北地区第一次发现金代高僧墓葬。该墓为墓道南向的八边形穹窿顶仿木结构单室砖墓，墓葬全长 9.35 米，由墓道、墓门、甬道及墓室四部分组成。墓室西北、西南、东北、东南均绘彩画。此外，共出土 4 件陶罐，里面装有火化后的骨灰。

14. 2018 年 11 月，金代摩崖石刻

河北省邯郸市磁县西部太行山区白土镇一座石窟内新发现一处摩崖石刻，经考证该石刻为金代世宗大定二十三年（1183）摩崖石刻，距今已有 835 年历史。

15. 2018 年 12 月，金代陶制墓志铭

河北省临西县发现一方金代竖碑式陶制墓志铭，铭文显示烧制于"金代大定二十年"（1180），距今已有 830 多年历史。

16. 2018 年 12 月，金代长白山神庙遗址（原名宝马城）

吉林大学考古学院在前期考古发掘的基础上，新发现了金代的木构水井、窑址和神庙排水系统等遗迹，出土了鸱吻、筒瓦等建筑构件和铁器、铜器等文物。

17. 2011 年至 2019 年，辽上京城址

内蒙古自治区文物考古研究所对辽上京内的皇城乾德门、西山坡佛寺、皇城南部街道及临街建筑遗址、皇城东门遗址及宫殿院落基址、宫城城墙及宫城门址、宫殿院落基址和多处建筑基址等进行了长期有序的发掘。2019 年继续对辽上京宫城中北部的一号基址和二号基址进行了考古发掘，新发现的楼阁式建筑及对宫殿院落基址的发现，宫城宫院布局、辽上京城址时代沿革、辽代都城到金代地方城的沿革情况及辽上京城址布局的研究等方面都提供了最科学的依据。

18. 2019 年 1—3 月，大营镇金代砖墓

三门峡市文物考古研究所对河南省三门峡市陕州区大营镇吕家崖村发现的 25 座墓葬进行抢救性发掘，其中一座为保存情况较好的金代单室砖室墓，随葬品较少，有灰陶罐 5 件、白瓷盏 1 件。

19. 2019 年 7 月，通辽市开鲁县东风镇七家子墓地

内蒙古文物考古研究所与开鲁县博物馆、内蒙古民族大学联合对七家子 4 座遭盗掘的辽代墓葬进行了抢救性发掘。M1 主室石门上有彩绘、浅浮雕及贴金，前室两侧墙壁上绘有人物、毡帐、车马形象等壁画。墓葬出土随葬品较少，见有鎏金马具构件、陶瓷片、玻璃器残片、小件金银器等。M2、M3、M4 墓室出土有鎏金铜饰件、铜器、陶瓷片、铁器、漆器、动物骨骼等。据墓葬形制、壁画内容以及出土的玻璃器在辽代贵族墓葬中也多有发现的现象，推测应为辽建国前的契丹族墓葬。

20. 2019 年 7—10 月，辽代建筑基址

锡林郭勒市多伦县黄土坑辽代建筑基址面积约为 15 万平方米，地表可辨夯土台基 12 处，并有多处房址、水井等遗迹。内蒙古自治区文物考古研究所对遗址中部靠北的一处台基进行了考古发掘，发掘面积 800 平方米。基址总进深为 31.7 米，面积约 560 平方米。由夯土台基、前后登临踏道、抱厦、主建筑基址、当心间、散水等几部分组成。出土遗物以建筑构件为主，有鸱吻、琉璃板瓦、灰陶板瓦、筒瓦、滴水、人面和兽面纹瓦当等，也发现有篦点纹陶片、铜泡钉及铁构件等。

21. 2019 年 7—10 月，金界壕磁窑边堡

内蒙古自治区文物考古研究所、包头市文物研究院、内蒙古包头博物馆等单位组队，对呼和浩特市武川县哈拉合少乡公忽洞村金代磁窑边堡进行考古发掘。磁窑边堡平面呈正方形，边长 85 米，坐西北面东南，方向 132°。此次发掘揭露部分边堡墙体、角台及外环壕，边堡内发现房址 4 座、灰坑 16 个、灰沟 7 条、窖穴 4 个、单体灶 1 座，出土遗物中有瓷器、陶器、铁器等，还有少量石器和骨器生活用品。

（马淑婷　整理）

金末帝完颜承麟墓考察报告

齐　心　洪仁怀　关伯阳

2019 年 8 月 28 日至 9 月 2 日，辽金史学会名誉会长、北京考古学会会长、原北京市考古所所长齐心先生，原辽金史学会副会长、黑龙江金上京文史研究会会长、哈尔滨文史馆馆员洪仁怀先生，金史学家、原金上京历史博物馆馆长、研究馆员关伯阳先生，《辽沈晚报》主任记者张松及完颜宗亲后裔完颜钟华、完颜天娇等人，应甘肃省平凉市泾川县有关方面之邀，赴泾川对完颜族人聚居地进行了为期六天的考察。现将考察与初步评审意见整理如下。

在这六天的实际考察里，齐心、洪仁怀、关伯阳等专家先后走访了完颜村两沟（东、西沟），大湾庄（完颜庄）、杨家崖王子坟，参观了声传百里的回山金代大安铁钟、泾川县博物馆、大云寺、泾川王母山石窟、南石窟寺等当地历史遗迹，与泾川资深完颜族人完颜斌、完颜祥、完颜德良等见面、会谈并做了采访笔录。同时，与离任的平凉市博物馆馆长的刘玉林及泾川政协、文旅局、文联领导、当地驰名学者张怀群、魏海峰等，还有泾川县满族联谊会会长完颜小英、副会长完颜杰等做了深入交流。专程赴泾川档案馆，查寻了相关史料。关于泾川完颜氏族人的源流问题，到访专家有了较为详细的了解，回来后又反复研阅了《金史》的相关部分及有关资料，形成了比较明确的意见。

一　泾川完颜氏现状

泾川县位于甘肃省东部，被称为"甘肃省的东大门"，泾河从城中流过，城的南北是颇有特点的高高的黄土塬区。这里是丝绸之路西出咸阳后第一个重镇，是内陆通往西北的交通要冲，当然也是当时进入内地的咽喉之地。其山川秀丽，河流纵横，且历史悠久，积淀深厚，渊源广博，遗迹众多。因而人文景观五彩缤纷，又藏品丰富，品位极高。万吨重的大安金代千年铁钟高高悬挂于有五千年文化之西王母宫的回山之巅，且业已成为地标性景致，足可以显示金代在此地的影响之大之重了。

泾川县是闻名全国的金代女真族后裔居住最为集中的地方，相传一些女真民俗在金代灭亡后近 800 年里一直传承着，而且他们始终保留着完颜姓。事实确实如此，这些姓完颜的女真人传承至今已经 42 代。据 20 多年前统计，有 5000 余人。近 20 年来，由于子女升学，女子外嫁，青年到外地经商务工等原因，完颜氏人口有所减少，但 2010 年仍有 2125 人（见《泾川县志》1989—2010 第五章）。泾川县仍然保留着一些与金朝历史有关的地名，如王子坟、完颜庄、完颜村、完颜洼、完颜马场、完颜小学、完颜井等。其中完颜村，管辖着东沟和西沟，完颜族人大部分集中居住在这里，他们自称守陵人的后代。这些守陵人定居下来，世代繁衍，形成了完颜氏的聚居区。他们学习汉族的农耕技术，并且跟汉族等其他民族通婚，完成了从军到民、从守陵人到普通百姓的转化，逐渐成为泾川县的土著居民。泾川县的完颜氏现已改称为满族，以这些族人为基础成立了经政府批准的社团组织——泾川县满族联谊会。

令人关注的是，这些姓完颜的女真人后代，仍然稳固地保留着一些非常特殊的习俗，恪守着一些特殊的族规。他们的三大族规是：一不听不看《说岳全传》《草坡面礼》《八大锤》等岳飞与兀术的戏；二是完颜氏人族内不通婚，皆嫁女与汉（外）族，男子娶汉（外）族女子为妻；三是族外人不许进祠堂。族人集资修建了祠堂，里面供奉着从金太祖完颜阿骨打直到末帝完颜承麟的十帝遗像，以及兀术（主位）、粘罕、娄室、银术可等金代将相的遗像。只有在祭祀日，族人才能瞻仰遗像，平时也是不能随意看的，族外人不许进祠堂。目前，随着旅游业的发展，"先人影"（后面详述）已经公开了。

完颜族人的习俗更是特别。以前祭祖都是秘密进行的，2004 年完颜族人恢复祭祖活动，开始公开祭祖。祭祖活动的公开举办，是对国家民族政策的贯彻落实，同时也是泾川完颜族人民族（宗族）意识的觉醒和回归。每年农历三月十五，族人都要举办盛大的祭祀活动，这种隆重的祭祖活动我们没有亲见。听泾川县满族联谊会会长完颜小英讲，祭祖活动有如下一些独具特色的习俗（活动），都是族长召集老人们回忆起来的。

（一）祭黄绳、放神鹰、放马、放仙鹤

祭黄绳是完颜村最著名的祭祀仪式之一。祭祀开始以前，由村民将一根近 1000 米长的黄色绳子从山包上连到山下的完颜祠堂附近，然后将纸糊的马、神鹰和仙鹤从山顶沿着黄绳一一放下。寓示着自己的先人女真人曾是一个马上民族；也崇敬神鹰（也就是海东青）；仙鹤寓示天降祥瑞，给族人带来福寿；黄绳是"皇神"的谐音，祭黄绳寓意是祭祀皇神，即祭祀祖先。完颜族人共认他们的祖先是金末帝完颜承麟（据说其女真名为呼敦）。这么长的黄绳，要使它粗细均匀且韧性十足，光滑不打结，需要一点技巧，所以打绳子时一定要选能胜此任的族人，用世代相传下来的特殊技法。祭祀仪式结束后，黄绳要放在族长家妥善保管，以备来年祭祀使用。整个祭祀活动都有很浓的萨满教色彩。

（二）神秘的破城仪式

"破城"，表演时场面壮观，古老而神秘，破城活动必须天黑后进行。人们提前在场地上勾画出一个四方形的内部多道弯曲的"九曲城池"，设东西南北四门，寓意着九门九关的古城。所谓的城，是由在地面上按照九曲城池的样子而摆放着 360 个小蜡烛灯，小灯之间用绳子连拉起来，意为城墙，城内通道有 1 米宽。天一黑，破城活动开始，选取 16 名族人装扮成道士，破城人员共 60—80 人，手挑旗幡，一个紧跟一个鱼贯而入。每到一个城门，道士都要反复地诵经、焚香、祷告，超度在战乱中死去的亡灵。其余破城的人员，熟悉城堡的人会自由进出，不熟悉的人就会迷失路径。破城时，城内灯火通明，城外有人擂鼓助威，宛若战场，威武雄壮，杀气腾腾。谁熟悉路线，就能先跑出城，而先跑出城者胜。

这种古老而神秘的破城仪式再未见于其他地区，不禁让人想起金亡时被围的蔡州城。活动气氛凝重肃穆，且有道士祷告激昂悲壮。专家们认为，这个破城活动，表现了金亡时蔡州失守，末帝在城内战斗中殉国，士兵抬着末帝的灵柩，在街巷中寻找出城路线，拼力往外冲杀的状况。是先人特意设计的一个仪式，提醒后人牢记金亡国时的悲壮。（参见完颜小英《神秘的完颜氏民族民俗文化活动》，《关东满族》杂志第 21 期。）

（三）古老有趣的划"老疙瘩拳"

在考察中，专家们有幸听到了完颜氏的朋友表演的"老疙瘩拳"。"老疙瘩"满语"费扬古"，是最小的小兄弟的意思。划拳前，大家席地而坐，斟满酒，边唱边划拳："满满的呀，斟上酒呀——酒三杯，我与英雄啊——争啊争高低。第一杯要敬给长辈的（长白的）老祖宗，第二杯敬给真诚（征程）的银术可（金时大将，曾跟随兀术转战于陕陇）。……"还有一种拳叫"扬燕麦，也叫做燕麦情"，唱词中有"英雄的宴前——三枝六花开呀，一心把你敬呀……"可见完颜族人在酒令中都洋溢着崇敬英雄的情怀。划拳中，你一句我一句，边唱边划，诙谐幽默，古远苍凉，雄浑深沉，直唱得人热血沸腾，听的人如痴如醉。这些特殊的唱词，古老的唱腔以及独特的计胜负方法，虽在大西北，却洋溢着东北古老民族的风韵，似乎让我们看到了当年的女真人。所以"老疙瘩拳"已成为泾川的品牌酒歌。

在考察完颜村时，专家们共同参观了新开发的"完颜部落"景区。景区内有金太祖完颜阿骨打雕像，有末帝完颜承麟墓，有悬挂着"先人影"的完颜宗祠，有表现完颜族人及金代历史的地宫。尽管有些尚需完善，但整个设计内容丰富多彩，构思巧妙，充分利用地势地形，高度重视生态环保，表现了县政府在把握此项目时的先进意识，令人佩服。

二 金末帝完颜承麟陵墓在泾川

随着考察的深入，人们心中的谜团越来越多，越来越重。这些自称守陵人的完颜氏族人是什么时候来到泾川的？是什么原因促使他们来到泾川？他们来泾川是做什么？他们一定要来泾川吗？为什么700多年来他们一直坚持姓完颜？为什么他们顽强地保留着那么多特殊的习俗？他们坚持700多年的祭祖活动祭的是谁？他们的祭祖活动和平时对先祖的信仰观念为什么那么统一而自觉？他们为什么那么坚定地认为自己是末帝完颜承麟的后人？

我们综合各方面考察，得出结论：他们的忠心耿耿肯定有一个核心点，应该是"他们是金末帝完颜承麟的后代，而且金末帝完颜承麟的墓应该在泾川"。

金天兴二年（1233）蒙古军逼近汴京，哀宗完颜守绪抵挡不住蒙军的进攻，出走归德（商丘），继而六月又到蔡州。蔡州已接近金国南疆，金已无路可退。其间宗室子完颜承麟披坚执锐，一直在哀宗身边护卫左右，表现了极大的忠诚。九月初九，蔡州城被蒙古和南宋联军团团围住。十一月，蔡州城内军民皆已饥无所食，饿殍遍地。宋却献粮三十万石供蒙军攻蔡，城岌岌可危。腊月初七，蒙古、南宋两军决练江河、柴谭水淹城。完颜承麟被任命为东面元帅，权总帅。天兴三年（1234）正月初九夜，哀宗召集百官，传位于完颜承麟，承麟无奈于次日，正月初十即位，百官称贺。随即带领兵士出而捍敌，不久南城门已被宋军攻破，哀宗在幽兰轩自缢。尚书右丞、枢密使完颜仲德从君之行，投水而殉国。几个总帅、将军及手下500女真壮士喊声四起，跟随完颜仲德尽投汝水。末帝退保子城，听说哀宗自缢，急忙返回宫中，带领群臣哭奠，谥哀宗。此时子城遂溃，末帝带领众臣将依然拼死抵抗，在战斗中殉国，金朝灭亡。蒙军入宫，只见奉御完颜绛山正用火点着幽兰轩。蒙军元帅奔盏深受感动，同意了绛山收葬金哀宗的请求。绛山将哀宗骨灰葬于汝水之滨后，欲投汝水被救出，不知其所终。战后，当地百姓感金兵将之忠勇，在汝水畔的哀宗殉难处附近挖了非常大的一个坑，将哀宗骨灰及完颜仲德及金将帅、士兵尸骨从汝水中捞出后埋葬，形成一大土冢，名为"葬颜冢"，至今尚存。

我们之所以重温一遍这段悲壮的故事，主要是想说明，从绛山葬哀宗，仲德率将帅、士兵投汝水自尽，直到当地百姓埋葬哀宗及将帅士兵，都没有提到安葬末帝完颜承麟，可以认为末帝确实没有葬在蔡州。而泾川的完颜族人却一致认为，末帝战死后，是忠实的族人、下属和士兵们"抬着末帝完颜承麟的灵柩（骨殖）一路西行，来到泾川"。如果看一看蒙军元帅对绛山忠义精神的敬佩与宽容态度，完颜村人说的"抬着末帝完颜承麟的灵柩（骨殖）一路西行，来到泾川"确是可能的。何况像奔盏这样的蒙军元帅极有可能不知道完颜承麟即帝位的消息，更给突围的金兵造成些许可乘之机，这种可能性也是存在的。

其实，探寻金末帝完颜承麟墓的状况是我们此行的主要目的。那么其陵墓在泾川的哪里呢？我们的初步结论是在三星村大湾林场。理由如下。

（一）绝无仅有的上坟

据当地老人讲，泾川县完颜氏人的祭祀活动，自金朝灭亡的 1234 年开始至今就没有间断。为了证实这个问题，8 月 31 日下午，泾川县政府特意将已至耄耋的六位完颜姓老人请来座谈。这六位老人是：完颜斌，81 岁，老家完颜村东沟，泾川县政府调研员，泾川县满族联谊会原会长，是完颜承麟的 38 代孙；完颜祥，82 岁，完颜洼人，泾川县满族联谊会原副会长，亦 38 代孙；完颜福良，86 岁，完颜村东沟人，完颜承麟 40 代孙，曾两次去完颜庄（大湾林场）祭祖；完颜福科，80 岁，完颜村东沟人，亦 38 代孙，去祭过祖；完颜刘，80 岁，完颜村西沟人，亦 38 代孙；张桂林，71 岁，完颜庄老支书，汉族，完颜氏上坟祭祖的见证人，证明簸箕湾即完颜庄。

他们证实这种祭祖活动，并不像现在民俗节那样：供自制糕点、破城、放鹰、放马等的形式。而是纯粹去"上坟"，真正祭祀祖先。先由村民自愿报名，然后会长遴选并指派每户去上坟的名单。都是男的去，女的不去，小孩子一般不让去。去上坟的人要从完颜村一直徒步走到大湾林场，一出就是 35 里。参加座谈会的 81 岁完颜斌老人，小时候跟着大人多次去上过坟。他说："祖辈口传下来的簸箕湾，有'老先人'完颜承麟之墓。我小时候曾经跟随父辈去簸箕湾上坟。每年到上坟的时候，村里都要杀猪宰羊。到那里上坟的主要仪式是上贡品（猪头），上香磕头烧纸，然后把贡品吃掉。小孩子跟着跑七十多里路，就是为了烧完纸后吃一口肉解馋。"还有一个传说，说是在簸箕湾"老先人"的坟前生长着一棵开白花的树，泾川别的地方没有那样的树，上坟的都要折一条小树枝回来交给村长。证明自己去过了。大家七嘴八舌还共同回忆了行走的路线：西沟—东沟—县城—黄家疙瘩关—三星村—岭背后—簸箕湾。那时没有汽车，一去 30 多里，回来又 30 多里，全凭走。这样的上坟活动一直持续到人民公社化运动，出于一些原因被迫停下来。

我们认为：像这样 40 代人坚持 700 多年，每年全村人走近 80 里路前去上坟祭祖的现象，据我们所知，世界上只此一例。完颜族人把他们的祭奠对象称为"老先人"，那就是金末帝完颜承麟，他们都心甘情愿地承认他们是金末帝完颜承麟的后人。我们认为：没有世代口口相传的坚定信念，没有一种坚忍不拔的民族精神，是不会有这样坚持 700 多年的集体上坟行动的，这些正是感动我们的所在。这些虽然是口述的历史，但经过六位八旬老人的证明，其真实性是相当高的。老人们都去过簸箕湾，座谈中他们都为那里的雄伟气势和绝佳的风水所叹服。

（二）史料的佐证

我们在县档案馆查阅资料时，发现清光绪三十三年（1907）编写的《泾川乡土志》中有这样的记载："完颜氏相传为大金后裔，承麟帝为元所灭，其后裔遂于安定（泾川），遂为泾川土著。"州志载："完颜登甲、完颜登弟、完颜旺，俱由肆武起家，迄今生息蕃衍，殚力正业，历代相传。本州以武科著名者唯完颜氏称首。"上述记载，距今已有百余年，说明泾川完颜氏一直以来都把金末帝完颜承麟视为自己的先祖，世代相传成为族人之牢固传统，绝不是空穴来风。

（三）"迁坟"的土冢佐证

从城西的完颜村到城东的簸箕湾 35 里，路途较远，祭祠不便。为了方便祭祀，当时泾川县满族联谊会长完颜斌决定"迁坟"。"迁坟"并不是真的迁坟，而是在完颜承麟的墓前包一包土，带回完颜村重修一座土冢并立碑。这个提议得到了完颜村民的一致拥护，并于 2003 年完成了"迁坟"。碑文如下：

金昭宗完颜承麟

完颜承麟（？—1234 年），通称金末帝，又称金后主，金朝末代皇帝，女真名呼敦，庙号昭宗，谥号定文匡武闵怀皇帝。金太祖完颜阿骨打玄孙。初为金朝将领，骁勇善战，才略兼备，深受金哀宗完颜守绪器重，天兴三年正月戊申（1234 年 2 月 8日），金哀宗将帝位传于他。翌日举行登基大典。大典未及完成宋蒙联军已攻入城内。完颜承麟立刻带兵出战，后死于乱军之中。余部抬着灵柩日夜兼程来到泾川，将其葬在太平三星村岭背后的簸箕湾。后于 2003 年 12 月，完颜后人将其遗体迁回完颜村，世代为其守陵。

完颜村中完颜承麟土冢的修建在一定程度上证明了他们是完颜承麟的后人，以及完颜承麟的墓就在簸箕湾，至少完颜族人这么坚定地认为。

（四）老人曾言，专家为证

此行专家组成员之一的关伯阳先生，十五年前即来过泾川访察。2004 年 8 月，时任金上京历史博物馆馆长、阿城市满族联谊会会长的关伯阳先生，陪同阿城市委书记李克军不远万里来到完颜村。在与当年 81 岁的完颜邦老人（已去世）交谈中，关伯阳亲耳听见完颜邦老人说："村里像我这岁数的人，小时候大都跟随父辈祭奠过老先人，祖辈口传下来簸箕湾有完颜承麟的墓。"

三　"先人影"及泾川完颜族人的源流分析

在 8 月 31 日下午举行的完颜姓老人座谈会上，泾川县满族联谊会老会长完颜斌，将自己珍藏多年的"先人影"拿出来供大家瞻仰。专家们认真、仔细，以一股崇敬的心情瞻仰了"先人影"。所谓的"影"，就是老相片。可是这个"影"还不是真人相片，而是很早的前辈画的祖宗画片。在"影"中，以金太祖为最高的中心，左右有太宗、熙宗；太祖下面画的是海陵王，左右有世宗、章宗、卫绍王、宣宗；再下面靠画边上是哀宗和末帝完颜承麟的画像；最下面中间是兀术的大幅画像。

面对相片上的先人画像，泾川完颜村的老人们异口同声地指出他们的最近祖先就是末帝完颜承麟。完颜宗弼（兀术）是完颜承麟的四代祖，兀术是金太祖完颜阿骨打的庶四太子，一幅兀术家族世代绵延的图谱赫然眼前。这是泾川完颜族人用来证明家族身份的重要遗物。

这幅"先人影"颇有来历，而且经历了一番波折的历史，能流传至今也实属不易。据《泾川县志》记载：它最早是明代时画的一幅油画，可惜在 20 世纪 80 年代神秘丢失了。所幸泾川县博物馆存了一张照片。这是怎么一回事呢？原来早在民国二十五年（1936）六月二十二日，时任泾川县长的张东野，得到通知，说有一幅"宋兀术世代遗像"藏于泾川完颜氏族中，区长、上司要看。便一同阅览，并亲摄照片一幅，且在放大的照片上亲自作了题注："片中诸人乃宋时兀术世代遗相也，相为明季布制，长九尺宽七尺，颜色鲜艳，笔画精工，藏于甘肃泾川完颜氏族中，据云此系明末清初之拓幅，原幅早已毁朽。按金亡时其后裔女真姓完颜落户泾川之乡村，今尚有数十户。每至除夕，皆集族悬此相而密祭之，然其子孙皆已诚一纯厚之汉族矣。二十五年春，余奉命调长斯邑，区长任葆真君索阅之，适监察使戴公、特派使路两署诸同志先生莅泾视察，乃同欣赏公开展览，因摄斯影以公于世，俾吾人得知宋金一代之遗踪也。二十五年六月二十二日张东野跋于泾川。"这是异常珍贵的题注，从这民国时期泾川县长张东野的题注中，我们知道了这张"影"的历史，可以得到下列重要信息：第一，这幅原始油画片应该是金代兀术家族的遗画像片。第二，画像片展现的时间最晚是明朝。其画片底版是明朝季布制的，尺寸为 9 尺长，7 尺宽。所谓"季布"是明朝当时的纺织品的产品标准规定。就是用百分之百的棉花，纺织成特制细沙帆布，用天然活性染料染成，色彩艳丽。是耐磨，不起皱、不打折的上等画布。因为明朝规定当时一尺为现在的 32 厘米，故一张近 3 米长、2 米宽的的画布上，画成的真实人物（兀术世代）画像的家族画。第三，这幅画颜色鲜艳、笔画精工，注意这里说的是笔画。第四，当时这幅画画成后，是藏于泾川的完颜族人中的。第五，原画已经毁朽，是因为时间相当长。证明这幅画诞生是距离民国二十年（1931）很长的时间。所以传说的明末清初至其应有二三百年的历史可谓接近于历史的真实。第六，金亡时，完颜氏就落户于泾川乡村，至民国二十年时仍有几十户。第七，民国时期，每到除夕，泾川完颜族民会聚集，悬挂此相片，秘密祭祀老先人。这证实了完颜族民传说。第八，民国时期泾川的完颜族民就已经变成了汉族人，证明国家民族政策落实前，完颜族民确实是隐姓埋名的。第九，是县长张东野奉上级命令，当年春天时，其工作调于泾川本地任职。而区长任葆真不知从哪听说了画像片之事，要看阅，又赶上监督使戴公公干于此，因此使、路两署一些人共同莅临泾川视察，而一起欣赏，并公开展览，才使张县长他本人得知这件大事。第十，县长张东野责任心非常强烈，为预防意外，决定重新摄影，再公布于世，让世人都知道宋金时期的完颜族民的行踪。第十一，当天的时间是民国二十五年六月二十二日，也就是这一天画像变成了影像。第十二，县长认为此事重大，决定将他亲自拍摄的相片交县民众馆收藏，施行政府行为，这才有现保存于泾川县博物馆的重大文物。因此从民国时期，政府就正式承认了泾川的这部分完颜族民是兀术、完颜承麟的后代。

在这张世上绝无仅有的"先人影"中，兀术的位置在前排最中心，毫无争辩地说明这是一张兀术家族的"影"。

四　拓宽研究视野，重视口述历史

这次考察，几位专家主要是看了一些泾川完颜族人祖传的习俗，倾听完颜老人和当地族人学者的一些讲述，看了泾川县档案馆的相关史料。除了金代大安年间一口大铁钟和金代的"泾州之印"以及族人珍藏的"先人影"及泾川县档案馆的相关资料，并没有看到更多的实物证据，其中口述的成分很多，但是我们并没有觉得虚渺不实，依然觉得收获很大。这就涉及了一个新的问题，如何对待口述历史。史学界对口述历史越来越重视，在崔永元教授的倡导下，传媒大学已经设置了口述历史的相关机构，北京电视台也曾经就口述历史的地位和作用问题，采访过齐心先生。最近中国社会科学院的高级研究员都将采访到的口述历史成书出版，可见记录口述历史作为研究中的一个重要方法，已经引起重视。我们在读史书时，不是经常读到"祖宗遗事""太祖实录"这样的口传资料吗？可见口述历史是可以作为分析问题的依据的。原辽金史学会会长宋德金先生早就主张"凡是古往今来人们生活的一切遗迹统统当作史料看待。……文化方面的民俗、传说、观念、信仰……统统当作史料看待，这对文献不多的辽金史尤其重要"。这次考察，我们看到的泾川这些民俗、传说、观念、信仰，正是金朝灭亡之后民族融合与演变的缩影，有些业已演变成活化石。历史之久远，史料之不足，使这些口述的历史变得更加珍贵，对这些材料的利用必须作为研究历史的一个重要的方法。此次考察，我们从中似乎看到了研究金末史的突破口。鉴于泾川完颜族人特殊的历史及习俗，我们建议：

1. 要高度重视泾川完颜族人民俗活动的价值，因为这是宗族历史的活化石。应该申报非物质文化遗产加以保护。

2. 建议相关文博部门和专家学者前来泾川进行探测、考察与研究。

附　　　　录

2019 年辽金史论著目录

中国社会科学院民族学与人类学研究所　周　峰

一　专著

（一）哲学、宗教

1. 金元之际儒学的传承及思想特点：以东平府学和东平学派为中心，常大群著，社会科学文献出版社，2019 年。
2. 陕北与陇东金代佛教造像研究，刘振刚著，甘肃教育出版社，2019 年。
3. 宋金元道教内丹思想研究，松下道信著，（东京）汲古书院，2019 年。
4. 辽金元基督教重要文献汇编，唐晓峰、尹景旺编译，宗教文化出版社，2019 年。

（二）政治、法律

5. 五代辽宋西夏金边政史，周峰著，（台湾）花木兰文化事业有限公司，2019 年。
6. 完整的天下经验：宋辽夏金元之间的互动，韦兵著，北京师范大学出版社，2019 年。
7. 辽金职官管理制度研究，武玉环著，人民出版社，2019 年。
8. 辽朝的建立及其边疆经略：契丹与漠北、中原、东北的地缘政治，郑毅著，东北大学出版社，2019 年。
9. 辽朝对中原王朝外交思想研究，蒋金玲著，吉林大学出版社，2019 年。
10. 燕云十六州，高红清著，北京燕山出版社，2019 年。
11. 金宋关系史研究（增订本），赵永春著，商务印书馆，2019 年。

（三）军事

12. 经略幽燕：宋辽战争军事灾难的战略分析，曾瑞龙著，浙江大学出版社，2019 年。

（四）文化

13. 大辽文化，李月新著，南海出版公司，2019 年。

14. 大金集礼，任文彪点校，浙江大学出版社，2019 年。

15. 北京文化通史：先秦—金代卷，王玲著，中国社会科学出版社，2019 年。

（五）医学

16. 内外伤辨惑论，（金）李东垣著，田翠时校注，中国医药科技出版社，2019 年。

17. 儒门事亲，（金）张从正著，谷建军校注，中国医药科技出版社，2019 年。

（六）教育

18. 教育与辽代社会，高福顺著，人民出版社，2019 年。

19. 金代教育与科举研究，兰婷著，人民出版社，2019 年。

（七）语言、文字

20. 《五音集韵》重文考辨，邱龙昇著，中国社会科学出版社，2019 年。

21. 契丹语和辽代汉语及其接触研究，傅林著，商务印书馆，2019 年。

22. 거란소자 사전, 김태경 편저, 김위현 감수 조선뉴스프레스,2019 년。

23. 女真译语校补和女真字典，刘凤翥、张少珊、李春敏编著，中西书局，2019 年。

24. 金代女真语，孙伯君著，中国社会科学出版社，2019 年。

（八）文学

25. 金代家族与金代文学关系研究，杨忠谦著，中国社会科学出版社，2019 年。

26. 金代诗歌接受史，张静著，气象出版社，2019 年。

27. 中国古代文论读本·隋唐五代宋金元卷，任竞泽、杨新平编著，河南大学出版社，2019 年。

28. 杜贵晨文集·第十二卷·宋辽金诗选注，杜贵晨著，（台湾）花木兰文化事业有限公司，2019 年。

29. 金元明清词鉴赏辞典，钟振振主编，商务印书馆国际有限公司，2019 年。

（九）艺术

30. 辽金皇家艺术工程研究，张鹏著，浙江大学出版社，2019 年。

31. 中国历代乐论（宋辽金卷），李方元编，漓江出版社，2019 年。

32. 辽金彩塑（全四册），张明远编著，山西人民出版社，2019 年。

（十）历史

33. 辽代史话，陈述著，北京人民出版社，2019 年。

34. 契丹简史，张正明著，中华书局，2019 年。

35. 辽夏金元小史，邱树森著，北京人民出版社，2019 年。

36. 辽金：你的蹄音，丁宗皓、刘玉玮主编，辽宁人民出版社，2019 年。

37. 大辽王朝，刘学铫，陕西人民出版社，2019 年。

38. 辽代春捺钵遗迹文化述要，梁维著，吉林人民出版社，2019 年。

39. 契丹史，武玉环著，中国社会科学出版社，2019 年。

40. 东丹史，都兴智著，中国社会科学出版社，2019 年。

41. 金初三十八年，都兴智著，黑龙江教育出版社，2019 年。

42. 黑龙江通史·辽金卷，程妮娜著，社会科学文献出版社，2019 年。

（十一）考古文物

43. 北京及周边地区辽代壁画墓研究，黄小钰著，科学出版社，2019 年。

44. 中国历代服饰文物图典：辽金西夏元代，高春明著，上海辞书出版社，2019 年。

45. 契丹王朝：大辽五京精品文物展，大同市博物馆编，山西人民出版社，2019 年。

46. 金颜永昼：康平辽代契丹贵族墓专题，北京辽金城垣博物馆编，北京联合出版公司，2019 年。

47. 中原北方地区宋金墓葬艺术研究，邓菲著，文物出版社，2019 年。

48. 甘肃境内宋金元墓葬的调查、整理与研究，郭永利著，科学出版社，2019 年。

49. 山西河津窑研究，中国古陶瓷学会编，科学出版社，2019 年。

50. 千年绝学——契丹文字碑拓精品展，刘凤翥编著，澳门书法篆刻协会，2019 年。

51. 金代官印文献资料汇编，孙文政主编，中国文史出版社，2019 年。

52. 辽金花钱，贾福玲著，沈阳出版社，2019 年。

53. *Хятан – Их Ляо улс：БНХАУ – ын Өвөр Монголын Хятаны шилдэг үзмэр*, Мөнхийн Үсэг, 2019.

（十二）人物传记

54. 元好问传，朱东润著，华中科技大学出版社，2019 年。

（十三）论文集

55. 契丹学研究（第一辑），任爱君主编，商务印书馆，2019 年。

56. 辽金史论集（第十七辑），贾淑荣、韩世明主编，中国社会科学出版社，2019 年。

57. 辽金历史与考古（第十辑），辽宁省博物馆、辽宁省辽金契丹女真史研究会编，科学出版社，2019 年。

58. 隋唐辽宋金元史论丛（第九辑），中国社会科学院历史所魏晋南北朝隋唐史研究室、中国社会科学院历史所宋辽金元史研究室编，上海古籍出版社，2019 年。

59. 历史的瞬间：从宋辽金人物谈到三寸金莲，陶晋生著，九州出版社，2019 年。

60. 辽金史论，刘浦江著，中华书局，2019 年。

61. 幽燕画卷：北京史论稿，周峰、范军著，（台湾）花木兰文化事业有限公司，2019 年。

62. 平泉契丹叙论新编（第一辑），平泉契丹文史研究会编印，2019 年。

63. 金·女真的历史与欧亚大陆东部（亚洲游学，233），古松崇志等编，勉诚出版，2019 年。

二 总论

（一）研究综述

64. 走向深化：辽宋夏金史研究展望，包伟民，文史哲，2019 年第 5 期。

65. 简述近六十年的辽金史学研究，刘天明，卷宗，2019 年第 13 期。

66. 问题更新与范式转换：契丹早期史百年研究述评，苗润博，唐宋历史评论（第 6 辑），社会科学文献出版社，2019 年。

67. 唐与契丹和亲研究综述，高嘉懋，佳木斯大学社会科学学报，2019 年第 3 期。

68. 辽朝的历史作用研究综述，卢修龙，佳木斯大学社会科学学报，2019 年第 3 期。

69. 关于辽朝"一国两制"研究的回顾与思考，张志勇，辽金历史与考古（第十辑），科学出版社，2019 年。

70. 辽朝"横帐"问题研究综述，王紫娟，佳木斯大学社会科学学报，2019 年第 4 期。

71. 二十世纪以来辽金五京研究综述，张意承、李玉君，黑龙江民族丛刊，2019 年第 3 期。

72. 辽代节镇体制研究述评（上），陈俊达，赤峰学院学报（汉文哲学社会科学版），2019 年第 2 期。

73. 辽代节镇体制研究述评（下），陈俊达，赤峰学院学报（汉文哲学社会科学版），2019 年第 3 期。

74. 归去来——契丹归明人研究的回顾与前瞻，曹流、杨驿，辽金历史与考古（第十辑），科学出版社，2019 年。

75. 辽朝农业研究综述，陆旭超，契丹学研究（第一辑），商务印书馆，2019 年。

76. 内蒙古辽代考古综述，盖之庸、李权，草原文物，2019 年第 1 期。

77. 辽代木叶山研究述论，姜建初、姜维公，长春师范大学学报，2019 年第 5 期。

78. 辽代书法研究综述，李雅茹，白城师范学院学报，2019 年第 1、2 期。

79. 20 世纪 50 年代以来辽代佛教研究述评，王德朋，史学月刊，2019 年第 7 期。

80. 契丹文字研究有待突破，段丹洁，中国社会科学报，2019 年 4 月 24 日第 2 版。

81. 20 世纪 80 年代以来金代官制研究回顾，胡珀，遵义师范学院学报，2019 年第 6 期。

82. 金朝墓志研究述论，苗霖霖，中国史研究动态，2019 年第 2 期。

83. 金代官印研究述评，任永幸，理论观察，2019 年第 9 期。

84. 21 世纪以来的《金史》研究综述，里景林，辽金历史与考古（第十辑），科学出版社，2019 年。

85. 40 年来学界对宋人出使辽金《行程录》的研究，侯莹莹，廊坊师范学院学报（社会科学版），2019 年第 4 期。

86. 七十年来中国大陆金代文学研究论著述评（一），裴兴荣，名作欣赏，2019 年第 25 期。

87. 七十年来中国大陆金代文学研究论著述评（二），裴兴荣，名作欣赏，2019 年第 28 期。

88. 七十年来中国大陆金代文学研究论著述评（三），裴兴荣，名作欣赏，2019 年第 31 期。

89. 七十年来中国大陆金代文学研究论著述评（四），裴兴荣，名作欣赏，2019 年第 34 期。

90. 元好问散文研究七十年综述及展望，于东新，名作欣赏，2019 年第 34 期。

（二）学术活动

91. 第十四届辽金契丹女真史学术研讨会概述，贾淑荣，中国史研究动态，2019 年第 6 期。

92. 辽宁省辽金契丹女真史研究会 2008～2018 年工作回顾与前瞻——纪念《辽金历史与考古》创刊十周年，辽宁省辽金契丹女真史研究会秘书处，辽金历史与考古（第十辑），科学出版社，2019 年。

（三）学者介绍

93. 从《契丹小字研究》到《契丹小字再研究》：清格尔泰先生的契丹文研究，孙国军、陈俊达，内蒙古大学学报（哲学社会科学版），2019 年第 5 期。

94. 巴图的契丹小字研究，郑毅、牟岱，中国社会科学报，2019 年 2 月 18 日第 8 版。

95. 卞鸿儒对辽庆陵石刻研究的学术贡献，李俊义、李彦朴，辽金历史与考古（第十辑），科学出版社，2019 年。

96. 陶晋生辽金史研究述论，王戈非，黑龙江大学硕士学位论文，2019 年。

（四）书评、序、出版信息

97. 评《辽史（点校本二十四史修订本）》，［法］马颂仁，《宋元研究》2019 年第 48 卷。

98. 《科举与辽代社会》评议，任爱君、李浩楠，契丹学研究（第一辑），商务印书馆，2019 年。

99. 立足高远　真实再现辽金黑龙江历史，程妮娜，中国社会科学报，2019 年 11 月 13 日第 11 版。

100. 读《辽钱：笼罩在迷雾中的钱币》有感，张浩哲，江苏钱币，2019 年第 3 期。

101. 金毓黻辑印《辽陵石刻集录》始末，李俊义、李彦朴，北方文物，2019 年第 1 期。

102. 《满蒙再探》中的辽文化，范晓萌，科技风，2019 年第 31 期。

103. 都兴智先生《金代进士题名录》指瑕，马振君，内江师范学院学报，2019 年第 11 期。

104. 金代泰山文化研究的新突破——评聂立申《金代泰山名士稽考》，亓民帅，泰山学院学报，2019 年第 1 期。

105. 匠心织造纵横网，史心别开新面目——评胡传志《宋金文学的交融与演进》，宋凯，天中学刊，2019 年第 4 期。

106. 版本遴选精审校勘注释详备——评张静校注《中州集校注》，张晶、张勇耀，民族文学研究，2019 年第 2 期。

107. 一代诗史的文化意义及其文献价值 ——《中州集校订》前言，薛瑞兆，内江师范学院学报，2019 年第 11 期。

108. 宋金元明清曲辞补释三则，常丽丽，卷宗，2019 年第 26 期。

109. 多向互动视野下的金元全真道研究新成果——评钟海连博士新著《金元之际全真道兴盛研究——以丘处机为中心》，张义生，世界宗教研究，2019 年第 1 期。

110. 《剑桥中国辽西夏金元史》献疑六则，于宏伟、吴丹丹，文物鉴定与鉴赏，2019 年第 23 期。

111. 关于陶瓷类文物活化与利用的思考——从《宋金瓷话——五馆馆藏瓷器精品展》谈起，陈宁宁，博物馆研究，2019 年第 1 期。

112. 书评 高井康典行《渤海与藩镇：辽代地方统治研究》，藤原崇人，内亚史研究（34），2019 年 3 月。

（五）目录索引

113. 2018 年第十四届辽金契丹女真史学术研讨会论文目录，辽金史论集（第十七辑），中国社会科学出版社，2019 年。

三　史料与文献

（一）《辽史》《金史》

114.《辽史·兵卫志》的史源与史料价值，武文君，史学理论与史学史学刊（总第20卷），社会科学文献出版社，2019年。

115.《辽史·礼志》载诸"门"探析，李月新，赤峰学院学报（汉文哲学社会科学版），2019年第7期。

116. 蒙古西征视野下的信息流通与文本生成——《辽史》所记"西辽事迹"探源，苗润博，文史，2019年第3辑。

117."江家奴"当为"汪家奴"——《辽史》附元朝"修三史"圣旨勘误及其他，党宝海，西部蒙古论坛，2019年第2期。

118.《金史》勘误三则，孙红梅，北方文物，2019年第1期。

119.《金史》点校补正七则，孙建权，北方文物，2019年第3期。

120. 释《金史·太祖纪》之"品达鲁古"，邱靖嘉，中国史研究，2019年第1期。

121.《金史·地理志》疏漏与补正研究，王新英，兴义民族师范学院学报，2019年第1期。

122.《金史》仆散端封爵史料补佚一则，张笑峰，江海学刊，2019年第5期。

123.《金史》洪皓归宋时间勘误，刘启振、王思明，江海学刊，2019年第1期。

124. 点校本《宋史》《金史》《元史》《明史》订误13则，吕梁、吕友仁，古籍整理研究学刊，2019年第4期。

125. 辽金乐志的编纂与刊行，胡亮，出版发行研究，2019年第5期。

（二）其他史料与文献

126.《魏书》《北史》"契丹传"比较辨析，冯科，宋史研究论丛（第25辑），科学出版社，2019年。

127. 唐代石刻文献中契丹史料整理研究刍议，么乃亮、孙其媛，辽宁省博物馆馆刊（2019），辽海出版社，2019年。

128. 辽代卜筮书中的木奴与天牛考，杜成辉，敦煌研究，2019年第1期。

129. 王仁裕《玉堂闲话》佚文三则所记契丹史料考，李浩楠，辽金历史与考古（第十辑），科学出版社，2019年。

130. 女真史料的深翻与检讨——《三朝北盟会编》卷三研读记，邱靖嘉，中华文史论丛，2019年第2期。

131. 初探《松漠纪闻》——北方金国之地的历史变迁，杨光，文化学刊，2019年第

8 期。

132. 王寂所记辽金人物及其价值——以《辽东行部志》《鸭江行部志》为主的探讨，吴凤霞、边昊，辽金史论集（第十七辑），中国社会科学出版社，2019 年。

133. 《孔氏祖庭广记》的编纂特色与史学价值，李博，济宁学院学报，2019 年第 4 期。

134. 程卓《使金录》考论，赵永春、祝贺，史学集刊，2019 年第 6 期。

135. 再论《行程录》的真伪问题，李寒箫，历史教学（下半月刊），2019 年第 3 期。

136. 元杂剧《相国寺公孙合汗衫》中的金代史料研究，李浩楠，北方文物，2019 年第 2 期。

137. 山东地方志所见金逸文八篇，吕冠南，北方文物，2019 年第 2 期。

四　政治

（一）政治

138. 怎样认识 10 至 13 世纪中华世界的分裂与再统一，江湄，史学月刊，2019 年第 6 期。

139. 辽金少数民族中央政权建设历史补遗，周子豪，中学政史地（教学指导），2019 年第 4 期。

140. 辽朝在中国古史谱系中的历史定位，高福顺，中国边疆史地研究，2019 年第 2 期。

141. 文化、群体与认同：辽朝"汉契一体"观念的构建，周路星，阴山学刊，2019 年第 1 期。

142. 辽朝的特点及其历史地位：以地缘环境为中心，郑毅，中国民族博览，2019 年第 11 期。

143. 试论辽朝对正统含义的选择和利用，侯昱，文物鉴定与鉴赏，2019 年第 14 期。

144. 被改写的政治时间：再论契丹开国年代问题，苗润博，文史哲，2019 年第 6 期。

145. 皇族与辽朝政治研究，铁颜颜，吉林大学博士学位论文，2019 年。

146. 契丹部落联盟时期"王""汗"称号及其关系——兼论"天皇王—天皇帝"称号及其双重性，冯科，内蒙古社会科学（汉文版），2019 年第 6 期。

147. 辽朝追尊皇帝及其原因钩沉，肖爱民，内蒙古社会科学（汉文版），2019 年第 2 期。

148. 辽朝皇帝尊号中频繁使用天字的政治内涵分析，肖爱民，中国边疆史地研究，2019 年第 1 期。

149. 小议耶律阿保机建国历史背景，杜若铭，金颜永昼：康平辽代契丹贵族墓专题，北京联合出版公司，2019 年。

150. 耶律阿保机嗣位者考辨——再论契丹早期王位继承，耿涛，辽金历史与考古（第十辑），科学出版社，2019 年。

151. 辽太祖天赞三年西征未及北疆浮图城，程杰，阅江学刊，2019 年第 5 期。

152. 10 世纪契丹西征及其与辖戛斯人的交流，孙昊，欧亚学刊（新 9 辑），商务印书馆，2019 年。

153. 契丹（辽）东北经略与"移动宫廷（行朝）"：围绕女真发展期东部欧亚大陆的剖析（金·女真的历史与欧亚大陆东部；金代的政治、制度、国际关系），高井康典行，亚洲游学（233），2019 年 4 月。

154. 浅谈辽升幽州（北京）为陪都的原因及影响，何海平，首都博物馆论丛（总第 33 辑），北京燕山出版社，2019 年。

155. 东丹国迁徙问题研究，顾婉彤，长春师范大学硕士学位论文，2019 年。

156. 东丹国存亡问题再思考，康鹏，北方文物，2019 年第 4 期。

157. 辽朝皇帝对"谏言"的心态与应对，张国庆，渤海大学学报（哲学社会科学版），2019 年第 4 期。

158. 辽朝皇帝物质赏赐略论，卢修龙、姚雯雯，山西大同大学学报（社会科学版），2019 年第 4 期。

159. 子凭母贵与辽代继位三案，曹流，中央民族大学学报（哲学社会科学版），2019 年第 5 期。

160. 辽朝后族政治作为评价，孙伟祥、铁颜颜，辽金史论集（第十七辑），中国社会科学出版社，2019 年。

161. 早期汉人入辽脉络分析——以韩匡嗣夫妇墓志材料为中心的考察，崔玲，南阳理工学院学报，2019 年第 3 期。

162. 入辽汉士研究——以澶渊之盟的签订为结点，周路星，内蒙古师范大学硕士学位论文，2019 年。

163. 论宋辽时期山西的政治经济和文化，康意，现代交际，2019 年第 18 期。

164. 浅析辽代崇佛与其灭亡的关系，李悦，延边教育学院学报，2019 年第 3 期。

165. 玉臂鞲、海东青与辽代灭亡，袁婧，金颜永昼：康平辽代契丹贵族墓专题，北京联合出版公司，2019 年。

166. 被历史遗忘的角落——浅探辽末时期的"大奚帝国"，彭责轩，科技视界，2019 年第 6 期。

167. 礼制视域下金代帝王的"大中国"意识，徐洁，通化师范学院学报，2019 年第 7 期。

168. 金代对华夷之辨的回应与重构，张笑歌，文化创新比较研究，2019 年第 23 期。

169. 金国（女真）的兴亡与东部欧亚大陆局势（金·女真的历史与欧亚大陆东部；

金代的政治、制度、国际关系），古松崇志，亚洲游学（233），2019 年 4 月。

170. 猛安谋克研究（金·女真的历史与欧亚大陆东部；金代的政治、制度、国际关系），武田和哉，亚洲游学（233），2019 年 4 月。

171. 金代在东北地区倡导清廉奉公的举措，孙凌晨，中国社会科学报，2019 年 10 月 30 日第 8 版。

172. 金朝章宗宣宗立皇后事件探析，闫兴潘，辽金史论集（第十七辑），中国社会科学出版社，2019 年。

173. 金章宗时期的华北社会动乱与应对政策，曹文瀚，中央民族大学学报（哲学社会科学版），2019 年第 6 期。

174. 明昌进士与金代地方治理研究，侯震、张洪玮，地域文化研究，2019 年第 3 期。

175. 金朝后期泰州军政长官考略，孙文政，黑河学院学报，2019 年第 6 期。

176. 有关宋金之交华北的历史书写，宋燕鹏，隋唐辽宋金元史论丛（第九辑），上海古籍出版社，2019 年。

177. "陇蜀之城"吴家将抗金历史文化遗迹及其开发保护，温虎林，天水师范学院学报，2019 年第 2 期。

178. 红袄—忠义军与"益都李氏"之生成新考，李春圆，暨南史学（第 20 辑），暨南大学出版社，2019 年。

179. 蒙宋结盟与金国的灭亡，石磊，文史天地，2019 年第 9 期。

（二）制度

180. 契丹建辽前后北南宰相府职能转变与地位变迁，张宏利，保定学院学报，2019 年第 4 期。

181. "肇迹王业"——契丹于越研究，洪纬，地域文化研究，2019 年第 3 期。

182. 辽代选官制度刍议，武玉环，契丹学研究（第一辑），商务印书馆，2019 年。

183. 辽朝官员谥号赠赐初探，李月新，契丹学研究（第一辑），商务印书馆，2019 年。

184. 辽朝节镇体制研究，陈俊达，吉林大学博士学位论文，2019 年。

185. 辽代节镇体制的唐五代渊源，陈俊达、杨军，唐史论丛（第二十九辑），三秦出版社，2019 年。

186. 辽代节镇体制相关文献辨析，陈俊达、孙国军，赤峰学院学报（汉文哲学社会科学版），2019 年第 4 期。

187. 辽代奉圣州节度使研究，陈德洋，宋史研究论丛（第 25 辑），科学出版社，2019 年。

188. 辽代巡检制度考述，李碧瑶，东北亚研究论丛（第 11 辑），商务印书馆，2019 年。

189. 辽代地方监察体制研究，陈鹏，史学集刊，2019 年第 4 期。

190. 辽、北宋群（监）牧制度比较研究，吴晓杰，河北大学硕士学位论文，2019 年。

191. 辽朝惕隐研究，鞠贺，西北民族大学学报（哲学社会科学版），2019 年第 1 期。

192. 金朝酋邦社会形态下勃极烈官制始末，李秀莲、刘智博，辽金历史与考古（第十辑），科学出版社，2019 年。

193. 金初"勃极烈"研究三题，王崤，宋史研究论丛（第 25 辑），科学出版社，2019 年。

194. 论金代女真人的"超迁格"——民族关系影响下的职官制度变革，闫兴潘，历史教学（下半月刊），2019 年第 9 期。

195. 女真族的部族社会与金朝官制的历史变迁（金·女真的历史与欧亚大陆东部；金代的政治、制度、国际关系），武田和哉，亚洲游学（233），2019 年 4 月。

196. 金代泰山文士仕宦问题探析，卢修龙，泰山学院学报，2019 年第 2 期。

197. 金代官员除名制度探析，高云霄，河北北方学院学报（社会科学版），2019 年第 4 期。

198. 金朝荐举制度探析，袁成、宋卿，齐齐哈尔大学学报（哲学社会科学版），2019 年第 5 期。

199. 金代大定年间荐举制度的确立与运行探析，里景林，河北北方学院学报（社会科学版），2019 年第 4 期。

200. 金章宗时期选官制度研究，关璐莹，哈尔滨师范大学硕士学位论文，2019 年。

201. 金代荫补制度再研究——关于金世宗改亡宋官用荫并同亡辽官的探讨，吴诗铭，山西青年，2019 年第 15 期。

202. 金代枢密院研究，张喜丰，吉林大学博士学位论文，2019 年。

203. 试论金代户部机构，郭威，东北亚研究论丛（第 11 辑），商务印书馆，2019 年。

204. 金代兵部尚书民族性考论，宋卿，西南民族大学学报（人文社科版），2019 年第 6 期。

205. 金代刑部官员群体研究，滕立铭，吉林大学士学位论文，2019 年。

206. 金代审官院研究——兼论有金一代的选官与皇权关系，王崤，辽金史论集（第十七辑），中国社会科学出版社，2019 年。

207. 金代提刑司研究，王思玉，辽金史论集（第十七辑），中国社会科学出版社，2019 年。

208. 对金代提点刑狱的几点认识，曹国群、李刚，辽金历史与考古（第十辑），科学出版社，2019 年。

209. 金代驸马都尉探析，姜雨，白城师范学院学报，2019 年第 3 期。

210. 金代符宝郎考论，张宝珅，宋史研究论丛（第 25 辑），科学出版社，2019 年。

211. 金代群牧所变迁刍议，郑成龙，学习与探索，2019 年第 7 期。

212. 试论辽朝太宗时期的宗庙制度，李月新、齐建萍，辽宁师范大学学报（社会科学版），2019 年第 1 期。

213. "射鬼箭"考，崔静敏，赤峰学院学报（汉文哲学社会科学版），2019 年第 11 期。

214. 辽代帝后谥号研究，冯璐，辽宁师范大学硕士学位论文，2019 年。

215. 辽金时期北方地区的乡里制度及其演变，鲁西奇，文史，2019 年第 4 辑。

216. 国家制度变迁中的"边疆资源"——辽代法制儒家化再思考，李文军，中央民族大学学报（哲学社会科学版），2019 年第 4 期。

217. 辽代连坐制探析——兼与契丹籍没法比较，程麒，河北北方学院学报（社会科学版），2019 年第 5 期。

218. 辽朝柴册仪刍议，王凯，辽金史论集（第十七辑），中国社会科学出版社，2019 年。

219. 金朝陵山封祀刍论，姜子强、韩笑，地域文化研究，2019 年第 2 期。

220. 金代的长白山封祀——兼论金朝山川祭祀体系的二元特征，邱靖嘉，民族研究，2019 年第 3 期。

221. 长白山册封始于金代，王德忠、孙大川，辽金历史与考古（第十辑），科学出版社，2019 年。

222. 金朝旌表制度研究，李世玉，内蒙古民族大学硕士学位论文，2019 年。

223. 金代济贫法律制度研究，郭海霞，北方文物，2019 年第 4 期。

（三）对外关系

224. 东北亚政局下的契丹与隋朝关系研究，辛时代，渤海大学学报（哲学社会科学版），2019 年第 1 期。

225. 契丹与高句丽关系考述，孙炜冉，契丹学研究（第一辑），商务印书馆，2019 年。

226. 论辽与内陆亚洲的关系，魏志江、杨立中，江海学刊，2019 年第 2 期。

227. 辽朝对北汉存亡的影响，刘丽影，赤峰学院学报（汉文哲学社会科学版），2019 年第 1 期。

228. 从两个南北朝看宋辽、宋金与第一个南北朝定义契合程度 ——关于李治安先生所提两个南北朝相关问题的简单探讨，蒋丽萍，青年时代，2019 年第 6 期。

229. "澶渊之盟"浅议，邓磊，福建质量管理，2019 年第 4 期。

230. 辽宋"关南争地"事件探讨，白雪，内蒙古师范大学硕士学位论文，2019 年。

231. 宋使节在不同时间和季节使辽的原因与影响，蒋武雄，（台湾）成大历史学报

（56 期），2019 年 6 月。

232. 宋使节出使辽西京和独卢金考，蒋武雄，（台湾）东吴历史学报（第 39 期），2019 年 12 月。

233. 北宋奉辽使录研究，张美琎，华中师范大学硕士学位论文，2019 年。

234. 宋代使臣语录补考，李浩楠，宋史研究论丛（第二十五辑），科学出版社，2019 年。

235. 宋代交聘行记中的文化景观及其夷夏之辨，田峰，天水师范学院学报，2019 年第 1 期。

236. 辽、宋交聘中的辽朝宴仪探析，张敬坤，保定学院学报，2019 年第 1 期。

237. "以强盛夸于中国"：论辽兴宗的对宋外交，蒋金玲，辽金史论集（第十七辑），中国社会科学出版社，2019 年。

238. 辽道宗时期接待宋使的饮酒礼仪探究——基于陈襄《神宗皇帝即位使辽语录》，刘凯妮，兰州教育学院学报，2019 年第 7 期。

239. 义理与时势：澶渊之盟后辽圣宗对高丽政策探析，陶莎，江海学刊，2019 年第 2 期。

240. 回鹘人与辽朝关系述略，武玉环，辽金史论集（第十七辑），中国社会科学出版社，2019 年。

241. 辽与日本交往问题刍议，宋凌云，河北北方学院学报（社会科学版），2019 年第 1 期。

242. 宋金和谈记，别轶，同舟共进，2019 年第 12 期。

243. 南宋初年陕西叛将相关问题研究，张昆，西北大学硕士学位论文，2019 年。

244. 已待十五年：南宋孝宗内禅与对金关系（金·女真的历史与欧亚大陆东部；金代の政治·制度·国际関系），毛利英介，亚洲游学（233），2019 年 4 月。

245. 宋、金交聘中的宋朝赐宴及宴仪探析，张敬坤，珞珈史苑（2018 年卷），武汉大学出版社，2019 年。

246. 金国的正旦、圣节仪礼与外国使节，古松崇志，东方学报（94），2019 年 12 月。

247. 略论宋对金使的接待礼仪，王大鹏，民族史研究（第 15 辑），中央民族大学出版社，2019 年。

248. "隆兴和议"后的宋金"受书仪"之争，吴淑敏，北京社会科学，2019 年第 4 期。

249. 论金朝中期使宋女真族国信使的选任，王嘉琛，兰州教育学院学报，2019 年第 12 期。

250. 金朝与高麗（金·女真的历史与欧亚大陆东部；金代の政治·制度·国际関系），豊島悠果，亚洲游学（233），2019 年 4 月。

251. 金朝遣高丽使臣类型再检讨，鞠贺、杨军，黑龙江社会科学，2019 年第 5 期。

252. 金与高丽交聘考补，胡传志，内江师范学院学报，2019 年第 5 期。

253. 「刀伊襲来」事件と東アジア（金・女真的历史与欧亚大陆东部；金代の政治・制度・国際関係），蓑島栄紀，亜洲游学（233），2019 年 4 月。

254. 金代也有"昭君出塞"与"文姬归汉"，王果，看历史，2019 年第 10 期。

（四）军事

255. 幽州之战与五代初期的北方军政格局，陈乐保、杨倩丽，唐史论丛（第 29 辑），三秦出版社，2019 年。

256. 从高梁河之战看辽代军制，武威，文物鉴定与鉴赏，2019 年第 20 期。

257. 浅析高梁河之战——汉官集团在辽政权中的作用，豆中浩，文物鉴定与鉴赏，2019 年第 14 期。

258. "行逐水草"与"打草谷"——辽朝初期契丹军队后勤补给方式再研究，吴飞，宋史研究论丛（第 25 辑），科学出版社，2019 年。

259. 辽圣宗次征伐高丽探赜——从《高丽史・徐熙传》说起，陶莎，辽金史论集（第十七辑），中国社会科学出版社，2019 年。

260. 文人知兵：论杨万里的对金军事谋略，喻学忠、赵强举，重庆师范大学学报（社会科学版），2019 年第 4 期。

261. 南宋初年陕西叛将相关问题研究，张昆，西北大学硕士学位论文，2019 年。

262. 金代东京路军政事件研究，王甜，渤海大学硕士学位论文，2019 年。

263. 事宋金将探析，袁成，佳木斯大学社会科学学报，2019 年第 2 期。

264. 红袄军李全集团成员构成研究，曹文瀚，宋史研究论丛（第 25 辑），科学出版社，2019 年。

五 经济

（一）概论

265. 辽代山西地区财政管理变迁探究，陈德洋、付亚洲，山西大同大学学报（社会科学版），2019 年第 3 期。

266. 辽代辽东地区经济研究，李世浩，渤海大学硕士学位论文，2019 年。

267. 论辽朝官厅会计，莫磊、廖云杉，财会月刊，2019 年第 8 期。

268. 金朝对黑龙江流域的开发，孙瑞阳，赤峰学院学报（汉文哲学社会科学版），2019 年第 2 期。

（二）人口、户籍与移民

269. 移民与辽代土地开发，李玉磊，赤峰学院学报（汉文哲学社会科学版），2019年第1期。

270. 从典籍里浅析辽代"二税户"，孟娟，汉字文化，2019年第8期。

271. 《金史·地理志》开封府户数再考，韩健夫，中国史研究，2019年第4期。

272. 金朝内迁女真人猛安数量考辨，范学辉，历史研究，2019年第5期。

273. 金代移民与土地开发，耿改平，赤峰学院学报（汉文哲学社会科学版），2019年第2期。

274. 复线的历史：金元时期平阳文化叠加中的移民因素，刘丽、刘佳，山西师大学报（社会科学版），2019年第4期。

（三）贸易、商业

275. 金宋榷场贸易的历史分期与特征，刘智博、李秀莲，山西大同大学学报（社会科学版），2019年第3期。

276. 西夏、辽、金商业文书研究，丁海斌、赵丽娜，档案，2019年第7期。

（四）环境、自然灾害及救灾

277. 辽代人地关系研究，王金秋，赤峰学院学报（汉文哲学社会科学版），2019年第1期。

278. 金代森林破坏与环境变迁，夏宇旭，吉林师范大学学报（人文社会科学版），2019年第1期。

279. 金代山东地区"蝗不入境"神话的兴起与消退，周红冰，青岛农业大学学报（社会科学版），2019年第4期。

280. 大河南徙与拒河北流——金代治河决策所涉诸问题考述，张良，（台湾）汉学研究（第37卷第2期），2019年6月。

（五）农牧业

281. 辽代农业溯源、技术和土地制度及农业政策，魏特夫、冯家昇著，祁丽、孙文政译，古今农业，2019年第3期。

282. 犁向西北：辽朝上京道农业发展轨迹，陶莎，云南民族大学学报（哲学社会科学版），2019年第4期。

283. 辽代蒙古高原东部地区的农业开发及镇、防、维三州的设置，赵文生，农业考古，2019年第4期。

284. 金代农业伦理思想研究，刘欣、齐文涛，农业考古，2019年第4期。

285. 两宋（辽、金）时期的蚕业，蒋猷龙，蚕桑通报，2019 年第 3 期。

286. 金代东京路农业发展述论，李亚光、刘成赞，农业考古，2019 年第 6 期。

287. 试论金代牛畜数量的变化及其原因，孙建权，辽金历史与考古（第十辑），科学出版社，2019 年。

288. 金元明三代水利专家韩玉、郭守敬、吴仲，张文大，海淀史志，2019 年第 1 期。

289. 开创性的金代水利工程，张文大，海淀史志，2019 年第 3 期。

（六）手工业

290. 辽朝工匠及其管理初探——以石刻文字为中心，张国庆，史学集刊，2019 年第 4 期。

291. 辽代铁器手工业研究，王玉，西北民族大学硕士学位论文，2019 年。

292. 辽代冶金业管理文化研究，武威，艺术品鉴，2019 年第 9X 期。

293. 辽代陈国公主墓出土金器制作技术与工艺研究，石可，内蒙古师范大学硕士学位论文，2019 年。

294. 金代山东海盐业的管理及缉私问题研究，纪丽真，盐业史研究，2019 年第 4 期。

（七）货币

295. 论辽代货币经济，李世龙，黑龙江金融，2019 年第 11 期。

296. 浅谈辽代钱币，王琦，锋绘，2019 年第 9 期。

297. 辽代钱文字体与特征，杜海燕，朔方论丛（第七辑），内蒙古大学出版社，2019 年。

298. 辽代金属钱币的初步研究，隋志刚，赤峰学院学报（汉文哲学社会科学版），2019 年第 5 期。

299. 金代利通监铸钱铅料与成本研究，刘海峰、陈建立，自然辩证法通讯，2019 年第 12 期。

六　民族

（一）契丹族

300. 契丹、沙子里、托克马克与怒江——历史上的契丹及契丹人，任爱君，契丹学研究（第一辑），商务印书馆，2019 年。

301. 唐代营州における契丹人と高句麗人，森部豊，［日本］関西大学東西学術研究所紀要（52），2019 年 4 月。

302. 契丹族起源与木叶山地望之争，任崇岳，中国社会科学报，2019 年 5 月 7

日第 6 版。

303. 契丹民族"集体失踪"之谜，何忆，现代阅读，2019 年第 9 期。

304. 莫力达瓦契丹遗风，侯朝阳，旅游，2019 年第 1 期。

305. 莫力达瓦渔猎牧耕的契丹遗风，文侯朝阳，美丽乡村，2019 年第 2 期。

306. 契丹的后裔达斡尔族，陈海汶，中国国家地理，2019 年第 6 期。

　　（二）女真族

307. 肃慎族系演进考，郭孟秀，学习与探索，2019 年第 5 期。

308. 女真与胡里改：铁加工技术所见完颜部与非女真集团之关系（金·女真的历史
　　与欧亚大陆东部；金代的政治、制度、国际关系），井黑忍，亚洲游学（233），
　　2019 年 4 月。

309. 10—12 世纪女真"海寇"问题研究，马业杰，辽宁大学硕士学位论文，
　　2019 年。

310. 元明时期女真（直）与阿穆尔河流域［金·女真的历史与欧亚大陆东部；从女
　　真到满洲（ジュシェン）から满洲（マンジュ）へ］，中村和之，亚洲游学
　　（233），2019 年 4 月。

311. 从女真到满洲：明代的满洲里与后金国的兴起（金·女真的历史与欧亚大陆东
　　部；从女真到满洲），杉山清彦，亚洲游学（233），2019 年 4 月。

　　（三）渤海

312. 试析辽代渤海遗民的生存状态，黄为放，东北亚研究论丛（第 11 辑），商务印
　　书馆，2019 年。

313. 略论金代渤海遗民佛教信仰——以出土石刻文物为中心，李智裕，辽金史论集
　　（第十七辑），中国社会科学出版社，2019 年。

　　（四）奚族

314. 早期奚族与后世奚族刍议，沈军山、田淑华、王为群，河北民族师范学院学报，
　　2019 年第 2 期。

315. 奚族概要与回离保所建奚国诸遗址考证，张猛、邢启坤，辽金历史与考古（第
　　十辑），科学出版社，2019 年。

316. 论奚人的社会组织及其首领继承制度，王丽娟，中央民族大学学报（哲学社会
　　科学版），2019 年第 4 期。

317. 辽代奚王及其权力丧失研究，马昊，河北大学硕士学位论文，2019 年。

318. 辽宁省喀左县利州古塔维修发现溯源，马德全，兰台世界，2019 年第 8 期。

（五）其他民族和部族

319. 辽代五国部研究，李俊，吉林大学硕士学位论文，2019 年。

320. 辽金时期的达斡尔族先人——"达鲁古"，卓仁，辽金历史与考古（第十辑），科学出版社，2019 年。

321. 12 世纪中后期蒙古部历史研究，赵筱，辽宁师范大学硕士学位论文，2019 年。

322. 从契丹—元朝故地图画雕塑文物看元上都等地的黑人，王大方，契丹学研究（第一辑），商务印书馆，2019 年。

（六）民族关系

323. 两宋辽金绘画中的宋与周边民族交往研究，罗原，西南民族大学博士学位论文，2019 年。

324. 金末民族关系述论——从高庭玉、杨庭秀、韩玉之死说起，张宝珅，中央民族大学学报（哲学社会科学版），2019 年第 4 期。

（七）民族政策

325. 略论辽朝中期的民族思想，张娟，烟台大学硕士学位论文，2019 年。

326. 论辽朝对铁骊的经略，李俊，呼伦贝尔学院学报，2019 年第 5 期。

327. 从乣军建制看金代民族政策的影响，马业杰，哈尔滨学院学报，2019 年第 9 期。

328. 金代的契丹人与奚人（金女真的历史与欧亚大陆东部；金代的政治、制度、国际关系），吉野正史，亚洲游学（233），2019 年 4 月。

（八）民族融合

329. 宋金元时期民族观念的演化，孔令洁，西南大学学报（社会科学版），2019 年第 4 期。

七　人物

（一）帝后

330. 耶律阿保机利用宗教构建与巩固皇权考略，祁丽、孙文政，哈尔滨学院学报，2019 年第 9 期。

331. 耶律阿保机的情感生活与辽初政治，税玉婷，赤峰学院学报（汉文哲学社会科学版），2019 年第 5 期。

332. "腊肉皇帝"——耶律德光，李康彪，初中生学习指导，2019 年第 1 期。

333. "扶余之变"到"横渡之约"：辽世宗即位始末考辨，耿涛，中央民族大学学报（哲学社会科学版），2019年第6期。

334. 辽世宗被弑原因探微，卢修龙，佳木斯大学社会科学学报，2019年第1期。

335. 辽穆宗精神分裂疾病问题研究，王金秋，赤峰学院学报（汉文哲学社会科学版），2019年第10期。

336. 辽景宗的情感世界与辽朝中期政局，刘丽影，赤峰学院学报（汉文哲学社会科学版），2019年第5期。

337. 辽圣宗即位初治族靖边举措述论，卢修龙，佳木斯大学社会科学学报，2019年第4期。

338. 辽道宗的情感世界与辽朝后期政治——以萧观音案为中心，王征，赤峰学院学报（汉文哲学社会科学版），2019年第5期。

339. 试论辽道宗的法制改革，才俊良，河北北方学院学报（社会科学版），2019年第2期。

340. 天祚帝的情感世界与辽朝灭亡，王金秋，赤峰学院学报（汉文哲学社会科学版），2019年第5期。

341. 辽国太后萧绰生平的文学传播研究，张雅难，沈阳师范大学硕士学位论文，2019年。

342. 女真皇帝与华北社会：郊祀覃官看金代"皇帝"像（金·女真的历史与欧亚大陆东部；金代的社会、文化、言语），饭山知保，亚洲游学（233），2019年4月。

343. 金太祖神迹成因的地理学与物理学解释路径，宋继刚，长春师范大学学报，2019年第9期。

344. 别样海陵王，耿改平，呼伦贝尔学院学报，2019年第3期。

345. 完颜亮的情感世界与金代政治，李玉磊，赤峰学院学报（汉文哲学社会科学版），2019年第6期。

346. 金海陵王心理疾病研究，王征，赤峰学院学报（汉文哲学社会科学版），2019年第10期。

347. 完颜亮弑君及弑母二事再考，苏晓芬，（台湾）华冈史学（第6期），2019年3月。

348. 乌林答氏·李氏·金世宗：金世宗的情感世界与金朝政局，王金秋，赤峰学院学报（汉文哲学社会科学版），2019年第6期。

349. 略论《金史》中金世宗整顿吏治的主要措施，史聪聪，理论观察，2019年第9期。

350. 由几则史料也说金章宗与泰和宫，陈韶旭，张家口日报，2019年6月24日第7版。

351. 对金宣宗迁都南京的评析，牛忠菁，西部学刊，2019 年第 8 期。

（二）其他人物

352. 浅析人皇王耶律倍让位始末，王加册，金颜永昼：康平辽代契丹贵族墓专题，北京联合出版公司，2019 年。

353. 浅析"让国皇帝"耶律倍，滕济楠，北方文学，2019 年第 20 期。

354. 辽国太子会画画吗?，吴启雷，看历史，2019 年第 8 期。

355. 辽太宗之子罨撒葛考，李耀兴，河北北方学院学报（社会科学版），2019 年第 1 期。

356. 辽朝皇太妃萧胡辇考，李耀兴，辽东学院学报（社会科学版），2019 年第 5 期。

357. 辽耶律休哥世系考，胡娟、姚崇，辽金历史与考古（第十辑），科学出版社，2019 年。

358. 契丹文史料所见安团将军及割烈司徒名讳考释，彭鞑茹罕，内蒙古社会科学（汉文版），2019 年第 3 期。

359. 从出土的石刻资料看萧翰的出身和族帐，都兴智，辽金史论集（第十七辑），中国社会科学出版社，2019 年。

360. 辽代画院待诏张文甫小考，魏聪聪，美术，2019 年第 5 期。

361. 宋人纪录中的金太祖诸子——以"集体描述"为中心的观察，陈昭扬，台湾师大历史学报（第 62 期），2019 年 12 月。

362. "金总管"徒单恭，潘明生，当代检察官，2019 年第 9 期。

363. 从史论看赵秉文的儒学思想，贾秀云，吉林师范大学学报（人文社会科学版），2019 年第 2 期。

364. 金代文宗党怀英文学活动研究，魏华倩，北方文学，2019 年第 17 期。

365. 儒释道文化对王寂精神世界的影响，张怀宇，许昌学院学报，2019 年第 6 期。

366. 教育思想家刘祁生卒年辨正，刘山青，忻州师范学院学报，2019 年第 2 期。

367. 金代名儒李之翰生平及交游考，聂立申、王颖丹，鲁东大学学报（哲学社会科学版），2019 年第 3 期。

368. 论使金时期的南宋使臣洪皓，蒋洋杰，重庆师范大学硕士学位论文，2019 年。

369. 《赵城金藏》的刊刻与崔法珍的历史贡献，周峰，法音，2019 年第 12 期。

370. 金元时期的王重阳与全真七子图像考论，韩占刚，中国道教，2019 年第 4 期。

371. 耶律楚材作品存佚情况考辨，和谈，中北大学学报（社会科学版），2019 年第 1 期。

372. 金朝遗僧龙川大师考略，崔红芬，辽金史论集（第十七辑），中国社会科学出版社，2019 年。

八　元好问

（一）生平

373. 假若没有元好问，胡传志，名作欣赏，2019 年第 1 期。

374. 元好问的称谓，胡传志，名作欣赏，2019 年第 19 期。

375. 元好问的父兄渊源（上），胡传志，名作欣赏，2019 年第 4 期。

376. 元好问的父兄渊源（下），胡传志，名作欣赏，2019 年第 7 期。

377. 元好问的姻亲，胡传志，名作欣赏，2019 年第 16 期。

378. 元好问的北魏身世，胡传志，名作欣赏，2019 年第 22 期。

379. 元好问的科举观，胡传志，名作欣赏，2019 年第 31 期。

380. 元好问的师友讲习（上），胡传志，名作欣赏，2019 年第 10 期。

381. 元好问的师友讲习（下），胡传志，名作欣赏，2019 年第 13 期。

382. 元好问的史院苦衷，胡传志，名作欣赏，2019 年第 34 期。

383. 元好问的廉洁观，张斯直，党课，2019 年第 15 期。

384. 元好问的粮食观，张斯直，太原日报，2019 年 9 月 16 日第 7 版。

385. 元好问的长安之行，胡传志，名作欣赏，2019 年第 25 期。

386. 元好问的三乡诗思，胡传志，名作欣赏，2019 年第 28 期。

387. 元好问：金代文学的集大成者（金·女真的历史与欧亚大陆东部；金代的社会、文化、言语），高桥幸吉，亚洲游学（233），2019 年 4 月。

388. "收有金百年之元气，著衣冠一代之典刑"——谈元好问对辽宋文化圈之并重集成（上），狄宝心、赵彩霞，名作欣赏，2019 年第 7 期。

389. "收有金百年之元气，著衣冠一代之典刑"——谈元好问对辽宋文化圈之并重集成（下），狄宝心、赵彩霞，名作欣赏，2019 年第 10 期。

390. 金末社会与元好问仕隐的矛盾心态，马鸿莹，忻州师范学院学报，2019 年第 4 期。

391. 元好问在平定，王俭，太原日报，2019 年 8 月 26 日第 7 版。

392. 金末元初文学家元好问文艺美学思想别论，章辉，吕梁学院学报，2019 年第 1 期。

393. 杨云翼、赵秉文、元好问的创作接力——以平定州为视域的文学考察，张勇耀，忻州师范学院学报，2019 年第 6 期。

394. 元好问与"吴蔡体"，韩冰、邹春秀，忻州师范学院学报，2019 年第 6 期。

（二）作品

395. 元好问诗词研究初探，张敏，传播力研究，2019 年第 4 期。

396. 元好问与严羽诗学观比较——以《论诗三十首》与《沧浪诗话》为中心，梁思诗，忻州师范学院学报，2019 年第 6 期。

397. 论元好问对苏轼作品的接受——以元好问与苏轼作品的情意相似为视角，李卉，忻州师范学院学报，2019 年第 6 期。

398. 元好问"诗囚"说之论争，雷婵，文学教育（下），2019 年第 11 期。

399. "沧海横流要此身"——也谈遗山诗中的担当精神，张静，名作欣赏，2019 年第 1 期。

400. 试论元好问《论诗三十首》，张芸，文学教育（下），2019 年第 8 期。

401. 元好问《论诗三十首》对明清论诗影响，方满锦，忻州师范学院学报，2019 年第 4 期。

402. 司空图与元好问诗学观之比较——以《二十四诗品》和《论诗绝句三十首》为中心，周慧，美与时代（下），2019 年第 5 期。

403. 论元好问中州咏史诗，杨忠谦，名作欣赏，2019 年第 16 期。

404. 元好问七言古体诗风格演变之考察，刘成群，名作欣赏，2019 年第 4 期。

405. 元好问七言律诗用典探微，贾君琪，巢湖学院学报，2019 年第 4 期。

406. 论元好问七言律诗的对仗艺术，贾君琪，北京印刷学院学报，2019 年第 9 期。

407. 论元好问七言律诗的章法艺术，贾君琪，长春教育学院学报，2019 年第 5 期。

408. 元好问论诗诗在朝鲜半岛的接受，许宁，名作欣赏，2019 年第 28 期。

409. 元好问研究在韩国：朝鲜王朝后期遗山写景咏花诗之受容，许宁，名作欣赏，2019 年第 25 期。

410. 论元好问杏花诗词突出成就之因，朱千慧，名作欣赏，2019 年第 17 期。

411. 咏史怀古诗提升明太原县城文化旅游价值路径探究——以苏祐《太原怀古》和元好问《过晋阳故城书事》为例，李颖利，当代旅游，2019 年第 3 期。

412. 遗山诗歌的"金亡"书写，路元敦，名作欣赏，2019 年第 31 期。

413. 浅析遗山词中的用典特色，陈元，中华辞赋，2019 年第 4 期。

414. 元好问《梅花引》本事旁证及"墙头"母题，顾文若，名作欣赏，2019 年第 22 期。

415. 一曲凄恻动人的恋情悲歌 ——读元好问《摸鱼儿》，胡冬萍，中文信息，2019 年第 4 期。

416. 论吴眉孙《遗山乐府编年小笺》的学术特点及意义，蔡晓伟，忻州师范学院学报，2019 年第 4 期。

417. 元好问词集之抄本文献考述，邓子勉，词学（第 41 辑），华东师范大学出版社，

2019 年。

418. 略论元好问散文中的女性形象，赵彩娟，阴山学刊，2019 年第 4 期。

419. 遗山赋中的人生思考，贾秀云，名作欣赏，2019 年第 13 期。

420. 《续夷坚志》中女性人物之"草原风格"探析，王素敏，中北大学学报（社会科学版），2019 年第 4 期。

421. "文如其人"的正反合三种内涵——钱锺书对元好问"心声失真"一绝的多层阐释，徐美秋，名作欣赏，2019 年第 19 期。

九　社会

（一）社会性质、社会阶层

422. "社"抑或"村"——碑刻所见宋金晋东南地区民间祭祀组织形式初探，宋燕鹏，河北学刊，2019 年第 1 期。

423. 从考古发现谈金中都的社会等级结构，丁利娜，北方文物，2019 年第 3 期。

（二）社会习俗

424. 辽金时期西京民俗文化研究，王景娇，中国民族博览，2019 年第 10 期。

425. 辽代节日的文化因素分析，李春雷、李荣辉，地域文化研究，2019 年第 3 期。

426. 古代蒙古人、契丹人的"唾"习俗，罗玮，契丹学研究（第一辑），商务印书馆，2019 年。

427. 古代海东青多重文化象征略议，孙立梅，白城师范学院学报，2019 年第 5 期。

428. 略论十到十二世纪女真与党项的"髡发"习俗，王砚淇，青年文学家，2019 年第 32 期。

（三）姓氏、婚姻、家庭、家族与宗族

429. 辽朝"人名"视域下的文化映像——以石刻文字为中心，张国庆，辽金史论集（第十七辑），中国社会科学出版社，2019 年。

430. 辽代的宗族字辈与排行，王善军，辽金史论集（第十七辑），中国社会科学出版社，2019 年。

431. 金上京路姓氏、婚姻家庭及人口，孙文政，理论观察，2019 年第 4 期。

432. 《金史》所见"富者"考，高美，哈尔滨学院学报，2019 年第 3 期。

433. 墓志所见辽代女性婚姻问题的研究，张晓昂，辽宁师范大学硕士学位论文，2019 年。

434. 辽朝近亲婚配探究，袁成，佳木斯大学社会科学学报，2019 年第 1 期。

435. 辽朝政治婚姻中的"赐婚"现象——以石刻文字为中心，张国庆，辽金历史与考古（第十辑），科学出版社，2019 年。

436. 辽宋金重要家族基因谱系的历史人类学解析，王迟早，复旦大学博士学位论文，2019 年。

437. 辽代耶律仁先家族研究，姜洪军、张振军、杨旭东，北方民族考古研究（第七辑），科学出版社，2019 年。

438. 关于萧排押家族的两个问题，都兴智，辽金历史与考古（第十辑），科学出版社，2019 年。

439. 辽代张俭家族研究，张超，吉林大学硕士学位论文，2019 年。

440. 辽朝刘仁恭家族社会地位探析——以刘氏家族墓志为中心，郝艾利、陆旭超，渤海大学学报（哲学社会科学版），2019 年第 3 期。

441. 辽代康默记家族粟特族属考论，辛蔚，契丹学研究（第一辑），商务印书馆，2019 年。

442. 辽金时期鲁谷吕氏家族研究，于桐，吉林大学硕士学位论文，2019 年。

443. 技艺、血缘、信仰：房山石经文献所见辽代幽州石刻刻工家族，管仲乐，南京艺术学院学报（美术与设计），2019 年第 5 期。

444. 辽代的宗族字辈与排行，王善军，安徽史学，2019 年第 1 期。

445. 辽金女真的"家"与家庭形态——以《金史》用语为中心，孙昊，契丹学研究（第一辑），商务印书馆，2019 年。

446. 略论辽金时期东京渤海遗民高氏家族——以高模翰家族为中心，李智裕、苗霖霖，辽金历史与考古（第十辑），科学出版社，2019 年。

447. 纥石烈氏与金代政局，刘硕，吉林大学硕士学位论文，2019 年。

448. 金代唐括氏家族的婚姻与仕宦探析，高美，辽宁师范大学硕士学位论文，2019 年。

449. 金代唐括安礼家族考释，高美，佳木斯大学社会科学学报，2019 年第 1 期。

450. 耶律楚材家族与苏学的关联，贾秀云，苏州科技大学学报（社会科学版），2019 年第 4 期。

451. 金元陵川文化的繁荣——以郝氏家族为中心，姬若琳，晋城职业技术学院学报，2019 年第 5 期。

（四）女性

452. 库伦旗奈林稿 1 号、6 号墓壁画中女性形象分析，文菱，赤峰学院学报（汉文哲学社会科学版），2019 年第 6 期。

453. 以石刻资料为中心看辽代女性教化问题，刘晓飞，辽宁师范大学学报（社会科学版），2019 年第 6 期。

454. 宋辽金孝子图所表现的女性形象，程郁，宋史研究论丛（第 24 辑），科学出版社，2019 年。

455. 金朝女性谥号考，苗霖霖，辽金史论集（第十七辑），中国社会科学出版社，2019 年。

（五）捺钵

456. 契丹族四时捺钵制度及其影响，王伟，文物鉴定与鉴赏，2019 年第 10 期。

457. 辽代捺钵制度探析，闫成、姜旭，理论观察，2019 年第 6 期。

458. 浅探辽代捺钵制度及其形成与层次，葛华廷，辽金历史与考古（第十辑），科学出版社，2019 年。

459. 人地关系视角下的辽代四时捺钵再探讨，王征，赤峰学院学报（汉文哲学社会科学版），2019 年第 1 期。

460. 辽代四时捺钵的文体活动，王晓颖，金颜永昼：康平辽代契丹贵族墓专题，北京联合出版公司，2019 年。

461. 辽代春捺钵路线考论，梁维，史学集刊，2019 年第 3 期。

462. 辽代冬捺钵的地点与路线考，胡迪，中国社会科学报，2019 年 10 月 30 日第 8 版。

（六）衣食住行

463. 辽代服饰制度考，孙文政，北方文物，2019 年第 4 期。

464. 契丹族服饰元素研究，王泽行，新丝路（上旬），2019 年第 11 期。

465. 浅谈辽代"T"形项饰的艺术美，涂苏婷，活力，2019 年第 4 期。

466. 辽代带饰研究，李霞，内蒙古大学硕士学位论文，2019 年。

467. 内蒙古地区出土辽代蹀躞带考，赵晓峰、李永洁，赤峰学院学报（汉文哲学社会科学版），2019 年第 4 期。

468. 金代女真族服饰文化发展探析，关璐莹，考试周刊，2019 年第 11 期。

469. 金代女真人服饰变化研究，孙志鑫，赤子，2019 年第 28 期。

470. 金代吏员服饰浅探，王雷，辽金历史与考古（第十辑），科学出版社，2019 年。

471. 金上京护国林神像——贵族服饰特点及和陵、胡凯山方位考，赵评春，艺术设计研究，2019 年第 4 期。

472. "深簷胡帽"：一种女真帽式盛衰变异背后的族群与文化变迁，张佳，故宫博物院院刊，2019 年第 2 期。

473. 辽代的饮食文化，张思萌，赤峰学院学报（汉文哲学社会科学版），2019 年第 9 期。

474. 契丹饮茶与茶具，赵淑霞，赤峰学院学报（汉文哲学社会科学版），2019 年第

6 期。

475. 辽代宫廷三大宴，肃慎，饮食与健康（下旬刊），2019 年第 4 期。

476. 辽代酒器造型研究，佟月，内蒙古大学硕士学位论文，2019 年。

477. 从《奉使辽金行程录》看辽代饮食用具，张欣怡，文物鉴定与鉴赏，2019 年第 20 期。

478. 从《宣和乙巳奉使金国行程录》看金代饮食习俗，任永幸，白城师范学院学报，2019 年第 5 期。

479. 金代酒文化研究，李思宇，内蒙古民族大学硕士学位论文，2019 年。

480. 金代女真人社会政治生活中酒文化分析，倪雪梅，赤子，2019 年第 1 期。

481. 中国陕西西安举柔李氏金代墓地（公元 1115—1234 年）出土陶罐内酥皮的准确鉴定，于春雷、苗轶飞等，《考古学》第 62 卷第 1 期，2019 年 6 月 8 日。

482. 金代家具美学特色研究，韩延兵，艺术品鉴，2019 年第 21 期。

483. 金元时期晋北家具的形式特征，闫彩杰、李瑞君，流行色，2019 年第 10 期。

十 文化

（一）概论

484. 士志于道——"华夷之辨"与历史文化认同，李玉君、孔维京，中国边疆史地研究，2019 年第 2 期。

485. 大荒雄起——齐齐哈尔辽金历史文化回眸之一，张守生，青年文学家，2019 年第 1 期。

486. 无限江山——齐齐哈尔辽金历史文化回眸之二，张守生，青年文学家，2019 年第 1 期。

487. 通辽地区辽代文化遗产现状，李国峰，文物鉴定与鉴赏，2019 年第 14 期。

488. 试论金朝的文书档案事业，吴荣政，佛山科学技术学院学报（社会科学版），2019 年第 3 期。

489. 金元鉴藏风气转移中的东平士人，段莹，故宫博物院院刊，2019 年第 12 期。

490. 民族文化产业发展浅析——以泾川"完颜村"文化产业发展为例，白嘉菀，世纪桥，2019 年第 4 期。

（二）儒学

491. 金代的忠德观念及忠义状况，桑东辉，武陵学刊，2019 年第 3 期。

492. 金代孝文化发展特点探析，赵永春、刘月，黑龙江民族丛刊，2019 年第 3 期。

493. 金朝孝文化与社会和谐关系浅析，李世玉，兰州教育学院学报，2019 年第 1 期。

494. 南宋与金、元对峙时期的苏学与程学盛衰论，江枰，文学遗产，2019 年第 5 期。

495. 试论金元之际北方儒士的正统观，曹文瀚，辽金史论集（第十七辑），中国社会科学出版社，2019 年。

（三）教育与科举

496. 显州书院：东北历史上最早的书院，马阿宁，新阅读，2019 年第 3 期。

497. 辽代汉人家族的科举及教育研究，李朝阳，西北大学硕士学位论文，2019 年。

498. 辽代佛学教育运行机制述论，高福顺，契丹学研究（第一辑），商务印书馆，2019 年。

499. 金代教育的儒文化观探析，艾子、陈飞，郑州师范教育，2019 年第 1 期。

500. 试论金代的孝亲教育，孙凌晨、罗丹丹，长春师范大学学报，2019 年第 5 期。

501. 论金代女真民族敬老教育的传承，孙凌晨、罗丹丹，长春教育学院学报，2019 年第 4 期。

502. 金元时期孔颜孟三氏子弟教育考论，张国旺，首都师范大学学报（社会科学版），2019 年第 5 期。

503. 辽宋金元时期山西官办儒学的发展，秦艳，卷宗，2019 年第 34 期。

504. 论金代科举的行废与特点，秦子仪，文学教育，2019 年第 17 期。

505. 金朝大定年间女真进士科研究，张昊，哈尔滨师范大学硕士学位论文，2019 年。

506. 金代卫绍王朝进士辑录——兼谈其在金元文化传承中的地位，张宝珅，辽金历史与考古（第十辑），科学出版社，2019 年。

507. 从女真状元夹谷中孚看金代策论选举制度及其文化意义，薛瑞兆，民族文学研究，2019 年第 2 期。

（四）史学

508. 刘祁《归潜志》史论研究，张宝珅，地域文化研究，2019 年第 1 期。

509. 《大金国志》的史论及史学价值，冯俊，衡水学院学报，2019 年第 6 期。

510. 苏天爵与辽宋金元史编纂，吴凤霞，内蒙古民族大学学报（社会科学版），2019 年第 6 期。

511. マンジュ語『金史』の編纂：大金国の記憶とダイチン＝グルン（金・女真的历史与欧亚大陆东部；从女真到满洲），承志，亚洲游学（233），2019 年 4 月。

（五）语言文字

512. 辽代的语言状况，傅林，契丹学研究（第一辑），商务印书馆，2019 年。

513. 从契丹汉字音看汉语北方方言轻声的产生年代和机制，傅林，隋唐辽宋金元史论丛（第九辑），上海古籍出版社，2019 年。

514. 从《五音集韵》新增字语音折合失误看金代口语语音现象，张义，淮北师范大学学报（哲学社会科学版），2019 年第 1 期。

515. 《辽史》与《蒙古秘史》音译词缀的对比研究，周然然，赤峰学院学报（汉文哲学社会科学版），2019 年第 1 期。

516. 辽代汉文石刻职官词语研究，陈恒汁，西华师范大学硕士学位论文，2019 年。

517. 词典学视角下的辽代墓志词汇研究，夏定云，现代语文，2019 年第 8 期。

518. 《龙龛手镜》异体认同举正，杨宝忠、王亚彬，古汉语研究，2019 年第 4 期。

519. 《龙龛手镜》疑难字例释，梁春胜，中国文字研究（第 29 辑），上海书店出版社，2019 年。

520. 从金代石刻文献看《汉语大词典》例证之疏失，顾若言、周阿根，汉字文化，2019 年第 5 期。

521. 《新修玉篇》疑难字考释五则，马乾，国学学刊，2019 年第 4 期。

522. 《新修玉篇》未编码异写字考辨研究，程银燕，渤海大学硕士学位论文，2019 年。

523. 《改并五音集韵》异写字整理及研究——以《十齐》为例，董倩，辽东学院学报（社会科学版），2019 年第 2 期。

524. 新发现契丹大字《留隐太师墓志铭》研究，其力木尔，内蒙古大学硕士学位论文，2019 年。

525. 新发现契丹大字《孟父房耶律统军使墓志》（残石）研究，白原铭，内蒙古大学硕士学位论文，2019 年。

526. 刘凤翥教授的《契丹文字中的“横帐”》讨论文，李圣揆，契丹学研究（第一辑），商务印书馆，2019 年。

527. 契丹小字史料中的“失（室）韦”，吴英喆，契丹学研究（第一辑），商务印书馆，2019 年。

528. 契丹字“春、夏、秋、冬”的释读历程，张少珊，契丹学研究（第一辑），商务印书馆，2019 年。

529. 女真语与女真文字（金·女真的历史与欧亚大陆东部；金代的社会·文化·言语），吉池孝一，亚洲游学（233），2019 年 4 月。

530. 女真館訳語（金·女真的历史与欧亚大陆东部；金代の社会·文化·言语），更科慎一，亚洲游学（233），2019 年 4 月。

531. 『華夷訳語』の音訳法の諸問題：『女真館訳語』を中心に，更科慎一，［日本］山口大学文学会志（69），2019 年。

532. 论女真语双唇音的唇齿化现象，刘宇，满语研究，2019 年第 2 期。

533. 女真小字初探，李盖提著，聂鸿音译，满语研究，2019 年第 1 期。

534. 存世女真文性质再探，孙伯君，满语研究，2019 年第 1 期。

（六）艺术

535. 从对峙到合流：宋金书法走向元初"复古"的路径，刘超，吉林艺术学院学报，2019 年第 6 期。

536. 宋金墓室壁画中的墨书题记，张凯，中国书法，2019 年第 11 期。

537. 开封繁塔金代题记墨迹考，宋战利，文物，2019 年第 5 期。

538. 论王庭筠《幽竹枯槎图》中的书法艺术，尹木子，艺术品鉴，2019 年第 3X 期。

539. 诗启意，画具形：《东丹王出行图》悲剧情结的图式解读，王忠林、朱小林，艺术学界，2019 年第 1 期。

540. 《卓歇图》卷与簺篌，刘国梁，中国档案报，2019 年 11 月 1 日第 4 版。

541. 《司马樇梦苏小小图》与金元之际的音乐表演形态，施錡，美术观察，2019 年第 1 期。

542. 版画《随朝窈窕呈倾国之芳容》研究，张桐源，西安美术学院博士学位论文，2019 年。

543. 现存金代壁画艺术风格研究，洪宝，文艺生活（中旬刊），2019 年第 11 期。

544. 应县佛宫寺释迦塔人物画像研究，罗小雪，山西大学硕士学位论文，2019 年。

545. 灵丘觉山寺舍利塔壁画，杨俊芳，山西大同大学学报（社会科学版），2019 年第 1 期。

546. 壁画视角下宋金时期的社会初探——以山西岩山寺壁画为例，王军雷，文物世界，2019 年第 2 期。

547. 论岩山寺文殊殿壁画山水的艺术特征与成因，高媛，艺术与设计（理论），2019 年第 9 期。

548. 岩山寺文殊殿西壁壁画整体布局研究，李秉婧，五台山研究，2019 年第 2 期。

549. 动画技术在岩山寺壁画数字化展示中的运用及研究——以"比武试艺"为例，李思颖，太原理工大学硕士学位论文，2019 年。

550. 辽宋金元时期文姬归汉主题绘画服饰研究，李国锦，北京服装学院硕士学位论文，2019 年。

551. 辽代墓室人物壁画美术的主题研究，吴思佳，贵州民族研究，2019 年第 4 期。

552. 辽代墓葬壁画艺术中的弋猎图像研究，史前龙，内蒙古师范大学硕士学位论文，2019 年。

553. 赵励墓散乐图与同类壁画对比研究，金隐村，首都博物馆论丛（第 33 辑），北京燕山出版社，2019 年。

554. 河北宣化辽墓乐舞壁画研究，何红运，西安音乐学院硕士学位论文，2019 年。

555. 宣化下八里辽墓乐舞图像研究，刘崬，艺术工作，2019 年第 3 期。

556. 宣化下八里辽代张匡正墓壁画·备茶图，郝建文，当代人，2019 年第 7 期。

557. 大同地区辽代墓葬壁画中天象图新探，李彦颉、张玲，山西大同大学学报（社会科学版），2019 年。

558. 移动中的牙帐：以四季山水图为中心再议辽庆东陵壁画，陆骐，中国美术研究（第 32 辑），上海书画出版社，2019 年。

559. 辽墓壁画牵驼出行图像研究，魏聪聪，辽金历史与考古（第十辑），科学出版社，2019 年。

560. 库伦旗辽墓壁画赏析，于光辉，文物鉴定与鉴赏，2019 年第 15 期。

561. 赤峰市博物馆馆藏辽代壁画《侍吏图》鉴赏，张颖，文物鉴定与鉴赏，2019 年第 16 期。

562. 赵励墓散乐图与同类壁画对比研究，金隐村，首都博物馆论丛（总第 33 辑），北京燕山出版社，2019 年。

563. 论关山辽墓壁画中人物造型的独特性，孙恺祺，沈阳师范大学硕士学位论文，2019 年。

564. 由朝阳出土辽墓壁画漫谈叉手礼，刘志勇，辽宁省博物馆馆刊（2019），辽海出版社，2019 年。

565. 辽墓壁画展陈及相关问题研究，张颖，赤峰学院硕士学位论文，2019 年。

566. 金代墓室壁画研究，孙帅杰，吉林大学硕士学位论文，2019 年。

567. 晋北地区金代墓室壁画图像研究，聂炜，太原理工大学硕士学位论文，2019 年。

568. 山西长治地区金代墓室壁画《二十四孝图》研究，王鹏粉，华中师范大学硕士学位论文，2019 年。

569. 壶关上好牢 1 号宋金墓"杂剧演乐图"壁画内容考释，李清泉，文艺研究，2019 年第 12 期。

570. 陕西渭南靳尚村金墓杂剧壁画考辨，延保全、邓弟蛟，戏剧（中央戏剧学院学报），2019 年第 4 期。

571. 辽金雕塑的历史人文价值，贾婷婷，文物鉴定与鉴赏，2019 年第 23 期。

572. 五台山佛光寺东大殿彩塑壁画遗存若干问题稽考，崔元和、罗世平，五台山研究，2019 年第 2 期。

573. 晋南豫西北地区宋金墓葬音乐砖雕研究，王俊婷，西安音乐学院硕士学位论文，2019 年。

574. 稷山金代段氏家族墓之砖雕艺术分析，苏冠元，美术，2019 年第 6 期。

575. 河南义马狂口村金墓杂剧砖雕考，张裕涵、曹飞，励耘学刊（总第 30 辑），社会科学文献出版社，2019 年。

576. 辽代（契丹）音乐形成的背景和风格，张文熙，北方音乐，2019 年第 2 期。

577. 辽代草原丝绸之路音乐文化交流初探，张黄沛瑶，长江丛刊，2019 年第 3 期。

578. 契丹—辽鼓吹乐研究，潘骁蕊，沈阳音乐学院硕士学位论文，2019 年。

579. 辽代雅乐与礼乐制度探微，沈学英，中国音乐，2019 年第 2 期。

580. 辽、金、元宫廷用乐制度之关联——基于对《金史·乐志》《辽史·乐志》与《元史·礼乐志》的解读，潘江，天津音乐学院学报，2019 年第 2 期。

581. 契丹（辽）箜篌在辽宁遗存的研究，原媛，乐府新声（沈阳音乐学院学报），2019 年第 3 期。

582. 东丹国音乐初探，原媛，当代音乐，2019 年第 9 期。

583. 金代宫廷雅乐制定考，潘江，音乐传播，2019 年第 2、3 期合刊。

584. 晋南金墓砖雕图案上的乐器研究，张慧、杨洋，忻州师范学院学报，2019 年第 1 期。

585. 豪韵唐风——辽代乐舞之审美价值，何昱璋，黄河之声，2019 年第 10 期。

586. 关于张家口域内辽代乐舞文化的研究，何辉，黄河之声，2019 年第 23 期。

587. 诗词歌赋中 ——契丹乐舞以"粗犷"为美的审美取向，孙斯琪，新玉文艺，2019 年第 5 期。

588. 山西高平西李门二仙庙月台东侧线刻汉服伎乐图考，于飞，文物春秋，2019 年第 2 期。

589. 金代女真乐舞艺术特征，赵娟，中国民族博览，2019 年第 3 期。

590. 晋南金墓乐舞砖雕舞蹈形态研究，赵娟，艺术科技，2019 年第 1 期。

591. 内蒙古地区辽金元瓦当纹饰研究，赵怡博，内蒙古师范大学硕士学位论文，2019 年。

592. 论宋元时期多民族设计风格的交流方式及特点，魏艺，美术学报，2019 年第 6 期。

593. 契丹传统纹样在文创产品设计中的应用，赵婕，沈阳航空航天大学硕士学位论文，2019 年。

（七）体育

594. 金代体育的身体哲学研究，郑传锋、周少林，河北体育学院学报，2019 年第 3 期。

595. 从《三朝北盟会编》看金朝女真体育文化，王久宇、邱海林，黑龙江社会科学，2019 年第 5 期。

（八）图书、印刷

596. 辽朝与金朝图书出版发展的比较研究，杨卫东、李西亚，北方文物，2019 年第 2 期。

597. 民族文化认同视阈下辽代图书出版发展刍议，李西亚、杨卫东，中国出版，2019 年第 16 期。

598. P. 2159V《妙法莲华经玄赞科文》写卷重探——兼论辽国通往西域的"书籍之路"，秦桦林，敦煌写本研究年报（13），2019 年 3 月。

599. 金代的书籍出版与社会文化发展，李西亚，人民周刊，2019 年第 14 期。

600. 文化认同视阈下金代儒学典籍出版的内在理路，李西亚，齐鲁学刊，2019 年第 5 期。

601. 儒释道三教融合视阈下金代宗教典籍的出版——以佛、道二教为中心，杨卫东、李西亚，黑龙江民族丛刊，2019 年第 3 期。

602. 儒释道三教融合视阈下金代宗教典籍的出版——以佛、道二教为中心，李西亚，辽金历史与考古（第十辑），科学出版社，2019 年。

603. 金元刻本《篇海》（卷十、卷十一）与明刻本对比研究，魏慧，河北大学硕士学位论文，2019 年。

604. 辽代庆州白塔佛经用纸与印刷的初步研究，王珊、李晓岑、陶建英、郭勇，文物，2019 年第 2 期。

十一　文学

（一）综论

605. 辽金文艺对中华美学的贡献，张晶，民族文学研究，2019 年第 6 期。

606. 契丹文学传播动因研究，吴奕璇，中国民族博览，2019 年第 6 期。

607. 金元之际契丹文士的焦虑意识及文学表达——以耶律楚材家族为中心，和谈，东南学术，2019 年第 4 期。

608. 论契丹人在秦地的活动及诗词创作——以耶律楚材家族为中心的考察，和谈，西北大学学报（哲学社会科学版），2019 年第 4 期。

609. 金代女真人文学生态生成的教育机理及其当代启示，王俊德，民族教育研究，2019 年第 6 期。

610. 金代"国朝文派"概念提出的典型意义，吴致宁，保定学院学报，2019 年第 3 期。

611. 佛禅影响下的金代文学批评观念，孙宏哲，内蒙古民族大学学报（社会科学版），2019 年第 3 期。

612. 金元之际契丹文士的焦虑意识及文学表达——以耶律楚材家族为中心，和谈，东南学术，2019 年第 4 期。

613. 方志佚文中所见的金末泰山区域文学生态，周琦玥、姜复宁，泰山学院学报，2019 年第 6 期。

（二）诗

614. 碑志文献与方志著作中的辽金佚诗，吕冠南，常熟理工学院学报，2019 年第 4 期。

615. 幽并豪侠气：金代咏侠诗的文化内涵及审美追求，霍志军，晋阳学刊，2019 年第 3 期。

616. 仕金辽士诗之夏夷君国理念及人生志趣，狄宝心，福建师范大学学报（哲学社会科学版），2019 年第 5 期。

617. 金初入金宋人诗歌中的家国书写研究，李永洲，华侨大学硕士学位论文，2019 年。

618. "收有金百年之元气，著衣冠一代之典刑"——谈元好问对辽宋文化圈之并重集成（上），狄宝心、赵彩霞，名作欣赏，2019 年第 7 期。

619. 论贞祐南渡视域下之诗风丕变，刘福燕、许并生，晋阳学刊，2019 年第 3 期。

620. 中原诗歌在西夏和契丹的传播，聂鸿音，四川师范大学学报（社会科学版），2019 年第 4 期。

621. 论金代初期的文学观念——以论诗诗、诗话为中心，张晋芳，集宁师范学院学报，2019 年第 5 期。

622. 金代诗歌宗尚情形研究，路嘉玮，云南大学硕士学位论文，2019 年。

623. 金代诗歌对名词铺排的继承和创新，吴礼权，河北师范大学学报（哲学社会科学版），2019 年第 3 期。

624. 宋金元诗歌"列锦"结构模式及其审美追求，彭一平，青年文学家，2019 年第 24 期。

625. 略论金元时期对韦应物诗歌的接受，彭伟，文艺争鸣，2019 年第 2 期。

626. 从三位皇帝的还乡诗看《大风歌》的经典性，刘锋焘，乐府学（第 19 辑），社会科学文献出版社，2019 年。

627. 渤海遗裔文学的师承与流变——以王庭筠的后期诗风为中心，李莹，文化学刊，2019 年第 8 期。

628. 金代全真教掌教马丹阳的诗词创作及其文学史意义，吴光正，世界宗教研究，2019 年第 1 期。

629. 马钰诗词俗语词研究，胡婷，西南大学硕士学位论文，2019 年。

630. 耶律楚材的西域纪行诗歌浅论，伍守卿，河南广播电视大学学报，2019 年第 3 期。

631. 从西游同韵诗看耶律楚材、丘处机的文化情怀与审美追求，王素敏，阴山学刊，2019 年第 5 期。

632. 金元时期诗话中的《诗经》教化与文学传播，彭一平，牡丹，2019 年第 23 期。

633. 金元咏烟台诗歌研究，唐英格，鲁东大学硕士学位论文，2019 年。

634. 杜仁杰诗文研究，朱子玄，辽宁师范大学硕士学位论文，2019 年。

635. 金诗文献的文化意义，薛瑞兆，江苏大学学报（社会科学版），2019 年第 6 期。

636. 《河汾诸老诗集》版本再探，薛林仙，忻州师范学院学报，2019 年第 3 期。

637. 明代的金诗选录及其特征，张静，忻州师范学院学报，2019 年第 4 期。

（三）词

638. 论金代词人地理分布与群体特点，张建伟、张景源，地域文化研究，2019 年第 3 期。

639. 金后期河东词人群体研究，董昱涵，华中师范大学硕士学位论文，2019 年。

640. 赵秉文豪放词探析：论"苏学行于北"对赵词之影响，石学翰，（台湾）人文社会科学研究（第 13 卷第 2 期），2019 年 6 月。

641. 俗中出彩——金代道教词与宋代民间词的艺术形式比较，左洪涛、高亚萍，忻州师范学院学报，2019 年第 1 期。

642. 王重阳『和柳词』的道教内涵与审美意蕴，姚逸超、陶然，中国道教，2019 年第 4 期。

643. 论金代全真道士长筌子词，倪博洋，宗教学研究，2019 年第 1 期。

644. 词学史上的金元词论，李春丽，阴山学刊，2019 年第 6 期。

645. 宋金遗民元夕词比较，徐亚玲，福建茶叶，2019 年第 9 期。

646. 北宋乐署与金词演唱，董希平，中原文化研究，2019 年第 6 期。

647. 宋金四六谱派源流考述，张兴武，文学遗产，2019 年第 1 期。

（四）散文

648. 丽句与深采并流 ——金代散文赋化现象及其价值论析，薛婉莹，山西大学硕士学位论文，2019 年。

649. 金代学记研究，郑军帅，辽宁师范大学硕士学位论文，2019 年。

650. 两宋金元时期的辞赋概况，李牧童，对联，2019 年第 9 期。

（五）戏剧

651. 从优人讽谏的发展看宋金杂剧的讽刺传统，杨梦如，名作欣赏，2019 年第 35 期。

652. 金代河东南路杂剧的沉淀融合及其体量态势——以戏曲文物为中心，李文，戏剧艺术，2019 年第 4 期。

653. 误读的诸宫调"重大发现"——侯马二水金墓曲辞解，廖奔，戏曲研究，2019 年第 2 期。

654. 金代诸宫调的半入声和《中原音韵》的入派三声，刘俊一，汉字文化，2019 年第 1 期。

655. 金院本与北方目连戏的发展，马小涵，玉林师范学院学报，2019 年第 1 期。

656. "艳段"考辨，杨昊冉，文化艺术研究，2019 年第 2 期。

657. 论王实甫《西厢记》中的红娘形象，马明喆，传播力研究，2019 年第 4 期。

658. 金元时期北方蕃曲与元曲的融合与渗透，张婷婷，艺术百家，2019 年第 5 期。

659. 金元风范——"金、元"话语与明清戏曲"宗元"风尚，杜桂萍，光明日报，2019 年 5 月 27 日第 13 版。

十二　宗教

（一）概论

660. 金代宗教管理研究，祝贺，吉林大学博士学位论文，2019 年。

661. 金朝礼部宗教管理方式刍议，孙久龙、王成名，史学集刊，2019 年第 2 期。

662. 金代的生祠与祠庙探析，刘晓楠，九江学院学报（社会科学版），2019 年第 6 期。

663. 金代北镇医巫闾山信仰与祭祀探析，刘丹，渤海大学学报（哲学社会科学版），2019 年第 3 期。

664. 金元以降山西汾州地区龙天信仰研究，宁夏楠，山西大学硕士学位论文，2019 年。

（二）萨满教

665. 女真墓葬中出土悬铃腰带的特征及用途研究，梁娜、谢浩，大庆社会科学，2019 年第 1 期。

（三）佛教

666. 辽金时期东北地区的佛教信仰和舍利崇拜，王佳，地域文化研究，2019 年第 5 期。

667. 遼代の仏教における「末法説」の源流，劉屹著，林佳惠訳，学際化する中国学：第十回日中学者中国古代史論壇論文集，（东京）汲古書院，2019 年。

668. 《释摩诃衍论》中的辽代流通：房山石经的记述与周边情况（谷地快一博士记念号），关悠伦，东洋学研究（56），2019 年。

669. 金代的仏教（金・女真的历史与欧亚大陆东部；金代的社会、文化、言语），藤原崇人，亚洲游学（233），2019 年 4 月。

670. 金代燕京的佛教遗址探访记（金·女真的历史与欧亚大陆东部；金代の社会·文化·言語），阿南史代·史代，亚洲游学（233），2019 年 4 月。

671. 孔门禅与金元士风，吴平，（台湾）孔学与人生（第 81 期），2019 年 5 月。

672. 从朝阳北塔天宫看辽代舍利瘗藏制度，杜晓敏，理财·收藏，2019 年第 9 期。

673. 中国辽代法舍利埋纳遗址调查记，刘海宇，岩手大学「平泉文化研究中心年报」，岩手大学平泉文化研究中心编，2019 年。

674. 吐鲁番博物馆所藏《契丹藏》佛经残片考释——从《囉嚩拏说救疗小儿疾病经》看《契丹藏》传入高昌回鹘的时间，武海龙、彭杰，西域研究，2019 年第 4 期。

675. 房山石经研究，管仲乐，东北师范大学博士学位论文，2019 年。

676. 北京房山云居寺辽金刻经考述，齐心、杨亦武，辽金历史与考古（第十辑），科学出版社，2019 年。

677. 救护《赵城金藏》始末，李万里，文献，2019 年第 2 期。

678.《赵城金藏》四年时间藏在沁源一煤窑，吴修明、刘玲，三晋都市报，2019 年 7 月 19 日 A07 版。

679. 述论辽宋时期《法华经》及天台教义在北方的流传，严耀中，中原文化研究，2019 年第 3 期。

680. 辽代佛教造像的民族风格研究，杨俊芳，美术大观，2019 年第 8 期。

681. 浅谈独乐寺的十一面观音造像，赵智慧、高树影，中国民族博览，2019 年第 5 期。

682. 辽代金铜白衣观音造像小析，张金颖，文物天地，2019 年第 12 期。

683. 通辽市博物馆藏辽代佛像，其其格，收藏，2019 年第 1 期。

684. 浅析应县木塔中佛像的艺术特征，苏静平，新课程（中旬），2019 年第 3 期。

685. 客从何处来：加拿大皇家安大略博物馆藏三彩罗汉像新识，吴敬，美成在久，2019 年第 2 期。

686. 奈曼旗青龙山镇出土石雕佛像赏析，秦晓伟，文物鉴定与鉴赏，2019 年第 16 期。

687. 从赤峰地区辽代佛塔看辽代佛像的造像艺术，李悦，中国民族博览，2019 年第 2 期。

688. 西夏与辽宋时期涅槃图像的比较研究，于博，西夏学（第十八辑），甘肃文化出版社，2019 年。

689. 延安清凉山万佛洞造像研究，毛一铭，浙江大学硕士学位论文，2019 年。

690. 不二寺佛教造像研究，董晓炜，山西大学硕士学位论文，2019 年。

691. 辽金时期北京佛教文化再认识，安宁，法音，2019 年第 8 期。

692. 辽代佛教艺术在朝阳禅修中心设计的应用研究，苗逢时，沈阳航空航天大学硕士学位论文，2019 年。

693. 宋金元五台山僧官考——以碑刻题衔为中心，冯大北，五台山研究，2019 年第 2 期。

694. 论辽金时期佛教徒的焚身供养，王德朋，北京社会科学，2019 年第 11 期。

695. 辽代燕云地区民间佛事活动与社会秩序——以《辽代石刻文编》为例，刘远，民族史研究（第 15 辑），中央民族大学出版社，2019 年。

（四）道教

696. 金代的道教：超越"新道教"（金·女真的历史与欧亚大陆东部；金代的社会、文化、言语），松下道信，亚洲游学（233），2019 年 4 月。

697. 金元时期全真道与王权关系研究，杨东魁，河南大学硕士学位论文，2019 年。

698. 金元全真道功行思想研究，杨大龙，河南大学硕士学位论文，2019 年。

699. 金元全真道的戒学思想及戒律传授，高丽杨，中国道教，2019 年第 12 期。

700. "性灵"理论与金元时期性灵思想，蒋振华、陈卫才，中州学刊，2019 年第 8 期。

701. 从传记到传奇：金元全真仙传的历史书写及仙化倾向，秦国帅，道教学刊（2019 年第 2 辑总第 4 期），社会科学文献出版社，2019 年。

702. 仙道文化的革新与升华——论金元诗词的内丹心性学说，郭中华、张震英，中华文化论坛，2017 年第 4 期。

703. 寇才质《道德真经四子古道集解》初探，山田俊，［日本］熊本县立大学文学部纪要（25），2019 年。

十三　医学

704. 也论金末汴京大疫的诱因与性质，王星光、郑言午，历史研究，2019 年第 1 期。

705. 浅谈金元四大家针刺治疗"上火"，朱星瑜、王曾、高良云、范永升，浙江中医杂志，2019 年第 12 期。

706. 金元以后中医外科内治总则源流考证，石志强、常晓丹，长春中医药大学学报，2019 年第 6 期。

707. 宋金元时期中医痹病证治特色探析，文彬、孙海涛、贺松其，新中医，2019 年第 12 期。

708. 金元时期中医不同学术流派头痛诊疗学术思想探析，沈敏、黄金科、郭蔚驰、李慧，安徽中医药大学学报，2019 年第 6 期。

709. 浅谈田代三喜对金元时期李朱学说的传播及影响，彭红叶、赵力、谭萌、王菁、宋佳，环球中医药，2019 年第 10 期。

710. 关于金元以前脏腑辨证理论及体系建立的探析，任北大、雷超芳、纪雯婷、穆杰、杜欣，环球中医药，2019 年第 8 期。

711. 自然因素对宋金元时期温病理论发展的影响，陈磊、李海燕、严世芸，江苏中医药，2019 年第 6 期。

712. 金元四大家对月经病的诊疗特色，王君敏、王雪娇、姜东海、王鹏，中医药临床杂志，2019 年第 5 期。

713. 宋金元时期中医运动养生技法研究，董博，辽宁中医药大学硕士学位论文，2019 年。

714. 杨云翼医事，段逸山，上海中医药杂志，2019 年第 8 期。

715. 成无己事迹及其著作追踪，钱超尘，中医学报，2019 年第 10 期。

716. 推崇成无己精神弘扬中医药文化，郭国，现代养生（下半月版），2019 年第 5 期。

717. 张元素"自为家法"思想探析，范忠星、董尚朴、周计春，中华中医药杂志，2019 年第 10 期。

718. 张元素六气主病思想初探，郭雨晴、李媛媛、周文婷、王新宇、翁洁琼，中医学报，2019 年第 7 期。

719. 刘完素建构在玄府学说下的脾胃观，刘琼、陶春晖，中国中医基础医学杂志，2019 年第 9 期。

720. 刘完素与张锡纯论治中风病的学术特色，白惠敏、戚功玉、胡一舟，陕西中医药大学学报，2019 年第 3 期。

721. 古代心理疗法两位大家——朱丹溪、张子和，廉洁，中国保健食品，2019 年第 6 期。

722. 张子和《儒门事亲》与永富独啸庵《吐方考》中吐法比较研究，侯耀阳、刘春晖、朱雪莹、管津智，中医研究，2019 年第 1 期。

723. 《儒门事亲》所论湿热源流简析，许建秦、焦振廉、郭姣，中医文献杂志，2019 年第 4 期。

724. "用情高手"张从正 攻下祛邪正自安，柴玉、张英栋，中医健康养生，2019 年第 4 期。

725. 李东垣"风药健脾"治法探析，祁勇，光明中医，2019 年第 19 期。

726. 李东垣"阴火"病机探讨，袁创基，医药前沿，2019 年第 20 期。

727. 李东垣伍用黄芪人参之经验探析，张东伟、杨关林、赵宏月，辽宁中医杂志，2019 年第 5 期。

728. 朱丹溪妇科学术思想钩玄，莫炜维、陈霈璇，环球中医药，2019 年第 5 期。

729. 朱丹溪的情志调摄思想探析，王英、庄爱文、高晶晶，四川中医，2019 年第 4 期。

730. 丹溪六郁学说在治疗泄泻中的应用，郭妍、徐艺，云南中医中药杂志，2019 年第 9 期。

731. 朱震亨滋阴养生观：指导阴虚体质调养，倪诚，中医健康养生，2019 年第 4 期。

732. 《格致余论》养生观点举隅，王枢恒，中国保健营养，2019 年第 12 期。

733. 李杲对《难经》"子能令母实"的应用浅析，张弘、周计春，教育教学论坛，2019 年第 46 期。

734. 李杲对眼病病因病机的认识，张弘、周计春、董尚朴，中国中医药现代远程教育，2019 年第 4 期。

735. "王道医学"的渊源及其证治特色，余瀛鳌，天津中医药，2019 年第 1 期。

十四　历史地理

（一）地方行政建置

736. 辽代"道"制辨析，何天明，契丹学研究（第一辑），商务印书馆，2019 年。

737. 辽代山西诸州的一体化，武文君、杨军，古代文明，2019 年第 2 期。

738. 辽朝的城"坊"与城市管理——以石刻文字为中心，张国庆，契丹学研究（第一辑），商务印书馆，2019 年。

739. 金初上京路、咸平路废罢再探——以《揽辔录》为中心的探讨，冯利营，文物鉴定与鉴赏，2019 年第 22 期。

740. 金代胡里改路史事研究，陈笑竹，哈尔滨师范大学硕士学位论文，2019 年。

741. 金天兴元年建置中京行省事考辨，吴尚，兰台世界，2019 年第 5 期。

（二）都城

742. 元朝的都城空间与王权礼仪——试析宋辽金都城与元大都，久保田和男，［日本］长野工业高等专门学校纪要（53），2019 年 6 月。

743. "形式"之都与"移动"之都：辽代都城解读的一种尝试，张宪功，辽金历史与考古（第十辑），科学出版社，2019 年。

744. 浅谈辽升幽州（北京）为陪都的原因及影响，何海平，首都博物馆论丛（第 33 辑），北京燕山出版社，2019 年。

745. 辽上京规制和北宋东京模式，董新林，考古，2019 年第 5 期。

746. 试论辽代都城之朝向——以辽上京和辽中京为例，孙晨，文物鉴定与鉴赏，2019 年第 6 期。

747. 辽上京城内布局及其规划思想分析，张悦，内蒙古师范大学硕士学位论文，2019 年。

748. 关于辽上京城营建的几点浅见，葛华廷，辽金历史与考古（第十辑），科学出版社，2019 年。

749. 辽都城上京的兴建背景和历史地位，张硕，理论与创新，2019 年第 6 期。

750. 金代の城郭都市（金·女真的历史与欧亚大陆东部；金代的遗迹与文物），臼杵勋，亚洲游学（233），2019 年 4 月。

751. 金上京の考古学研究（金·女真的历史与欧亚大陆东部；金代的遗迹与文物），赵永军著，古松崇志訳，亚洲游学（233），2019 年 4 月。

752. 金上京的兴与衰，周喜峰，奋斗，2019 年第 5 期。

753. 金の中都（金·女真的历史与欧亚大陆东部；金代的遗迹与文物），渡边健哉，亚洲游学（233），2019 年 4 月。

754. 金中都，洪烛、李阳泉，北京规划建设，2019 年第 2 期。

755. 北京的建都开端——关于金中都定都的历史考察，李肇豪，文物鉴定与鉴赏，2019 年第 12 期。

（三）城址

756. GIS 支持下辽上京周边地区城址分布问题研究，许潇婧，赤峰学院学报（汉文哲学社会科学版），2019 年第 12 期。

757. 关于辽河下流地区辽代州县城的分布，高桥学而，北方民族考古（第 6 辑），科学出版社，2019 年。

758. 辽代龙化州研究，孙健，内蒙古民族大学硕士学位论文，2019 年。

759. 内蒙古开鲁县辽墓发现的墨书题记与辽之龙化州，连吉林，辽金史论集（第十七辑），中国社会科学出版社，2019 年。

760. 龙化州地望考，李鹏，辽金史论集（第十七辑），中国社会科学出版社，2019 年。

761. 辽初龙化州琐议，宋立恒、迟浩然，辽金史论集（第十七辑），中国社会科学出版社，2019 年。

762. 福巨古城调查研究，孙健，文存阅刊，2019 年第 4 期。

763. 内蒙古开鲁县辽墓发现的墨书题记与辽之龙化州，连吉林，北方文物，2019 年第 2 期。

764. 内蒙古开鲁县发现辽代琉璃砖皇族墓葬——辽太祖"私城"龙化州城址位置基本确定，连吉林，契丹学研究（第一辑），商务印书馆，2019 年。

765. 阴山以北的金元时期城址，魏坚、周雪乔，内蒙古社会科学（汉文版），2019 年第 1 期。

766. 辽朝室韦国王府故城考，孙文政，地域文化研究，2019 年第 6 期。

767. 辽宁朝阳"安晋城"略考，杜晓红、宋艳伟，辽金历史与考古（第十辑），科学出版社，2019 年。

768. 辽代建州考，李松海、李道新，辽金历史与考古（第十辑），科学出版社，2019 年。

769. 吉林省大安市老缪家屯城址调查简报，赵里萌、孟庆旭、武松、周萍、魏新野，辽金历史与考古（第十辑），科学出版社，2019 年。

770. 神秘的四面城，房井岩，中国地名，2019 年第 4 期。

771. 梨树县偏脸城考述，夏宇旭，地域文化研究，2019 年第 5 期。

772. 吉林省松原市伯都古城的调查——兼论宁江州位置，吉林大学考古学院、吉林省文物考古研究所，边疆考古研究（第 25 辑），科学出版社，2019 年。

773. 吉林省洮南市林海城址调查简报，吉林大学考古学院、吉林省文物考古研究所、白城市博物馆，北方文物，2019 年第 3 期。

774. 金代五国城的历史地位，赵永春，北华大学学报（社会科学版），2019 年第 5 期。

775. 略论郝家城子古遗址的现状与保护，穆笑冰，世纪桥，2019 年第 2 期。

776. 拉林河流域中古时代的历史与文化，王禹浪、王立国、翟少芳，渤海大学学报（哲学社会科学版），2019 年第 2 期。

777. 赛加城址先民的生产经营方式，［俄］H. B. 列辛科著，杨振福译，辽金历史与考古（第十辑），科学出版社，2019 年。

778. 金代太原城诸衙署因革考，李浩楠，辽金史论集（第十七辑），中国社会科学出版社，2019 年。

（四）长城

779. 金代的界壕：长城（金·女真的历史与欧亚大陆东部；金代的遗址与文物），高桥学而，亚洲游学（233），2019 年 4 月。

780. 岭北金界壕考略，长海，北方民族考古（第 6 辑），科学出版社，2019 年。

781. 金长城的修建与蒙金关系，祁丽、孙文政，理论观察，2019 年第 12 期。

782. 从"铜墙铁壁"到前朝故垒——金长城在蒙金之战中的军事防御价值刍议，郭洁宇，军事历史，2019 年第 4 期。

783. 认知历史文化保护金代万里长城，黄立平、傅惟光，理论观察，2019 年第 8 期。

（五）山川

784. 辽太祖卓龙眉宫"取三山之势"之三山考略，葛华廷、王玉亭，辽金历史与考古（第十辑），科学出版社，2019 年。

785. 炭山新考（上），张瑞明，贵州政协报，2019 年 8 月 8 日第 A03 版。

786. 炭山新考（下），张瑞明，贵州政协报，2019 年 8 月 9 日第 A03 版。

787. "萧太后运粮河"考议，陈晓菲，大连大学学报，2019 年第 4 期。

788. "运粮河"研究：基于金前期生产力水平的历史考察，谢永刚、姜宁、闫佳乐，边疆经济与文化，2019 年第 3 期。

789. 金代中都地区运河建设概述，李珮，首都博物馆论丛（第 33 辑），北京燕山出版社，2019 年。

（六）交通

790. 辽代的鹰路与五国部研究，景爱，地域文化研究，2019 年第 1 期。

791. 辽代物质文化遗存及其丝路文化因素，唐胜利，赤峰学院学报（汉文哲学社会科学版），2019 年第 8 期。

792. 论辽帝国对漠北蒙古的经略及其对草原丝绸之路的影响，魏志江，元史及民族与边疆研究集刊（第三十七辑），上海古籍出版社，2019 年。

793. 辽代和亲政策与草原丝绸之路的繁盛，周路星，唐山师范学院学报，2019 年第 2 期。

794. 辽朝东北亚丝路及其贸易考实，程嘉静、杨富学，河南师范大学学报（哲学社会科学版），2019 年第 5 期。

795. 东北亚古代丝绸之路初步研究，王禹浪、王天姿、王俊铮，黑河学院学报，2019 年第 10 期。

796. 辽金时代东北亚丝绸之路考索，王禹浪、王天姿、王俊铮，石河子大学学报（哲学社会科学版），2019 年第 3 期。

797. 论辽金对辽西走廊交通的经营，边昊、吴凤霞，北方文物，2019 年第 4 期。

798. 西夏与辽朝交通干线"直路"的开辟与作用，李雪峰、艾冲，甘肃社会科学，2019 年第 6 期。

799. 辽代驿道广平甸路新考，李栋国，河北民族师范学院学报，2019 年第 1 期。

800. 辽代驿道辽上京路新考（上），李栋国，河北民族师范学院学报，2019 年第 2 期。

801. 平泉宋辽古驿道北方与中原交流的见证，杨润忠，城市地理，2019 年第 1 期。

802. 金代中都地区运河建设概述，李珮，首都博物馆论丛（总第 33 辑），北京燕山出版社，2019 年。

803. 金代北疆"蒲与路北至北边界火鲁火疃谋克"交通与行政建制考索，王俊铮，辽宁省博物馆馆刊（2019），辽海出版社，2019 年。

804. 宋金时期西垂与河池的马盐交易通道——牛尾道、祁山道，鲁建平，陇蜀古道历史地理研究，科学出版社，2019 年。

十五　考古

（一）综述

805. 多元一体中华民族国家形成和发展的考古见证——新中国宋辽金元明清考古七十年，董新林，中国文物报，2019 年 12 月 6 日第 5 版。

806. 辽金考古：历史时期考古的新亮点，董新林，中国文物报，2019 年 4 月 2 日第 5 版。

807. 内蒙古辽代考古综述，盖之庸、李权，草原文物，2019 年第 1 期。

（二）帝陵

808. 湮灭的永安陵，王密林，海淀史志，2019 年第 3 期。

809. 辽陵中的渤海文化因素及其发展演变，刘阳，文物春秋，2019 年第 5 期。

810. 回鹘墓园对辽陵的影响——兼谈辽祖陵四号建筑的年代，刘阳，北方民族考古（第 6 辑），科学出版社，2019 年。

811. 医巫闾山辽代帝陵考古取得重大收获，辽宁省文物考古研究院、锦州市文物考古研究所、北镇市文物管理处，中国文物报，2019 年 3 月 22 日第 5 版。

812. 辽宁北镇市琉璃寺遗址 2016—2017 年发掘简报，辽宁省文物考古研究院、锦州市文物考古研究所、北镇市文物管理处，考古，2019 年第 2 期。

813. 医巫闾山地区辽墓研究，马晨旭，吉林大学硕士学位论文，2019 年。

814. 重访闾山琉璃寺断想，王绵厚，辽金历史与考古（第十辑），科学出版社，2019 年。

815. 辽代墓群增加山村神秘感，郭平，辽宁日报，2019 年 8 月 23 日第 14 版。

816. 从考古发现看金代皇陵中的礼制，姜子强，黄河·黄土·黄种人，2019 年第 22 期。

817. 北京金陵石门峪陵区 2017 年考古调查简报，北京市文物研究所、武威市文物考古研究所、洛阳民俗博物馆，北方文物，2019 年第 4 期。

818. 试析女真帝王对中都金陵的营建，丁利娜，黑龙江社会科学，2019 年第 5 期。

（三）墓葬

819. 宋辽时期墓葬中的孝子图像及其相关问题研究，于博，中国美术研究，2019 年第 4 期。

820. 宋元时期长城以南地区火葬墓的考古学研究，赵东海，吉林大学硕士学位论文，2019 年。

821. 再论辽代砖室墓的形制，林栋，金颜永昼：康平辽代契丹贵族墓专题，北京联合出版公司，2019 年。

822. 辽代墓葬出土木俑探析，聂定、李思雨，自然与文化遗产研究，2019 年第 6 期。

823. 北京地区辽代壁画墓，齐心，契丹学研究（第一辑），商务印书馆，2019 年。

824. 凉城县古城梁遗址周边的辽金墓葬，内蒙古自治区文物考古研究所，草原文物，2019 年第 2 期。

825. 孙家窑辽代墓葬发掘报告，张益嘉，中国战略新兴产业，2019 年第 40 期。

826. 河北蔚县东坡寨辽代壁画墓发掘简报，蔚县博物馆，文物春秋，2019 年第 1 期。

827. 河北平泉八王沟辽代贵族墓地调查清理报告，河北省文物保护中心、承德市文物局、平泉县文物保护管理所，文物春秋，2019 年第 4 期。

828. 河北平泉市八王沟村辽代萧绍宗夫妻合葬墓，郭宝存、李青松，考古学集刊（第 22 辑），社会科学文献出版社，2019 年。

829. 河北涿鹿辽代东郡夫人康氏墓发掘简报，王雁华，文物春秋，2019 年第 2 期。

830. 宣化下八里 II 区 M1 孝子图像重读，潘静，边疆考古研究（第 25 辑），科学出版社，2019 年。

831. 试论大同辽金壁画墓的布局与特点，王利霞，文物世界，2019 年第 6 期。

832. 辽宁地区辽代壁画墓研究，张涵，黑龙江大学硕士学位论文，2019 年。

833. 辽宁朝阳地区辽代纪年墓考述，李道新、张振军、李松海，赤峰学院学报（汉文哲学社会科学版），2019 年第 10 期。

834. 辽宁法库叶茂台七号辽墓的年代及墓主身份，李宇峰，辽金历史与考古（第十辑），科学出版社，2019 年。

835. 再考辽朝北大王万幸墓的几点看法，敖敦、布和仓，文物鉴定与鉴赏，2019 年第 2 期。

836. 凌源安杖子魏家沟辽墓清理简报，刘超、杜志刚、陈利，黄河·黄土·黄种人，2019 年第 10 期。

837. 吉林白城城四家子古城北发现三座辽代墓葬，吉林省文物考古研究所、白城市洮北区文物保管所，文物春秋，2019 年第 2 期。

838. 金代墓葬文化差异研究，汤艳杰，河北大学硕士学位论文，2019 年。

839. 多重祈愿——宋金墓葬中的宗教类图像组合，邓菲，民族艺术，2019 年第 6 期。

840. 从空间形式看晋东南地区宋金仿木构墓葬中的孝子图，丁雨，装饰，2019 年第 9 期。

841. 礼仪与情感：宋金墓葬中的共坐图像再探讨，樊睿，民族艺术，2019 年第 4 期。

842. 试析宋辽金墓葬中的启门图，樊睿，郑州大学学报（哲学社会科学版），2019 年第 2 期。

843. 大同地区辽代壁画墓分期与文化因素浅析，穆洁，金颜永昼：康平辽代契丹贵族墓专题，北京联合出版公司，2019 年。

844. 山西晋中龙白金墓发掘简报，山西省考古研究所、晋中市考古研究所，文物，2019 年第 11 期。

845. 山西翼城武池金墓发掘简报，山西省考古研究所，文物，2019 年第 2 期。

846. 山西垣曲发现一处宋金时期古墓，王飞航，科学导报，2019 年第 38 期。

847. 金代阎德源墓的研究与审视，王利民，文物天地，2019 年第 11 期。

848. 吉林长岭县蛤蟆沁金代砖室墓发掘简报，吉林大学考古学院、吉林省文物考古研究所、东北师范大学历史文化学院、法国国家科学研究院东亚文明研究所、德惠市文物管理所、农安县文物管理所，北方文物，2019 年第 2 期。

849. 黑龙江阿城发现金代墓葬，刘阳、赵永军，中国文物报，2019 年 8 月 9 日第 8 版。

850. 阿城地区两处金贵族墓葬比较研究，王法，文物鉴定与鉴赏，2019 年第 1 期。

851. 郑州华南城二路金代砖雕壁画墓发掘简报，郑州市文物考古研究院，中原文物，2019 年第 1 期。

852. 河南安阳小任家庄金代砖雕壁画墓发掘简报，安阳市文物考古研究所、北京大学考古文博学院，文物，2019 年第 2 期。

853. 河南安阳金代高僧砖雕壁画墓，孔德铭、于浩、焦鹏，大众考古，2019 年第 3 期。

854. 济南市长清区东王宋金墓地发掘简报，邢琪、房振、付欣、王爽，东方考古（第 15 集），科学出版社，2019 年。

855. 甘肃会宁县祁家湾金墓发掘简报，兰州大学历史文化学院考古学及博物馆学研究所、会宁县博物馆，考古学集刊（第 22 辑），社会科学文献出版社，2019 年。

（四）遗址

856. 中国东北地区辽金元城址的考古学研究，赵里萌，吉林大学博士学位论文，2019 年。

857. 内蒙古自治区·辽宁省相关唐、契丹（辽）金代的遗址、文物调查报告，森部丰，史泉（129），2019 年 1 月。

858. 北京延庆发现"辽代首钢"，奚牧凉，中华遗产，2019 年第 1 期。

859. 北京凤凰岭辽代上方寺遗址探略，赵立波、李冀洁，北方民族考古（第 6 辑），科学出版社，2019 年。

860. 河北张家口市太子城金代城址，河北省文物研究所、张家口市文物考古研究所、崇礼区文化广电和旅游局，考古，2019 年第 9 期。

861. 河北张家口发现金代皇家行宫遗址——太子城金代城址发掘取得重要收获，黄信、胡强、魏惠平、任涛，中国文物报，2019 年 3 月 22 日第 5 版。

862. 云冈石窟窟顶二区北魏辽金佛教寺院遗址，山西省考古研究所、云冈石窟研究院、大同市考古研究所，考古学报，2019 年第 1 期。

863. 山西河津市固镇瓷窑址金代四号作坊发掘简报，山西省考古研究所、河津市文物局，考古，2019 年第 3 期。

864. 内蒙古巴林左旗辽上京宫城南门遗址发掘简报，中国社会科学院考古研究所内蒙古第二工作队、内蒙古自治区文物考古研究所，考古，2019 年第 5 期。

865. 辽上京宫城考古：发现大型建筑基址和祭祀坑，中国社会科学院考古研究所、内蒙古自治区文物考古研究所，中国文物报，2019 年 4 月 19 日第 5 版。

866. 奈曼旗辽代遗址调查与研究，毕春宇，长江丛刊，2019 年第 32 期。

867. 哈尔滨市阿城区金上京南城南垣西门址发掘简报，黑龙江省文物考古研究所，考古，2019 年第 5 期。

868. 金上京考古：发掘城内道路及排水沟，赵永军、刘阳，中国文物报，2019 年 4 月 19 日第 5 版。

869. 康平张家窑林场长白山辽金遗址简介，林栋，辽金历史与考古（第十辑），科学出版社，2019 年。

870. 朝阳地区辽代遗存的发现与研究，李道新，北方民族考古研究（第七辑），科学出版社，2019 年。

871. 重大考古发现长白山惊现金代皇家神庙意义非凡，郑骁锋，中国国家地理，2019 年第 6 期。

872. 长白山"神山圣水"的佐证，奚牧凉，中华遗产，2019 年第 4 期。

873. 试论与春捺钵有关的几类遗存，孟庆旭、武松，北方民族考古研究（第七辑），科学出版社，2019 年。

874. 辽金时代的遗存，侯宪文、王立、杨昌忠，中国钓鱼，2019 年第 2 期。

875. 城四家子城址的考古工作与认识，梁会丽，北方文物，2019 年第 4 期。

876. 山东定陶何楼遗址发现新石器及汉代金元遗存，王涛、朱光华、高明奎、刘伯威、袁广阔，中国文物报，2019 年 5 月 5 日第 8 版。

877. 俄罗斯沿海地区女真遗址（金·女真的历史与欧亚大陆东部；金代的遗迹与文物），中泽宽将，亚洲游学（233），2019 年 4 月。

十六　文物

（一）建筑、寺院、佛塔

878. 辽代城墙解剖结构研究，孟庆旭、李含笑，中国城墙（第一辑），江苏人民出版社，2019 年。

879. 辽代木构建筑的"学唐比宋"，郑好，首都博物馆论丛（总第 33 辑），北京燕山出版社，2019 年。

880. 辽代殿堂式建筑台基营造技术研究——以考古发掘材料为中心，金科羽，浙江大学硕士学位论文，2019 年。

881. 辽宋金元建筑中的栏杆形制与装饰研究，沈芳漪，浙江大学硕士学位论文，2019 年。

882. 晋、冀、豫唐至宋金歇山建筑遗存转角造技术类型学研究，叶皓然，西南交通大学硕士学位论文，2019 年。

883. 佛光寺文殊殿与崇福寺观音殿营造技术对比，梁静，城市建筑，2019 年第 22 期。

884. 山西陵川崔府君庙山门楼的结构特征及价值初探，常铁伟，河南建材，2019 年第 6 期。

885. 山西宋金时期帐龛类小木作营造技艺研究，寇宇荣，太原理工大学硕士学位论文，2019 年。

886. 无上国宝独乐寺，科学中国人，2019 年第 10 期。

887. 浅谈独乐寺观音阁斗栱细部构造，赵智慧，文物建筑（第 12 辑），科学出版社，2019 年。

888. 奉国寺的空间奥义，张清帆，现代装饰，2019 年第 2 期。

889. 辽宁义县奉国寺大雄殿建筑彩画纹饰研究，白鑫，美术大观，2019 年第 8 期。

890. 辽塔考述及相关问题研究，张小杨，浙江大学硕士学位论文，2019 年。

891. 浅析辽代砖塔的功能，白满达，文物鉴定与鉴赏，2019 年第 13 期。

892. 京津冀地区花塔研究，尚校戌，北京建筑大学硕士学位论文，2019 年。

893. 北京现存密檐式砖塔的砖雕装饰艺术浅析，和楠、马草甫、杨琳，自然与文化遗产研究，2019 年第 6 期。

894. 辽代八边形密檐式砖塔比例关系初探，宋沁，建筑与文化，2019 年第 2 期。

895. 宋辽金时期舍利塔地宫形制与区域特征的再探讨，吴敬，边疆考古研究（第 25 辑），科学出版社，2019 年。

896. 契丹（辽）时代的土城"巴尔斯浩特 1"相邻佛塔修筑前后构造对比，正司哲朗、A. 思菲特尔、L. 伊希泰伦，奈良大学纪要（47），2019 年 2 月。

897. 北京天宁寺的现状与保护，赵帅、陈静勇，遗产与保护研究，2019 年第 4 期。

898. 房山昊天塔形制与美学特征初探，田泽宇，才智，2019 年第 25 期。

899. 普庵塔始建于隋代，白秉全，海淀史志，2019 年第 3 期。

900. 以永安寺塔为例对辽代塔制审美探析，田泽宇，散文百家，2019 年第 5 期。

901. 品读应县木塔，刘勇，中国测绘，2019 年第 8 期。

902. 930 岁高龄辽代古塔觉山寺塔重现真颜，孙轶琼，小品文选刊，2019 年第 12 期。

903. 辽中京道密檐砖塔制式探析，王卓男、张娜，世界建筑，2019 年第 10 期。

904. 辽中京半截塔形制探索研究，蔡新雨，内蒙古工业大学硕士学位论文，2019 年。

905. 试论辽代阁楼式佛塔在建筑史与文化史上的意义——以内蒙古庆州白塔、丰州白塔与山西应县木塔为例，张景峰、张旭东，形象史学（第 12 辑），社会科学文献出版社，2019 年。

906. 庆州白塔的千年光阴，杨瑛，人生十六七，2019 年第 6 期。

907. 赤峰市敖汉武安州塔原貌的数字化复原研究，宋沁，内蒙古工业大学硕士学位论文，2019 年。

908. 辽西辽代四面塔和八面塔塔身图像内容和形式比较研究——以朝阳北塔和锦州广济寺塔为例，沈晓东、奚纯、洪春英，美与时代（上），2019 年第 6 期。

909. 辽西辽塔文化的再生价值与发展路径，沈晓东、奚纯、何兰，美与时代（上），2019 年第 3 期。

910. 铁岭市境内辽塔及辽代塔基的调查与研究，周向永、刘文革，辽金史论集（第十七辑），中国社会科学出版社，2019 年。

911. 辽宁朝阳辽塔特征及维修前后对比调研，马文涛、王冬冬，文物建筑（第 12 辑），科学出版社，2019 年。

912. 锦州广济寺塔尺度构成与比例关系探析，张娜，建筑与文化，2019 年第 1 期。

913. 大学生对辽代古塔的旅游意向研究——以辽宁师范大学本科生为例，王亚萍，风景名胜，2019 年第 10 期。

914. 农安辽塔历千年 依稀可见契丹风，王可航，吉林画报，2019 年第 7 期。

915. 金代建筑文化研究，王观，吉林大学博士学位论文，2019 年。

916. 东北地区金代宫室建筑形制研究，王丹扬，哈尔滨师范大学硕士学位论文，2019 年。

917. 晋城地区两处金代"人鱼"图像考，马艳芳，文物世界，2019 年第 6 期。

918. 河南金代砖塔研究，王广建，中原工学院硕士学位论文，2019 年。

919. 延安市宝塔区石窟石窟调查简报，杨军、白晓龙，文物春秋，2019 年第 6 期。

（二）碑刻、墓志

920. 辽代墓志撰者研究，李雅茹，辽宁师范大学硕士学位论文，2019 年。

921. 营帐城镇与地形：辽代汉文墓志中关于捺钵的记述，兰斯·珀西，宋元研究，2019 年第 48 辑。

922. 辽博馆藏辽代石刻碑志资料的整理与研究，齐伟、尹天武，辽金历史与考古（第十辑），科学出版社，2019 年。

923. 辽代碑志定名琐议，张海莉、王志华，辽宁省博物馆馆刊（2019），辽海出版社，2019 年。

924. 房山十字寺辽、元二碑与景教关系考，王晓静，北京史学（总第 9 辑），社会科学文献出版社，2019 年。

925. 山西泽州县宋金石刻初探——以《三晋石刻大全·晋城市泽州县卷》为基础，高元宦，文物鉴定与鉴赏，2019 年第 15 期。

926. 十件辽代汉字墓志铭的录文，刘凤翥，辽金历史与考古（第十辑），科学出版社，2019 年。

927. 朝阳新出五方辽代墓志及相关问题考论，陈守义，渤海大学学报（哲学社会科学版），2019 年第 5 期。

928. 辽代《耶律弘礼墓志》考释，李玉君、李宇峰，辽金历史与考古（第十辑），科学出版社，2019 年。

929. 辽《贵妃萧氏墓志》补考，刘洋、张振军，辽宁省博物馆馆刊（2019），辽海出版社，2019 年。

930. 辽萧公妻耶律氏墓志铭考证，盖之庸，契丹学研究（第一辑），商务印书馆，2019 年。

931. 辽代奚王萧京墓志铭文释读，任爱君，辽金史论集（第十七辑），中国社会科学出版社，2019 年。

932. 蔚县博物馆藏《大辽吴湜奉为先亡父丞制铭石序》墓志，杨海勇，中外交流，2019 年第 13 期。

933. 辽《杨从显墓志》补考，徐沂蒙，辽金历史与考古（第十辑），科学出版社，2019 年。

934. 辽《高嵩墓志》校勘及浅释，陈金梅、李莉，辽金历史与考古（第十辑），科学出版社，2019 年。

935. 辽《耿延毅墓志》《耿延毅妻耶律氏墓志》《耿知新墓志》勘误，张意承，白城师范学院学报，2019 年第 5 期。

936. 辽《吕士宗墓志》用典考论，李俊，契丹学研究（第一辑），商务印书馆，2019 年。

937. 后唐德妃墓志考释——兼论辽墓的"中朝轨式"，崔世平，考古，2019 年第 12 期。

938. 萧天佐的坟与西孤山子辽墓主人考，杨连胜，文物鉴定与鉴赏，2019 年第 24 期。

939. 一个契丹化的辽代汉人家族——翟文化幢考释，周峰，契丹学研究（第一辑），商务印书馆，2019 年。

940. 金代赐额度牒碑探析，王浩，古代法律碑刻研究（第一辑），中国政法大学出版社，2019 年。

941. 金朝早期道教石刻与文献资料解析，山田俊，（台湾）师大学报（64 卷 1 期），2019 年 3 月。

942. 完颜希尹神道碑所反映的金朝女真贵族集团内的矛盾，庞嘉敏，哈尔滨师范大学社会科学学报，2019 年第 1 期。

943. 完颜希尹神道碑官爵名号解析，王久宇，辽金史论集（第十七辑），中国社会科学出版社，2019 年。

944. 完颜娄室神道碑铭文史事解析，孙梦瑶，哈尔滨师范大学社会科学学报，2019 年第 3 期。

945. 金元之际泰安徂徕时氏家族三通碑刻及其家族史实初探，杨鹏云，泰山学院学报，2019 年第 3 期。

946. 金代《故征事郎长葛县簿郭公墓志铭》考释，裴兴荣、王玉贞，史志学刊，2019 年第 2 期。

947. 金代《李立墓志》考释，周峰，辽金历史与考古（第十辑），科学出版社，2019 年。

948. 金代赵珪墓碣小考，周峰，北京文物，2019 年第 6 期第 3 版。

949. 济源出土宋代杨志墓志考释，孙瑞隆，焦作师范高等专科学校学报，2019 年第 4 期。

950. 伪齐《傅肇墓志铭》考释，王新英，邢台学院学报，2019 年第 4 期。

951. 陕西神木清凉寺石窟金代汉文题刻校录与研究，石建刚、乔建军、徐海兵，西夏学（第十八辑），甘肃文化出版社，2019 年。

952. 宝坻石经幢，张书颖，文物鉴定与鉴赏，2019 年第 3 期。

953. 五台山佛顶尊胜陀罗尼经幢初探，周祝英，五台山研究，2019 年第 3 期。

（三）官印、印章

954. 金代官印背后的金末困局，叶帅，黑河学院学报，2019 年第 10 期。

955. "曷苏昆山谋克之印"历史信息的再解读，李秀莲，北方文物，2019 年第 1 期。

956. 金代"窟忒忽达葛谋克印"考辨，刘玉玲，北方文物，2019 年第 2 期。

957. 韩国国立中央博物馆藏金元官印，薛磊，文物，2019 年第 7 期。

958. 都统之印，南窖之印，梁盼，中国艺术报，2019 年 10 月 18 日第 8 版。

959. 塔虎城出土金代押印考略，马洪，北方文物，2019 年第 3 期。

960. 黑水城出土 X24 国公令印文考辨，张笑峰，宁夏社会科学，2019 年第 5 期。

（四）铜镜

961. 金代的金属文物：铜镜与官印研究（金·女真的历史与欧亚大陆东部；金代的

遗跡与文物），高桥学而，亚洲游学（233），2019 年 4 月。

962. 略论金代人物镜，关燕妮，草原文物，2019 年第 2 期。

963. 通辽市博物馆藏辽金铜镜，李国峰，收藏，2019 年第 11 期。

964. 从实物看宋金元明时期陕西铜镜铸造，呼啸，文博，2019 年第 5 期。

965. 会宁县博物馆馆藏金"柳毅传书"镜鉴赏，孙银治，文物鉴定与鉴赏，2019 年第 15 期。

966. 滦南县文物管理所收藏铜镜选介，杜志军，文物春秋，2019 年第 3 期。

（五）陶瓷

967. 略谈辽代陶瓷的继承及发展，隋志刚，遗产与保护研究，2019 年第 3 期。

968. 辽瓷研究初探，单丹，辽宁广播电视大学学报，2019 年第 3 期。

969. 《调查报告》宣化辽代张世卿壁画墓所绘器物：以陶瓷器为中心，李含，人文（17），2019 年 3 月。

970. 北方地区黑釉瓷器分期与装饰釉研究，魏芙蓉，中国民族博览，2019 年第 8 期。

971. 从"辽瓷"看契丹人的生活，黄晓蕾，赤峰学院学报（汉文哲学社会科学版），2019 年第 9 期。

972. 论辽阳江官屯窑出土的陶瓷动物俑与古人的情感连接，潘净晶，陶瓷研究，2019 年第 4 期。

973. 契物与文化——辽代陶瓷造型演变与游牧文化变迁，赵聪寐、王鑫，陶瓷研究，2019 年第 2 期。

974. 辽代社会变迁对辽瓷造型的影响，王赫德，陶瓷研究，2019 年第 2 期。

975. 辽代篦纹陶器施纹工艺研究——以城岗子城址出土陶器为例，李含笑、彭善国，北方文物，2019 年第 1 期。

976. 略论辽代陶瓷的装饰技法及纹样，马雁飞，文物鉴定与鉴赏，2019 年第 24 期。

977. 内蒙古巴彦塔拉遗址出土瓷器研究，王馨瑶、李明华，契丹学研究（第一辑），商务印书馆，2019 年。

978. 凌源市博物馆藏辽瓷精品简述，韩波、陈利，辽金历史与考古（第十辑），科学出版社，2019 年。

979. 辽代绿琉璃瓦残块的分析研究，孙凤、王若苏、许惠攀、刘成、黄风升，光谱学与光谱分析，2019 年第 12 期。

980. 辽宁朝阳发现的辽代黄釉器，许颖、安乐，辽金历史与考古（第十辑），科学出版社，2019 年。

981. 浅谈鸡冠壶，孙成杰，卷宗，2019 年第 24 期。

982. 辽代陶瓷鸡冠壶造型研究，刘茜，陶瓷研究，2019 年第 2 期。

983. 陶瓷皮囊壶对比研究——以唐代与辽代的陶瓷皮囊壶为例，王琦，荣宝斋，

2019 年第 11 期

984. 辽三彩与契丹文化，山丹，陶瓷研究，2019 年第 2 期。

985. 辽三彩艺术语言研究，许晓政、孙一鸣，大观，2019 年第 1 期。

986. 唐三彩与辽三彩制作工艺比较研究，黑丽娜，内蒙古师范大学硕士学位论文，2019 年。

987. 辽代兔纹瓷器浅述，米向军，东方收藏，2019 年第 23 期。

988. 金代土器与遗迹的诸相（金·女真的历史与欧亚大陆东部；金代的遗迹与文物），中泽宽将，亚洲游学（233），2019 年 4 月。

989. 金代陶瓷器的生产与流通（金·女真的历史与欧亚大陆东部；金代的遗迹与文物），町田吉隆，亚洲游学（233），2019 年 4 月。

990. 南宋境内出土金朝瓷器研究，于陆洋，南方文物，2019 年第 1 期。

991. 金上京出土硅酸盐文物分析，吕竑树、崔剑锋、周雪琪、刘阳、赵永军，北方文物，2019 年第 1 期。

992. 金代陶瓷上的秋葵——兼谈秋葵纹样的多重意味，常樱，装饰，2019 年第 1 期。

993. 金代三彩莲花灯，张海蓉，淄博日报，2019 年 8 月 27 日第 6 版。

994. 宋金三彩瓷枕研究，麻梦琳，景德镇陶瓷大学硕士学位论文，2019 年。

995. 金代博山窑三彩印花枕，李鸿雁，淄博日报，2019 年 8 月 27 日第 6 版。

996. 漫谈金元枕上花鸟画的笔致意韵——以西汉南越王博物馆瓷枕藏品为例，梁惠彤，文物天地，2019 年第 9 期。

997. 枕上文章——西汉南越王博物馆历年征集的宋金元诗文枕，黄明乐，文物天地，2019 年第 9 期。

998. 枕上风光：宋金元时期磁州窑瓷枕纹饰研究，宋志岭，景德镇陶瓷大学硕士学位论文，2019 年。

999. 风流亦在市井间　新乡市博物馆藏宋金元陶瓷诗文枕，王元黎、段佳薇，收藏，2019 年第 5 期。

1000. 解开乾隆皇帝的误会　金代河津窑陶瓷枕雅赏，赵凡奇，收藏，2019 年第 11 期。

1001. 宋金时期磁州窑白地黑花瓷与吉州窑彩绘瓷对比研究，周益诚，景德镇陶瓷大学硕士学位论文，2019 年。

1002. 论定窑"尚食局"款瓷器的分期问题，黄信，文物春秋，2019 年第 4 期。

1003. 瓜瓞绵绵储庆远——记定窑瓜瓞形执壶，李晞、秦大树，自然与文化遗产研究，2019 年第 12 期。

1004. 21 世纪以来宋元时期北方加彩瓷窑址考古新进展，于陆洋、郑建明，文物天地，2019 年第 2 期。

1005. 从"民族性"谈红绿彩的继承与创新，贺成华，景德镇陶瓷大学硕士学位论文，2019 年。

1006. 皖北古瓷窑考古发现与大运河文化带建设，刘林、邱少贝，自然与文化遗产研究，2019 年第 10 期。

1007. 天青—冬青—月白：耀州窑陶瓷五百年，康蕊君，文物天地，2019 年第 9 期。

1008. 河津固镇瓷窑址金代 H29 发掘报告，山西省考古研究所、河津市文物局，山西河津窑研究，科学出版社，2019 年。

1009. 河津固镇宋金瓷窑址三维数字记录与复原展示研究，高振华、梁孝、孙先徒，山西河津窑研究，科学出版社，2019 年。

1010. 河津固镇瓷窑址金代四号作坊出土弦纹钵初探，郭超然、贾尧，山西河津窑研究，科学出版社，2019 年。

1011. 河津固镇瓷窑址金代四号作坊出土瓷盘初探，杜广元、贾尧，山西河津窑研究，科学出版社，2019 年。

1012. 河津窑金代装饰瓷枕概述，贾尧、王晓毅、高振华，山西河津窑研究，科学出版社，2019 年。

1013. 蒲津渡与蒲州故城遗址出土河津固镇瓷窑址金代瓷器，贾尧、高振华、王晓毅，山西河津窑研究，科学出版社，2019 年。

1014. 山西金代河津窑陶瓷枕的考古发现与文化内涵，刘渤，山西河津窑研究，科学出版社，2019 年。

1015. 河津窑瓷枕制作工艺初探，王小娟、王晓毅，山西河津窑研究，科学出版社，2019 年。

1016. 河津窑黑地白花洗定名及装饰研究，李晔，山西河津窑研究，科学出版社，2019 年。

1017. 故宫博物院藏河津窑瓷枕研究，黄卫文，山西河津窑研究，科学出版社，2019 年。

1018. 宋金元时期的萧窑瓷器——兼与河津窑瓷器比较，刘东，山西河津窑研究，科学出版社，2019 年。

1019. 河南焦作宋元瓷窑与山西河津金元瓷窑的比较研究，赵宏，山西河津窑研究，科学出版社，2019 年。

1020. 山西地区古代瓷窑及瓷器概述，冯小琦，山西河津窑研究，科学出版社，2019 年。

1021. 太原孟家井榆次窑装烧工艺初探，曹俊，山西河津窑研究，科学出版社，2019 年。

1022. 试论山西介休窑——以故宫博物院藏品为中心，高小然、董健丽，山西河津窑研究，科学出版社，2019 年。

1023. 山西地区白地赭彩产品年代考，于陆洋，山西河津窑研究，科学出版社，

2019 年。

1024. 山西地区部分古代瓷窑采集瓷片的成分分析，解晋，山西河津窑研究，科学出版社，2019 年。

1025. 蒲州故城出土宋金时期青瓷 EDXRF 分析，王洋，山西河津窑研究，科学出版社，2019 年。

1026. 耀州窑与古代山西窑业的互动交流，陈宁宁，山西河津窑研究，科学出版社，2019 年。

1027. 宋金元时期豫晋制瓷业的发展与交融，衡云花，山西河津窑研究，科学出版社，2019 年。

1028. 辽代赤峰与中原的文化交流——以瓷器为例，陈俊君，文艺生活（下旬刊），2019 年第 2 期。

1029. 应时而兴——唐五代宋金陶瓷的鉴藏和交易，吴明娣、常乃青，艺术市场，2019 年第 6 期。

1030. 山西宋金瓷器牡丹纹样在现代生活中的应用设计，张静、李小燕，风景名胜，2019 年第 1 期。

（六）玉器

1031. 中国北方草原玉纹饰的文化多样性探析，龚伊林、吴珊，轻纺工业与技术，2019 年第 12 期。

1032. 辽金元时期春水秋山玉器特征及传承，王冠坤，中国地质大学（北京）硕士学位论文，2019 年。

1033. 春水秋山里的张力与和谐——独具一格的辽金元明玉佩，黄景路，中国宝石，2019 年第 5 期。

1034. 草原帝国佛教金玉文化赏析，黄建淳，（台湾）淡江史学（31 期），2019 年 9 月 1 日。

1035. 巧夺天工 ——朝阳北塔天宫出土玉器赏析，王志华，理财（收藏），2019 年第 3 期。

（七）石器、石雕、石棺、石函

1036. 黑龙江辽金时期出土石制品研究，王鑫玥，大庆社会科学，2019 年第 2 期。

1037. 辽代石质葬具研究，李影，金颜永昼：康平辽代契丹贵族墓专题，北京联合出版公司，2019 年。

（八）木器

1038. 吐尔基山辽墓出土彩绘木棺及棺床的保护修复，李威、徐峥，草原文物，2019

年第 1 期。

（九）丝绸

1039. 辽代契丹"绫锦缘刺绣皮囊"的艺术探析，何琳、卞向阳，艺术科技，2019 年第 5 期。

1040. 辽代刺绣——辽河文化涵养的艺术之花，叶立群，今日辽宁，2019 年第 5 期。

1041. 契丹·驸马赠卫国王墓出土染织品研究，福本（桑原）有寿子，［日本］美学论究（34），2019 年 3 月。

1042. 金代丝织艺术特色研究，樊思辰，哈尔滨师范大学硕士学位论文，2019 年。

（十）金属器物

1043. 漫夜黎明 金颜永昼——沈阳康平辽代契丹贵族墓出土黄金面具的前世今生，林栋，中国文物报，2019 年 6 月 21 日第 4 版。

1044. 辽代金属面具考，张佳琦，赤峰学院学报（汉文哲学社会科学版），2019 年第 4 期。

1045. 试论辽代契丹金属葬具，陈晓敏，金颜永昼：康平辽代契丹贵族墓专题，北京联合出版公司，2019 年。

1046. 南安寺塔地宫双重檐舍利金银塔艺术赏析及保护策略研究，王海阑，文物鉴定与鉴赏，2019 年第 18 期。

（十一）其他文物

1047. 辽宁营口地区辽金文物鉴赏，董佔，文物鉴定与鉴赏，2019 年第 13 期。

1048. 耶律羽之墓出土"镐型器"用途及其意义研究，聂定、史学方，文物鉴定与鉴赏，2019 年第 11 期。

1049. 北京金陵出土漆棺影响因素探析——兼谈漆棺的传播与发展，姜子强，文化与传播，2019 年第 2 期。

（十二）博物馆

1050. 晋城博物馆展陈金墓浅析，张淑平，文物世界，2019 年第 5 期。

1051. 地方性博物馆临时展览研究——以开封市博物馆金代铜镜专题展为例，徐倩倩，文化产业，2019 年第 7 期。

1052. 忆晋陕豫冀古窑火 宋辽金元陶瓷特展撷珍，周文全，收藏，2019 年第 4 期。

1053. 河北博物院"磁州窑瓷枕精品展"，穆俏言，东方收藏，2019 年第 3 期。

（十三）文物保护

1054. 赤峰市辽代都城州城帝陵遗址保护条例，赤峰日报，2019 年 12 月 26 日第 3 版。

1055. 应县木塔结构变形现状及分析，薛建阳、张雨森，建筑科学与工程学报，2019 年第 1 期。

1056. 应县木塔倾斜及扭转分析，薛建阳、浩飞虎，西安建筑科技大学学报（自然科学版），2019 年第 2 期。

1057. 列车激励下基于动力特性分析的辽代古塔振动规律研究，夏倩、赵瑾、王德法、李懿卿，建筑结构，2019 年第 14 期。

1058. 甘泉金代画像砖墓现场保护与整体搬迁，严静、王啸啸、赵西晨、黄晓娟、刘呆运，文物保护与考古科学，2019 年第 3 期。

1059. 志丹博物馆金代壁画墓保护修复方案，陕西省文物保护研究院，陕西文物年鉴（2018），陕西人民出版社，2019 年。

1060. 鎏金錾花镂空铜冠的保护修复，王景勇，文物鉴定与鉴赏，2019 年第 8 期。

1061. 建平县博物馆藏辽代鎏金铜冠的保护与修复，王贺、刘亚彬、赵代盈，辽宁省博物馆馆刊（2019），辽海出版社，2019 年。

1062. 内蒙古博物院所藏辽代萧氏贵妃墓出土器的修复，大原秀行，［日本］文化财情报学研究：吉备大学文化财综合研究纪要（16），2019 年 3 月。

1063. 大同华严寺小环境变化对文物本体病害影响初探，白雪松，山西大同大学学报（自然科学版），2019 年第 1 期。

1064. 回忆 2016 年北京延庆金元时期古文化遗址盗掘大案，杨程斌，中国文物报，2019 年 8 月 13 日第 3 版。

2019 年西夏学论著目录

宁夏大学　　杨志高

一　著作

1. 《俄藏黑水城文献》第 28 册（西夏文佛教文献第 14 册），俄罗斯科学院东方文献研究所、中国社会科学院民族学与人类学研究所主编，上海古籍出版社，2019 年 1 月。

2. 《俄藏黑水城文献》第 29 册（西夏文佛教文献第 15 册），俄罗斯科学院东方文献研究所、中国社会科学院民族学与人类学研究所主编，上海古籍出版社，2019 年 11 月。

3. 《西夏学》第十七辑（2018 年第 2 期），杜建录主编，甘肃文化出版社，2019 年 2 月。

4. 《西夏学》第十八辑（2019 年第 1 期）：杜建录主编，甘肃文化出版社，2018 年 12 月。

5. 《西夏学》第十九辑（2019 年第 2 期），杜建录主编，甘肃文化出版社，2019 年 12 月。

6. 二十一世纪西夏学论著目录（2001—2015 年），周峰编著；古典文献研究辑刊第 28 编第 5 册，潘美月、杜洁祥主编，新北市：花木兰文化出版社，2019 年 3 月。

7. 西夏文《大宝积经·无量寿如来会》对勘研究，孙颖新著，社会科学文献出版社，2019 年 4 月。

8. 西夏文字典(修订版)，贾常业编著，甘肃文化出版社，2019 年 5 月。

9. 《天盛律令》武器装备条文整理研究，尤桦著，西夏文献研究丛刊，上海古籍出版社，2019 年 5 月。

10. 《天盛律令》职官门整理研究，翟丽萍著，西夏文献研究丛刊，上海古籍出版社，2019 年 11 月。

11. 《天盛律令》铁箭符牌条文整理研究，张笑峰著，西夏文献研究丛刊，上海古籍出版社，2019 年 11 月。

12. 西夏经变画艺术研究，王艳云著，上海古籍出版社，2019 年 5 月。

13. 拓边西北：北宋中后期对夏战争研究，曾瑞龙著，浙江大学出版社，2019 年 7 月。

14. 蒙古和唐古特人地区：1870 - 1873 年中国高原纪行（МОНГЛИЯ И СТРАНА ТАНГУТОВ. Т1，СI6，1875），［俄］尼·米·普尔热瓦尔斯基著《蒙古和唐古特人地区》，第 1 卷，彼得堡，1875 年，王嘎译，中国工人出版社，2019 年 8 月。

15. 北宋与西夏边境地区的经济文化交流研究，张红艳著，三秦出版社，2019 年 9 月。

16. 西夏遗民文献整理与研究，张琰玲编著，《西夏研究论丛》第四辑，凤凰出版社，2019 年 11 月。

17. 异域寻珍：流失海外民族古文献文物搜寻、刊布与研究，束锡红、府宪展、聂君著，北方民族大学学术文库，社会科学文献出版社，2019 年 1 月。

18. 丝绸之路法律文献研究·黑水城出土法律文献（卷二），中华司法研究会民族法制文化研究专业委员会、甘肃省民族法制文化研究所编（梁明远主编），人民法院出版社，2019 年 11 月。

19. 图说中国史——辽·西夏·金，龚书铎、刘德麟编，四川人民出版社，2019 年 6 月。

20. 五代辽宋西夏金边政史，周峰著，王明荪主编《古代历史文化研究辑刊》第 22 编，第 8 册，新北市：花木兰文化事业有限公司，2019 年 9 月。

21. 西夏博物馆基本陈列，银川西夏陵区管理处、西夏博物馆编，宁夏人民出版社，2019 年 9 月。

22. 神秘西夏的瑰宝遗珍：西夏博物馆，刘思文编著，李炳武主编《丝路物语书系》，西安出版社，2019 年 11 月。

二　论文

（一）西夏语文与文献研究

23. "夏译汉籍"中的断句情况考察，彭向前、杨帅，西夏研究，2019 年第 1 期。

24. 关于西夏语连词 wja^1 的研究（Duan Yuquan, Conjunction wja′ in Tangut Language JC-WS2019. 1），段玉泉，中国文字，2019 年第 1 期。

25. 《同音》二字格探析，柳玉宏，《西夏学》第十八辑（2019 年第 1 期），甘肃文化出版社，2018 年 12 月。

26. 西夏文《同义》重复字研究，吴宇、邓章应，《西夏学》第十八辑（2019 年第 1 期），甘肃文化出版社，2018 年 12 月。

27. 《番汉合时掌中珠》中的"芍葵花"考，郭明明、杜建录，宁夏社会科学，2019 年第 1 期。

28. 《同义》中的并列词及其意义，贾常业，《西夏学》第十九辑（2019 年第 2 期），甘肃文化出版社，2019 年 12 月。

29. 说说西夏韵图《五音切韵》的韵等问题，张竹梅，《西夏学》第十九辑（2019 年第 2 期），甘肃文化出版社，2019 年 12 月。

30. 西夏语的禁止式标记，张永富，《西夏学》第十九辑（2019 年第 2 期），甘肃文化出版社，2019 年 12 月。

31. 西夏文《同义》文字考订，吴宇、邓章应，《西夏学》第十九辑（2019 年第 2 期），甘肃文化出版社，2019 年 12 月。

32. 西夏虚字考源，［捷克］施立策著，聂鸿音编译，西夏研究，2019 年第 3 期。

33. 再论西夏文献中的通假现象，孙颖新，语言研究，2019 年第 3 期。

34. 西夏语"狮子"词源考，唐均，北方工业大学学报，2019 年第 3 期。

35. 论西夏语的词义移植，许鹏，中央民族大学学报（哲学社会科学版），2019 年第 3 期。

36. 西夏语的双数后缀，［日］荒川慎太郎著，孟令兮、麻晓芳译，西夏研究，2019 年第 4 期。

37. 一文双语：西夏文字的性质，聂鸿音，宁夏社会科学，2019 年第 5 期。

38. 基于 HOG 特征提取和模糊支持向量机的西夏文字识别，刘兴长、孟昱煜，西夏学，2019 年第 5 期。

（二）西夏文文献整理研究

39. 出土文献中的推人游年八卦法，彭向前，《西夏学》第十八辑（2019 年第 1 期），甘肃文化出版社，2018 年 12 月。

40. 黑水城出土西夏文四则治风癫疮医方考述，梁松涛，山西中医学院学报，2019 年第 1 期。

41. 西夏文《谨算》星禽研究，赵江红，西夏研究，2019 年第 1 期。

42. 英藏西夏文《庄子》残片考释，梁丽莎，西夏研究，2019 年第 1 期。

43. 英藏西夏文《明堂灸经》残叶考，王荣飞，北方民族大学学报（哲学社会科学版），2019 年第 1 期。

44. 黑水城出土 748 号税制文书考释——兼论西夏"通检推排"，安北江，中国农史，2019 年第 1 期。

45. 俄藏黑水城文书 5722 星命内容探析，靳志佳，宁夏社会科学，2019 年第 2 期。

46. 黑水城出土俄藏西夏文 2554 号文书的断代问题——围绕《事林广记》的考察，陈广恩，《西夏学》第十九辑（2019 年第 2 期），甘肃文化出版社，2019 年 12 月。

47. 俄藏 Инв. № 7892－8 贷粮契及相关研究，杜艳梅，《西夏学》第十八辑（2019

年第 1 期），甘肃文化出版社，2018 年 12 月。

48. 西夏文军抄账译释研究，史金波，军事历史研究，2019 年第 3 期。

49. 新见西夏文《三才杂字》残片考释，吴雪梅、邵译萱，西夏研究，2019 年第 3 期。

50. 俄藏 Инв. № 5448 号残片考补，李语、戴羽，西夏研究，2019 年第 3 期。

51. 黑水城出土 6539 号西夏文《明堂灸经》考释，梁松涛，敦煌学辑刊，2019 年第 3 期。

52. 俄藏 Инв. № 5147 西夏文借贷契研究，田晓霈、崔红风，西夏研究，2019 年第 3 期。

53. 黑水城出土西夏文雇工契研究，史金波、乜小红、陈国灿主编丝绸之路出土各族契约文献研究论集，中华书局，2019 年 4 月。

54. 黑水城出土 5147－1 号西夏文典身契研究，田晓霈，宁夏社会科学，2019 年第 4 期。

55. 黑水城出土西夏文典地契研究，田晓霈，中国农史，2019 年第 4 期。

56. Дx19078 西夏文针灸文献残片及相关问题考，孙飞鹏、梁松涛，西夏研究，2019 年第 4 期。

57.《五公经》：存世谶书的早期样本，聂鸿音，中华文化论坛，2019 年第 6 期。

58. 俄 Инв. № 5996－1 西夏文卖奴契考释——兼论西夏奴隶阶层的等级关系与买卖制度，田晓霈，宁夏师范学院学报，2019 年第 9 期。

59. 英藏西夏文《贞观政要》《新集文词九经抄》残片考释，梁丽莎，绵阳师范学院学报，2019 年第 9 期。

60. 英藏黑水城出土抵押贷粮契考，史金波，文津学志第十二辑，国家图书馆出版社，2019 年 6 月。

61. 西夏文《菩提心及常作法事》研究，孙伯君、胡进杉，《西夏学》第十八辑（2019 年第 1 期），甘肃文化出版社，2018 年 12 月。

62. 西夏文《无边庄严会·清净陀罗尼品》初、校译本对勘札记，麻晓芳，《西夏学》第十八辑（2019 年第 1 期），甘肃文化出版社，2018 年 12 月。

63. 英藏西夏文《金光明最胜王经》卷六残片考论——兼与俄藏、国图藏本之比较，马万梅，《西夏学》第十八辑（2019 年第 1 期），甘肃文化出版社，2018 年 12 月。

64.《佛说四人出现世间经》的西夏译本，麻晓芳，西夏研究，2019 年第 1 期。

65. 西夏文草书《显扬圣教论·成不思议品第十》考补，王龙，西夏研究，2019 年第 1 期。

66. 英藏西夏文《无常经》考略，崔红芬、文健，敦煌研究，2019 年第 2 期。

67. 俄藏西夏本《佛说十王经》述略，张九玲，首都师范大学学报（社会科学版），

2019 年第 2 期。

68. 俄藏西夏文《大宝积经》卷九十三释读，张九玲，宁夏师范学院学报，2019 年第 2 期。

69. 西夏文《大宝积经》卷十三、十四字词句翻译问题举偶，魏淑霞，西夏研究，2019 年第 2 期。

70. 英藏西夏文《金光明最胜王经》卷九残片校译研究，马万梅，西夏研究，2019 年第 2 期。

71. 英藏西夏文《佛顶心观世音菩萨大陀罗尼经》整理，蔡莉，西夏研究，2019 年第 2 期。

72. 《胜住仪轨》夏藏文对勘研究，孙昌盛，《西夏学》第十九辑（2019 年第 2 期），甘肃文化出版社，2019 年 12 月。

73. 甘肃省博物馆藏西夏文诗歌残篇考，李晓明，《西夏学》第十九辑（2019 年第 2 期），甘肃文化出版社，2019 年 12 月。

74. 定州佛像腹中所出西夏文〈十王经〉残片考，张九玲，《西夏学》第十九辑（2019 年第 2 期），甘肃文化出版社，2019 年 12 月。

75. 西夏文密教典籍《主承因教求顺》考，钟翠芳，《西夏学》第十九辑（2019 年第 2 期），甘肃文化出版社，2019 年 12 月。

76. 西夏文星曜礼忏文献《圣曜母中道法事供养根》译考，魏文、［俄］索罗宁、谢皓玥，敦煌研究，2019 年第 3 期。

77. 西夏文《高王观世音经》底本源出考，佟建荣、崔韶华，西夏研究，2019 年第 3 期。

78. 西夏文《三观九门枢钥》考补，孙伯君，宁夏社会科学，2019 年第 4 期。

79. 俄藏西夏文《大宝积经》卷九十五释读，张九玲，绵阳师范学院学报，2019 年第 9 期。

80. 西夏文《大宝积经》卷十"密迹金刚力士会"考释——兼论西夏时期的金刚力士形象，张映晖，绵阳师范学院学报，2019 年第 9 期。

（三）宋辽夏金元汉文、回鹘文、藏文之文献研究

81. 黑水城和额济纳旗出土藏文文献简介，［日］武内绍人著，陈明迪、陆离译，《西夏学》第十八辑（2019 年第 1 期），甘肃文化出版社，2018 年 12 月。

82. 黑水城出土《宋西北边境军政文书》中"砲"类文书再讨论，范建文，《西夏学》第十八辑（2019 年第 1 期），甘肃文化出版社，2018 年 12 月。

83. 黑水城出土西夏汉文社会文献词语例释，邵天松，《西夏学》第十八辑（2019 年第 1 期），甘肃文化出版社，2018 年 12 月。

84. 黑水城出土宋代汉文社会文献词语例释，邵天松，《汉语史学报》第二十辑，

2019 年。

85. 黑水城出土《佛果圆悟禅师碧岩录》考，崔红芬，西夏研究，2019 年第 1 期。

86. 黑城所出《地理新书》刻本残片考，何伟凤，西夏研究，2019 年第 1 期。

87. 内蒙古黑水城出土回鹘景教写本研究，何湘君，吐鲁番学研究，2019 年第 1 期。

88. 俄藏黑水城文献《新雕文酒清话》校读献疑，张惠强，《西夏学》第十九辑（2019 年第 2 期），甘肃文化出版社，2019 年 12 月。

89. 俄藏黑水城出土《阴思鬼限》释论，周泽鸿，《西夏学》第十九辑（2019 年第 2 期），甘肃文化出版社，2019 年 12 月。

90. 武威亥母洞寺出土西夏汉文"宝银"账单及其学术价值，黎李、黎大祥，《西夏学》第十九辑（2019 年第 2 期），甘肃文化出版社，2019 年 12 月。

91. 《大黑求修并作法》疑难字考释，刘贺、邓章应，《西夏学》第十九辑（2019 年第 2 期），甘肃文化出版社，2019 年 12 月。

92. 一件未刊布的黑水城出土元代借钱契考释，邓文韬，西夏研究，2019 年第 2 期。

93. 西夏汉文《杂集时用要字》药物部再论，于业礼、张如清，图书馆理论与实践，2019 年第 3 期。

94. 穿越千年的占筮与言说——试论《卜筮要诀》的要义与文化内涵，李沁锴，敦煌研究，2019 年第 3 期。

95. 黑水城出土 M1·1287［F68：W1］残历考，郝军军，敦煌研究，2019 年第 3 期。

96. 古丝绸之路上黑水城出土元代婚契研究，丁君涛，西北民族研究，2019 年第 4 期。

97. "旋襕"考，叶娇、徐凯，敦煌研究，2019 年第 4 期。

98. 黑水城出土 X24 国公令印文考辨，张笑峰，宁夏社会科学，2019 年第 5 期。

99. 黑水城元代法制文书校读札记，王阳，北方民族大学学报（哲学社会科学版），2019 年第 6 期。

100. 黑水城出土纳甲筮法文书初探，王巍，中华文化论坛，2019 年第 6 期。

101. 从黑水城所出词讼文书看元代亦集乃路的诉讼审判程序，侯爱梅，南方文物，2019 年第 6 期。

102. 北元初年亦集乃分省若干问题的再探讨，刘志月，西部蒙古论坛，2019 年第 1 期。

（四）王朝、民族、遗民

103. 西夏国名别称"夏台"源流考，邓文韬，《西夏学》第十八辑（2019 年第 1 期），甘肃文化出版社，2018 年 12 月。

104. 西夏王号性质考略，陈岑，《西夏学》第十八辑（2019 年第 1 期），甘肃文化出版社，2018 年 12 月。

105. 西夏人论中原——以西夏文资料为中心，［俄］克恰诺夫著，闫廷亮、陈建明译，《西夏学》第十九辑（2019 年第 2 期），甘肃文化出版社，2019 年 12 月。

106. 党项——西夏割据政权政治中心的西移及其三大影响要素，保宏彪，西夏研究，2019 年第 2 期。

107. 元代西夏遗裔孟昉行迹征略，都刘平、鲁玥含，《西夏学》第十八辑（2019 年第 1 期），甘肃文化出版社，2018 年 12 月。

108. 元末西夏遗民诗人王翰与东南文化，胡蓉，西北民族大学学报（哲学社会科学版），2019 年第 2 期。

109. 府州折氏与夏州李氏不同发展轨迹再探，刘双怡，《西夏学》第十九辑（2019 年第 2 期），甘肃文化出版社，2019 年 12 月。

110. 宋时期的非汉族政权之西夏（982—1227），［俄］И. Ф. 波波娃编著，崔红芬、文健译，西夏研究，2019 年第 3 期。

111. 党项：消失在塞北羌笛之中，许娜云，中国民族教育，2019 年第 5 期。

（五）制度、社会

112. 西夏罚金刑研究，戴羽、朱立扬，《西夏学》第十九辑（2019 年第 2 期），甘肃文化出版社，2019 年 12 月。

113. 西夏水利立法研究——以《天盛律令》《亥年新法》为中心，李治涛、尤桦，《西夏学》第十九辑（2019 年第 2 期），甘肃文化出版社，2019 年 12 月。

114. 西夏的钱币制度及其立法，李温，西夏研究，2019 年第 2 期。
西夏基层社会管理组织问题探究，郝振宇，内蒙古社会科学（汉文版），2019 年第 2 期。

115. 《天盛改旧新定律令》征兵制度探析，姜歆，西夏研究，2019 年第 2 期。

116. 西夏"只关"考述，戴羽，宁夏社会科学，2019 年第 3 期。

117. 西夏"水军"新考，田晓霈，史志学刊，2019 年第 3 期。

118. 西夏的兵符制度，张笑峰，西夏研究，2019 年第 4 期。

119. 浅谈西夏司法审判中的鞫谳分司，梁颖新，法制与社会，2019 年第 7 期。

120. 夏宋婚姻禁令比较研究，邓勇帅，现代交际，2019 年第 7 期。

121. 西夏亲邻之法初论，罗海山，乜小红、陈国灿主编《丝绸之路出土各族契约文献研究论集》，中华书局，2019 年 4 月。

122. 资源竞争、身份变迁与文化抉择——以党项西夏社会性格变化为例，郝振宇，中南民族大学学报（人文社会科学版），2019 年第 2 期。

123. 西夏时期浑脱考述，尤桦，宁夏师范学院学报，2019 年第 2 期。

124. 西夏状元释褐职任窥斑，周腊生，湖北职业技术学院学报，2019 年第 2 期。

125. 西夏"计都星"考，王培培，《西夏学》第十九辑（2019 年第 2 期），甘肃文化出版社，2019 年 12 月。

126. 西夏语"罗睺星"的来源，王培培，宁夏社会科学，2019 年第 3 期。

127. 西夏时期四柱预测与星占术合流之考论，王巍，西夏研究，2019 年第 4 期。

（六）经济、贸易

128. 西夏畜牧业研究，高仁，中国经济史研究，2019 年第 1 期。

129. 西夏时期鄂尔多斯高原的畜牧经济，高仁，《西夏学》第十八辑（2019 年第 1 期），甘肃文化出版社，2018 年 12 月。

130. 西夏分家析产问题述论，郝振宇，《西夏学》第十八辑（2019 年第 1 期），甘肃文化出版社，2018 年 12 月。

131. 西夏时期宁夏平原引黄灌溉开发与管理述略，吴晓红，西夏研究，2019 年第 1 期。

132. 金夏经济交流途径与特点，马旭俊，《西夏学》第十七辑（2018 年第 2 期），甘肃文化出版社，2019 年 2 月。

133. 4—13 世纪汉文、吐蕃文、西夏文买卖、博换牛马驼驴契比较研究，杨际平，敦煌学辑刊，2019 年第 1 期。

134. 西夏土地的典卖、土地产权与宋夏的"一田二主制"，骆详译，中国农史，2019 年第 2 期。

135. 西夏土地买卖租种的价格、租金与违约赔付，郝振宇，青海民族研究，2019 年第 2 期。

136. 西夏民间谷物典当借贷的利率、期限与违约赔付研究，郝振宇，中国社会经济史研究，2019 年第 3 期。

137. 西夏晚期黑水城地区寺院经济研究——基于出土西夏文契约文书的考察，孔祥辉，中国农史，2019 年第 3 期。

138. 西夏、元时期河西走廊手工匠作行业组织流变考，王丽娜，美术大观，2019 年第 3 期。

139. 河西地区所见几类西夏农具考述，李玉峰，陕西师范大学历史文化学院、陕西历史博物馆丝绸之路研究集刊第 3 辑，商务印书馆，2019 年 1 月。

140. 夏宋盐业朝贡关系研究，任长幸，中国盐文化（第 12 辑），2019 年 12 月。

141. 浅议宋夏关系对北宋"交子"发行的影响，牛志文，文化产业，2019 年第 22 期。

（七）文学、文书、书法、宗教

142. 《圣立义海》故事新考三则，张彤云，西夏研究，2019 年第 1 期。

143. 西夏《黑水河建桥敕碑》文体性质初探，陈瑞青，《西夏学》第十七辑（2018

年第 2 期），甘肃文化出版社，2019 年 2 月。

144. 西夏仁孝时期汉乐来源考，赵露、唐婧，西夏研究，2019 年第 2 期。

145. 西夏文草书书写规律探析，杜艳梅，西夏研究，2019 年第 3 期。

146. 中原诗歌在西夏和契丹的传播，聂鸿音，四川师范大学学报（社会科学版），2019 年第 4 期。

147. 试论西夏战略文化——以西夏初期李继迁、李德明、李元昊三朝为例，穆殿云，长江论坛，2019 年第 4 期。

148. 黑水城出土西夏文《宫廷诗集》性质考，梁松涛、李鹏飞，宁夏社会科学，2019 年第 6 期。

149. "西夏文化研究"专题，孙伯君，中华文化论坛，2019 年第 6 期。

150. 西夏的苏风书迹，赵生泉，中国书法报，2019 年 10 月 29 日。

151.《圣立义海》中反映的"九品才性"问题——古代民族语童蒙教材中的"等级"观念，格根珠拉，青海师范大学学报（哲学社会科学版），2019 年第 6 期。

152. 再论《河西译语》，聂鸿音，文献，2019 年第 5 期。

153. 西夏借贷契约的性质与程式——西夏契约性质与程式研究之三，赵彦龙、扶静，中国档案研究，2019 年第 1 期。

154. 西夏典当契约的性质与程式——西夏契约性质与程式研究之五，赵彦龙、张倩，西夏研究，2019 年第 4 期。

155. 西夏租赁契约的性质与程式——西夏契约性质与程式研究之六，赵彦龙、张倩，宁夏师范学院学报，2019 年第 9 期。

156. 简论西夏"军籍"文书的性质及其价值，陈瑞青，《西夏学》第十九辑（2019 年第 2 期），甘肃文化出版社，2019 年 12 月。

157. 西夏、辽、金商业文书研究，丁海斌、赵丽娜，档案，2019 年第 7 期。

158. 西夏道教补议，聂鸿音，《西夏学》第十七辑（2018 年第 2 期），甘肃文化出版社，2019 年 2 月。

159. 西夏佛教口语传播特征研究，陈连龙、李颖，《西夏学》第十八辑（2019 年第 1 期），甘肃文化出版社，2018 年 12 月。

160.《西夏时期藏传佛教的流传》，李若愚，宁夏社会科学，2019 年第 1 期。

161.《佛说阿弥陀经》及其相关问题探析，崔红芬，《西夏学》第十九辑（2019 年第 2 期），甘肃文化出版社，2019 年 12 月。

162. 西夏文《华严经》帙号考，文志勇，《西夏学》第十九辑（2019 年第 2 期），甘肃文化出版社，2019 年 12 月。

163. 黑水城文书所见北宋初年西行求法僧研究，陈玮，新疆大学学报（哲学·人文社会科学版），2019 年第 2 期。

164. 宋代印度密教高僧金总持研究，齐德舜，世界宗教研究，2019 年第 2 期。

165. 文化传播视域下的西夏《心经》藏本研究，陈连龙、李颖，西夏研究，2019 年第 3 期。

166. "炳灵寺"寺名来源考，才让，陕西师范大学历史文化学院、陕西历史博物馆丝绸之路研究集刊第 3 辑，商务印书馆，2019 年 1 月。

167. 从往生到来迎：西夏净土信仰对西方三圣的观念与图像重构，何卯平、宁强，敦煌学辑刊，2019 年第 3 期。

168. 元代《河西藏》编刊资料补正，孙伯君，中华文化论坛，2019 年第 6 期。

169. 瑞典藏元刊西夏文大藏经再探讨，段玉泉，中华文化论坛，2019 年第 6 期。

170. 西夏时期佛塔发展演变及历时性研究，黄新、白胤，居业，2019 年第 9 期。

171. A Textual Research on Chos – kyi Seng – ge, the Xixia State Preceptor, Sun Bojun（西夏国师法狮子考，孙伯君），张铁山中国少数民族碑铭研究，民族出版社，2019 年 8 月。

（八）都城、区域、交通、军事

172. 北宋靖夏城考，付强强，西夏研究，2019 年第 1 期。

173. 西夏边防的基层军事建置问题，许伟伟，西夏研究，2019 年第 1 期。

174. 北宋哲宗时期宋夏关系研究，段金强，新西部（中旬刊），2019 年第 1 期。

175. 西夏中期河西地区的军事建置问题——以西夏法典《天盛律令》为中心，许伟伟，《西夏学》第十八辑（2019 年第 1 期），甘肃文化出版社，2018 年 12 月。

176. 西夏首都兴庆府（中兴府），史金波，《西夏学》第十九辑（2019 年第 2 期），甘肃文化出版社，2019 年 12 月。

177. 唐末五代宋初定难军节度使王爵研究，陈玮，《西夏学》第十八辑（2019 年第 1 期），甘肃文化出版社，2018 年 12 月。

178. 西夏棍棒类兵器及其相关问题考论，尤桦，《西夏学》第十八辑（2019 年第 1 期），甘肃文化出版社，2018 年 12 月。

179. 从熙河大捷到永乐惨败——宋神宗对夏军事策略之检讨，林鹄，军事历史研究，2019 年第 2 期。

180. 汝遮城修建与北宋哲宗时期开边政策的转折，尚平，《西夏学》第十八辑（2019 年第 1 期），甘肃文化出版社，2018 年 12 月。

181. 辽兴宗时期辽与西夏战争琐议，陈德洋，《西夏学》第十九辑（2019 年第 2 期），甘肃文化出版社，2019 年 12 月。

182. 夏辽"直路"西夏境内驿站位置考述，李雪峰，《西夏学》第十九辑（2019 年第 2 期），甘肃文化出版社，2019 年 12 月。

183. 高遵裕与宋夏灵州之役的再探讨，雷家圣，首都师范大学学报（社会科学版），2019 年第 2 期。

184. 西夏对宋构筑的铁钳左翼——金汤、白豹、后桥考察研究，张多勇、马悦宁、张建香，宁夏社会科学，2019 年第 2 期。

185. "左厢"、"右厢"与经略司——再探西夏"边中"的高级政区，高仁，中国历史地理论丛，2019 年第 2 期。

186. 省嵬城与省嵬山，杨浣、付强强，宁夏社会科学，2019 年第 2 期。

187. 西夏北部边防军司城寨探考，张文平，草原文物，2019 年第 2 期。

188. 宋夏好水川之战再探，兰书臣，军事历史，2019 年第 3 期。

189. 西夏南疆"萧关"故址及宋、夏对天都地区的经营述论，赵廷虎，宁夏史志，2019 年第 3 期。

190. 蒙古军攻克敦煌史事钩沉，陈光文，敦煌学辑刊，2019 年第 3 期。

191. 西夏对域外信息的搜集，王凯，西夏研究，2019 年第 4 期。

192. 克夷门考，杨浣、段玉泉，北方民族大学学报（哲学社会科学版），2019 年第 5 期。

193. 西夏南牟会行宫位置考（一），李进兴，宁夏史志，2019 年第 5 期。

194. 西夏南牟会行宫位置考（二），李进兴，宁夏史志，2019 年第 6 期。

195. 西夏与辽朝交通干线"直路"的开辟与作用，李雪峰、艾冲，甘肃社会科学，2019 年第 6 期。

196. 从灵州弃守之争看北宋前期国防战略的转变，李海鹏、艾讯，安康学院学报，2019 年第 6 期。

197. 永乐城之战种谔事迹考，杨帅，卷宗，2019 年第 6 期。

198. 制度史视域下的西夏监军司探析，魏淑霞，宁夏师范学院学报，2019 年第 9 期。

199. 阿拉善与西夏学研究，王丽娟，传播力研究，2019 年第 9 期。

（九）石窟、壁画、版画、绘画

200. 一所石窟中的密教灌顶道场——瓜州榆林窟第 29 窟洞窟功能再探，郭子睿，西夏研究，2019 年第 2 期。

201. 敦煌石窟"西夏艺术风格"献疑，杨富学，黑河学院学报，2019 年第 10 期。

202. 论西夏美术，杨新林，宁夏文学艺术界联合会、宁夏文艺评论家协会编宁夏文艺评论　2018 卷（上），阳光出版社，2019 年 3 月。

203. 裕固族初世史乃解开晚期敦煌石窟密码之要钥，杨富学，敦煌研究，2019 年第 5 期。

204. 敦煌石窟六字真言题识时代探析，沙武田、李晓凤，敦煌学辑刊，2019 年第 4 期。

205. 西夏石窟造像体系与巴哩《成就百法》关系研究，贾维维，故宫博物院院刊，2019 年第 10 期。

206. 关于李慧月金银字《华严经》的扉画，孙利光，新美术，2019 年第 1 期。

207. 黑水城版画残图研究两题，杨浣、魏亚丽，《西夏学》第十八辑（2019 年第 1 期），甘肃文化出版社，2018 年 12 月。

208. 黑水城出土版画《释迦牟尼佛说三归依经处》与《释迦摩尼佛说三贤劫经之处》的比较研究，杨浣、段玉泉，西夏研究，2019 年第 2 期。

209. 三幅西夏文佛经扉画题记释析，胡进杉，《西夏学》第十七辑（2018 年第 2 期），甘肃文化出版社，2019 年 2 月。

210. 三车或四车——一幅西夏文佛经扉画的省思，胡进杉，《西夏学》第十九辑（2019 年第 2 期），甘肃文化出版社，2019 年 12 月。

211. 试论元代西夏文佛经版画对明清水陆画的影响，杨冰华，世界宗教文化，2019 年第 4 期。

212. 艾尔米塔什博物馆藏西夏文佛经木雕版考论，王荣飞、景永时，宁夏社会科学，2019 年第 5 期。

213. 莫高窟西夏洞窟壁画弥勒经变考，赵沈亭，西夏研究，2019 年第 1 期。

214. 西夏时期敦煌涅槃变中的抚足者——西夏石窟考古与艺术研究之四，赵晓星，敦煌研究，2019 年第 1 期。

215. 敦煌西夏石窟壁画中的飞天形象探析，方争利，《西夏学》第十八辑（2019 年第 1 期），甘肃文化出版社，2018 年 12 月。

216. 西夏水月观音净瓶盥盏研究——兼论纳尔逊艺术博物馆藏《水月观音图》的创作时间，何卯平，《西夏学》第十八辑（2019 年第 1 期），甘肃文化出版社，2018 年 12 月。

217. 莫高窟第 95 窟水月观音图为西夏考，王胜泽，《西夏学》第十八辑（2019 年第 1 期），甘肃文化出版社，2018 年 12 月。

218. 西夏与辽宋时期涅槃图像的比较研究，于博，《西夏学》第十八辑（2019 年第 1 期），甘肃文化出版社，2018 年 12 月。

219. 西夏壁画中的山水研究（上），陆文军，民族艺林，2019 年第 1 期。

220. 西夏壁画中的山水研究（下），陆文军，民族艺林，2019 年第 2 期。

221. 水月观音图像样式的创新与意图——瓜州西夏石窟唐僧取经图出现原因再考察，沙武田，民族艺林（银川），2019 年第 1 期。

222. 东千佛洞第二窟真实名文殊曼陀罗及相关问题研究，常红红，《西夏学》第十九辑（2019 年第 2 期），甘肃文化出版社，2019 年 12 月。

223. 西夏水月观音图像研究，张美晨，美与时代（美术学刊）2019 年第 3 期。

224. 西夏水月观音图像研究——以瓜州东千佛洞二窟《水月观音》为例，张美晨，美与时代（中），2019 年第 3 期。

225. 西夏水月观音中的荐亡图像考释——以东千佛洞第二窟壁画为中心，常红红，大足石刻研究院、四川美术学院大足学研究中心《大足学刊》第 3 辑，2019 年。

226. 榆林窟第 3 窟五十一面千手观音经变的图像选择，郭静，陕西师范大学历史文化学院、陕西历史博物馆《丝绸之路研究集刊》第 3 辑，商务印书馆，2019 年 1 月。

227. 制作史视角下的宋夏"一段式"变相扉画阅读顺序再探，梁韵彦，《西夏学》第十八辑（2019 年第 1 期），甘肃文化出版社，2018 年 12 月。

228. 敦煌西夏石窟中的花鸟图像研究，王胜泽，敦煌学辑刊，2019 年第 2 期。

229. 从图像艺术看西夏女性的社会地位，闫中华、王艳，民族艺林，2019 年第 3 期。

230. 莫高窟西夏石窟壁画无量寿经变定名考，赵沈亭，宁夏大学学报（人文社会科学版），2019 年第 6 期。

231. 宋夏河西地区"八塔变"图像的来源与流布，贾维维，文艺研究，2019 年第 8 期。

232. 五个庙石窟音乐内容综述——兼及西夏铜角类乐器的考察，刘文荣，《西夏学》第十九辑（2019 年第 2 期），甘肃文化出版社，2019 年 12 月。

233. 西夏音乐图像学个案研究（一），张越、王建国，南国博览，2019 年第 4 期。

234. 西夏音乐图像学个案研究（二），张越、王建国，2019 年南国博览学术研讨会论文集，北京：2019 年 10 月。

235. 从"莲花化生"到"连生贵子"——论西夏"婴戏莲印花绢"童子纹样的文化内涵，魏亚丽，装饰，2019 年第 8 期。

236. 敦煌西夏水月观音变"僧人与猴行者"身份新释，汪正一，丝绸之路研究集刊第 4 辑，商务印书馆，2019 年。

237. 西夏晚期瓜州石窟群中的《玄奘取经图》，公维章，陕西师范大学历史文化学院、陕西历史博物馆《丝绸之路研究集刊》第 3 辑，商务印书馆，2019 年 1 月。

238. 莫高窟第 363 窟壁画组合与丝路元素探析，袁頔，西夏研究，2019 年第 1 期。

239. 内蒙古中南部地区西夏墓葬壁画反映出的文化因素试析，窦志斌、高兴超、丁莉，前沿，2019 年第 2 期。

240. 东千佛洞第二窟真实名文殊曼荼罗及相关问题研究，常红红，西夏学，2019 年第 2 期。

241. 寻找民族身份感的认同——西夏绘画中的"镂冠"，方争利，美术学报，2019 年第 4 期。

242. 供养人榆林窟第 29 窟北壁西夏，赵声良，敦煌研究，2019 年第 6 期。

243. 《番王礼佛图》创作年代考，何卯平，中国国家博物馆馆刊，2019 年第 3 期。

244. 梁楷《出山释迦图》再考，何卯平，美术，2019 年第 7 期。

245. 天梯山石窟壁画保存环境中空气细菌的季节性变化，段育龙、武发思、汪万福、贺东鹏、卢秀善，微生物学通报，2019 年第 3 期。

246. 敦煌莫高窟 409 窟、237 窟男供养人像考，任怀晟，敦煌学辑刊，2019 年第 3 期。

247. 宁夏出土西夏塔龛千佛图唐卡构图及内容解析，马文婷，文物鉴定与鉴赏，2019 年第 11 期。

248. 西夏时期敦煌壁画中花卉纹饰的造型及其艺术风格，王斐，新玉文艺，2019 年第 13 期。

249. 甘肃西夏石窟中的建筑画与中原建筑之比较，孙毅华，《中国建筑史论汇刊》第壹拾柒辑，中国建筑工业出版社，2019 年 4 月。

（十）陵墓、造像、陶瓷及其他

250. 后晋定难军节度副使刘敬瑭墓志铭考释，孙宜孔，《西夏学》第十八辑（2019 年第 1 期），甘肃文化出版社，2018 年 12 月。

251. 西夏塔式擦擦造像艺术，章治宁，《西夏学》第十八辑（2019 年第 1 期），甘肃文化出版社，2018 年 12 月。

252. "以形论变"——西夏王陵形制演进探讨，余斌、余雷，宁夏社会科学，2019 年第 2 期。

253. 西夏陵遗产的价值内涵探析，孔德翊、马立群，《西夏学》第十九辑（2019 年第 2 期），甘肃文化出版社，2019 年 12 月。

254. 西夏王陵旅游资源的开发利用研究，周艳，福建质量管理，2019 年第 21 期。

255. 飞来峰第 90 龛大势至菩萨头冠宝瓶及与西夏渊源关系考，席鑫洋，《西夏学》第十九辑（2019 年第 2 期），甘肃文化出版社，2019 年 12 月。

256. 陕西横山出土《故野利氏夫人墓志铭》初探，杜建录、王富春、邓文韬，《西夏学》第十九辑（2019 年第 2 期），甘肃文化出版社，2019 年 12 月。

257. 新见北宋保宁院山寺党项民众建塔碑研究，陈玮，《西夏学》第十九辑（2019 年第 2 期），甘肃文化出版社，2019 年 12 月。

258. 四川广元千佛崖石窟元代西夏遗裔题记及其史料价值初探，邓文韬，《西夏学》第十九辑（2019 年第 2 期），甘肃文化出版社，2019 年 12 月。

259. 党项拓跋驮布墓志及相关问题再研究，杨富学、王庆昱，西夏研究，2019 年第 2 期。

260. 从武威的西夏墓来分析西夏葬俗，程爱民，中国民族博览，2019 年第 2 期。

261. 海原县西夏秋苇平遗址出土第十二副将款石牌考析，李进兴，宁夏师范学院学报，2019 年第 6 期。

262. 石窟与墓葬图像在功能上的关联——瓜州榆林窟第 3 窟窟顶边饰祥禽瑞兽图像探析，郭静，南京艺术学院学报（美术与设计版），2019 年第 2 期。

263. 唐宋文化影响下的西夏陶瓷牡丹纹样发展研究，孙圣国，中国陶瓷，2019 年第 2 期。

264. 论西夏陶瓷牡丹纹在唐宋文化影响下的发展，黄娟，陶瓷研究，2019 年第 4 期。

265. 甘肃省博物馆西夏瓷器分析，任先君，艺术品鉴，2019 年第 30 期。

266. 甘肃武威塔儿湾遗址出土西夏瓷器初探，王琦，文物天地，2019 年第 3 期。

267. 简论西夏瓷器文化，李五奎，西夏研究，2019 年第 4 期。

268. 西夏"寒山拾得"鎏金铜像解析，周胤君，天津美术学院学报，2019 年第 3 期。

269. 凉州瑞像的"新时代"——凉州瑞像在西夏的流传特点分析，吴雪梅、于光健，宁夏社会科学，2019 年第 6 期。

270. 西夏历史题材油画创作构图研究，杨占河，美术，2019 年第 4 期。

271. 宁夏中卫市沙坡头区常乐镇发现西夏窖藏铁器，梁斌杰、宋浩，西夏研究，2019 年第 1 期。

272. 西夏铜铃表面锈蚀物的科技分析研究，王艳玲，第二十届全国光散射学术会议（CNCLS20）论文摘要集，江苏苏州：2019 年 11 月。

273. 以西夏博物馆为例论多媒体技术在博物馆陈列展览中的应用，李娇，神州，2019 年第 36 期。

（十一）综述、会议、学人、书评、资讯

274. 加强民族史研究重视"绝学" 维护民族团结和国家统一，史金波，民族研究，2019 年第 2 期。

275. 四十年来黑水城汉文佛教文献研究的回顾与展望，宋坤，西夏研究，2019 年第 1 期。

276. 四十年来西夏文草书研究的回顾与分析，赵生泉，西夏研究，2019 年第 1 期。

277. 四十年来西夏文物考古研究的回顾与展望，马晓玲，西夏研究，2019 年第 2 期。

278. 西夏法律文献与法律史研究述论，闫强乐，西夏研究，2019 年第 2 期。

279. 2011—2018 年国内西夏佛教文献研究综述，张海娟，西夏研究，2019 年第 2 期。

280. 四十年来西夏丧葬习俗研究的回顾与展望，周泽鸿、于光建，西夏研究，2019 年第 3 期。

281. 西夏天文历日研究综述，孙广文，西夏研究，2019 年第 4 期。

282. 近二十年来国内关于宁夏镇（府）研究综述，姬禹，西夏研究，2019 年第 4 期。

283. 西夏文契约概论，史金波，乜小红、陈国灿主编丝绸之路出土各族契约文献研究论集，中华书局，2019 年 4 月。

284. 西夏契约文书研究述要，韩树伟，宁夏大学学报（人文社会科学版），2019 年第 5 期。

285. 宁夏考古 70 年综述，姚蔚玲，宁夏师范学院学报，2019 年第 12 期。

286. "第五届西夏学国际学术论坛暨黑水城历史文化研讨会"会议综述，郭明明，《西夏学》第十七辑（2018 年第 2 期），甘肃文化出版社，2019 年 2 月。

287. "朔方论坛暨青年学者学术研讨会"综述，崔韶华，《西夏学》第十七辑（2018 年第 2 期），甘肃文化出版社，2019 年 2 月。

288. 第三届中日青年学者辽宋夏金元史研讨会，冯明华，中国史研究动态，2019 年第 1 期。

289. 民国时期北京大学西夏文课程开设始末，邓章应，《西夏学》第十八辑（2019 年第 1 期），甘肃文化出版社，2018 年 12 月。

290. "西夏建都兴庆府 980 周年学术研讨会"综述，刘媛媛，《西夏学》第十九辑（2019 年第 2 期），甘肃文化出版社，2019 年 12 月。

291. "敦煌与丝路钱币"学术研讨会综述，刘拉毛卓玛、闫珠君，敦煌研究，2019 年第 3 期。

292. 邂逅西夏结缘文书——深切怀念陈国灿先生，史金波，敦煌学辑刊，2019 年第 1 期。

293. 筚路蓝缕 玉汝于成——《英藏黑水城出土社会文书研究：中古时期西北边疆的历史侧影评介，张东祥》，西夏研究，2019 年第 1 期。

294. 普林斯顿大学藏西夏文法华经读后，聂鸿音，西夏研究，2019 年第 2 期。

295. 西夏社会经济史研究的重大成果——史金波《西夏经济文书研究》读后，李华瑞，中国史研究，2019 年第 2 期。

296. 奥登堡的西夏佛教研究，何冰琦，宁夏大学学报（人文社会科学版），2019 年第 2 期。

297. 民国时期的两部西夏史著：《西夏纪》与〈宋史·夏国传集注〉，王军辉、杨浣，西夏研究，2019 年第 3 期。

298. 《敦煌民族史探幽》评介，韩树伟，西夏研究，2019 年第 3 期。

299. 《西夏译华严宗著作研究》读后，段玉泉，西夏研究，2019 年第 4 期。

300. 《西夏文宫廷诗集整理与研究》评介，李鹏飞，西夏研究，2019 年第 4 期。

301. 西田龙雄博士的西夏语研究成果以及对历史研究的影响，［日］佐藤贵保著，王玫译，西夏研究，2019 年第 4 期。

302. 多元交融——《西夏经变画艺术研究》读书笔记，徐伟玲，艺术大观，2019 年第 15 期。

303. 宁夏社会科学院西夏学科组考察纪，王艳春，西夏研究，2019 年第 3 期。

304. 《西夏文藏传佛教史料——"大手印"法经典研究》出版，孟令兮，西夏研究，2019 年第 3 期。

305. 西夏文《大宝积经·无量寿如来会》对勘研究，孙颖新，世界宗教文化，2019 年第 3 期。

306. 《西夏译华严宗著作研究》出版，孟令兮，西夏研究，2019 年第 4 期。

307. 网络传播环境下西夏学文献老化规律研究，李琼、王德平、徐霖杰，西夏研究，2019 年第 4 期。

308. 西夏博物馆新馆开馆，文物天地，2019 年第 8 期。

309. 西夏文档案，档案，2019 年第 9 期。